Wieviel Globalisierung verträgt unser Land?

Wieviel Globalisierung verträgt unser Land?

Zwänge und Alternativen

herausgegeben von
Hans Sallmutter

Redaktion:
Mag. Patrizia Reidl und Dr. Tom Schmid

ÖGB VERLAG

Verlag des Österreichischen Gewerkschaftsbundes

Fotonachweis:
1. Umschlagseite: Pix, Wien
4. Umschlagseite: Paul Wilke, 1010 Wien

Herausgeber: Hans Sallmutter
c/o GPA, 1013 Wien, Deutschmeisterplatz 2

Medieninhaber und Hersteller:
Verlag des Österreichischen Gewerkschaftsbundes GesmbH Wien

Verlags- und Herstellungsort: Wien
Printed in Austria

ISBN 3-7035-0718-7

Inhaltsverzeichnis

IV. Antworten

V. Die Betriebsräte

Wieviel Globalisierung verträgt unser Land?

Zwänge und Alternativen

Vorwort des Herausgebers

Würde man auch in der politischen Diskussion den Titel eines „Wortes des Jahres“ vergeben, die „Globalisierung“ hätte diesen Preis in den letzten Jahren spielend zwei- bis dreimal gewonnen. Jedenfalls: „Globalisierung“ ist in aller Munde, wird überall verwendet, jede und jeder scheint mit diesem Begriff etwas Vernünftiges anfangen zu können. „Globalisierung“ dient immer dort als die große Ausrede, wo ein simples „das geht so nicht“ oder „das können wir nicht“ als Argument schon lange nicht mehr akzeptiert wird. Da droht man mit „Globalisierung“ und meint ganz traditionell: „Bei dieser Lohnrunde wollen wir Euch nicht mehr so viel geben wie letztes Jahr“. Beispiele finden sich in unserer Tagespraxis genug.

Wozu also noch ein Buch über „Globalisierung“? Ich meine, gerade aus dieser Entwicklung heraus ist es notwendig, dieses Schlagwort „Globalisierung“ zu analysieren, seiner Mythen zu entkleiden und in seinen tatsächlichen Dimensionen darzustellen, in den bedrohlichen wie den harmlosen. 21 Autorinnen und Autoren haben sich der nicht immer leichten Aufgabe unterzogen, nachzuforschen, was es mit dieser „Globalisierung“ nun wirklich auf sich hat, und sie haben dieses Unterfangen aus den unterschiedlichsten Blickrichtungen in Angriff genommen. Ergebnis ist ein spannendes Buch, das einige Fragen zu beantworten versucht, aber ebenso viele neue aufwirft – auch hier dem Gegenstand folgend, der eben ein widersprüchlicher, zerklüfteter ist.

Dieses Buch ist aus den Ergebnissen eines Seminars entstanden, das die Gewerkschaft der Privatangestellten im August 1997 zum Thema „Globalisierung“ durchgeführt hat. In der Auswertung der Seminarergebnisse ist klargeworden, daß den durchwegs hochstehenden Referaten eine bessere Behandlung gebührt, als sie bloß in ein Seminarprotokoll zu verpacken. So bilden sie das Grundgerüst des vorliegenden Buches, angereichert mit etlichen weiteren Beiträgen von WissenschafterInnen und PraktikerInnen. Nicht alle Beiträge stellen sich in jener leichten Lesbarkeit dar, die sich BetriebsrätInnen und ehrenamtliche GewerkschaftsfunktionärInnen wünschen, wenn sie sich in ihrer Freizeit der oft mühevollen Aufgabe politischer Weiterbildung unterziehen. Der Grund für die schwere Lesbarkeit liegt hier nicht in einer Unfähigkeit mancher AutorInnen begraben, einfach zu formulieren, sondern ist eine logische Konsequenz eines Themas, das komplex und in sich widerspruchsvoll ist.

Wenn also auch nicht jeder Beitrag leicht lesbar ist, lesenswert sind sie alle. Ich wünsche unserem Buch daher eine weite Verbreitung und eine gute Aufnahme unter kritischen Leserinnen und Lesern.

Wien, im Oktober 1998

Hans Sallmutter

„Globalisierung" – eine Einleitung

Patrizia Reidl, Tom Schmid

Das vorliegende Buch ist auf Grundlage eines einwöchigen Seminars entstanden, das das Büro des Vorsitzenden der GPA vom 24. bis 29. August 1997 in Anger in der Steiermark abgehalten hatte. Das Thema des Seminars „Standort Österreich in der Globalisierungsfalle" und die dargebotenen Referate schienen über den Anlaß hinaus von weitreichender Aktualität. So reifte der Entschluß, aus dem vorhandenen Material, erweitert um einige grundlegende Beiträge und eine Befragung von BetriebsrätInnen „globalisierungsbedrohter" Betriebe, dieses Buch zu erstellen. Daß wir damit auch einer guten Tradition[1] folgen, sei am Rande erwähnt.

Die Rahmenbedingungen verändern sich

„Globalisierung" ist in aller Munde, die „Globalisierungsfalle" zu einer stehenden Redewendung für fast alle Erscheinungen geworden, die uns heute im Wirtschafts- und Sozialleben bedrücken. Umso dringender ist es für Gewerkschaften, dem Phänomen der „Globalisierung" auf den Grund zu gehen. Bevor dies in den zahlreichen Beiträgen dieses Buches aus verschiedenen Blickwinkeln passiert, haben wir versucht, uns auf einer abstrakt-zusammenfassenden Ebene dem Gegenstand „Globalisierung" zu nähern. Die erste zu behandelnde Frage lautet: Was hat sich in der Welt verändert?

Die Veränderungen der letzten Jahre sind zahlreich und betreffen alle Lebensbereiche. Sie sind so tiefgreifend, daß bereits von einem neuen Abschnitt in der modernen Entwicklung gesprochen wird, einer „zweiten Moderne", wie Ulrich Beck[2] diese Entwicklung bezeichnet, oder einer „postfordistischen Epoche", wie dies andere AutorInnen in der Abgrenzung zum Zeitalter der klassischen Industrialisierung mit der Arbeitsorganisation eines F. Taylor, dem industriellen Fließband eines H. Ford und der keynesianischen wohlfahrtsstaatlichen Ökonomie bezeichnen. Auch wenn man sich auf eine Bezeichnung der neuen Phase der Entwicklung nicht festlegen will, die grundlegenden Veränderungen sind evident.

Veränderungen in Wirtschaft, Gesellschaft und Politik

Am Anfang der „globalen" Umbrüche der Wirtschaft und als ihr wesentlichster Motor steht die Herausbildung neuer Mobilitäten. Eine neue

---

[1] Sallmutter (Hrsg), Stillgelegt, Wien, 1997

[2] siehe Beck, 1997

und bisher unvorstellbare Mobilität des Kapitals, Handels von Gütern, die Mobilität von Information und von Arbeitskräften bilden den Kern der wirtschaftlichen Prozesse, die in ihrer Summe die „globalisierte" Wirtschaft bilden. Diese neuen Mobilitäten sind nicht mehr singulär, sondern wechselweise aufeinander abgestimmt und sich gegenseitig entwickelnd und hochschaukelnd.

Das in bisher unvorstellbarer Weise mobile Kapital führt zur Herausbildung einer neuen, zweiten Zirkulationsebene großen Ausmaßes. Die Zirkulation des in den weltweiten Börsenmärkten angelegten und sich „vermehrenden" Kapitals ist nur mehr zu einem sehr geringen Prozentsatz durch die reale Bewegung materieller Werte „gedeckt" und entwikkelt eine weitgehende Eigenständigkeit – deren Auswirkungen auf Menschen und ihre Lebensbedingungen jedoch zutiefst *real* bleiben. Zwar finden die Börsenbewegungen und ihre Kursschwankungen weitgehend in einer virtuellen, von keinen realen Werten mehr abgesicherten Welt statt, die damit verbundenen Gewinne – und Verluste – sind nach wie vor äußerst real. Wertzuwächse und Wertverluste, die es außerhalb der weltweit verkabelten Börsenwelt „eigentlich" gar nicht gibt, machen die einen unheimlich reich und andere tatsächlich arm, arbeitslos und perspektivlos.

Das Prinzip des Gewinnemachens als wirtschaftsleitende Macht und als einzig meßbares Erfolgskriterium wirtschaftlicher Tätigkeit bleibt nach wie vor bestehen. Aber der Gewinn des Betriebes (Konzernes) als Grundlage für den Erhalt und die Weiterentwicklung der Substanz, also als Medium für zukünftige, gewinntragende Investitionen *(Stakeholder-Value)* wird als wirtschaftsleitende Orientierung zunehmend vom Gewinn der Anteilseigner und Aktionäre abgelöst, der durch die Bewegung der Anteilsscheine (Aktien, Obligationen, ...) an den Börsen zu erzielen ist *(Shareholder-Value)*.

Hier ist die Triebkraft der Unternehmensentscheidung nicht mehr jene Handlung, die den Betrieb rationeller und effektiver macht, sondern nur mehr die Entscheidung, die die Aktienkurse in die Höhe treibt. Da kann dann ein Betrieb oder Betriebszweig noch so erfolgreich sein oder noch so volle Auftragsbücher haben, wenn die Ankündigung einer Personalreduktion Kursgewinne verspricht, wird Personal abgebaut. Da kann es noch so wenig Sinn machen, eine knappe Personaldecke mit letztendlich teurerer Leiharbeit zu strecken, wenn ein niedriger Anteil der offiziell ausgewiesenen Personalkosten am Gesamtumsatz höheren Kurswert verspricht, wird Stammpersonal durch Leiharbeit ersetzt, auch wenn die Produktionskosten dadurch steigen. Denn für die Aktionäre – und diese sind die Eigentümer der Aktiengesellschaft – ist die langfristige betriebliche Entwicklung nur dann interessant, wenn der kurzfristige Aktienertrag stimmt.

Die weltweit forcierte Umstellung der sozialen Sicherungssysteme von einem auf Verteilungsziele und zusätzlicher Steuerfinanzierung orientierten Umlageprinzip auf ein im Prinzip rein auf „Selbstvorsorge" ausgerichteten Kapitaldeckungsprinzip hat (mitunter unbeachtete) tiefgreifende Auswirkungen auf die für die „Globalisierung" zentrale wirtschaftliche Umorientierung von einem Stakeholder- zu einem Shareholder-Kapitalismus. Denn es sind vor allem die an den weltweiten Börsen angelegten Gelder der großen Pensionskasssen, die auf einen hohen regelmäßigen Kapitalertrag angewiesen sind. Nur wenn der Kapitalertrag dauerhaft höher ist als das Wirtschaftswachstum, sind die durch das Kapitaldeckungsprinzip üblicherweise versprochenen Zugewinne an Lebensstandard in der Alterssicherung auch einzulösen.

Weltweit flexibel ist nicht nur das Kapital, sondern auch die Handelsströme wachsen zu einem globalen System. Der Anteil der Transportkosten am Wert eines Konsumgutes steigt, auch wenn es ein noch so simples Allerweltsprodukt wie ein Becher Joghurt ist – der Konsument muß sich vergegenwärtigen, daß die Bestandteile von Becher und Joghurt mehrere hundert Kilometer am „Buckel" haben. „Globalisierung" des Handels bedeutet, daß zunehmend alle vorstellbaren Produkte zu jeder Zeit an jedem Ort des tatsächlich weltweit zu einem Markt werdenden Weltverbrauchermarktes erhältlich sind. Der Egalisierung der weltweiten Verteilung des dinglichen Reichtums steht der Verlust lokaler Identitäten und lokaler Konsumbesonderheiten gegenüber. Wenn ich Lust auf eine Tiroler Lederhose habe, kann ich sie in Sizilien genauso kaufen wie in Amsterdam. Aber ich habe immer größere Probleme, wenn ich in einem Geschäft stehe, mit einem Blick zu erkennen, ob sich dieses Geschäft in Istanbul befindet oder in Anchorage.

Diese Globalisierung der Märkte zu „einem Weltmarkt", einhergehend mit einer völligen Durchrationalisierung nicht nur der Produktion, sondern auch der Dienstleistung, ist am deutlichsten in der Verbreitung von *Fast-Food* als Vermarktungsprinzip wie als Konsum- und Lebensprinzip zu erkennen. „McDonaldisierung" der Gesellschaft, das ist ein weltweiter Vorgang, durch den die Prinzipien des Fast-Food-Restaurants, nämlich Typisierung der Produkte und rationalisierte Vereinheitlichung des Produktions-, Verkaufs- und Konsumvorganges, auf immer mehr Gesellschaftsbereiche auf der ganzen Welt ausgedehnt werden.[3]

Mobil sind auch die Informationen. Informationstransfer durch Übermittlung gedruckter (Briefe, Zeitungen, Literatur, Fax) oder bewegt bzw. vertont „bebilderter" Informationen (Film, Fernsehen, Video, Telefon) wird zunehmend abgelöst durch den direkten Daten- und Entscheidungstransfer durch weltweit vernetzte Informationssysteme. Entscheidungen und Bearbeitungen, alle Funktionen der Kommunikation, ermöglichen zunehmend in „Echt-Zeit" abgewickelte Kommunikation ohne physische Nähe. Die Zusammenarbeit von zwei Schreibtischen unterscheidet sich heute nahezu nicht mehr, ob diese nur durch einen Bürokorridor getrennt sind oder durch mehrere Kontinente und Zeitzonen.

Letztendlich sind auch die Arbeitskräfte in einem bisher ungeahnten Ausmaß mobil geworden. Die Bewegung der Arbeitsplätze aus den ehe-

---

3 siehe Ritzer, 1995, insbes. S. 15 ff.

maligen Metropolen hin zu den Peripherien des Weltmarktes wird von einer Gegenbewegung der Arbeitskräfte von den peripheren Staaten hin zu den Metropolen gekreuzt. Die Reaktion des wirtschaftlichen und des politischen Systems auf diese weltweite Arbeitskräftemigration ist widersprüchlich. Sie wird durch Entregulierung der Arbeitsbeziehungen genauso gefördert, wie sie durch immer restriktrivere fremdenpolizeiliche, sozialrechtliche und bevölkerungspolitische Gesetze gehemmt wird.

Die vernetzte und sich gegenseitig befruchtende Entwicklung dieser Faktoren bewirken aus wirtschaftlicher Sicht die Herausbildung eines weltweiten Wirtschaftssystems, das in seiner Gesamtheit die ökonomische Seite des „Globalisierungsprozesses" beschreibt. Albrow beschreibt für die Nachkriegszeit unseres Jahrhunderts die Entmachtung nationaler wirtschaftspolitischer Handlungsspielräume und die Herausbildung eines vernetzten, aber nicht mehr durch ein ökonomisches oder politisches Zentrum steuerbaren Weltmarktes in mehreren Phasen[4]:

Nach 1945 war der internationale Handel auf dem westlichen Teil des „Weltmarktes", der letztlich auch die Austauschbeziehungen auf seinem östlichen Pendant (dem RGW) dominierte, durch die mit dem Abkommen von Bretton Woods geschaffenen Austauschmechanismen auf Dollarbasis klar strukturiert. Die Expansion multinationaler Konzerne fand auf diesem „Weltmarkt" auf Dollarbasis statt und galt (Linken wie Rechten) als weltweite Ausbreitung des amerikanischen Kapitalismus. Doch diese scheinbar klare Struktur wurde bereits in den siebziger Jahren deutlich erschüttert. Selbstbewußtes und transnational koordiniertes Auftreten von nicht ins Zentrum dieser „ersten Welt" einbezogenen Staaten machte deutlich, daß es mehrere Machtzentren gibt. Der historisch als „Erdölschock" bezeichnete politische Anstieg des Ölpreises durch das transnationale Erzeugerkartell OPEC schuf eine neue Form des (westlichen) Weltmarktes, auf dem neben dem US-amerikanischen Wirtschaftsraum auch Westeuropa und Japan sowie (zumindest vorübergehend) einige rohstoffproduzierende (politisch blockfreie) Staaten zu bedeutenden Faktoren wurden. Der Dollar verlor seine absolute Leitfunktion.

Die Herausbildung der Bedeutung der Finanzmärkte, verbunden mit einer zunehmenden Koordination der nationalen Aktienmärkte (wobei neue Technologien, die einen weltweiten On-Line-Datentransfer möglich machen, zentrale Bedeutung hatten) führte Anfang der achtziger Jahre zur Herausbildung von grenzenlosen Finanzmärkten. Der bislang dominierende Börsenplatz New York ist zu einem unter mehreren bedeutenden Börsenplätzen herabgesunken.

Mit den zunehmenden technischen und ökonomischen Möglichkeiten, tatsächlich Waren für einen globalen Markt zu produzieren, wurde in den neunziger Jahren die „Globalisierung" nicht nur zu einem Marketingschlagwort, sondern zu einem tatsächlichen gestaltbildenden Phänomen auf den Warenmärkten. Multinationale Konzerne stellten sich auf

---

4 siehe Albrow, 1998, S. 415 ff.

die zunehmend sich vereinheitlichenden Anforderungen des *einen* Weltmarktes ein. Gezielte Planung zur Ausweitung des Operationsradius der Konzerne und zur Entwicklung der Absatzmärkte über nationale Grenzen hinweg führten zur tatsächlichen Herausbildung transnationaler Konzerne. Waren ihre Vorgänger, die „klassischen“ Multis, noch eindeutig in einem „Stammland“ beheimatet, auf dessen Interessen sie ökonomisch, aber auch sentimental Rücksicht nahmen, haben die neuen transnationalen Konzerne kein singuläres „Heimatland“ mehr, auf dessen Interessen sie besondere Rücksicht nehmen würden. Sie agieren tatsächlich transnational und sind nur mehr ihren eigenen Interessen – die die Interessen ihrer Aktienbesitzer sind – verpflichtet, nicht aber den Interessen irgendeines Stammlandes oder einer Ländergruppe.

Schließlich beeinflußte die Globalisierung die Weltmärkte und somit auch die nationale Politikgestaltung. Sprunghaft beschleunigt wurde diese Entwicklung durch den Zusammenbruch des „östlichen“ Wirtschaftsraumes Anfang der Neunzigerjahre und die damit verbundene Herausbildung eines tatsächlich weltweit einheitlichen Weltmarktes. Der unbeschränkte Weltmarkt, insbesondere aber der unbeschränkte Finanzmarkt begrenzen den steuerungspolitischen Handlungsspielraum der Nationalregierungen. Die Nationalstaaten stehen unter dem Eindruck, ihnen sei das Gesetz des Handelns entglitten und begreifen sich als Opfer von nicht mehr steuerbaren Prozessen. Ihren bisherigen Höhepunkt hat die Herausbildung des einheitlichen Weltmarktes durch den Abschluß der GATT-Verhandlungen im Jahr 1996 erhalten. Aber die Kluft zwischen den Handels- und Dienstleistungsströmen der „realen Ökonomie“ und den Transaktionen auf den Kapitalmärkten, die eigentliche Triebfeder der „Globalisierung“, wächst ständig. Damit nimmt die weltweite Nicht-Steuerbarkeit der zentralen Entwicklungsprozesse der Wirtschaft weiter zu.

Veränderte Welt-Politik

1989 ist mehr als „nur“ ein Imperium zusammengebrochen. Mit dem plötzlichen Wegfall des sowjetischen Machtblocks ist die totale Zweiteilung der Welt implodiert, der Blick auf eine wirre Welt der Unsicherheiten, Unvorhersehbarkeiten und Instabilitäten freigestellt worden. Indem die Welt in zwei Blöcke gespalten war, bot sie insgesamt das Bild einer Totalität, in der alles „klar“ war: Wer „gut“ und wer „böse“ war, wer „fortschrittlich“ und wer „rückständig“ und wer „frei“ und wer „unfrei“ – je nach politischem, geografischem und sozialem Standpunkt ließen sich alle Erscheinungen der Welt, alle Konflikte in ein klares Koordinatensystem mit einer einfachen Skalierung von „gut“ und „böse“ einordnen. Die Welt war ein Ganzes, in der allem und jedem ein bestimmter Platz und eine konkrete Bedeutung innerhalb der „globalen Ordnung“ zugeschrieben werden konnte, daß heißt innerhalb des Wettstreits und des Gleichgewichtes der beiden Machtblöcke. Denn dieses Gleichgewicht war ein Gleichgewicht der Totalität wirtschaftlicher, sozialer, rechtlicher und ideologischer Fragen. Alles in der Welt hatte eine Bedeutung, und diese Bedeutung ging von der halbierten und doch so einigen Welt und ihren beiden Machtzentren aus. Diese Welt ist in ihrer Widersprüchlichkeit orientierbar gewesen.

Seit die große Spaltung verschwunden ist, sieht die Welt nicht mehr aus wie eine Totalität, sondern eher wie ein Feld zerstreuter und disparater Kräfte, die sich an schwer voraussagbaren Orten ablagern und plötzlich eine kaum vorhersehbare Schubkraft erhalten können. Mit anderen Worten: Niemand scheint mehr die Totalität unter Kontrolle zu haben. Schlimmer – es ist nicht mehr klar, wie „unter Kontrolle haben können" unter diesen Bedingungen überhaupt aussehen könnte[5]. Aus einer Welt der klaren Widersprüche und ihrer lokalisierbaren Zentren ist eine „globalisierte" Welt geworden, in der es keine Zentren und keine Peripherie mehr zu geben scheint, wo Widersprüche „überall" und unvorhersehbar an nicht mehr klar definierbaren Fronten und Bruchlinien aufbrechen können. Die wichtigste Vorstellung, die in diesem Zusammenhang durch den Gedanken der Globalisierung vermittelt wird, ist die des unbestimmten, widerspenstigen, selbstgesteuerten Charakters der Weltangelegenheiten, der Abwesenheit von politischen Zentren, die als Kontrollanlage oder Leitungsgruppe fungieren könnten. So gesehen ist „Globalisierung" die „neue Weltunordnung" unter einem anderen Namen.

Doch dabei wird gerne übersehen, daß diese „neue Unordnung", vermittelt über frei entfaltete, weltweit aufbrechende Auseinandersetzungen unterschiedlicher (und nicht leicht nach den alten Kategorien von „gut" und „böse" zuzuordnenden) Interessen sich bereits unter der Decke der alten Zweiteilung entfaltet hatte. Viele der Konflikte, die uns heute zu verwirren scheinen, haben sich bereits in den siebziger und achtziger Jahren unter dem Mantel des „Gleichgewichts des Schreckens" entwickelt. Möglicherweise sind aber manche der heutigen Konflikte gerade deswegen so schrecklich und blutig ausgebrochen, weil sie so lange mit Gewalt unter dieser Decke gehalten wurden, verschärft durch eine neue Instrumentalisierung ethnischer Fragen für persönliche Machtinteressen.

Als der Vorhang der geteilten Welt und ihrer lenkenden Machtzentren zerrissen war, gab er den Blick frei auf eine fremdartige Bühne, die von „bizarren Charakteren" bevölkert ist, die ihre unterschiedlichsten Interessen, in verwirrten, begrenzten und vorübergehenden Koalitionen zu verwirklichen trachten. Nunmehr freigespielt entstehen auf den drei Standbeinen der Souveränität (Militär, Ökonomie, Kultur) neue Staaten genauso wie neue staatenübergreifende Kooperationen. „Globalisierung" wird auf der internationalen Bühne der Staaten, ihrer neuen Fragmentierung (der Herausbildung neuer Nationalstaaten in Europa und anderswo) und neuen Verbindung (der Entwicklung neuer Staatenverbände

---

5 siehe Baumann, 1997, S. 316

in Europa, Asien und Amerika) zu einem Prozeß, innerhalb dessen die Gleichzeitigkeit und das Ineinander von Synthese und Auflösung, Integration und Dekompensation alles andere als zufällig und erst recht nicht von irgendeinem „Zentrum" aus zu korrigieren sind.

Tatsächlich scheint es, wie Baumann meint, eine enge Verwandtschaft, gegenseitige Bedingtheit und gegenseitige Verstärkung zwischen der „Globalisierung" und der neuen Betonung des „Territorialprinzipes" zu geben. Die Mobilität der globalen Finanzen, des Handels und der Informationsindustrie und deren unbegrenzte Freiheit, ihre Ziele zu verfolgen, sind abhängig von der politischen Fragmentierung, der Zerstükkelung der Weltszene. Man kann daher mit Baumann behaupten, sie alle haben ein eigennützige Interesse an „schwachen Staaten" entwickelt, das heißt, an Staaten, die schwach sind, aber trotzdem Staaten bleiben. Absichtlich oder unbewußt üben die existierenden staatenübergreifenden Institutionen einen koordinierenden Druck auf alle Mitglieder – oder die von ihnen abhängigen Staaten – aus, systematisch alles zu beseitigen, was die Bewegungsfreiheit des Kapitals und die Freiheit des Marktes verhindern, verlangsamen oder begrenzen könnte. Die Tore weit aufzureißen und jeden Gedanken an eine autonome ökonomische Politik aufzugeben, ist die vorausgesetzte Bedingung, der man sich widerstandslos zu unterwerfen hat, will man als geeignet erachtet werden, von der Weltbank und den Geldfonds finanzielle Unterstützung zu bekommen. Schwache Staaten sind genau das, was die neue Weltordnung braucht, um sich zu erhalten und sich zu reproduzieren. Man muß nicht befürchten, daß sie die Freiheit der globalen Unternehmen aktiv bremsen.[6]

Europäisierte Welt

Die Europäische Union ist ein Beispiel dafür, wie die „Globalisierung" zum Erstarken von supranationalen Staatskörpern und subnationalen Regionalismen – auf Kosten der Macht und des Einflusses einzelner „Großmächte" – führen kann. Gedacht als Antwort auf die ökonomischen Herausforderungen durch Japan und die Vereinigten Staaten, ist sie heute – weit mehr als ein „europäischer Binnenmarkt" – auf dem Wege zu einem administrativen, juristischen, politischen, kulturellen und ökonomischen Zusammenschluß geworden. Die Entscheidung der Zentrale, ausgedrückt in der Europäischen Kommission und ihrer Bürokratie, wird zur lenkenden Instanz für zahlreiche Faktoren, die das lokale Leben bestimmen. Von der Frage, wie die Marmelade in der Sprache eines Mitgliedsstaates heißen darf, über die Fischereirechte vor der Küste der Azoren und dem Transit auf Europas Alpenstraßen bis zur wirtschaftlichen Entwicklung des burgenländischen Mattersburg werden die Entscheidungen „in Brüssel" getroffen.

Aber die Dialektik des europäischen Vereinigungsprozesses der EU beinhaltet auch neue Regionalisierungen, unter Umständen eine Stär-

---

6 Baumann, 1997, S. 322

kung der Regionen gegenüber „ihrer" lokalen Zentralregierung. Dieser europäische Entwicklungsprozeß bringt es zum Beispiel mit sich, daß heute ein nordirischer Wahlbezirk gegen Entscheidungen britischer Gerichte oder der britischen Zentralregierung vor dem Europäischen Gerichtshof (EUGH) klagen kann, daß Katalonien wirtschaftspolitische Entscheidungen Madrids umgeht, die Bretagne Paris ausmanövrieren kann, indem sie sich „an Brüssel" wenden oder autonome Verbindungen mit anderen EU-Regionen knüpfen kann. Hier gibt es fließende Übergänge oder Abstufungen zwischen Globalisierung, Regionalismus und Subregionalismus. Man könnte auch sagen, „daß die Globalisierung einen Makro-Regionalismus fördert, der im Gegenzug den Mikro-Regionalismus stärkt"[7].

Die Herausbildung des „Gemeinsamen Marktes", dessen Höhepunkt die Umsetzung der Wirtschafts- und Währungsunion ist, bildet den Kern dieses widersprüchlichen Europäisierungsprozesses. Es wäre daher irreführend und falsch, diesen Prozeß allein als Transponierung Deutschlands auf Europa in den Grenzen der EU und Schengens zu verstehen. Gerade die Widersprüchlichkeit der Entwicklung einer gemeinsamen Wirtschafts-, Außen- und Strukturpolitik der EU macht diese Dialektik von Zentralisierung und neuer Dezentralisierung deutlich. Die tatsächlichen Zentren der Entscheidung (sofern es solche auf nationalpolitischer und supranationaler politischer Ebene überhaupt gibt) sind auch innerhalb der EU immer weniger festzumachen und immer weniger konkret in die Ortientierung eigener (Interessens-)Politik einzubinden. Die Entwicklung neuer, mehrdimensional vernetzter Politikformen wird auch für die Durchsetzung arbeitnehmerorientierter Politik notwendig werden.

Die Auswirkungen sind vielfältig

Die Probleme der Welt, die Armut, Arbeitslosigkeit, Hunger und Not, Krankheiten und Umweltverschmutzungen – sie wurden durch die Globalisierung nicht erfunden, möglicherweise gegenüber früheren Perioden nicht einmal besonders verschärft. Aber sie wurden in einen neuen Zusammenhang gestellt, der am treffendsten als „neue Unübersichtlichkeit" und damit als *Verunsicherung neuer Qualität* bezeichnet werden kann. Die Grenzen zwischen Ursache und Wirkung, zwischen Täter und Opfer, zwischen Aktion und Ergebnis verschwimmen, Prozesse und ihre Folgen werden immer weniger vorhersehbar und wirken daher umso härter, je unvorhersehbarer sie sind. Das gilt für die Auswirkungen militärischer Auseinandersetzungen zwischen Staaten (z. B. Golfkrieg) wie innerhalb von Staaten (z. B. Ex-Jugoslawien, Ruanda) genauso wie für die sozialen Auswirkungen der Wirtschaftsentwicklung (vor allem die Arbeitslosigkeit), die immer unvorhersehbarer sowohl (ehemalige) Kerngruppen am Arbeitsmarkt wie klassische Randgruppen des Arbeitsmarktes (prekär beschäftigte Frauen in den Dienstleistungssekto-

---

7 nach Pieterse, 1998, S. 95

ren) trifft. Sozial gesehen verschwimmen die Grenzen zwischen „erster" und „dritter" Welt. Es kommt zur Gleichzeitigkeit von „Verslumungsprozessen" in den Industrie- und Wohlstandsmetropolen (z. B. in Mittelengland) und zum Entstehen neuer „bürgerlicher" Wohlstandsinseln in ärmsten Drittweltstaaten.

„Globale" Auswirkungen der Globalisierung sind vielfach spürbar: auf den Arbeitsmärkten durch eine Erhöhung der Arbeitslosigkeit wie eine „Verbilligung" der Arbeit, auf den Produktmärkten durch eine weltweite Vereinheitlichung von Produktion, Waren und Dienstleistungen sowie einen globalen Preis- und Qualitätswettbewerb. Spürbar ist „Globalisierung" auch als Zunahme weltweiter Wanderbewegung von Arbeitskräften, politischen und sozialen Flüchtlingen, aber auch von Konferenz- und Handelsreisenden und von TouristInnen. Schließlich bedeutet „Globalisierung" auch eine Globalisierung der Umweltprobleme.

Ortlose Welt

Die hier zusammenfassend als „Globalisierung" verstandenen Entwicklungen führen zur Herausbildung einer „ortlosen"[8] und ruhelosen Welt. Wir stehen an der Schwelle eines Zeitalters, das durch eine *„Allgegenwärtigkeit"* gekennzeichnet ist – alle Erscheinungen der materiellen und der ideellen Welt treten „überall gleichzeitig" auf. Weltweite Kooperation in Produktion und Reproduktion, in Arbeit, Freizeit und Konsum wird zur Normalität. Bestellung, Produktion, Lieferung, Zustellung und Konsum finden nahezu gleichzeitig, aber auf den verschiedensten Plätzen der Welt statt: Ich bestelle über PC und Internet von meiner Wohnung in Baden bei Wien ein Produkt, das auf Grund der Bestellung in Detroit designt, in London kalkuliert, in Capetown montiert, in Lissabon mit anderen Zulieferprodukten assembled, in Koper angelandet und nach Wien zugestellt wird. Vier Tage nach der Bestellung kann ich mir meinen fertig montierten PC (oder mein Auto oder meinen Maßanzug) in der Wiener Zollfreizone abholen.

Diese Ortlosigkeit ist mit einer neuen Zeitlosigkeit verbunden. Da es in einer global vernetzten Welt immer irgendwo „irgendwieviel Uhr" ist, wird die Arbeit nach industriell geprägten Zeitrhythmen immer beliebiger. Flexibilisierung der Arbeits- und Geschäftszeiten sind auch als Antwort auf diese zunehmende Beliebigkeit der Zeit zu sehen – verursacht werden dadurch neue Beliebigkeiten der lokalen Kommunikations- und Beziehungszeiten. Auch die Trennung zwischen Arbeit und Freizeit wird beliebig; die im Arbeitssystem, also im öffentlichen Raum liegenden Probleme der Abstimmung von Arbeitszeit und Freizeit, also von Erwerbszeit und Familienzeit, werden somit umfassend privatisiert, das heißt zu den privaten (und daher privat auszustreitenden) Problemen der Betroffenen gemacht.

---

[8] nach Knoke, 1996

Die Tragweiten dieser Entwicklung sind umfassend. Knoke nennt, sicher zugespitzt, aber in ihrer Tragweite diskussionswert, folgende Konsequenzen[9]:

- Die Nation als uns heute noch vertrautes Konzept wird zum Anachronismus werden; die Territorialstaaten werden in ihrer Bedeutung zunehmend gleichzeitig einerseits von den lokalen Einheiten („Regionen“), andererseits von transnationalen Zusammenschlüssen abgelöst werden. Das steht jedoch nur scheinbar in Widerspruch zur heute beobachtbaren Herausbildung neuer Nationalstaaten, denn auch diese sind nur eine Übergangserscheinung auf dem Weg zu neuen transnationalen Zusammenschlüssen (z. B. EU-Osterweiterung).
- Der Terrorismus wird die Oberhand gewinnen; territoriale Kriege werden zunehmend von terroristischen und in ihrer Bedrohung wie in ihren Ursprüngen tatsächlich ortlos bleibenden Auseinandersetzungen abgelöst werden. Wenn territoriale Kriege – auch mangels abnehmender Bedeutung nationaler Territorienbesitze – an Bedeutung verlieren, werden möglicherweise auch die Streitkräfte einen Bedeutungswandel in Richtung weltweit vernetzter militärischer Polizeikräfte zur Terrorismusbekämpfung erfahren.
- Gewerkschaften sind „dem Untergang geweiht“ (so Knoke), in jener Form, in der sie nationale Interessensvertretung von relativ privilegierten Stammbelegschaften sind. Das Überleben der Gewerkschaften als politische Gestaltungskraft liegt daher in ihrer internationalen Vernetzung und in ihrer Fähigkeit, die Interessen von Kernbelegschaften und von „ortlos flexibilisierten“ Randbelegschaften zusammenzuführen.
- Religionen werden weltweit an Bedeutung gewinnen; denn mit dem Wegfall des fundamentalen „Ost-West-Konfliktes“ wird die Bedeutung interessensbezogener („rechter“ wie „linker“) Ideologien schwinden. Fundamentalismus jedweder Prägung übernimmt zunehmend die Rolle und Funktion, die die bipolare ideologische Bindung, die wechselweise Orientierung nach „rechts“ und nach „links“ in diesem Jahrhundert gehabt hat. Aus der „ortlosen“ Gesellschaft wird eine ideologielose Gesellschaft.
- Eine Weltregierung wird unumgänglich sein, ob man sie anstrebt oder nicht. Denn in dem Ausmaß, in dem sich die militärischen Auseinandersetzungen zu Polizeimaßnahmen im Weltmaßstab entwickeln, wird es eine diese „Weltpolizei“ zentralstaatlich lenkende „Weltregierung“ geben. Allerdings ohne das Vorhandensein eines klaren dominanten ortsgebundenen Weltzentrums wird sich diese neue Machtstruktur wesentlich von bisher bekannten Strukturen unterscheiden – wodurch jedoch noch keine Aussage über Demokratienähe oder -ferne dieser Strukturen getroffen ist.

---

9 Knoke, 1996, S. 25

- Große Unternehmen werden in Fragmente aufgeteilt werden – die Konzentrationsprozesse werden von Dezentralisierungs- und Dynamisierungsprozessen überlagert, Eigentums- und Besitzstrukturen werden immer unklarer und anonymer.
- Geschäftsstrategien und Wirtschaftstheorien müssen auf radikale Weise neu erdacht werden – es wird zunehmend klar, daß die Kernaussagen der Wirtschafts- und Gesellschaftstheorien im Koordinatensystem der bipolaren Welt erdacht, an Erklärungsmächtigkeit verloren haben und radikal neu formuliert werden müssen, um Gestaltungshoheit – auf den Märkten wie im Bereich der Politik – wiederzuerlangen.
- Die heutigen beruflichen Fertigkeiten sind für die Zukunft weitgehend irrelevant – das „Gelernte" wird zunehmend abgelöst werden müssen durch die lebenslange Fähigkeit des „Lernenkönnens".

Die Herausbildung der ortlosen und zeitlosen Welt ist ein umfassender Prozeß, dessen Entwicklung ihr Gegenteil – nämlich die Herausbildung neuer, kleinräumlicher und stabiler Strukturen – genauso innewohnt: Das kleine, als „Insider-Tip" gehandelte lokale Spezialitätenrestaurant ist Antwort auf die weltweite McDonaldisierung der Gastronomie, und die Nachfrage nach dem handgeschorenen und handgestrickten Naturwollepullover aus dem Nachbartal ist Antwort auf die weltweit vernetzt produzierten synthetischen Gewebe – die „Globalisierung" findet die Prozesse ihrer Aufhebung in sich eingeschlossen. Das bedeutet aber: Die Radikalisierung der Veränderungen, die wir heute erleben, verlangt genauso radikal eine neue Erklärung der Welt, wie sie sie fundamental verhindert. Von diesem Spannungsverhältnis wird die heutige Sozial- und Wirtschaftswissenschaft getragen, dieser Spannungsbogen trägt auch das vorliegende Buch.

Globalisierung

Nach Albrow bezeichnet der Begriff „Globalisierung" all jene „Prozesse, durch die die Völker der Welt in eine einzige Weltgesellschaft, die globale Gesellschaft, eingegliedert werden"[10]. Tatsächlich verwendet aber jede wissenschaftliche Disziplin ihren eigenen Globalisierungsbegriff. Die Ökonomie versteht unter Globalisierung die Internationalisierung der Märkte, die Herausbildung eines einheitlichen internationalisierten Kapitalmarktes und die tendenziell weltweite Ausbreitung der kapitalistischen Marktverhältnisse. Die Politikwissenschaft stellt die zunehmende Dichte politischer Beziehungen beziehungsweise die Internationalisierung politischer Wechselwirkungen und die Entwicklung einer globalen Politik nach Wegbrechen des „Ost-West"-Bipolarismus in den Vordergrund. Die Soziologie konstatiert die Herausbildung einer „Weltgesellschaft" und die Kulturanthropologie stellt die globalisierte Kommu-

---

[10] Albrow, 1990, S. 9; siehe auch Pieterse, 1998, S.87

nikation sowie die Herausbildung einer „Weltkultur" (die weltweite „McDonaldisierung"[11] der Kultur) ins Zentrum. Die Kriminologie sieht sich zunehmend mit einer „Globalisierung" der Unterwelt, mit dem Entstehen von weltweiten mafiosen Netzen konfrontiert. Historiker schließlich stellen die Herausbildung einer Weltgeschichte, manche gar das „Ende" jeder Geschichte fest. Auch die Medizin ist mit weltumspannenden Phänomenen der Gesundheitsentwicklung konfrontiert, am deutlichsten in der Rezeption des weltweiten Phänomens AIDS festzumachen.

Das Phänomen „Globalisierung" ist ein vielschichtiger Prozeß, eine Synthese aus all den genannten Entwicklungen und bedarf daher einer differenzierten Analyse. „Globalisierung" und die sich daraus für die Politik ableitende „Globalisierungsfalle"[12] ist mittlerweile aber bereits zum „Totschlagargument" geworden: Negative politische Entwicklungen, aber auch Begehrlichkeiten oder Forderungen politischer oder wirtschaftlicher Interessensvertreter werden mit dem Schlagwort „Globalisierung" begründet oder abgelehnt. Wenn eine Wirtschaftsbranche die Senkung der Lohnkosten fordert, wird dies üblicherweise mit dem aus der „Globalisierung" entstehenden Druck begründet, oft unabhängig davon, ob das betreffende Marktsegment dem Weltmarkt ausgesetzt ist oder nicht. Wenn eine Umweltinvestition abgelehnt wird, muß die „Globalisierung" als Begründung herhalten.

„Globalisierung" ist eine sinnvolle analytische Kategorie, um neue, weltweit wirkende und die Ökonomie mit der Politik, der Soziologie, der Kultur und vielen anderen Sparten vernetzende Entwicklungen erklären und begreifen zu können. Gleichzeitig kann „Globalisierung" als globales Argument, warum etwas nicht oder nicht anders geht, entwaffnen und in die Resignation treiben. Begriffliche Klarheit tut daher not, um Schlagworte durch Fakten und tatsächliche Beziehungen zu ersetzen, damit wieder Handlungsfreiheit gewonnen werden kann. Dabei sind zumindest drei Sachverhalte zu unterscheiden und daher auch begrifflich klar voneinander zu trennen[13]:

❑ Die auf Grund von technischen Fortschritten, internationalen Abkommen und politischer Liberalisierung möglich gewordene weltweite Vernetzung von Informations- und Verkehrsmitteln führt zu einem Schrumpfen der Übermittlungszeiten und zu einem Bedeutungsverlust räumlicher Distanzen, sodaß immer mehr Ereignisse weltweit gleichzeitig wahrgenommen und mit immer kürzeren Verzögerungen an unterschiedlichen Orten der Welt wirksam werden können. Dieses Zusammenrücken der räumlich verteilten Weltereignisse und ihre bewußtseinsmäßige Kopräsenz werden zu Recht als *Globalisierung* – des Bewußtseins wie auch der Prozesse selbst – bezeichnet.

---

[11] siehe Ritzer, 1995
[12] siehe Martin/Schumann, 1996
[13] vgl. Kaufmann, 1997, S. 118 ff.

- Die Zunahme des Anteils von staatliche Grenzen überschreitenden Transaktionen an der Gesamtheit der für eine nationale Wirtschaft bzw. Gesellschaft bedeutungsvollen Transaktionen sollte als *Internationalisierung* bezeichnet werden. Besonders auffällige Formen beziehen sich auf den Handel (Importe/Exporte), die Mobilität von Personen (Tourismus, Geschäftsverkehr, Migration) und den Informationsaustausch (Wissenschaft, Medien, Öffentlichkeit).
- Die wachsende Einbindung staatlicher, verbandlicher und privater AkteurInnen in Institutionengefüge, die die nationalstaatliche Rechtsordnung übergreifen, läßt sich in Abgrenzung von den beiden erstgenannten Sachverhalten als *Transnationalisierung* bezeichnen. Damit sind auf staatlicher Ebene unkündbare, auch völkerrechtliche, Verträge gemeint, welche einem partiellen Souveränitätsverzicht nahekommen. Auf Ebene von Konzernen ist damit gemeint, daß standortungebundene Konzerninteressen so weit universalisiert werden, daß auch die Interessen eines „Mutterlandes" nicht mehr vorkommen.

Auf Grundlage dieser begrifflichen Definition läßt sich das Thema „Globalisierung" exakt bestimmen und von anderen Prozessen, die bestenfalls grenzüberschreitende Wirkung haben, unterscheiden. Allen drei Prozessen, die freilich gleichzeitig auftreten und zahlreich miteinander verschränkt sind, gemeinsam ist die Anforderung an uns, den Charakter und die Grenzen nationaler Souveränität und nationalstaatlicher Handlungsspielräume neu zu bestimmen. Das gilt auch für die Handlungsfelder einer Gewerkschaftspolitik, die von den nationalstaatlichen Grenzziehungen ihrer Aktivitäten zunehmend in ihren Durchsetzungsmächtigkeiten begrenzt wird.

Schlußfolgerungen

Das Problem einer handlungsanleitenden Erklärung der „Globalisierung" liegt im Prozeß, der zu erklären ist, selbst verborgen: „Technische" Modernisierungserklärungen finden viele Gründe für die Entwicklung, die sie beschreiben sollen, klammern aber das zentrale Problem aus: die Verteilung von Macht und Reichtum, von Machtlosigkeit und Armut.

Auf dieser „technischen" Erklärungsebene findet sich etwa Giddens, wenn er Globalisierung definiert „im Sinne einer Intensivierung weltweiter sozialer Beziehungen, durch die entfernte Orte in solcher Weise miteinander verbunden werden, daß Ereignisse an einem Ort durch Vorgänge geprägt werden, die sich an einem viele Kilometer entfernten Ort abspielen und umgekehrt".[14] Diese Sichtweise ist durchaus richtig und beschreibt wesentliche Erscheinungen der Prozesse der Globalisierung. Aber diese Betrachtungsweise verschließt den Blick darauf, *warum* weltweit relevante Entscheidungen getroffen werden, wer sie trifft, wer davon profitiert und wer darunter leidet.

---

[14] Giddens, 1996, S. 85

Die eigentliche Aufgabe handlungsorientierter Erklärungsansätze ist daher so traditionell wie modern: die Lösung des Verteilungsproblems zu unterstützen. Die Dimension ist gewaltig. Allein die reichsten 385 Personen der Erde besitzen eine Vermögensmenge, die der Hälfte des auf der gesamten Erde in einem Jahr erwirtschafteten Sozialproduktes entspricht[15]. Auf der anderen Seite verhungert jede vierte Sekunde irgendwo auf der Erde ein Mensch. Globalisierung bedeutet, Verteilungsfragen auch in dieser Dimension, also weltweit, zu verstehen. Dennoch sind die jeweils konkreten Verteilungsprobleme national, also im konkreten Wirkungsbereich der jeweils aktiven politischen und gesellschaftlichen Kräfte, zu lösen.

Gerade die gewerkschaftlichen Aufgaben in der Auseinandersetzung mit den Prozessen der „Globalisierung" liegen in dieser Dimension: Nicht „Globalisierung" rückwärtsgewandt aufzuhalten, sondern die Prozesse so zu lenken, daß die Verteilungsprobleme weltweit wie lokal einer Lösung zugeführt werden, die eine tatsächliche Teilhabe aller Menschen an den gesellschaftlichen Reichtümern und den Segnungen der stofflichen Entwicklung des Reichtums dieser Welt ermöglichen. Wir legen keine fertigen Antworten vor. Aber wir hoffen, mit dem hier vorliegenden Buch und der Fülle von Analysen und Positionen, die hier entwickelt werden, Anregungen und Grundlagen für eine Weiterentwicklung gewerkschaftlicher Positionen geboten zu haben.

Zu unserem Buch

Wirtschaftspolitische Theorien bilden den Hintergrund, auf dem sich die gravierenden Veränderungen im Zusammenhang mit der Globalisierung der letzten Jahrzehnte vollzogen haben. Der ***erste Teil*** versucht, diese Theorien und Mechanismen zu umreißen und darzustellen.

„Vom Lohndruck über die Armutsfalle zur Armut" erläutert die theoretische Basis, auf die sich die aktuelle Wirtschaftspolitik stützt. Arbeitslosigkeit kann laut der herrschenden ökonomischen Theorie – dem Neoliberalismus – nur durch Lohnsenkungen und Einschränkungen der Arbeitslosenunterstützung bekämpft werden. Wie kurzsichtig und gefährlich diese Art der Wirtschaftspolitik ist, erklärt **Anton Rainer** in seinem Beitrag.

Markt und Staat – das sind zwei Seiten einer Medaille, zwei zusammengehörige, sich komplettierende Momente des Kapitalismus. Durch die Zentrierung auf die Komponente Markt in den letzten Jahrzehnten geriet der Staat völlig aus dem Blickwinkel und wurde mehr und mehr zum positiven Gegenüber des Marktes, zum Fetisch erhoben. **Stefan Grigat** zeigt in seinem Beitrag „Markt und Staat in der Globalisierung –

[15] Vereinte Nationen, Human Development Report, 1996, zitiert bei Abrow, 1998, S. 431

Zur Kritik eines falschen Gegensatzes", daß die Denkweise Staat = gut und Markt = böse letztendlich eine zu verkürzte ist, um Globalisierungskritik zu üben. Außerdem führt diese Verkürzung zu Widersprüchen und zu jenem Dilemma, in dem sich beispielsweise die Gewerkschaften befinden.

Nicht Staaten sind Gewinner/Verlierer der wirtschaftlichen Internationalisierung, sondern einzelne Bevölkerungsgruppen, meint **Jörg Flecker** in seinem Artikel „Einem indischen Ingenieur ist nichts zu schwer – Zu den Auswirkungen der Globalisierung(sdiskussion) auf die Arbeitsbeziehungen". Der Autor beschreibt die Veränderung der Arbeitsorganisation vor allem in internationalen Konzernen und die Konsequenzen, die sich daraus für BetriebsrätInnen und Gewerkschaften ergeben.

Ronald Reagan kam und die Wirtschaft wurde eine andere. Der Neoliberalismus prägt seit den 70ern das weltweite Wirtschaftsgeschehen. In „Globalisierung, Politik und Moral" blickt **Manfred Tieber** hinter die Kulissen und beleuchtet den Paradigmenwechsel in der Wirtschaftstheorie, der sich parallel und verschränkt mit der Globalisierung vollzog und zeigt außerdem die drastischen Folgen auf, die diese Wende für die erwerbsabhängige Mehrheit der Weltbevölkerung mit sich brachte.

Auswirkungen der Globalisierung in verschiedenen Bereichen sozialen und politischen Lebens zeigt der ***zweite Teil*** des Buches.

Sinkender Lebensstandard, Massenarbeitslosigkeit und bürgerkriegsähnliche Zustände sind die verheerenden Folgen der Finanzkrise in Asien. **Christoph Sykora** zeigt in seinem Beitrag „Asien: Von der Finanzkrise in die soziale Katastrophe", daß die Ursache für dieses Desaster in der grenzenlosen Freiheit von Kapitalransfers liegt.

Eine Folge der Politik des freien Marktes neoliberalen Gepräges ist der Steuerwettbewerb. **Anton Rainer** umreißt in seinem Beitrag „Steuerwettbewerb – Steuerharmonisierung" die innerhalb der EU seit Jahren gängige Praxis des Steuerdumpings, die zu Lasten des Faktors Arbeit und der staatlichen Finanzstrukturen geht. Lösungsmöglichkeiten – wie Steuerharmonisierung, stärkere Gebührenfinanzierung, Erhöhung der Grundsteuer – sind dringend notwendig.

Das Multilaterale Investitionsschutz- und Liberalisierungsabkommen (MAI), das im Rahmen der OECD zur Zeit ausverhandelt wird, ist nur die Spitze des Globalisierungs-Eisberges und löst heiße Diskussionen aus. **Elisabeth Beer** zeigt in ihrem Beitrag „Eine neue Weltverfassung?", was sich hinter dem MAI verbirgt, wem es nutzt und welche gesellschaftspolitisch sensiblen Folgen es für alle ArbeitnehmerInnen und die Entwicklungsländer hat.

Ohne einer Wirtschaftspolitik, bei der alle Menschen am Produktivitätsfortschritt/Gewinn teilhaben, werden Freihandelszonen und liberaler Außenhandel in der Bevölkerung auf immer weniger Verständnis stoßen. Zu diesem Ergebnis gelangt **Franz Kreil** in seinem Beitrag „Neuer Transatlantischer Markt" über den im Frühjahr 1998 unterzeichneten Kooperationsvertrag zwischen den USA und der EU.

Wie sich Konzentrationsprozesse konkret innerhalb eines Konzerns abspielen, zeigen **Alfred Ackerbauer** und **Manuel Friedl** in ihrem Beitrag „Konzentrationsprozesse in der Wirtschaft am Beispiel Philips Videowerk (iR3)“. Produktionsstandorte sind auch innerhalb eines Konzerns einem beinharten Wettbewerb ausgesetzt; welche Auswirkungen das hat, zeigen die beiden Autoren anhand von Gesprächen mit den betroffenen Betriebsräten im Wiener Philips-Werk.

Ebenso alt wie die Angst und die Vorwürfe gegenüber multinationalen Unternehmen in Österreich ist ihre lange Tradition und ihre große Bedeutung für die wirtschaftliche Entwicklung in diesem Land. **Christian Bellak** vergleicht in seinem Beitrag „Auslandskapital in der österreichischen Industrie: Ein Problem?“ gängige Argumente gegen die Multis mit der faktischen Wirklichkeit und kommt zum Schluß, daß die zunehmende Verflechtung von Eigentumsstrukturen einem „Marktzwang“ nicht untergeordnet werden darf, sondern von der Politik aktiv geleitet und mitgestaltet werden muß.

„Droht dem Wirtschaftsstandort Österreich die Insolvenz?“ fragt **Dietmar Zach**. Er geht dieser Frage in seinem Beitrag nach und stellt fest, daß Fehler im Management und mangelnde Buchhaltungskenntnisse die Hauptursache für Insolvenzen in Österreich sind, nicht die „Globalisierung“; das Gewerbe ist am meisten insolvenzgefährdet.

Mit den Krediten transportiert die Weltbank auch ihre ideologischen Vorstellungen. Versteckt und vor allem indirekt heißt es oft: „Ohne die Erfüllung gewisser Auflagen gibt es kein Geld“. Diese Auflagen tragen eine neoliberale Handschrift, das heißt, es geht vornehmlich um die Zurückdrängung, weitestgehende Einschränkung des Staates und seiner Funktionen, um Privatisierung und Deregulierung. **Patrizia Reidl** nimmt in ihrem Beitrag „Ein Stein des Anstoßes?“ den Weltbankbericht 1997 unter die Lupe, der überraschenderweise „den Staat“ als wichtigen und notwendigen Wirtschaftsfaktor wieder ins Spiel bringt. Wie reagiert die Welt auf diesen unerwarteten Vorstoß der Weltbank und wieviel Bedeutung muß dieser neuen Perspektive beigemessen werden?

Der politischen Sicht auf die Auswirkungen rund um die Globalisierung und dem Handlungsbedarf ist ***Teil drei*** des Buches gewidmet.

Hans Sallmutter, Vorsitzender der Gewerkschaft der Privatangestellten, stellt in seinem Beitrag „Globalisierung – die Herausforderung für Gewerkschaften“ das Globalisierungsargument als Spiel zwischen Sachzwanglogik und Angst dar und zeigt anschließend konkrete Handlungsmöglichkeiten der Gewerkschaften auf.

Der Präsident der Bundesarbeitskammer, **Herbert Tumpel**, geht in seinem Artikel „Droht der Ausverkauf unserer Wirtschaft?“ der Frage nach, welche wirtschaftspolitischen Strategien künftig notwendig sein werden, um eine positive Beschäftigungsentwicklung im Zusammenhang mit ausländischem Kapital zu bewirken. Untersuchungen bezüglich Auslandskapital und strategischem Eigentum in der österreichischen Wirtschaft ergeben, daß trotz positiver Bilanz bei ausländischen Unternehmen in

Österreich die Tendenz, wertschöpfungsintensive Unternehmensteile in das Land der Muttergesellschaft zu verlegen, bestehen bleibt. Das aber gefährdet qualifizierte Arbeitsplätze in Österreich.

Wie sehen konkrete Lösungen aus und wo schließen sich Forderungen an diverse Analysen an? Der ***vierte Teil*** versucht, Antworten auf diese Fragen zu geben.

Eine Frage, die sich durch die Globalisierungsdebatte immer wieder stellt, ist die, ob es zu einem Verlust der nationalen wirtschaftspolitischen Souveränität kommt und wenn ja, wie kann diesem Verlust begegnet werden. **Hans Moser** und **Richard Winklhofer** gehen in ihrem Artikel „Wie könnte eine strategische Industriepolitik in Österreich aussehen?" dieser Frage nach, orten verschiedene Spannungsfelder und beschreiben konkrete industriepolitische Strategien/Maßnahmen (vor allem Ausbau und Nutzung der bestehenden Kompetenzen und Fähigkeiten der Unternehmen und ArbeitnehmerInnen), deren Ziel es sein muß, eine Verbesserung der Lebenschancen für alle zu schaffen, Sicherheit zu gewährleisten (auch durch Vollbeschäftigung) und langfristig eine gesunde Umwelt zu garantieren.

Wie kann man im Zeitalter der Informationstechnologie, wo praktisch alles schneller und rationeller via Personalcomputer möglich ist, ein Erodieren/Zusammenbrechen traditioneller Steuersysteme verhindern? **Ingrid Reischl** und **Christoph Sykora** stellen in ihrem Beitrag „Bitsteuer – Roadpricing für den Info-Highway" ein zukunftsweisendes Steuermodell vor, das auf der Zählung von Bits, also der winzigen Informationseinheiten in den Telekommunikationsleitungen, basiert.

Mit den Buhworten „Pflicht(zwangs)versicherung" und „Kassenbürokratie" ist das System der Sozialen Sicherheit in die allgemeine Debatte über Globalisierung einbezogen worden. „Eigenvorsorge" und „mündiger Bürger" sind die Schlagworte, um das Soziale System „endlich" dem Freien Markt zuzuführen. **Peter Wieninger** analysiert in seinem Beitrag „Eine Analyse der Auswirkungen der Globalisierung auf die Soziale Sicherheit" die Auswirkungen der Globalisierung auf die Struktur, die Einnahmensituation und die Leistungen der Sozialversicherung und kommt zum Schluß, daß ein beträchtliches finanzielles Gefährdungspotential – verursacht durch sinkende Lohnquoten/Löhne – durch Finanzierungsalternativen wie Wertschöpfungsabgabe bekämpft werden muß.

Ein bekanntes neoliberales Argument für die Globalisierung besagt, daß die Globalisierung zum Segen aller sei, weil dann der Wohlstand für alle steige. **Evelyn Blau** und **Wolfgang Mehl** zeigen in ihrem Artikel „Ökologische Aspekte der Globalisierung", daß dieses Argument auch aus umweltpolitischer Sicht nicht stimmt. Die Kosten der Umweltnutzung – auch Natur gilt wie Arbeit und Kapital als Produktionsfaktor – werden entweder durch Umweltdumping gedrückt oder sie werden externalisiert/ausgelagert, das heißt die Kosten für die Verschmutzung der Atmosphäre, Klima, Weltmeere usw. trägt die gesamte Weltbevölkerung und nicht der/die VerursacherIn. Das schließt künftige Generationen genauso ein wie jene Völker, die eine naturverbundene Lebensweise praktizieren.

Hintergrundinformation der besonderen Art bietet der ***fünfte Teil*** des Buches: BetriebsrätInnen berichten aus der Praxis: Was hat sich aus ihrer Sicht in den letzten Jahren verändert, wie geht man im Betrieb mit den neuen wirtschaftlichen Rahmenbedingungen um? Sind allgemeine Tendenzen zu erkennen? Die Antworten und Einschätzungen sind so unterschiedlich wie die Betriebe und Branchen, aus denen diese Fachleute kommen.

Der Inhalt dieses Buches bietet ein sehr breitgefächertes, diverses Bild der Globalisierung, und es stellt den Versuch einer Annäherung an ein scheinbar unfaßbares Thema dar.

Literatur

ALBROW, M./ E KING., Globalization, Knowledge and Society, London, 1990.

ALBROW, M., Abschied vom Nationalstaat, Frankfurt/Main, 1998.

ALBROW, M., Auf dem Weg zu einer globalen Gesellschaft? in: U. Beck, Perspektiven der Weltgesellschaft, Frankfurt/Main, 1998.

ALTVATER, E./B. MAHNKOPF, Grenzen der Globalisierung. Ökonomie, Ökologie und Politik in der Weltgesellschaft, Münster, 1997.

BAUMANN, Z., Moderne und Ambivalenz – Das Ende der Eindeutigkeiten, Frankfurt/Main, 1996.

BAUMANN, Z., Schwache Staaten – Globalisierung und die Spaltung der Weltgesellschaft; in: BECK, U., Kinder der Freiheit, Frankfurt/Main, 1997.

BECK, U., Kinder der Freiheit, Frankfurt/Main, 1997.

BECK, U., Was ist Globalisierung? Frankfurt/Main, 1998.

BECK, U., Perspektiven der Weltgesellschaft, Frankfurt/Main, 1998.

GIDDENS, A., Konsequenzen der Moderne, Frankfurt/Main, 1996.

GIDDENS, A., Jenseits von Links und Rechts, Frankfurt/Main, 1997.

KAUFMANN, F.X., Herausforderungen des Sozialstaates, Frankfurt/Main, 1997.

MARTIN, H. P./H. SCHUMANN, Die Globalisierungsfalle – Der Angriff auf Demokratie und Wohlstand, Frankfurt/Main, 1996.

PIETERSE, J. N., Der Melanger-Effekt – Globalisierung im Plural, in: U. Beck, Perspektiven der Weltgesellschaft, Frankfurt/Main, 1998.

RITZER, G., Die McDonaldisierung der Gesellschaft, Frankfurt/Main, 1995.

SALLMUTTER, H., (Hrsg), Stillgelegt. Weichenstellungen für den Arbeitsmarkt im Jahr 2000, Wien, 1997.

SALLMUTTER, H., Nichts ist so gestaltbar wie die Zukunft. Der Sozialstaat zur Jahrtausendwende, Wien, 1998.

SENNETT, R., Der flexible Mensch. Die Kultur des neuen Kapitalismus, Berlin, 1998.

I. Theorie

Vom Lohndruck über die Armutsfalle zur Armut

Anton Rainer

Theoriegeschichtlicher Abriß

Vorkeynesianische Neoklassiker

Der Arbeitsmarkt wird als Markt wie jeder andere gesehen. Die Teilmärkte (Güter-, Arbeits- und Geldmarkt) hängen nur ziemlich schwach zusammen und werden jeder für sich „geräumt", wenn man nur die Marktkräfte frei wirken läßt („Nachfrage-Angebots-Kreuze" – Marktgleichgewicht). Auf dem Gütermarkt schafft sich nach dem Say'schen Gesetz das Angebot seine eigene Nachfrage, das Sparen bestimmt die Investitionen, es gibt somit keine Unternachfrage. Am Arbeitsmarkt würden sich bei vollkommener Konkurrenz markträumende Reallöhne von selbst einstellen. Vor allem wegen organisierter Arbeiterschaft ist der Markt unvollkommen, daher appellieren Neoklassiker an Gewerkschaften und Wirtschaftspolitiker, die Löhne möglichst niedrig zu halten oder zu senken. Der Geldmarkt ist eigentlich ein funktionsloses Anhängsel, Geld wird als Numeraire (Preismaßstab) oder wegen strikter Quantitätsgleichung als direkter Bestimmungsfaktor für die Preise gesehen.

Daher war das Rezept gegen die Arbeitslosigkeit der 30er Jahre hauptsächlich Lohnsenkung und Steuersenkung (das Laffer'sche Gesetz, wonach Steuersatzsenkungen zu Mehraufkommen führen, gibt's schon lange; siehe etwa damalige Monatsberichte des Instituts für Konjunkturforschung, des Vorgängers des WIFO).

Keynes – Die General Theory (GT)

Die GT beginnt mit einer Attacke auf die Neoklassik bezüglich ihrer Theorie, daß Lohndruck Beschäftigung bringt: Als wesentliche Gründe der Kritik werden genannt:

1. Reallohn ist kein Verhandlungsgegenstand zwischen Dienstgeber und -nehmer.
2. Lohnsenkung kann und wird meistens die Nachfrage negativ beeinflussen.

Die GT bestreitet das Say'sche Gesetz und vor allem, daß das Zinsniveau vom Sparen abhängt, die Quantitätsgleichung wird von einer neuen Geldnachfragetheorie abgelöst.

Keynes zeigt, daß sich eine Volkswirtschaft auch über längere Zeit in einem Gleichgewicht bei Unterbeschäftigung befinden kann und empfiehlt, daß der Staat eine stärkere Verantwortung für eine – im Sinn der Beschäftigung – befriedigende Nachfrage übernimmt.

Neoklassische Synthese – „Bastard-Keynesianismus"

Hicks wollte offensichtlich mit seinem Artikel „Mr. Keynes and the Classics" (der das bekannte IS-LM-Schema einführt) die aufgescheuchte Ökonomenschaft beruhigen, indem er zu zeigen versucht, daß die GT in den neoklassischen Rahmen paßt. Die GT wird hier auf Deficit Spending und (vielleicht) expansive Geldpolitik reduziert.

Später wird der sogenannte „4. Quadrant" (Arbeitsmarkt-Quadrant) als antikeynesianisches Element zum IS-LM-Schema hinzugefügt, womit eine weitgehende Neoklassifizierung eintritt (d. h. Hauptschuld an einer Unterbeschäftigung tragen rigide Löhne). Weitere ökonomische Unsinnigkeiten (wie etwa Realkasseneffekt, Produktionsfunktionen) kommen hinzu. Es gibt einige Zeit lang die Vorstellung des wirtschaftlichen „Finetunings". Die Argumente werden zunehmend anti-keynesisch (z. B. restriktive Budgetpolitik für Abkühlung einer [gefährlich] überhitzten Wirtschaft).

Monetarismus – Neue Klassische Ökonomie

Folgende Elemente treten in den Vordergrund bzw. werden wieder ausgegraben:

- ❑ Rückkehr zur Quantitätstheorie (Geld als nominelle Wachstumsschranke)
- ❑ Konzept der natürlichen Arbeitslosigkeit
- ❑ sogenannte „Rationale Erwartungen" (das sind solche, die den Ergebnissen der einschlägigen theoretischen Modelle entsprechen)
- ❑ „Repräsentatives Wirtschaftssubjekt" (wobei die Gesellschaft einfach aus deren Multiplikation besteht)
- ❑ Wiederbelebung der „Ricardianischen Äquivalenz"
- ❑ Neue alte Steuer-Theorien („lump-sum-tax" als optimale Steuer, „Laffer-Kurve")
- ❑ (fast) vollständiges Crowding-out
- ❑ übertriebene Mathematisierung (Vereinfachungen im Interesse der Lösbarkeit auf Kosten der Sinnhaftigkeit; geht bis zur „Theorie der Theorielosigkeit")

Neue Klassische „Beschäftigungspolitik"

Es handelt sich um eine stufenweise Rezeptur, wobei jedenfalls anfänglich nicht die Beschäftigung, sondern die Inflationsbekämpfung das Hauptmotiv ist.

1. Überhitzungsangst – Inflationsbekämpfung

Es besteht die Sorge einer Beschleunigung oder eines Wiederanspringens der Inflation (für NAIRU-Anhänger[1] hauptverursacht durch Überbeschäftigung). Besonders Zentralbank-Vertreter sind sehr anfällig für diesen „vorsorglichen Hitze-Koller". Eine restriktive Geld- und Fiskalpolitik wird eingeleitet, wobei kurzfristig der Schwerpunkt bei einer Erhöhung der Zinssätze liegt, da diese relativ rasch und direkt von der Zentralbank zu beeinflussen sind.

Die Auswirkungen dieser Zinserhöhungen sind:

- ❑ Investitionsbremse, Reduktion der Käufe dauerhafter Konsumgüter
- ❑ Inflationsverstärkung (da Zinsen Kosten und Gewinnaufschlag beeinflussen)
- ❑ Erhöhung der öffentlichen Defizite (wegen höherer Zinsausgaben)
- ❑ wahrscheinlich Aufwertung.

In weiterer Folge wird versucht, die Defizite der öffentlichen Haushalte zu reduzieren, was durch die Zinserhöhung und deren Folgewirkungen zusätzlich erschwert wird. Beispielsweise folgende Stehsätze dienen als Verkaufsargument der restriktiven Politik:

- ❑ „Wir haben über unsere Verhältnisse gelebt."
- ❑ „Gürtel enger schnallen!"
- ❑ „Staat soll wirtschaften wie eine gute Hausfrau!"
- ❑ „Unsere Kinder kommen mit hohen Schulden auf die Welt."

2. Inflation geht tatsächlich zurück

Die schließliche Inflationsdämpfung erfolgt allerdings aufgrund einer „überschießenden" restriktiven Politik (da ja die ursprüngliche Inflationsverstärkung zusätzlich kompensiert werden muß) und einer damit bewirkten Krise. Mehr oder weniger überraschenderweise ergeben sich damit (leider) Beschäftigungsprobleme.

3. Maßnahmen gegen die Arbeitslosigkeit

Schuld an der hohen Arbeitslosigkeit sind angeblich die zu hohen Lohnkosten. Daher wird gefordert:

- ❑ mäßige („verantwortungsvolle") Lohnpolitik
- ❑ Maßnahmen zur Erhöhung der Arbeitszeit („Ärmel aufkrempeln!")

begleitet durch:

- ❑ Maßnahmen für ein „inflationsfreies Wachstum"

---

1 NAIRU = „non accelerating inflation rate of unemployment". Inzwischen wäre es vielleicht sinnvoller, über die DARU („deflation avoiding rate of unemployment") zu sprechen.

- Schwerpunkte sind Investitionen (gefördert durch staatliche Zuckerln, Lohnverzicht zur Erhöhung der investierbaren Gewinne u. ä.) und Exporte (wieder durch Zuckerln und Druck auf Lohnkosten, da Abwertung wegen der dadurch drohenden Inflationsgefahr nicht opportun ist). Auch die Budgetkonsolidierung soll diesbezüglich günstig sein, da damit ein „Crowding-in“ (besonders dummer Ausdruck, Gegenteil von „Crowding-out“ = Verdrängung privater Nachfrage durch Ressourcenbeanspruchung des Staates) einträte.

Dieser Plan hat – für neue Klassiker erstaunlicherweise, bei realistischer ökonomischer Betrachtungsweise eigentlich selbstverständlich – keinen bzw. sogar den gegenteiligen Erfolg. Die Exportoffensive gerät zum Stellungskrieg, weil ja die Handelspartner die damit verbundene Verschlechterung ihrer Leistungsbilanz nicht tatenlos hinnehmen bzw. gerade mit einer ähnlichen Offensive beschäftigt sind. Der private Konsum (wegen schwacher Löhne) und der öffentliche Konsum (wegen restriktiver Budgetpolitik) fallen (wunschgemäß?) als Nachfrageimpulse aus. Die Gewinnentwicklung ist (vorläufig) ausgezeichnet, d. h. die Kapitalrendite ist – soweit die Auslastung nicht zu stark sinkt – durchaus erfreulich. Es ist aber ein Fehler, daraus auf eine gute Investitionsrendite zu schließen. Diese ist im Gegenteil wegen der schwachen Kapazitätsauslastung im allgemeinen sicherlich sehr schwach (für viele Projekte extrem negativ) und hält einen Vergleich zur hohen Verzinsung nur aus, wenn es sich um (meist „arbeitssparende“) Rationalisierungsinvestitionen handelt. Somit werden sich die Unternehmen verstärkt darum kümmern, ihre guten Gewinne bzw. den Cash-flow in Finanzanlagen (anstatt Sachanlagen) anzulegen. Es steckt daher schon eine gehörige Portion Naivität oder Unverfrorenheit hinter Appellen von Politikern, die Gewinne in zusätzliche Investitionen zu stecken. Es ist durchaus denkbar, daß dieselben Leute solche Investitionen später – im Falle wirtschaftlicher Schwierigkeiten – als unternehmerische Fehlentscheidungen kritisieren würden.

4. Abbau von Hindernissen zur Erreichung des ausreichend niedrigen „Vollbeschäftigungslohnes“

Daß sich weder Wachstum noch Beschäftigung einstellen, wird natürlich nicht der eigenen Politik angelastet, sondern schuld ist, daß aus verschiedenen praktischen Gründen (leider) nicht der ausreichend niedrige „Vollbeschäftigungslohn“ erreicht wird. Es gibt daher sowohl kollektiv als auch individuell freiwillige Arbeitslosigkeit.

Beispiele: Gewerkschaften verhindern mit KV-Abschlüssen, daß Arbeitslose und letztlich auch Beschäftigte zu niedrigerem Lohn arbeiten, auch wenn sie individuell dazu bereit wären. Auch die Arbeitslosen selbst sind schuld, weil sie wegen zu großzügigem Arbeitslosengeld und anderen Transfers (z. B. Frühpension) nicht für einen niedrigeren Lohn arbeiten wollen. Sie befinden sich in der sogenannten „Armutsfalle“ (d. h. sie bleiben arm, ob sie arbeiten oder nicht; in dieser Konstellation auch oft als Arbeitslosigkeitsfalle o. ä. bezeichnet). Außerdem seien die Arbeitszeitregelungen zu starr.

Daraus werden beipielsweise folgende Vorschläge abgeleitet:

- Individualisierung der Lohnabschlüsse
- Abschaffung der Mindestlöhne (oder zumindest „Öffnungsklauseln")
- Herabsetzung der „Einkommensersatzraten" (= Senkung des Arbeitslosengeldes mit Verschärfung der Anspruchsbedingungen)
- Flexibilisierung der Arbeitszeit(-gesetze)
- Senkung der Lohnnebenkosten (Einkommensminderung der Unselbständigen und/oder Verzicht auf lohnabhängige Abgaben)

Manche dieser Maßnahmen – vor allem einige Flexibilisierungsmaßnahmen – sind sicherlich eher positiv zu bewerten, da sie im Interesse der Mehrheit der Beteiligten liegen (können) und die damit bewirkte Steigerung der Produktivität im allgemeinen – wenn die daraus erwachsenden Vorteile nicht falsch verteilt werden – zu begrüßen ist. Sie als beschäftigungspolitische Maßnahmen anzupreisen, ist allerdings Etikettenschwindel, insbesondere aus internationaler Sicht, da dadurch möglicherweise erlangte Wettbewerbsvorteile eines Landes zu Lasten von anderen gehen.

Internationale Anwendungsbeispiele

1. OECD Job Study

Im Auftrag der Regierungen der OECD-Staaten wurde vor einigen Jahren dieses große (wissenschaftliche) Projekt gestartet und 1995 abgeschlossen. Die Vorschläge der Studie entsprechen weitgehend der Neuen Klassik. Sie finden zunehmend Eingang in die wirtschaftspolitischen Diskussionen in der OECD und in die jährlichen OECD-Länderberichte. Dies sei am Beispiel des OECD-Wirtschaftsberichts 1997 für Österreich (insb. Kap. IV. Umsetzung der OECD-Beschäftigungsstrategie, S. 126 ff.) kurz dargestellt.

Die österreichische makroökonomische Politik, die „zur Schaffung der Voraussetzungen für ein nachhaltiges inflationsfreies Wachstum beizutragen" hat, wird hier eher wohlwollend beurteilt. Dies betrifft insbesondere die Hartwährungspolitik zur „Rückführung der Teuerungsrate", während die Budgetkonsolidierung „sowohl im Hinblick auf den Defizitabbau als auch auf eine Verringerung der Ressourcenbeanspruchung durch den Staat" noch zu verstärken sei. Die Empfehlungen der OECD betreffen daher Strukturmaßnahmen, die das Funktionieren der Märkte (vor allem des Arbeitsmarktes) verbessern sollen. Unter dem Punkt „Größere Lohn- und Arbeitskostenflexibilität" wird z. B. vorgeschlagen, die hohe gesamtwirtschaftliche Lohnflexibilität durch eine stärkere betriebliche Lohndifferenzierung über Öffnungsklauseln, d. h. „Anpassung" der niedrigen Einkommen nach unten, zu ergänzen. Die relativen Löhne der älteren Arbeitnehmer sollten gesenkt, gleichzeitig die Frühpensionierung vermindert werden. Einschränkungen beim Arbeitslosengeld sollen etwa den „älteren Arbeitslosen die aktive Arbeitssuche erleichtern". Die Arbeitszeit muß flexibler, der Kündigungsschutz liberalisiert werden. Weniger konkret sind die Einzelvorschläge unter den Überschriften Verbesserung von Qualifikationen, Förderung von technischem Know-how (worunter auch die Erleichterung des Zugangs zu Risikokapitalmärkten subsumiert ist) und Förderung eines positiven unternehmerischen Klimas. Bei allen wird aber – wie beim letzten Punkt (Förderung des Wettbewerbs auf den Produktmärkten) – mehr Wettbewerb und eine stärkere Orientierung an unternehmerischen Bedürfnissen als wichtig angesehen.

2. Wirtschaftsrezept der EU (GD II)

Die Vorstellungen der EU sind beispielsweise recht kurz und klar dargelegt im Arbeitspapier „Absorbing the Employment Potential" (II/341/97-EN), das sich seinerseits auf das sogenannte Weißbuch und analytische Studien beruft. Das Ideal eines inflationsfreien Wachstums soll nach Vorstellung der EK-GD II dadurch erreicht werden, daß die Löhne und Gehälter jährlich um ca. 1 % weniger wachsen als die Produktivität. Dies fördere die Gewinne und damit die Investitonen sowie die Wettbewerbsfähigkeit und damit die Exporte. Dazu kommen eine stabilitätsorientierte Geldpolitik und eine restriktive Budgetpolitik, die eine passende („appropriate") Lohnkostenentwicklung unterstützen und zu einer Erhöhung des nationalen Sparens zur gesunden Finanzierung der Investitionen beitragen. Diese Konstellation führe – nach einer Initialzündung durch höhere Exporte – zu einem investitionsgetragenen BIP-Wachstum von 3 bis 3,5 % mit einem Beschäftigungswachstum von 1 bis 1½ % (illustrative Daten), wobei die Investitionen etwa doppelt so stark wachsen würden wie das BIP.

In der Tabelle auf Seite 33 wurde versucht, etwa die Fortschreibungsannahmen zugrundezulegen, die nach Ansicht der GD II idealerweise zutreffen sollten. Als Ausgangspunkt wurde die WIFO-Frühjahrsprognose für 1997 gewählt. Da vermutlich konstante Preise als erstrebenswert und erreichbar angesehen werden, kann die Tabelle sowohl real als auch nominell gelesen werden. Die Fortschreibungsraten sind angeführt, die Pro-Kopf-Löhne wurden mit der Entwicklung des BIP je Beschäftigten abzüglich 1 % fortgeschrieben. Der Kapitalstock 1997 wurde aus der prognostizierten Abschreibung unter Zugrundelegung einer jährlich 7 %igen Abschreibung (vom Kapitalstock) rückgerechnet. Die Position „Indirekte Steuern" enthält neben den indirekten Steuern inklusive jener an die EU abzüglich Subventionen auch die (relativ geringe) Transferbilanz gegenüber dem Ausland. Für die Fortschreibung wurde eine einfache lineare Abhängigkeit von privatem Konsum und BIP zugrunde gelegt. Für den Außenhandel wurde kurzfristig ein stärkeres Exportwachstum (Ausgleich der Leistungsbilanz) und danach eine gleichgewichtige Entwicklung angenommen, da neomerkantilistische Ansätze eines durch steigende Leistungsbilanzüberschüsse induzierten Wachs-

Entwicklung der österreichischen Volkswirtschaft nach Ideal-Vorstellungen der GD II

Jahr	priv. Konsum 2.5%	öff. Konsum 0.5%	An-lage-Invest. 6.5%	La-ger 2.5%	Ex-porte i.w.S. 4.5%	Im-porte i.w.S. 4.4%	BIP	% BIP	In-vest./BIP	unselbst. Be-schäft. 1.0%	Lohn pro Kopf Pro-1%	LoSu 1.1.	Kapi-tal-stock z.	BIP/BIP/KapSt 7%	Ab-schrei-bung u. a.	Indir. Steu-ern	Volks-ein-kom-men	Lohn-quote	Kon-sum-quote
1997	1378	462	618	50	995	1016	2487		24.8%	2980	342	1019	4920	50.5%	344	340	1803	56.5%	76.4%
1998	1412	464	658	51	**1045**	1061	2570	3.4%	25.6%	3010	347	1043	5194	49.5%	364	349	1858	56.2%	76.0%
1999	1448	467	701	53	**1098**	1107	2659	3.4%	26.4%	3040	351	1068	5488	48.4%	384	359	1915	55.8%	75.6%
2000	1484	469	747	54	1147	1156	2745	3.2%	27.2%	3070	356	1092	5805	47.3%	406	369	1970	55.4%	75.3%
2001	1521	471	795	55	1199	1207	2835	3.3%	28.0%	3101	360	1117	6145	46.1%	430	379	2026	55.1%	75.1%
2002	1559	474	847	57	1253	1260	2929	3.3%	28.9%	3132	365	1143	6510	45.0%	456	389	2084	54.8%	74.8%
2003	1598	476	902	58	1309	1316	3028	3.4%	29.8%	3163	370	1170	6901	43.9%	483	400	2145	54.5%	74.5%
2004	1638	478	960	59	1368	1373	3131	3.4%	30.7%	3195	375	1198	7320	42.8%	512	411	2208	54.3%	74.2%
2005	1679	481	1023	61	1430	1434	3240	3.5%	31.6%	3227	380	1227	7768	41.7%	544	422	2274	54.0%	73.8%
2006	1721	483	1089	62	1494	1497	3353	3.5%	32.5%	3259	386	1258	8247	40.7%	577	434	2342	53.7%	73.5%
2007	1764	486	1160	64	1561	1563	3472	3.6%	33.4%	3292	392	1290	8759	39.6%	613	446	2413	53.5%	73.1%
2008	1808	488	1235	66	1632	1632	3597	3.6%	34.3%	3325	398	1323	9306	38.7%	651	459	2487	53.2%	72.7%
2009	1853	490	1316	67	1705	**1705**	3727	3.6%	35.3%	3358	404	1358	9890	37.7%	692	471	2563	53.0%	72.3%
2010	1900	493	1401	69	1782	**1782**	3863	3.6%	36.3%	3392	411	1393	10513	36.7%	736	485	2642	52.7%	71.9%
2011	1947	495	1492	71	1862	**1862**	4006	3.7%	37.3%	3425	418	1431	11179	35.8%	783	499	2725	52.5%	71.5%
2012	1996	498	1589	72	1946	**1946**	4156	3.7%	38.2%	3460	425	1470	11889	35.0%	832	513	2810	52.3%	71.0%
2013	2046	500	1693	74	2033	**2033**	4313	3.8%	39.2%	3494	432	1511	12646	34.1%	885	528	2900	52.1%	70.5%
2014	2097	503	1803	76	2125	**2125**	4479	3.8%	40.3%	3529	440	1554	13453	33.3%	942	543	2994	51.9%	70.0%
2015	2149	505	1920	78	2221	**2220**	4653	3.9%	41.3%	3565	448	1598	14314	32.5%	1002	559	3092	51.7%	69.5%
2016	2203	508	2045	80	2320	**2320**	4836	3.9%	42.3%	3600	457	1645	15232	31.7%	1066	575	3194	51.5%	69.0%
2017	2258	510	2178	82	2425	**2425**	5028	4.0%	43.3%	3636	466	1694	16211	31.0%	1135	592	3301	51.3%	68.4%
2018	2314	513	2319	84	2534	**2534**	5231	4.0%	44.3%	3673	475	1745	17253	30.3%	1208	610	3413	51.1%	67.8%
2019	2372	516	2470	86	2648	**2648**	5444	4.1%	45.4%	3709	485	1799	18365	29.6%	1286	628	3530	50.9%	67.2%
2020	2432	518	2630	88	2767	**2767**	5669	4.1%	46.4%	3746	495	1855	19549	29.0%	1368	647	3653	50.8%	66.6%

im allgemeinen Fortschreibungen mit den angegebenen Prozentsätzen, nur Außenhandelsdaten verändert (fettgedruckt: zusätzliche Exporte 1998 und 1999, Angleichung des Import- an das Exportwachstum ab 2009)

tums insbesondere für die EU insgesamt weder realistisch noch erstrebenswert sind.

Besonders kurios scheint die Vorstellung, daß die Unternehmen ihre durch mäßige Lohnpolitik guten Gewinne zunehmend in Investionen stecken sollen, obwohl sie die nachgefragte Menge locker mit einem weit weniger steigenden Kapitalstock erledigen könnten. Die Lohnquote würde beträchtlich sinken, somit ließen sich die – ohnehin geringen – Konsumsteigerungen nur aufrechterhalten, wenn andere Bevölkerungsgruppen ihren Konsum entsprechend steigern oder die Unselbständigen weniger sparen würden. Insgesamt zeigt sich eine (grundsätzlich nicht unrealistische) Zunahme der Sparrate, was natürlich nur wegen der unrealistischen Annahme eines Investitionsbooms zu keinen größeren Problemen führt.

Als zweiter Weg wird die Erhöhung des „Arbeitsgehaltes" (labour content) bei gegebenem Wachstumstrend angeführt. Als wichtigste Voraussetzung dafür wird natürlich eine mäßige Lohnentwicklung angesehen. Dadurch komme es zu einer Abschwächung der Substitution von Arbeit durch Kapital mit einem kräftigen („powerful") Beschäftigungsschub und dadurch letztlich (seltsamerweise) wieder zu einem starken investitionsgetragenen Wachstum. Günstig wäre auch eine Öffnung der Lohnskala nach unten, doch sei dies (leider?) in Europa aus sozialen und politischen Gründen nicht in dem Ausmaß möglich wie in den USA.

Zusammenfassung

Im Neuen Klassischen Paradigma tritt das ursprüngliche Ziel des Wirtschaftens, die Befriedigung der (materiellen) Bedürfnisse der Menschen, in den Hintergrund, das Thema Wettbewerb wird vorherrschend. In der Sprache der Spieltheorie könnte man sagen, an die Stelle eines kooperativen Spiels mit positivem Wert tritt ein Nullsummen-Spiel, bei dem jeder nur auf Kosten des anderen gewinnen kann. Aus Partnern werden Gegner, die versuchen, den Sieg davonzutragen (wobei unklar ist, wie der ausschaut und wozu das gut sein soll). Geld wird offensichtlich weniger als normales Zahlungsmittel betrachtet, das die Transaktionen erleichtert und von den Menschen gerne angenommen und ausgegeben wird, sondern als möglichst harter Prügel benützt, die eigenen Leute in dieser Auseinandersetzung auf Vordermann zu bringen, oder als Waffe gegen die Konkurrenten.

Die herrschenden ökonomischen Theorien sehen zu hohe Löhne als Hauptursache der Arbeitslosigkeit und selbstverständlich auch der Inflation. Sogenannte Armutsfallen – hauptsächlich zurückzuführen auf zu hohe Einkommensersatzraten für Arbeitslose – verhindern eine zügige ausreichende Senkung der Löhne auf den sogenannten Vollbeschäftigungslohn. Es wird gefordert, die Armutsfallen dadurch zu beseitigen, daß die staatlichen Transfers an Arbeitslose eingeschränkt werden. Sicherlich werden dadurch die Armutsfallen beseitigt, aber nur, um letztlich echter Armut vor allem der Arbeitslosen, aber auch vieler Beschäftigten Platz zu machen. Leider hat sich diese restriktive wirtschaftspolitische Sicht – angesichts einer permanenten Propagierung durch anerkannte Experten, (Wirtschafts-)Politiker und Medien nicht unverständlich – in die Hirne auch von stark Betroffenen als richtig eingeprägt. Man könnte fast von einer Phase eines kollektiven Masochismus sprechen (von wo es ja bekanntlich nicht weit zum Sadismus ist).

Im Gegensatz zu dieser Denkweise scheint mir – da der Spielraum für budgetäre Nachfrageimpulse in vielen Fällen tatsächlich begrenzt sein dürfte – eine (am besten) EU-weite expansive Lohnpolitik ein guter Ansatz für vermehrte Nachfrage und einen damit induzierten Wachstumsimpuls zu sein. In der Folge dürfte es mittel- und langfristig sinnvoller sein, stärker auf die Arbeitszeitverkürzung als beschäftigungspolitisches Instrument zurückzugreifen, da die Strategie, einem Problem davonwachsen zu wollen, leicht auf Dauer unangenehme Folgewirkungen haben könnte. Wahrscheinlich würde damit eine mäßige Inflation und ein nicht ganz so harter EURO nach außen verbunden sein. Na und?! Es ist ohnehin höchste Zeit, daß totale Preisstabilität (da stabile relative Preise eine Illusion sind, bedeutet ein konstanter Verbraucherpreisindex partielle Deflation mit entsprechenden Nachfrageproblemen) und Währungshärte (der EURO braucht keinen Härte-Wettbewerb zu gewinnen!) ihren Heiligenschein verlieren und daß man sich vom Ziel eines inflationsfreien Wachstums verabschiedet. Es ist nicht sinnvoll, diesen Selbstzweckzielen Wohlstand bzw. Wohlergehen der Bevölkerung zu opfern.

Markt und Staat in der Globalisierung – Zur Kritik eines falschen Gegensatzes

Stefan Grigat

Sowohl in der politischen als auch in der wissenschaftlichen Diskussion über Globalisierung hat in den letzten Jahren eine Wiederbelebung des angeblich grundsätzlichen Gegensatzes von Markt und Staat stattgefunden. Durch die Fixierung der Kritik von Gewerkschaften, linken Parteien und fortschrittlichen Wissenschaftern und Wissenschafterinnen auf die zerstörerische Kraft des entfesselten Marktes gerät der Staat nicht nur aus der Schußlinie der Kritik, sondern er wird zum positiven Gegenüber des Marktes erhoben. Markt und Staat werden so nicht mehr als zusammengehörige Momente der kapitalistischen Produktionsweise begriffen, die sich nicht entgegenstehen, sondern notwendigerweise ergänzen. Statt dessen werden sie zu gegensätzlichen, sich nahezu ausschließenden Ordnungsprinzipien stilisiert. Gegen solche Vorstellungen einer einfachen Dichotomie, einer simplen Trennung in Markt und Staat soll im Folgenden die Auffassung vertreten werden, daß es sich bei marktvermittelter Vergesellschaftung ebenso wie bei staatlicher Planung um zwei sich zwangsläufig komplettierende Elemente einer Gesellschaft handelt, die ihre Existenz auf die Verwertung des Werts, also die Akkumulation von Kapital, gründet. Damit wird zugleich die eindeutig positive Bezugnahme auf den Staat seitens der Interessenvertreter und -vertreterinnen der abhängig Beschäftigten in Frage gestellt.

Daraus folgt der Widerspruch, daß einerseits die positive Bezugnahme auf den Staat für fortschrittliche Politik und konsequente Vertretung der Interessen der abhängig Beschäftigten notwendig ist, andererseits aber aus dieser Staatsfixierung, die immer auch eine Staatsverteidigung ist, für eine Perspektive, die weiterhin an einer Emanzipation, also einer umfassenden Befreiung der Menschen, festhält, ernsthafte Probleme erwachsen. Um diese Widersprüchlichkeit darstellen zu können, wird zunächst das prinzipielle Verhältnis von Markt und Staat in Gesellschaften mit kapitalistischer Produktionsweise angerissen, und die Veränderungen, die in diesem Verhältnis im Prozeß der Globalisierung seit den 70er Jahren stattgefunden haben, werden kurz dargestellt.

Markt und Staat im Kapitalismus

Gerne wird so getan, als wäre der Markt das Kapitalistische im Kapitalismus, der Staat hingegen das tendenziell Antikapitalistische. Der Markt wird dabei meist im Sinne eines Synonyms für die ökonomische Sphäre begriffen. Der Markt ist aber selbst nur ein Teil des gesamtgesellschaftlichen Produktionsverhältnisses. Die gesamtgesellschaftliche Produktion zerfällt in eine Produktions- und eine Zirkulationssphäre. Letztere ist das, was als Markt bezeichnet wird. Daher ist auch eine Unterscheidung zwischen Kapitalismus und Marktwirtschaft unsinnig, denn die Marktwirtschaft ist nichts anderes als das dem Kapitalismus notwendigerweise zugehörige Zirkulationsverhältnis.[1] Wird der Markt selbst als Wesentliches im Kapitalismus betrachtet – egal ob in affirmativer, also bejahender und verteidigender, oder in kritischer Absicht – so bleibt dadurch die Produktionssphäre, in der die eigentliche Aneignung fremder Mehrarbeit stattfindet, bereits ausgeblendet.

Die schematische Trennung in Markt und Staat ist nur ein besonderer Ausdruck der für kapitalistische Gesellschaften allgemein charakteristischen Trennung des Ökonomischen vom Politischen.[2] Der Markt ist das dem Kapitalismus eigene Modell der Zirkulation; der Staat ist das der Warenproduktion zugehörige organisierte Gewaltmonopol. Bevor der Staat über Sozialgesetzgebungen etc. eine weitgehende Integration der ihm Unterworfenen vollzieht, vollbringt er eine sehr viel ursprünglichere Integration. Er organisiert den stummen Zwang der Verhältnisse und stiftet so die Integration aller Individuen in die kapitalistische Warenproduktion. Erst durch die zwanghafte Verpflichtung aller Individuen auf Kapitalproduktivität und Staatsloyalität erhält der Souverän die Möglichkeit, jene Funktionen wahrzunehmen, die ihm dann von den Unterworfenen hoch angerechnet werden. Der nationalstaatliche Sozialstaat scheint ihnen zwar das positive Gegenprinzip zum zersetzenden Markt zu sein, in Wirklichkeit ist er aber nur dessen adäquate Organisations- und Durchsetzungsform mit historisch jeweils unterschiedlichen Ausprägungen. Als Beispiel kann hier die Arbeitslosenversicherung angeführt werden, die nie die Aufgabe hatte, die Bedürfnisbefriedigung der abhängigen Individuen zu gewährleisten (auch wenn sie das subjektiv mehr oder weniger gut leistet), sondern die objektiv sowohl historisch als auch aktuell die Funktion erfüllt, die individuelle Reproduktion von Subjekten, die für gewisse Zeit aus dem Verwertungsprozeß des Kapitals herausfallen, aufrechtzuerhalten, damit sie als zukünftige Lohnarbeiter oder -arbeiterinnen weiterhin zur Verfügung stehen.

Eine ausschließlich marktförmige Reproduktion des Kapitalismus ist nicht möglich. Der Staat ist immer anwesend, da selbst der Markt letztlich staatlich mitkonstituiert wird. Gegen eine auf den Markt fixierte ge-

---

1 Vgl. Schandl, Franz/ Schattauer, Gerhard: Kapitalismus – Versuch einer Skizze. in: Dieselben: Die Grünen in Österreich. Entwicklung und Konsolidierung einer politischen Kraft. Wien 1996, S. 20

2 Vgl. Jessop, Bob: Die Zukunft des Nationalstaates: Erosion oder Reorganisation? Grundsätzliche Überlegungen zu Westeuropa. in: Becker, Steffen/ Sablowski, Thomas/ Schumm, Wilhelm (Hg.): Jenseits der Nationalökonomie? Weltwirtschaft und Nationalstaat zwischen Globalisierung und Regionalisierung. Berlin – Hamburg 1997, S. 50

sellschaftlich voraussetzungslose Kritik ist daher darauf hinzuweisen, daß im Rahmen bürgerlicher Vergesellschaftung grundsätzlich von einer politischen Regulation in ökonomischen Prozessen auszugehen ist.[3]

Der Konflikt zwischen Markt und Staat konnte nur deswegen zu einem prinzipiellen Gegensatz aufgebauscht werden, da das variable Kapital in Form der Arbeiter- und Arbeiterinnenbewegung historisch öfter gezwungen war, seine Ansprüche über den Staat und dessen Politik geltend zu machen, als das konstante Kapital in Gestalt der Unternehmer und Unternehmerinnen. Daraus entwickelte sich das nur scheinhafte Gegensatzpaar von Wirtschaft und Kapital auf der einen Seite und Lohnarbeit und Staat auf der anderen Seite, das aber schon deswegen verquer ist, da sowohl Lohnarbeit als auch Kapital auf den Staat angewiesen sind. In der politischen Praxis wird das daran deutlich, daß Unternehmen in der Regel auf staatliche Unterstützung in der Form von Aufträgen, Förderungen, Zuschüssen oder Nachlässen angewiesen sind. Unternehmern und Unternehmerinnen geht es also nie um eine Abschaffung der Staatstätigkeit, sondern um eine Umorientierung der Staatsaktivitäten. Entgegen den propagandistischen Verlautbarungen wollen sie nicht die Aufgabe der Staatsinterventionen, sondern lediglich einen anders gearteten Dirigismus.[4]

Materielle Grundlage der Politik

Einerseits muß der Staat permanent in das Marktgeschehen eingreifen. Andererseits kann der Staat den Markt niemals aufheben, da die kapitalistisch organisierte Wirtschaft seine materielle Grundlage liefert. Die materielle Grundlage der Politik ist der Erfolg des unter der Obhut eines Staates produzierenden Kapitals. Der Staat hat die Grundlagen zur erfolgreichen Kapitalakkumulation zu garantieren und möglichst zu verbessern. Durch die Besteuerung des produzierten Mehrwerts und der Löhne eignet sich der Staat seine materielle Grundlage an und erhält so die Möglichkeit zur Politik. Das strukturelle Problem für emanzipative Politik besteht darin, daß der Staat – sobald seine politischen Maßnahmen eine Quantität und Qualität annehmen, daß sie tatsächlich als Beitrag zu einer Emanzipation verstanden werden könnten und nicht mehr nur eine andere Verteilung des Elends bedeuten – sich tendenziell selbst seine materielle Basis entzieht. Durch emanzipative Politik werden die Möglichkeiten zur Kapitalakkumulation in der Regel eingeschränkt. Die Masse des Mehrwerts sinkt und konservative Politikerinnen und Politiker sowie Wirtschaftsführer und -führerinnen behalten unabhängig von allem ideologischen und strategischen Brimborium recht, wenn sie meinen, wo nichts ist, kann auch nichts verteilt werden. Die Durchführbar-

---

3 Vgl. Röttger, Bernd: Neoliberale Globalisierung und eurokapitalistische Regulation. Die politische Konstitution des Marktes. Münster 1997, S. 10

4 Vgl. Schandl/ Schattauer, a. a. O., S. 21

keit sämtlicher sozialstaatlicher Maßnahmen ist also ganz grundsätzlich daran gebunden, daß der Verwertungsprozeß des Kapitals als solcher auf Dauer nicht ernsthaft gestört wird.[5]

Der Staat in der Globalisierung

Bis zur Krise des keynesianischen Wohlfahrtsstaates wurde die Aufteilung nach Markt- und Staatsfunktionen weitgehend akzeptiert. Selbst ultraliberale Marktfanatiker und -fanatikerinnen wußten die ordnende Rolle des Staates trotz aller antietatistischen Rhetorik zu würdigen. Mit den zunehmenden Krisenerscheinungen des kapitalistischen Weltsystems seit Ende der 70er Jahre gerät die klassische wohlfahrtsstaatliche Regulierung jedoch zusehends unter Druck. Von neoliberalen Wissenschaftern und Wissenschafterinnen und von liberal-konservativen Politikern und Politikerinnen wird eine verstärkte Kampagne gegen sozial- und wohlfahrtsstaatliche Regulierung geführt, die dann häufig von sozialdemokratischen Regierungen in reale Politik des Sozialabbaus umgesetzt wird. Die Angriffe von Alt- oder Neoliberalen gegen den Sozialstaat hat es allerdings in der einen oder anderen Form schon immer gegeben. Sie alleine erklären nicht, warum sich neoliberale Konzepte gerade in den 80er Jahren und noch verstärkt in den 90er Jahren fast weltweit durchsetzen konnten. Das Erringen einer Vormachtstellung neoliberaler Vorstellungen im gesellschaftlichen Diskurs geht einher mit jenen Phänomenen, die unter dem Begriff der Globalisierung zusammengefaßt werden.

Wie bei der Internationalisierung des Kapitals ist auch bei der zunehmenden Deregulierung davon auszugehen, daß die Gründe dafür sowohl in politischen Strategien als auch in ökonomischen Zwangsläufigkeiten zu suchen sind. Globalisierung, verstanden als Internationalisierung des Kapitalverhältnisses und weitgehende Triadisierung der Kapitalmasse, also weitgehende Fixierung des realen Kapitals auf die drei großen industrialisierten Wirtschaftsblöcke, sowie neoliberale Gesellschaftsvorstellungen sind einerseits als eine bewußte Strategie, als ein Projekt des Klassenkampfs von oben, als eine berechnende Kapitalstrategie zur Lösung der Krise des Fordismus, also der Krise des nach 1945 vorherrschenden Regulationsmodells, zu begreifen.[6] Andererseits darf aber auch die Zwangsläufigkeit in der gegenwärtigen Entwicklung, die sich aus den tatsächlichen Verwertungsschwierigkeiten des Kapitals ergeben, nicht unterbelichtet bleiben. Wenn sich das Kapital allgemein in der Krise befindet, die nicht nur konjunkturelle, sondern strukturelle Ausmaße annimmt, ist staatliche Politik unabhängig von den gesellschaftspoliti-

---

[5] Vgl. Hirsch, Joachim: Der nationale Wettbewerbsstaat. Staat, Demokratie und Politik im globalen Kapitalismus. Berlin – Amsterdam 1995, S. 26

[6] Vgl. Hirsch, Joachim: Vom Sicherheitsstaat zum nationalen Wettbewerbsstaat. Berlin 1998, S. 22 ff.

schen Vorlieben ihrer Träger und Trägerinnen zu Maßnahmen gezwungen, wie sie seit einigen Jahren in fast allen Ländern in Form von verstärkter Deregulierung zu beobachten sind. Hat man daran etwas auszusetzen, sollte man die prinzipielle Abhängigkeit der Gesellschaft von der Verwertung des Werts kritisieren und nicht deren mehr oder weniger zwangsläufige Folgen.

Transformation des Nationalstaats

Der Nationalstaat verschwindet im Rahmen der Globalisierung keineswegs. Er bleibt bestehen, ändert aber in zum Teil beträchtlichem Ausmaß seine Erscheinungsform und seine Funktionsweise. Die historische Globalisierung am Ende des 19. und zu Beginn des 20. Jahrhunderts bedeutete eine Stärkung der nationalstaatlichen Kompetenzen. Heute hingegen führt sie in einigen Bereichen durchaus zur Schwächung von politischen Gestaltungsmöglichkeiten. Die Staatsagenten und -agentinnen folgen zusehends einer ökonomischen Logik. Politik verschwindet zwar nicht, aber sie wird der ökonomischen Rationalität immer ähnlicher.

Der Nationalstaat unterliegt zwar einer Erosion, aber weder der Staat noch das Nationale verschwindet. Der Nationalstaat tritt nicht von der Bühne ab, sondern er wird transformiert. Während die nationalstaatliche Souveränität in einigen klassischen Bereichen nationalstaatlicher Eingriffsmöglichkeiten tatsächlich massiv untergraben wird, festigt sie sich in anderen Bereichen. Während früher beispielsweise Arbeitsmarktpolitik noch relativ autonom von den jeweiligen Nationalstaaten betrieben wurde, ist sie heute in der Praxis zunehmend abhängig von der Politik, die in anderen Ländern verfolgt wird.[7] Allgemein tendieren die Nationalstaaten heute dazu, nicht mehr die Verteidigung des Staatsgebiets als eine ihrer vorrangigen Aufgabe zu betrachten, sondern die Verteidigung ihres nationalen Währungsraums. Dadurch entsteht die Tendenz, unter Nationalökonomie nicht mehr die Wirtschaft innerhalb des umgrenzten Staatsgebiets zu begreifen, sondern eben jenen Währungsraum, den es zu schützen gilt.

Hervorgerufen werden diese Veränderungen nicht durch den Markt oder die Ökonomie allein. Der Staat ist solchen Transformationsprozessen nicht einfach hilflos ausgeliefert, sondern hat sie größtenteils selbst mit forciert. Die Nationalstaaten sind nicht die Opfer von Globalisierung und Deregulierung, sondern haben diese selbst begünstigt. Als einer der Gründe für die zunehmende Deregulierung wird beispielsweise die Fiskalkrise der Nationalstaaten angegeben. Einer der Hauptgründe dieser Fiskalkrise liegt in der Steuerflucht im großen Maßstab. Diese wurde aber erst durch Deregulierungen möglich, die von der staatlichen Politik in die Welt gesetzt wurden. Allgemein gesagt organisiert der National-

7 Vgl. Altvater, Elmar/Mahnkopf, Birgit: Grenzen der Globalisierung. Ökonomie, Ökologie und Politik in der Weltgesellschaft. Münster 1997, S. 343

staat die zunehmende Inwertsetzung, also die immer fortschreitende Einbeziehung gesellschaftlicher Bereiche in die Logik kapitalistischer Warenproduktion. Dadurch forciert er zugleich den eigenen Regelungsverlust in einigen Bereichen nationalstaatlicher Aufgaben.[8]

Dennoch sind auch staatliche Maßnahmen, die auf den ersten Blick nach einem eindeutigen Rückzug aus der ökonomischen Planung aussehen, nicht immer als solche zu werten. Selbst noch Privatisierungen können unter bestimmten Umständen als Elemente staatlicher Planungspolitik verstanden werden, denn durch die Privatisierung durch den Staat wird der Markt in der Gesellschaft planmäßig als Steuerungsmittel eingesetzt.[9]

Repressiver Sicherheitsstaat

Während die staatliche Tätigkeit auf der einen Seite zumindest scheinbar abnimmt und die Politik im Wirtschaftsleben zusehends nur mehr als Organisator bestimmter Rahmenbedingungen auftritt, aber nicht mehr unmittelbar planend in bestimmte Wirtschaftsabläufe eingreift, kommt es im Bereich der sogenannten „inneren Sicherheit" zu einer Zunahme staatlicher Aktivität und finanzieller Aufwendungen. Der Transformation des nationalen Entwicklungsstaates zum nationalen Wettbewerbsstaat, bei dem heute vor allem in Europa zunehmend Tendenzen zur Entwicklung zu einem regionalen Wettbewerbsstaat zu beobachten sind,[10] entspricht die Transformation des im Fordismus noch doppelt bestimmten Sicherheitsstaates (einerseits soziale Sicherheit, also partielle Sicherheit der Individuen vor den Auswirkungen der ökonomischen Ordnung, andererseits Sicherung der politischen und ökonomischen Ordnung als solcher) zu einem mehr und mehr eindimensional bestimmten Sicherheitsstaat. Beim keynesianischen Sicherheitsstaat des Fordismus und dem nationalen Wettbewerbsstaat in der Globalisierung gibt es also durchaus Kontinuitäten: die massive innerstaatliche Aufrüstung, die heute sogar noch verstärkt wird. Eine entscheidende Differenz zwischen diesen zwei Staatsmodellen besteht aber darin, daß im keynesianischen Wohlfahrtsstaat die Integration der abhängig Beschäftigten maßgeblich über materielle Zugeständnisse erfolgte, während sich heute zunehmend ein Modell ideologischer Integration ohne materielles Substrat durchsetzt, also eine nationalistische, rassistische und tendenziell auch antisemitische Integration betrieben wird, die auf die soziale Sicherheit als systemintegrativen Faktor immer mehr verzichtet.[11] Mit dieser rassistischen und nationalistischen Integration geht eine Zunahme staatlicher Regelungen

---

[8] Vgl. ebd., S. 377
[9] Vgl. Hirsch: Der nationale Wettbewerbsstaat, a. a. O., S. 156
[10] Vgl. Krug, Uli: Der regionale Wettbewerbsstaat. Europa am Ende des Keynesianismus. in: Bahamas, Nr. 24, 1997, S. 12 ff.
[11] Vgl. Hirsch: Vom Sicherheitsstaat ..., a. a. O., S. 81

im Zeitalter der Globalisierung einher. In der Verwaltung der internationalen Migrationsströme sehen sich die Nationalstaaten und auch die großen Nationalstaatsblöcke wie die EU vor neue Aufgaben gestellt und in ihrer ordnenden Funktion erneut gefordert. Die vom Neoliberalismus eingeforderten Freiheiten beziehen sich zwar immer auf Waren, Dienstleistungen und Kapital, aber – zumindest im globalen Maßstab – nie auf Arbeitskraft. Für das variable Kapital, also die Arbeitskräfte, war und ist eine Liberalisierung nicht oder nur so weit, wie sie den unmittelbaren Bedürfnissen des konstanten Kapitals, der eingesetzten Maschinerie, entspricht, vorgesehen. Während es also beispielsweise im Bereich der Kapitaltransfers zu einer Rücknahme staatlicher Tätigkeit kommt, forciert die staatliche Politik ihre Eingriffe im Bereich der Freizügigkeit der Arbeitskräfte im internationalen Maßstab.

Sachzwang und Kritik

Eine gängige Kritik im Rahmen der Globalisierungsdebatte lautet, daß die Sachzwänge der internationalen Kapitalakkumulation gar keine Sachzwänge seien, sondern nur Vorwände zur Durchsetzung schon längst geplanter Vorhaben.[12] Die Zwangsgesetze der Warenproduktion werden so auf den schlechten Willen der Kapitalisten und Kapitalistinnen reduziert. Gerade Gewerkschaften versuchen permanent zwischen Propaganda der Unternehmer und Unternehmerinnen einerseits und tatsächlichen Sachzwängen andererseits zu differenzieren. Zum einen werden also Sachzwänge geleugnet, und den abhängig Beschäftigten wird Handlungsfreiheit suggeriert, wobei das Abstreiten der Sachzwänge nur das Spiegelbild des Respekts vor ihnen ist. Zum anderen werden für real befundene Sachzwänge akzeptiert, was dazu führt, sich diesen tatsächlichen Sachzwängen hingebungsvoll zu unterwerfen, anstatt diese eben als Sachzwänge, die nur aus der Umsetzung des Interesses zur profitablen Kapitalinvestition entstehen, zu kritisieren. Der Fehler, den Gewerkschaften und andere Organisationen begehen, wenn sie Sachzwänge akzeptieren, weil sie sie einleuchtend finden, besteht nicht darin, daß es keinerlei Zwänge gäbe. Der Irrtum besteht lediglich darin, zu glauben, daß die akzeptierten tatsächlichen Sachzwänge der warenproduzierenden Konkurrenzgesellschaft aus der Notwendigkeit von Produktion und Distribution überhaupt resultieren würden. Die Gegenstrategie bestünde darin, die Sachzwänge der Warenproduktion- und zirkulation im allgemeinen wie auch des globalisierten Kapitalismus im besonderen auf das kapitalimmanente und staatliche Interesse zurückzuführen.

---

12 Vgl. exemplarisch Ebermann, Thomas/Trampert, Rainer: Die Offenbarung der Propheten. Über die Sanierung des Kapitalismus, die Verwandlung linker Theorie in Esoterik, Bocksgesänge und Zivilgesellschaft. Hamburg 1995

Dilemma der Gewerkschaften

Das Problem, vor dem Gewerkschaften und fortschrittliche Parteien heute stehen, ist nicht erst durch die Globalisierung entstanden, sondern resultiert aus der grundlegenden Struktur der Gesellschaft. Gewerkschaften bleibt kaum etwas anderes übrig, als auf den Staat zu setzen und sich an ihn zu richten. Interessensorganisationen, die das tun, können sich aber auch nicht mehr den allgemeinen Zwängen der politischen Form, also vor allem der notwendigen positiven Bezugnahme auf die Kapitalverwertung als solcher, entziehen. Für Gewerkschaften führt das zu der simplen Tatsache, daß sie sich selbst auf die Aufrechterhaltung der Bedingungen kapitalistischen Wachstums verpflichten.[13]

Wird in der Globalisierungsdebatte der Staat gegen den Markt in Anschlag gebracht, werden damit Folgen kritisiert und zugleich deren Ursache legitimiert. In der Literatur zur Globalisierung wird nicht mehr das Kapital als gesellschaftliches Verhältnis und der Staat als dessen kollektiver Organisator für die systematische Schädigung des subjektiven Interesses der abhängig Beschäftigten, also den Verdienst des Lebensunterhalts, verantwortlich gemacht. Statt dessen wird der Kapitalismus sprachlich mit immer neuen Zusätzen versehen. Kritisiert wird nicht mehr die kapitalistische Gesellschaft auf Grund ihrer ruinösen Folgen für die Mehrzahl der sie konstituierenden Subjekte, sondern nur mehr der unzivilisierte Kapitalismus, wie das bei der Paradeliberalen und Herausgeberin der deutschen Wochenzeitung „Die Zeit“ Gräfin Dönhof heißt, der Turbo- und Kasinokapitalismus, der ungezügelte, enthemmte und wildgewordene Kapitalismus, oder der – das stammt vom ehemaligen Bundeskanzler der BRD, Helmut Schmidt – Raubtierkapitalismus. Die Häufung der kritischen Adjektive und Prädikate dient dabei ausschließlich der Verteidigung des Substantivs.

Fetischismus und Globalisierung

Der Fetischismus der bürgerlichen Gesellschaft, die Tatsache, daß gesellschaftliche Verhältnisse als naturhaft angesehen werden, daß historisch gewachsene Zusammenhänge als überhistorische Gegebenheiten akzeptiert werden, wird durch die Globalisierung verstärkt.[14] Selbst da, wo Markt und Staat als Mechanismen zusammengedacht werden, wird der Kampf des Menschen gegen den Menschen als naturhaft und ewig dargestellt. Der Streit geht dann nur mehr darum, ob die den Menschen angeblich von Natur aus zugehörige Konkurrenz am effektivsten durch den Markt oder durch den Staat organisiert werden kann.[15] In der

---

[13] Vgl. Hirsch: Der nationale Wettbewerbsstaat, a. a. O., S. 28

[14] Vgl. Altvater, Elmar: Geld, Globalisierung, hegemoniale Regulierung. in: Becker/Sablowski/Schumm, a. a. O., S. 96 ff.

[15] So etwa bei Dohnanyi, Klaus v.: Im Joch des Profits? Eine deutsche Antwort auf die Globalisierung. Stuttgart 1997, S. 108 ff.

Kritik an bestimmten Auswirkungen von der zunehmenden Internationalisierung des Kapitals wird implizit immer schon die Zwangsgrundlage der Gesellschaft affirmiert. Wenn der Vorsitzende der deutschen IG Metall, Klaus Zwickel, den „Kapitalismus pur" im Zeitalter der Globalisierung angreift, verteidigt er gleichzeitig den Kapitalismus als solchen und läßt sich auf dessen Logik ein. Wenn er dann den „effizienten Staat" fordert,[16] will er sich zwar gegen den „schlanken Staat" wenden, propagiert ihn aber, da der schlanke oder magere Staat, also ein Staat, der nur noch geringe Sozialleistungen erbringt und wenig in den alltäglichen Wirtschaftsverkehr eingreift, im Sinne der Kapitallogik zumindest in bestimmten Situationen eben am effektivsten ist. Grüne und sozialdemokratische Autoren und Autorinnen wenden sich gegen eine Verkürzung der Globalisierungsdiskussion „auf die Schlagwörter ‚Markt = gut, Staat = schlecht'"[17], um dann aber dieses einfach umzudrehen und exemplarisch vorzuführen, daß man fest daran glaubt, daß im Staat das Gute schlechthin aufgehoben ist. Die Staatsintervention wird verteidigt. Stillschweigend wird damit die Existenz von warenproduzierender und kapitalakkumulierender Ökonomie akzeptiert, zu deren Aufrechterhaltung und Verwaltung die Staatsinterventionen überhaupt stattfinden. Staatlichkeit als solche wird implizit zur anthropologischen Konstante, zur immer schon existierenden und weiterhin immer notwendigen Bedingung menschlichen Zusammenlebens stilisiert.

Verkürzte Globalisierungskritik

Natürlich ist es für eine Interessenvertretung der abhängig Beschäftigten unausweichlich, sich auf den Staat und dessen Politik zu beziehen. Wird der Staat aber zum Fetisch, zur verinnerlichten und unhinterfragten Instanz, gerät die Tatsache aus dem Blick, daß jede soziale oder auch politische Errungenschaft, die im Rahmen eines Nationalstaates erkämpft wird, immer Exklusivität beinhaltet, die im Wesen des Staates angelegt ist. Ist man sich über die Exklusivität des nationalen Kampfes, also der Tatsache, daß politische oder soziale Fortschritte auf Nationalstaatsebene in der Regel alle nicht zu diesem Nationalstaat zählenden Menschen ausschließt, nicht zumindest bewußt, droht sowohl sozialer Reformismus als auch sozialistischer Klassenkampf in Nationalismus abzugleiten.

In einer verkürzten Globalisierungskritik sind zahlreiche Gefahren angelegt. Ebenso wie dem bösen Markt der vermeintlich gute Staat gegenübergestellt wird, gibt es die Tendenz, dem angeblich verantwortungsvollen und Arbeitsplätze schaffenden produktiven Kapital, das positiv

---

16 Vgl. Zwickel, Klaus: Streiten für Arbeit. Gewerkschaften contra Kapitalismus pur. Berlin 1998, S. 102

17 Boxberger, Gerald/Klimenta, Harald: Die 10 Globalisierungslügen. Alternativen zur Allmacht des Marktes. München 1998, S. 96

bewertet wird, das abstrakte, wurzellose, zerstörerische und asoziale Finanzkapital gegenüberzustellen. Das Finanzkapital ist schon auf Grund der Kapitalverflechtungen nicht eindeutig personell oder institutionell lokalisierbar. Es existiert kaum Kapital, das nur in der Produktions- oder nur in der Zirkulationssphäre tätig wäre. Aber selbst wenn dem nicht so wäre, würde die Fixierung auf den vermeintlichen Moloch Finanzkapital keinen Sinn machen und vielmehr die Gefahr in sich bergen, in eine gefährliche Nähe zu populistischen Argumentationen zu geraten, die in ihrer Konsequenz strukturelle Ähnlichkeiten zur nationalsozialistischen Unterscheidung in als arisch definiertes „schaffendes Kapital" und angeblich jüdisches „raffendes Kapital" aufweisen.[18] Um dem von vornherein zu entgehen, sind Globalisierungsprozesse ausgehend von einem Gesellschaftsverständnis zu diskutieren, das sowohl Markt und Staat als auch produktives und zirkulatives Kapital als notwendige Bestandteile kapitalistischer Warenproduktion begreifen und kritisieren.

Perspektivisch muß die Diskussion zur Globalisierung über die Dichotomie von Markt und Staat hinauskommen und die gesellschaftliche Totalität ins Auge fassen. Gewerkschaften sollten sich dafür auf ihren historisch immer wieder eingeforderten Doppelcharakter besinnen,[19] der sie nicht von vornherein darauf festlegt und beschränkt, die Sachwalter der ehrlichen Arbeit und die Apologeten des Staates zu sein.

---

[18] Vgl. dazu beispielsweise Lohoff, Ernst: Geldkritik und Antisemitismus. in: Weg und Ziel, 56. Jg., Nr. 2, 1998, S. 26 ff.

[19] Vgl. dazu Zoll, Rainer: Der Doppelcharakter der Gewerkschaften. Zur Aktualität der Marxschen Gewerkschaftstheorie. Frankfurt/M. 1982

„Einem indischen Ingenieur ist nichts zu schwer.“

Zu den Auswirkungen der Globalisierung(sdiskussion) auf die Arbeitsbeziehungen

Jörg Flecker

1. Die Globalisierungsthese und ihre Gegner

Die Internationalisierung der Wirtschaft ist keineswegs ein neues Phänomen. Sie hatte in allen ihren Phasen nachhaltige Auswirkungen auf die Arbeitsbeziehungen innerhalb der einzelnen Nationalstaaten. Dies schlug sich in entsprechenden politischen und wissenschaftlichen Diskussionen nieder: In den 70er Jahren sorgten die „multinationalen Konzerne“ für eine lebhafte Erörterung des geänderten Machtverhältnisses zwischen Arbeitgebern und Arbeitnehmern; die These der „Neuen internationalen Arbeitsteilung“ zwischen Industrie- und Entwicklungsländern ließ einen erheblichen Verlust an Arbeitsplätzen in Deutschland und Österreich erwarten. Später schenkte man der Internationalisierung deutlich weniger Augenmerk. Erst zu Beginn der 90er Jahre wurde das Thema unter den Stichworten „Europäischer Binnenmarkt“, „Ostöffnung“ und „Globalisierung“ wieder aktuell. Heute gilt die Internationalisierung der wirtschaftlichen Aktivitäten als eines der zentralen Pobleme der industriellen Beziehungen in Europa und in der Welt (Ferner/Hyman 1992, Jacoby 1995).

Mit den gravierenden ökonomischen und geopolitischen Veränderungen des letzten Jahrzehnts sind die nationalen Systeme der Arbeitsbeziehungen im Umbruch begriffen. Spürbar wurde dies innerhalb der Betriebe und Unternehmen ebenso wie auf der kollektivvertraglichen und staatlichen Ebene. In Reaktion darauf nehmen die Bestrebungen, Regelungen und Verhandlungssysteme auf der übernationalen, d. h. europäischen Ebene zu etablieren, auf der politischen Tagesordnung einen breiten Raum ein.

An den Trends ist nicht zu zweifeln: Die Internationalisierung von Wirtschaft und Gesellschaft schreitet voran, und die Arbeitsbeziehungen stehen unter erheblichem Veränderungsdruck. Doch besteht zwischen den beiden Phänomenen ein so eindeutiger Zusammenhang, wie er häufig unterstellt wird? Es ist Vorsicht geboten, denn „Globalisierung“ ist ja nicht nur ein modisches Schlagwort, sondern auch – und das ist in unserem Zusammenhang wesentlich bedeutsamer – ein Kampfbegriff für einen neoliberalen, marktradikalen Umbau der Gesellschaft geworden. Das Thema „Globalisierung und Arbeitsbeziehungen“ wird dadurch heikel und kompliziert: Wir haben es nicht nur mit den Effekten der tatsächlichen Internationalisierung zu tun, sondern müssen zugleich den politischen und ideologischen Angriff auf die bestehenden Regelungssysteme und Verhandlungsbeziehungen am Arbeitsmarkt in Rechnung stellen.

Um das Phänomen der Globalisierung als eine neue Stufe der wirtschaftlichen Internationalisierung konkret diskutieren zu können, sollten wir zunächst folgende drei Dimensionen auseinanderhalten: die Internationalisierung der Produktmärkte und die Verschärfung der Konkurrenz; die Liberalisierung der internationalen Geld- und Kapitalmärkte und die Strukturen und Strategien transnationaler Unternehmen. Unter Berücksichtigung dieser Dimensionen läßt sich auch die Frage leichter klären, ob es so etwas wie Globalisierung überhaupt gibt. Obwohl das Wort in aller Munde ist, erklären viele ernstzunehmende WissenschafterInnen die Globalisierung zu einem Mythos und tun die Diskussion darüber als politische Inszenierung ab.

Die Gegner der Globalisierungsthese wenden zunächst ein, daß die Zunahme des grenzüberschreitenden Warenhandels und der Direktinvestitionen auf die nördliche Hemisphäre, also auf die sogenannte Triade, bestehend aus Südostasien, Europa und Nordamerika, beschränkt blieb, während die Kluft zu den Ländern der Dritten Welt, insbesondere Afrikas, immer größer wird. Der Globus der Globalisierungsthese ist also keine ganze Kugel. Dann betonten die Zweifler, daß die wirtschaftlichen Verflechtungen nicht so sehr zwischen den genannten Weltregionen, sondern vor allem innerhalb dieser Wirtschaftsblöcke zunehmen (Hirst/Thompson 1992). Heute besteht eine weitgehende Übereinstimmung unter den BeobachterInnen darin, daß es sich bei der „Globalisierung" in erster Linie um eine „Regionalisierung" der Weltwirtschaft im Sinne der Herausbildung von integrierten Weltregionen und Wirtschaftsblöcken handelt.

Vor allem die häufig kolportierte Bedrohung durch Länder der 3. Welt geht an der Realität vorbei: Sogar für die sogenannten „Tigerstaaten" Südostasiens (Taiwan, Singapur, Südkorea und Hongkong) läßt sich zeigen, daß sie im Zuge ihres Aufstieges mehr deutsche Waren importierten als sie nach Deutschland liefern konnten. Nur wenn man ein Exportwachstum von 5 % im Jahr (bei einem BIP-Wachstum von etwa 2 %) für zu gering hält, weil der Welthandel insgesamt um 7 % zulegt – wie dies in Deutschland jüngst diskutiert wurde – erscheint aus deutscher oder österreichischer Sicht die Weltmarktintegration neuer, exportorientierter Staaten als Problem.

Gegner der These von der Globalisierung der Wirtschaft stellen überhaupt in Frage, daß der Welthandel heute einen so großen Umfang angenommen und damit eine qualitativ neue Stufe erreicht hat. Sie weisen darauf hin, daß die OECD-Länder erst Ende der 80er Jahre das Niveau des Außenhandels erreicht haben, das ihre Vorläuferstaaten bereits im Jahr 1913 aufgewiesen haben (Huffschmid 1994). In den Statistiken schlägt sich natürlich die Integration der EU nieder, da ja der Handel zwischen den Mitgliedsstaaten nach wie vor als Außenhandel zählt. Zieht man diese Zahlen ab und behandelt die EU wie eine einzige Volkswirtschaft, so sinkt der Gesamtumfang des Welthandels statistisch um ein Drittel. Die Produktion erfolgt insbesondere in den großen Ländern der Welt nach wie vor überwiegend für den eigenen Markt. In Japan werden 94 % der Waren und Dienstleistungen im eigenen Land abgesetzt, in Deutschland 76 %. Der Durchschnitt aller Länder der Welt beträgt 85 %.

Die Globalisierungsthese bezieht sich schließlich auf die Entwicklung von „global players", internationalen Unternehmen, die sich nicht nur von ihren Herkunftsländern lösen, sondern auch eine spezifische neue Organisationsform aufweisen: Sie sind in ihrer Strategie direkt auf den Weltmarkt ausgerichtet, ihre Tochtergesellschaften sind nicht mehr für einzelne nationale Märkte zuständig, sondern übernehmen jeweils spezialisierte Aufgaben im Rahmen der Wertschöpfungskette des Konzerns. Die Gegner der Globalisierungsthese halten dem entgegen, daß die „bindungslosen", von nationalstaatlicher Politik unabhängigen und geographisch verstreuten und mobilen Unternehmen bisher noch äußerst selten sind (Lane 1995, Dörre 1996, Hirsch-Kreinsen 1997). Nach wie vor bleiben international operierende Konzerne in politische und soziale Netzwerke ihres Ursprungslandes eingebunden und realisieren den wichtigsten Teil ihrer Wertschöpfung in einem bestimmten „Heimatland" oder in ihrer Weltregion (Ruigrok/van Tulder 1995). Aus einer Untersuchung über 500 internationale Unternehmen (Thompson 1997) geht zum Beispiel hervor, daß die Umsätze, Investitionsbestände und Niederlassungen der großen Konzerne in der geographischen Basis der Unternehmen konzentriert sind: So haben die deutschen Konzerne 78 % ihrer Niederlassungen und Tochtergesellschaften in Europa.

Die Gegner der Globalisierungsthese haben schlechtere Karten, wenn es um die Internationalisierung der Geld- und Kapitalmärkte geht. Der Kapitalverkehr wurde liberalisiert und kann daher in die lukrativsten Anlagemöglichkeiten auf der ganzen Welt gelenkt werden. Die hohe Geschwindigkeit und der enorme Umfang der Finanztransaktionen, die teilweise ohne Regulierung durch Nationalstaaten abgewickelt werden, gehören zweifellos zu den spektakulärsten Fakten der Globalisierungsdiskussion. Nur noch 3 bis 5 % der weltweiten Umsätze auf den Finanzmärkten – so lauten die Schätzungen – werden durch realwirtschaftlichen Handel, also durch Exporte und Importe einschließlich der Absicherung gegen Wechselkursrisiken, ausgelöst, sind also für den Warenhandel erforderlich.

Globalisierung im engeren Sinn ist somit für die Finanzmärkte zutreffend und beschränkt sich sonst (im Sinne homogener Produktmärkte und transnationaler Unternehmensstrukturen) auf einige Branchen und Konzerne; sie umfaßt nur die nördliche Hemisphäre und bleibt in ihrer Bedeutung und ihren Auswirkungen deutlich hinter der Integration von Weltregionen wie der EU zurück. Das bisher erreichte Ausmaß und die bisherigen Formen der Internationalisierung erlauben es nur sehr eingeschränkt, von Globalisierung zu sprechen, auch wenn das Zusammentreffen von technologischen Grundlagen (Telekommunikation), Liberalisierung des Kapitalverkehrs und neuen Unternehmensstrategien insgesamt eine neue Situation geschaffen haben.

Wird der Begriff Globalisierung uneingeschränkt verwendet, beschreibt er keine wirtschaftliche Realität, sondern nimmt einen ideologischen Charakter an. So ist es im Rahmen der Standortdebatte gang und gäbe, die angebliche Notwendigkeit von Sozialabbau und Flexibilisierung des Arbeitsmarktes mit der Globalisierung der Wirtschaft zu „begründen". Auf diese politische Diskussion werde ich später zurückkommen, nachdem ich die – wie ich meine – tatsächlichen Zusammenhänge zwischen der wirtschaftlichen Internationalisierung und den Arbeitsbeziehungen behandelt habe.

2. Internationalisierung der Warenmärkte und Arbeitsbeziehungen

In der politischen Globalisierungsdebatte ebenso wie in den populären Veröffentlichungen wird die Bedrohung der Position österreichischer, deutscher, fanzösischer usw. Unternehmen auf dem Weltmarkt in drastischer Weise beschrieben. Die Rede von der Verdrängung durch Anbieter aus Ländern mit niedrigeren Sozial- und Umweltstandards bleibt dabei meist völlig unbeeindruckt von den Daten der Außenhandelsstatistiken. Diese wollen die düsteren Szenarien nicht und nicht bestätigen. Für Länder wie Österreich und Deutschland sind die Exporte in Wirklichkeit nicht das Problem. Im Gegenteil: Sie entwickeln sich prächtig, während die Nachfrage am Inlandsmarkt durch die Stagnation der Reallöhne und durch die Sparpolitik zu niedrig für eine Belebung der Konjunktur bleibt.

Auch wenn die tatsächliche Entwicklung des Welthandels weit hinter den Aussagen der populären Globalisierungsthese hinterherhinkt, kann die Internationalisierung der Warenmärkte nicht geleugnet werden. Die politisch durchgesetzte Liberalisierung des Warenhandels im Rahmen von GATT und WTO sowie die Einbeziehung der ehemaligen kommunistischen Staaten in das kapitalistische Weltsystem haben zweifellos neue Bedingungen geschaffen. Richtig ist auch, daß der Strukturwandel der Wirtschaft in den europäischen Ländern durch Internationalisierung und Globalisierung beschleunigt wird. Die Intensivierung der Handelsbeziehungen waren für einige Branchen von Nachteil. Diese, wie etwa die Leder- und die Bekleidungsindustrie, kamen massiv unter Druck und bauten in erheblichem Ausmaß Beschäftigung ab, auch wenn viele der entwickelten, exportorientierten Volkswirtschaften „im Durchschnitt" von der Internationalisierung profitierten.

Was den Außenhandel betrifft, sind Volkswirtschaften wie die österreichische oder deutsche also keineswegs den Bedrohungen der Globalisierung und den Massen billiger Arbeitskräfte in anderen Ländern hilflos ausgeliefert: Tatsächlich besteht die Konkurrenz zwischen den Industrieländern und vor allem innerhalb der EU, wie es der französische Soziologe Pierre Bourdieu in der „Zeit" so schön formulierte: „So ließe sich etwa der ‚Globalisierung' oder auch dem Mythos vom asiatischen Arbeiter, dieser neuen Version der gelben Gefahr, entgegenhalten, daß drei Viertel des europäischen Handels auf Europa selbst beschränkt bleiben und damit die furchtbarsten Konkurrenten für die Arbeiter in den europäischen Ländern die Arbeiter der anderen europäischen Länder sind." Fügt man hinzu, daß die EU als Ganzes nur eine Exportquote in der Größenordnung von 10 % aufweist, wird noch deutlicher, daß wir es bei der Intensivierung der internationalen Konkurrenz mit einem *innereuropäischen* Problem zu tun haben.

Beschränkt auf Europa stellt die Internationalisierung tatsächlich ein gravierendes Problem für die Arbeitsbeziehungen dar. Die Grenzen der Märkte stimmen mit den Grenzen der Gültigkeit von gesetzlichen und kollektivvertraglichen Regelungen nicht mehr überein. Damit verlieren Kollektivverträge eine ihrer Funktionen. Denn historisch betrachtet war es ja nicht nur die Stärke der Gewerkschaften, die zur Entstehung von branchenweiten Kollektivverträgen führte. Auch die Unternehmer hatten ein Interesse an solchen kollektiven Regelungen, weil dadurch die Löhne in gewissem Ausmaß aus der Konkurrenz herausgenommen und der Wettbewerb zwischen den Unternehmen entschärft wurde. Das macht vor allem Sinn, wenn die Grenzen der Märkte mit dem Geltungsbereich der Kollektivverträge übereinstimmen. Geht diese Übereinstimmung aber durch Internationalisierung verloren, und werden die Unternehmen mobil, so verlieren nationale Kollektivverträge ihre Kartellfunktion. Solange die Gewerkschaften nicht in der Lage sind, die Löhne über Staatsgrenzen hinweg zu standardisieren, verlieren sie ihre diesbezügliche Nützlichkeit für die Unternehmen (Jacoby 1995:8).

Die simple Botschaft der Globalisierungs- bzw. Standortdebatte lautet: „Die weltweite, intensivierte Konkurrenz auf den Warenmärkten zwingt die Industriestaaten, die Kosten der Produktion zu senken. Für die Arbeitnehmer bedeutet dies, auf ‚Besitzstände' zu verzichten, wenn sie ihre Arbeitsplätze nicht an billige Konkurrenten in anderen Kontinenten verlieren wollen. Staat und Sozialpartner", so wird daraus gefolgert, „sind gefordert, das ‚zu hohe' Sozialniveau auf ein ‚realistisches' Maß zu reduzieren." Bei Lichte betrachtet zeigt sich, daß der Konkurrenzkampf vor allem innerhalb der EU tobt, und daß die Gewinner der Globalisierung nicht die Niedriglohnländer sind. Vielmehr sind sowohl Gewinner als auch Verlierer innerhalb einzelner Staaten, also auch innerhalb Österreichs zu finden. Die Folgen der „Globalisierung" sind daher zum Gutteil auf nationaler und europäischer Ebene zu bewältigen, wo im Gegensatz zur globalen Ebene politische Institutionen dafür zur Verfügung stehen. Für die Arbeitsbeziehungen im besonderen geht es darum, den Sozialdumping-Wettlauf in Europa zu bremsen und langfristig unmöglich zu machen, während auf nationalstaatlicher Ebene, also in Österreich selbst – wie ich mit dem Stichwort „beschleunigter Strukturwandel" schon angedeutet habe – mit Mitteln der Verteilungs- und Arbeitsmarktpolitik ein Ausgleich zwischen den Gewinnern und Verlierern der Internationalisierung gefunden werden sollte. Im internationalen Vergleich weist Österreich schon bisher sehr hohe Einkommensunterschiede zwischen den Branchen auf. Wie insbesondere die Arbeitsplatzverluste für Industriearbeiterinnen zeigen, haben Niedriglöhne jedoch nicht zur Absicherung von Beschäftigung geführt. Angesichts des gewachsenen Drucks auf einzelne Wirtschaftszweige sollten die branchenspezifischen Einkommensunterschiede und ihre Ursachen kritisch diskutiert werden.

3. Globalisierung der Geld- und Kapitalmärkte

Die deutlichsten Auswirkungen der Globalisierung der Geld- und Kapitalmärkte auf die Arbeitsbeziehungen ergeben sich aus den Rückwirkungen der Finanz- auf die realwirtschaftliche Sphäre. Dabei ist leicht zu erkennen, welchen Druck die Renditen der Finanzanlagen auf die Erlöse produktiver Investitionen ausüben. Die am US-amerikanischen Kapitalmarkt erreichbaren magischen 15 % gelten inzwischen als „benchmark" für die Eigenkapitalrenditen jedes Industrie- und Dienstleistungsunternehmens. Eine strikt an Renditen und Kurswerten orientierte Unternehmensführung, die unter dem Schlagwort „Shareholder Value" breite Resonanz in Europa gefunden hat, widerspricht den traditionellen Strategien deutscher und österreichischer Unternehmen. So wird gerade die Bindung des Kapitals an produktive Investionen, die im Vergleich zum angelsächsischen Kapitalismus also „geduldigeren" Kapitaleigner, als konstitutives Merkmal des deutschen (und österreichischen) „Modells" des Kapitalismus bezeichnet (Lane 1995, Streeck 1995). Auf dieser Basis waren langfristige Unternehmensstrategien, aber auch die Übernahme gesellschaftlicher Verantwortung oder zumindest die Berücksichtigung von Interessen über jene der Kapitaleigner hinaus („Stakeholder-Kapitalismus") möglich.

Nach der Privatisierung der verstaatlichten Industrie Österreichs und unter der Bedingung eines liberalisierten, globalen Kapitalmarktes schwanden die Voraussetzungen für langfristige und an produktiven Investitionen orientierte Unternehmensstrategien. Die Tendenz zu kurzfristigen Perspektiven macht Umstrukturierungen in Form reiner Kostensenkungsstrategien wahrscheinlicher. Zudem legen die Eigentümer mit Verweis auf die Kapitalmärkte den Renditemaßstab nicht nur an das gesamte Unternehmen an. In Folge der Aufgliederung von Unternehmen und der Dezentralisierung der Ergebnisverantwortung sind kleinere Organisationseinheiten beispielsweise als profit centres unmittelbar mit den Gewinnerwartungen konfrontiert. Neben kurzfristigen Managementperspektiven und verschärftem Rationalisierungsdruck hat dies zur Folge, daß unternehmensweite Gemeinkosten, die ja den einzelnen Geschäftseinheiten verrechnet werden, auch „von unten" verstärkt in Frage gestellt werden. Damit geraten unter anderem die Kosten der betrieblichen Ausbildung, die ja erst langfristig Rückflüsse erwarten lassen, ins Schußfeld, das Angebot an Lehrstellen wird reduziert (Wittke 1995:122).

Die geänderten Perspektiven, insbesondere die Kurzfristigkeit von Managementstrategien, untergraben die vielfach bestehenden Vertrauensbeziehungen zwischen ArbeitgeberInnen und ArbeitnehmerInnen: Aus kurzfristigen Rentabilitätskalkülen werden Zusagen an die ArbeitnehmerInnen nicht eingehalten und implizite Verträge gebrochen. Dies betrifft nicht nur die angelernten ArbeiterInnen, die FacharbeiterInnen und Verwaltungsangestellten: Die Arbeitsplätze mittlerer Vorgesetzter sind zum bevorzugten Objekt der Begehrlichkeit von Rationalisierungsstrategen geworden (Sperling 1997); und die bisher ungebrochene Loyalität der hochqualifizierten Angestellten von Großunternehmen schwindet durch deren Erfahrungen mit Umstrukturierungsmaßnahmen wie Dezentralisierung und Marktorientierung, die zwar inhaltlich ihren beruflichen Perspektiven entgegenkommen, aber durch den radikalen Abbau bisheriger Sicherheiten und Entwicklungsperspektiven zu massiver Verunsicherung führen, wie eine deutsche Untersuchung aufzeigte (Kotthoff 1997).

Bei den Geld- und Kapitalmärkten haben wir es also am ehesten mit einer tatsächlichen Globalisierung zu tun, die Auswirkungen auf die Arbeitsbeziehungen zeitigt. Allerdings sollte man auch hier die politisch durchgesetzte Liberalisierung und den Verzicht auf Steuerung und Besteuerung nicht mit dem Wirken von Naturgewalten verwechseln. Tatsache ist jedoch, daß von den ArbeitnehmerInnen immer mehr Zugeständnisse abgefordert werden und der Druck auf die überbetrieblich geltenden Regelungen, also die Bestimmungen des Arbeitsrechts und der Kollektivverträge, steigt. Damit wird ein Keil in die duale Struktur der Interessenvertretung der ArbeitnehmerInnen – also zwischen Betriebsräte und Gewerkschaften – getrieben. Besonders deutlich wird dies im Fall von internationalen Konzernen.

4. Transnationale Unternehmen und Arbeitsbeziehungen

International tätige Konzerne stehen im Zentrum der Aufmerksamkeit, wenn die Auswirkungen der Internationalisierung der Wirtschaft auf die Arbeitsbeziehungen erörtert werden. Und dies nicht erst seit die Globalisierung in aller Munde ist. Schon in den 70er Jahren wurden zwei Hauptursachen für eine grundlegende Machtverschiebung in den Arbeitsbeziehungen hervorgehoben: Die Zentralisierung von Informationen und Entscheidungen auf der Ebene der Konzernleitung reduzieren die Einflußmöglichkeiten der Arbeitnehmerseite, und die Mobilität des Kapitals ermöglicht es den Unternehmen, Androhungen von Produktionsverlagerungen in Verhandlungen strategisch einzusetzen (vgl. Warner / Turner 1974).

Diese Machtverschiebung stellt die Bestandsbedingungen der Institutionen der Arbeitsbeziehungen und die Verhandlungsgrundlagen zwischen den Tarifparteien in Frage. Das Machtungleichgewicht zwischen Großunternehmen einerseits sowie Arbeitnehmern und Staat andererseits wird durch die grenzüberschreitenden Aktivitäten und Verlagerungsoptionen der Unternehmen verstärkt (Staehle 1985:203). Mit anderen Worten: Die Spielregeln werden innerhalb nationalstaatlicher Grenzen festgelegt, und eine Seite kann der anderen damit drohen, nach diesen Regeln einfach nicht mehr mitzuspielen.

Wie schon einleitend erwähnt, wird unter Globalisierung in der Regel eine neue Phase der Internationalisierungsstrategien von Unternehmen verstanden. Die multinationale Struktur mit ihrer Orientierung an nationalen Märkten wird abgelöst durch die Ausrichtung der Unternehmensaktivitäten auf den Weltmarkt und durch die Verteilung von Unternehmensfunktionen auf die jeweils am günstigsten erscheinenden Standorte. Damit gehen auch neue Unternehmensstrukturen einher: An die Stelle der einfachen hierarchischen Beziehungen zwischen Mutter- und Tochtergesellschaften treten komplexe Netzwerkstrukturen, in denen jede Unternehmenseinheit bzw. jeder Standort eine bestimmte Funktion für das Gesamtunternehmen übernimmt (Forsgren u. a. 1992, Hedlund 1993, Altvater/Mahnkopf 1996:250).

Daraus folgt, daß gerade die Unterschiede in den Arbeitskosten und anderen „Standortbedingungen" für Unternehmen mit grenzüberschreitender Organisation der Produktion von Interesse sind. Eine Angleichung, beispielsweise auf dem Wege internationaler Tarifverträge, würde die Vorteile der transnationalen Strategie verringern und liegt daher deutlich weniger im Interesse der Arbeitgeber, als dies historisch im Rahmen nationaler Wirtschaften zur Einschränkung der Preiskonkurrenz der Fall war.

Die neuen Organisationsstrukturen führen zu einer Konkurrenz zwischen den Betrieben innerhalb transnationaler Unternehmen, die dem betrieblichen Management und den ArbeitnehmerInnen durch Standortvergleiche im Konzern unmittelbar vor Augen geführt wird. Nationale Regelungen wie Flächentarifverträge oder Arbeitszeitgesetze erscheinen unter diesen Bedingungen nicht mehr als gemeinsame, die Konkurrenz beschränkende Grundlagen betriebswirtschaftlicher Kalkulation, sondern als Standortvor- oder -nachteile. Zugeständnisse der Arbeitnehmerseite oder staatlicher Instanzen an einen Standort des Unternehmens kann die Regelung der Arbeit an anderen Standorten wie in einem Domino-Effekt zum Kippen bringen: Müller (1994) beschreibt als Beispiel dafür die Einführung der kontinuierlichen Produktion samt Wochenendarbeit bei General Motors in Europa, die innerhalb eines Jahres nach und nach in den deutschen und spanischen Werken durchgesetzt wurde. Die Machtressourcen der Arbeitgeberseite im „concession bargaining", also im Aushandeln von Zugeständnissen der Arbeitnehmerseite, basieren dabei nicht nur auf der Möglichkeit der vollständigen Verlagerung von Produktionsstätten von einem Land in ein anderes. Der wesentlich häufigere und realistischere Fall der Reinvestition bzw. der Vergabe eines Entwicklungs- oder Produktionsauftrages innerhalb des Konzerns bietet die Möglichkeit, jeweils die Standorte mit den größten Zugeständnissen von seiten der Arbeitnehmer und der Regierungen zu bevorzugen. Der Druck auf die überbetrieblichen Kollektivverhandlungssysteme innerhalb eines Landes ist offensichtlich: Diese können die Funktion einer Kartellierung auf der Arbeitnehmerseite nicht mehr erfüllen, den Gewerkschaften fällt es daher schwerer, die Einhaltung überbetrieblicher Vereinbarungen auf betrieblicher Ebene sicherzustellen.

Als Reaktion auf den Druck der Konzernleitungen zur Steigerung des „Shareholder Value“ verlegt sich das Management auf kurzfristige Kostensenkungsstrategien, die häufig über die eigentlich auf Betriebsebene disponierbare Verhandlungsmasse hinausgehende Zugeständnisse der Arbeitnehmerseite verlangen. Unter Ver- und Auslagerungsdrohungen sind Belegschaften einzelner Betriebe bisweilen unter Verletzung der überbetrieblich vereinbarten Regelungen zur Reduktion der Entgelte bzw. zu kostenwirksamen Änderungen der Arbeitszeiten bereit. Immer öfter lassen sich Fälle beobachten, in denen das Management unter der Androhung von (grenzüberschreitenden) Produktionsverlagerungen die Betriebsräte zu sozialen – oft unterhalb gültiger KV-Bestimmung liegenden – Zugeständnissen zwingt. Ein besonders prominentes Beispiel dieser Form der „wildcat cooperation“ („wilde Kooperation“ in Analogie zu wilden Streiks) bildete 1996 der deutsche Heizungshersteller Viessmann. Um den Aufbau einer neuen Fabrik in Tschechien zu verhindern, erklärte sich der Betriebsrat bereit, einer unbezahlten Verlängerung der wöchentlichen Arbeitszeit um drei Stunden zuzustimmen. Aus Angst um den Erhalt ihres Arbeitsplatzes sprachen sich bei einer Befragung mehr als 90 % der Beschäftigten für diese Neuregelung aus. Nachträglich soll ein Mitglied der Geschäftsleitung eingestanden haben, daß eine Verlagerung nach Tschechien ohnehin nicht durchgeführt worden wäre (Hassel/ Schulten 1997).

Die Optionen der Unternehmen sind nicht nur im Hinblick auf die Standortwahl vielfältiger geworden. Auch beim Einkauf, bei Zulieferbeziehungen und bei den Entscheidungen über Eigenfertigung oder Zukauf kann die „globale Karte“ heute leichter gespielt werden als zu Zeiten, als die internationale Vernetzung noch geringer ausgeprägt war. Das „global sourcing“, also der weltweite Einkauf von Vorprodukten, wird im Extremfall als Versteigerung von Aufträgen im Internet durchgeführt. Damit steigt der Verhandlungsdruck auf die unternehmensinternen bzw. lokalen Anbieter der entsprechenden Leistungen.

Es darf jedoch nicht übersehen werden, daß die populäre Globalisierungsdiskussion auch im Hinblick auf Konzernstrategien von Übertreibungen lebt. Wie bereits erwähnt, sind die tatsächlich transnational strukturierten Unternehmen, die „vaterlandslosen Gesellen“ ohne Bindung an einen Nationalstaat, in Wirklichkeit äußerst selten. Damit ist auch die Mobilität, sind die Verlagerungsoptionen geringer, als meist angenommen. Viele Unternehmen haben inzwischen schlechte Erfahrungen z. B. mit Verlagerungen in die Transformationsländer Mittel- und Osteuropas gemacht und ziehen sich wieder auf westeuropäische Standorte zurück. Qualität und Verläßlichkeit sind Größen, die vor einer Verlagerungsentscheidung kaum in die Kalkulationen Eingang finden, danach aber mit erheblichen Kosten zu Buche schlagen können. Zulieferbeziehungen werden nicht nur durch das günstigste Angebot, sondern auch durch langjährig erworbenes Vertrauen aufrechterhalten. Insgesamt ist dennoch das Drohpotential hoch, nicht zuletzt weil die tatsächlich in gewissem Ausmaß gestiegenen Optionen der Unternehmen bei der Standortwahl in der Globalisierungsdiskussion so übertrieben dargestellt werden und man geneigt ist, jede Drohung ernst zu nehmen.

Zudem verschiebt die „Mobilitätsdifferenz" zwischen Unternehmen und Arbeitskräften die Machtverhältnisse nur unter der Bedingung hoher Arbeitslosigkeit – sonst hätten ja auch die ArbeitnehmerInnen ausreichend alternative Optionen. Damit ist in der skandalös hohen Arbeitslosigkeit in den meisten europäischen Ländern – die übrigens keineswegs der Globalisierung zuzuschreiben ist – die eigentliche Ursache für die Verhandlungsmacht der transnationalen Unternehmen zu sehen, die wiederum zu einer Bedrohung für die nationalen Systeme der Arbeitsbeziehungen und der sozialen Sicherheit wird. Der Zusammenhang ist also umgekehrt als meist unterstellt: Nicht die Globalisierung führt zu Arbeitslosigkeit, sondern der „Mythos Globalisierung" kann seinen Zweck nur erfüllen, weil die Arbeitslosigkeit so hoch ist.

5. Standortdebatte und Standortpolitik

„Globalisierung" verweist nicht nur auf Tendenzen einer zunehmenden und neuartigen Interdependenz wirtschaftlicher Aktivitäten, auf eine neue Phase des kapitalistischen Weltsystems, sondern dient auch als Schlagwort in Debatten und Verteilungskämpfen im Rahmen nationalstaatlicher Politik. Bedrohungsszenarios, die vor der Mobilisierung archaischer Ängste – Stichwort „gelbe Gefahr" (bei Martin/Schumann 1996) – nicht zurückschrecken, schießen in der Auseinandersetzung um eine gesellschaftspolitische Neuausrichtung des „Standorts" ins Kraut. Die Gewinne, die Teile der österreichischen Wirtschaft aus der Globalisierung ziehen, werden ignoriert, negative Folgen werden hochgespielt oder, so sich solche noch nicht eingestellt haben, für die Zukunft heraufbeschworen. Will man die Wirkungen der Globalisierung auf die Arbeitsbeziehungen ausloten, so darf die „inszenierte Globalisierung" (Dörre), der „Mythos, der seinen Zweck erfüllt" (Ruigrok/van Tulder), nicht übersehen werden.

Mit dem „Kampfbegriff" Globalisierung wird Wettbewerbsfähigkeit – und zwar das Konstrukt der „Wettbewerbsfähigkeit" von Nationalstaaten – zum alles beherrschenden politischen Thema gemacht. Auch wenn anscheinend alle davon überzeugt sind, daß Österreich wettbewerbsfähig sein muß – Wettbewerbsfähigkeit ist im Hinblick auf Staaten eine sinnlose Kategorie: Es stehen nämlich Unternehmen in Konkurrenz zueinander, die Beziehung zwischen Staaten oder Volkswirtschaften ist damit nicht vergleichbar. Unternehmen, die um die gleichen Absatzmärkte kämpfen, sind in einem Null-Summen-Spiel gefangen: das eine gewinnt auf Kosten des anderen und legt alles darauf an, den Konkurrenten aus dem Feld zu schlagen, sprich in den Konkurs zu treiben oder aufzukaufen. Betrachtet man Volkswirtschaften, so können beide aus einer wirtschaftlichen Verflechtung Nutzen ziehen – die Produktion von Industrieprodukten in Entwicklungsländern und deren Export in Industrieländer geht nicht auf Kosten der Industrieländer. Denn in den Entwicklungsländern entstehen Einkommen, die sie zu Märkten für die Produkte aus Industrieländern werden lassen. Es ist also nicht nur falsch, von der Wettbewerbsfähigkeit von Staaten im „Weltwirtschaftskrieg" zu sprechen, der US-amerikanische Freihandels-Ökonom Paul Krugman bezeichnete Wettbewerbsfähigkeit in diesem Sinn sogar als „eine gefährliche Wahnvorstellung", da sie zu falscher Politik führe.

Richtet sich nationalstaatliche Politik immer mehr am Ziel aus, das Land zu einem attraktiven „Wirtschaftsstandort" zu machen, so wandelt sich der demokratische Staat in einen Wettbewerbsstaat, den Joachim Hirsch folgendermaßen beschreibt: „Die Funktionsweise des nationalen Wettbewerbsstaates beruht also, etwas überspitzt ausgedrückt, in der alle sozialen Sphären umgreifenden Ausrichtung der Gesellschaft auf das Ziel globaler Wettbewerbsfähigkeit, deren Grundlage die Profitabilität von ‚Standorten' für ein international immer flexibler werdendes Kapital ist. Es geht um die Mobilisierung der Bevölkerung für einen ‚Wirtschaftskrieg', der dann am ehesten zu gewinnen ist, wenn sich die Nation selbst als kapitalistisches Unternehmen begreift" (Hirsch 1995: 109).

Der „nationale Wettbewerbsstaat" ist totalitär, da er seine Zielsetzungen und Politikformulierungen nicht mehr aus einem Volksentscheid oder der Willensbildung gewählter Repräsentanten bezieht, sondern aus den Anforderungen internationaler Unternehmen ableitet. Der Übergang zu einem solchen Totalitarismus kann ohne Ausschaltung der parlamentarischen Demokratie über die Bühne gehen, ja die gleichen Regierungsparteien können ihn exekutieren. Auch die Politikformen der Sozialpartnerschaft könnten – bei geänderten Inhalten – durchaus aufrecht bleiben.

Diese Ausrichtung von Politik steht in krassem Gegensatz zu den Grundlagen des „österreichischen Wegs", der nach dem zweiten Weltkrieg eingeschlagen wurde. Zwar war Exportorientierung – und damit auch „internationale Wettbewerbsfähigkeit" – schon immer ein Merkmal bzw. Ziel der Wirtschaftspolitik, doch bestand Konsens über die Notwendigkeit der sozialstaatlichen Korrektur von Verteilungsprozessen, über die Zweckhaftigkeit einer Beschränkung sozialer Ungleichheit oder über die gesellschaftliche Verantwortung von Unternehmen für Beschäftigung und berufliche Bildung. Werden Institutionen und Regulierungsformen nicht länger nach ihren gesellschaftlichen und politischen Funktionen beurteilt, sondern zunehmend nur noch danach, wie sie die Standortbedingungen für Unternehmen beeinflussen, können viele Voraussetzungen für die Qualifizierung von Arbeitskräften, für die Kooperation in und zwischen Unternehmen oder für eine erfolgreiche Konfliktverarbeitung auf betrieblicher und überbetrieblicher Ebene nicht mehr aufrechterhalten werden. Damit sinkt auf lange Sicht – und das ist das Paradoxe an der Situation – die Wettbewerbsfähigkeit der Unternehmen im Land.

Derzeit beobachten wir eine steigende soziale Ungleichheit: die Lohneinkommen stagnieren, die Gewinneinkommen wachsen. Daraus ergeben sich wirtschaftliche Probleme, weil die Inlandsnachfrage zu schwach ist. Die politischen Reaktionen verschärfen das Problem, anstelle es zu mildern: Senkung der Unternehmensbesteuerung, Abschaffung der Vermögenssteuer, Senkung der Spitzensteuersätze auf Einkommen etc. – angebliche Notwendigkeiten der „Standortpflege". In der Verbesserung der Standortbedingungen geht es um eine Umverteilung von unten nach oben, um einen Klassenkampf, von dem nicht einmal klar ist, ob er zur Erreichung der vorgegebenen Ziele, nämlich zur Sicherung der „Wettbewerbsfähigkeit" überhaupt beiträgt, oder aber die gesellschaftlichen und ökonomischen Grundlagen der Prosperität Österreichs und der internationalen Konkurrenzfähigkeit seiner Unternehmen untergräbt.

„Globalisierung" wird aber nicht nur von neoliberalen Strategien „inszeniert". Auch innerhalb der Gewerkschaften wird die diffuse Bedrohung von außen gerne zur Ursache für Probleme erklärt, die ihre Wurzeln tatsächlich woanders haben. Der Beitritt Österreichs zur Europäischen Union, den die Bevölkerung ohne den großen Einsatz der österreichischen Gewerkschaften bei der Überzeugungsarbeit vor der Volksabstimmung vermutlich gar nicht befürwortet hätte, hat für viele ArbeitnehmerInnen zu erheblichen „Anpassungskosten" bis hin zum Verlust des Arbeitsplatzes geführt. Kritik am EU-Beitritt ist jedoch politisch tabu, daher werden dessen Nachteile nur allzu gerne der „Globalisierung" zugeschrieben. Arbeitslosigkeit, steigende soziale Ungleichheit, Gewerkschaftsorganisation, Mitgliederzahlen – es gibt viele gravierende Probleme, die zum Gutteil „hausgemacht" sind und zu deren Lösung die Globalisierungsdiskussion herzlich wenig beiträgt.

6. Schlußfolgerungen für die Arbeitsbeziehungen

Die gravierendsten Probleme für die Arbeitsbeziehungen ergeben sich aus der Internationalisierung der Unternehmen, der Integration Europas, der Hegemonie des Neoliberalismus und den Tendenzen zum Wettbewerbsstaat.

Auf der betrieblichen Ebene sind die Arbeitnehmervertreter erpreßbar geworden. Die Unternehmen fordern eine Einschränkung der Löhne, Gehälter und Sozialleistungen, eine Ausdehnung der Betriebszeiten etc., damit sie den Standort aufrechterhalten. Doch auf die Versprechungen können die ArbeitnehmerInnen nicht mehr bauen: Das Management ist nicht mehr paktfähig, da Entscheidungen in Konzernzentralen getroffen werden und den Unwägbarkeiten der Anlagestrategien von Kapitaleignern unterliegen. Die klassische Funktion der Betriebsräte, nämlich die Vermittlung zwischen Beschäftigteninteressen und betrieblichen Erfordernissen, wird zum russischen Roulette: Niemand kann sagen, welche Zugeständnisse tatsächlich erforderlich sind, um die Arbeitsplätze zu sichern; niemand weiß, ob der Standort nicht trotz aller Zugeständnisse geschlossen wird. Lohnkürzung und Personalabbau wird unabhängig vom Betriebserfolg betrieben: die Beschäftigten erfahren, daß sich Leistung nicht mehr lohnt, weil auch ein positives Betriebsergebnis ihr Werk nicht gegen Schließung oder Verlagerung immun macht. Konzerne wie Continental oder OMV schreiben zuletzt enorme Gewinne und reduzieren doch weiter die Zahl der Beschäftigten.

Die Arbeitsbeziehungen auf Betriebs- und Unternehmensebene werden also auf beiden Seiten brüchig: das Management hat seine Handschlagsqualität verloren, und die Betriebsräte büßen ihre Glaubwürdigkeit bei den Angestellten und ArbeiterInnen ein, wenn sie dem Management Zugeständnisse machen, ohne Garantien bekommen zu können; sie büßen sie aber genauso ein, wenn sie keine Zugeständnisse machen und ihnen dadurch nachgesagt werden kann, die Arbeitsplätze zu gefährden.

Der Raum für Zugeständnisse wird nicht nur durch das Unterlaufen von überbetrieblich geltenden Regelungen ausgeweitet. Die „Bedeutung und Bindekraft zentralisierter nationaler Normsetzungssysteme" (Matthies u. a. 1994:29) geht auch deshalb zurück, weil die Verhandlungsposition nationalstaatlicher Regierungen gegenüber transnationalen Konzernen geschwächt wird und in der Konkurrenz unterschiedlicher Regulierungssysteme des Arbeitsmarktes ein Deregulierungswettlauf in Gang kommt. Nicht nur mit Steuersenkungen und Subventionen werden Investoren ins Land gelockt, sondern auch mit der Durchlöcherung oder Absenkung des arbeitsrechtlichen Schutzes der Beschäftigten. Die passende Begleitmusik liefern jene Ökonomen, die eine „Flexibilisierung des Arbeitsmarktes" und den Verzicht der ArbeitnehmerInnen auf die Partizipation an der Produktivitätssteigerung als Lösung für die Arbeitslosigkeit anpreisen.

Alle diese Prozesse sind auch dafür verantwortlich, daß in den industriellen Arbeitsbeziehungen die Ebene der Unternehmen, also die betriebliche Mitbestimmung, gegenüber der Branchenebene, also den Kollektivvertragsverhandlungen, an Bedeutung gewinnt. Was aus wissenschaftlicher Distanz als Dezentralisierung der Verhandlungssysteme oder als „Verbetrieblichung" bezeichnet wird, heißt in der Praxis der Interessenvertretung Schwierigkeit der Koordination und Verschärfung der Konflikte zwischen Betriebsräten und Gewerkschaften. Während die Betriebsräte unter dem Druck der Geschäftsleitungen und der um ihren Arbeitsplatz bangenden Beschäftigten vielfach gezwungen werden, Zugeständnisse an die Unternehmen zu machen, muß die Gewerkschaft auf die Einhaltung der überbetrieblichen Regelungen drängen und versuchen, ein möglichst hohes gemeinsames Niveau der Einkommen und Arbeitsbedingungen zu gewährleisten.

Dieses Problem wird sich mit zunehmender internationaler Verflechtung weiter verschärfen, solange keine übernationalen Mindeststandards die Kartellfunktion der nationalen Kollektivverträge und Arbeitsgesetze übernehmen. Der Entwicklung der europäischen Sozialpolitik kommt daher in der Sicherung der österreichischen Arbeitsbeziehungen eine zentrale Rolle zu. Ob sie sich allerdings in Richtung branchenweiter

Regelungen entwickeln oder ob unternehmensbezogene Formen internationaler Kollektivverträge dominieren werden, ist heute noch nicht ausgemacht.

Die enge Kooperation zwischen Betriebsräten und Gewerkschaften als entscheidende Säule sowohl der betrieblichen Mitbestimmung als auch der Kollektivvertragspolitik wird immer stärker belastet. Die Arbeitsteilung im dualen System der Interessenvertretung besteht darin, daß die Gewerkschaften Löhne, Gehälter und Rahmenbedingungen der Arbeitsverhältnisse verhandeln sowie Unterstützungsleistungen für die betriebliche Mitbestimmung zur Verfügung stellen und daß die Betriebsräte die Einhaltung der Vereinbarungen kontrollieren und auf ihrer Basis betriebsspezifische Regelungen verhandeln. Das war zwar nie ganz problemlos möglich, doch in transnationalen Unternehmen werden Betriebsräte mit Kosten-, Arbeitszeit- und Produktivitätsvergleichen konfrontiert, die grenzüberschreitend sind und sich daher auf Betriebe in unterschiedlichsten arbeitsrechtlichen und tarifvertraglichen Systemen beziehen. Die „Folgebereitschaft" der Betriebsräte gegenüber der Gewerkschaft wird dadurch auf eine harte Probe gestellt.

Umgekehrt können auch die Gewerkschaften die Betriebsräte immer weniger unterstützen, wenn es um Aushandlungen im Betrieb geht. Setzen die Betriebsleiter konzerneinheitliche Strategien um, werden neue Methoden der Arbeitsorganisation, der Entgeltfindung etc. aus dem Ausland von anderen Konzernbetrieben „importiert", ist das erforderliche Wissen darüber eventuell bei der Gewerkschaft gar nicht vorhanden. Je weniger es zudem um die Umsetzung überbetrieblicher Regelungen geht, ja je weniger diese auf betrieblicher Ebene eingehalten werden können, desto distanzierter wird die Beziehung der Betriebsräte zur Gewerkschaft werden.

In der zunehmend schwierigen Integration der betrieblichen und der überbetrieblichen Ebene der Arbeitsbeziehungen sehe ich die größte Herausforderung der Internationalisierung. Hier sind Maßnahmen in den Gewerkschaften, in der österreichischen Politik, ebenso erforderlich wie die Durchsetzung von übernationalen Standards in der Europäischen Union. Nicht zuletzt wird der Kampf um die Arbeitsbeziehungen auf dem Feld der Beschäftigungs- und Arbeitsmarktpolitik verloren oder gewonnen werden: Durch die hohe und steigende Arbeitslosigkeit werden die bisherigen Formen der Interessenvertretung und der Regelungen von Arbeitsverhältnissen stärker untergraben als durch die Internationalisierung der Unternehmen.

Schließlich sind die österreichischen Arbeitsbeziehungen durch die Hegemonie des Neoliberalismus bedroht. Mächtige Akteure und willfährige Wissenschafter und Politiker propagieren das „Ende der Besitzstände" und fordern ein „Aufbrechen verkrusteter Strukturen". Die Debatte ist insofern entscheidend, als sie die Wahrnehmungen der Menschen prägt. Und was die Menschen für real halten – so das Thomas-Thoerem – hat reale Auswirkungen. Wird die Höhe der Arbeitskosten für wettbewerbsbedrohend und die Gefährdung der Arbeitsplätze durch Dritte-

Welt-Staaten für real gehalten, so hat das politische Konsequenzen, auch wenn es nicht der Wirklichkeit entspricht. Unkontrollierbare Mächte bedrohen Österreich wirtschaftlich von außen, nur ein Gürtel-enger-Schnallen ist als Anpassung möglich, heißt es. Gewerkschaften und Betriebsräte mutierten in der veröffentlichten Meinung zu „Besitzstandswahrern“ und damit zu Standortnachteilen. Die Rechten wollen das Land nach dem Muster eines Unternehmens führen, also nicht demokratisch, allenfalls mit etwas Mitbestimmung. Die zweite große Herausforderung liegt also darin, das Bild zurechtzurücken und klar zu machen, daß die „Globalisierung“ ein innerösterreichisches und innereuropäisches Problem ist, ein Problem der Verteilung zwischen Gewinnern und Verlierern der Internationalisierung, zwischen Unternehmen und ArbeitnehmerInnen, zwischen arm und reich. Eine auf Verteilungsgerechtigkeit, soziale Sicherheit und Menschenwürde ausgerichtete Politik setzt voraus, daß den Menschen bewußt ist, daß sie in einem der reichsten Länder der Erde leben und von den Hungernden in Afrika und Asien genauso wenig bedroht werden wie von den Einwanderern in Österreich, daß sie Forderungen nach einem guten Leben jetzt viel eher stellen können als sie das früher konnten. Ein Blick auf die Kollektivvertragsverhandlungen genügt, um festzustellen, daß die Gewerkschaften derzeit nicht in internationalisierten Industriebranchen auf die größten Schwierigkeiten treffen, sondern in Gewerben, die auf dem lokalen Markt tätig sind: Auch wenn indische FriseurInnen nur einen Bruchteil dessen verdienen, was in Österreich bezahlt wird, stellen sie dennoch keine Konkurrenz dar und helfen somit bei der Erklärung der fehlenden Lohnerhöhungen in dieser Branche kaum weiter.

7. Zusammenfassung

Für die Praxis der Arbeitsbeziehungen erscheint es mir als unabdingbar, sich von einigen Vorstellungen zu lösen, die im Zuge der Globalisierungsdiskussion entstanden sind. Erst dadurch sind wieder Handlungsmöglichkeiten erkennbar, die von der neoliberalen Propaganda nach dem Muster: „Alternativlose Anpassung an Weltmarktzwänge = Deregulierung und Sozialabbau“ verschüttet wurden.

„Globalisierung“ ist – soweit es sie gibt – nicht wie eine „Naturkatastrophe“ über uns hereingebrochen. Die Politik der Liberalisierung des Warenhandels und des Kapitalverkehrs stellte den Weltmarkt aktiv her.

Wettbewerbsfähigkeit von Staaten kann nicht oberstes politisches Ziel sein, sie ist vielmehr eine „gefährliche Wahnvorstellung“. Nicht Staaten sind Gewinner oder Verlierer der wirtschaftlichen Internationalisierung, sondern einzelne Bevölkerungsgruppen innerhalb der Nationalstaaten, woraus sich eine höhere soziale Ungleichheit ergibt. Will man schon ganze Staaten in die Kategorien Globalisierungsgewinner oder -verlierer einordnen, dann ist Österreich sicherlich auf der Gewinnerseite zu finden. Der Aufstieg Österreichs zu einem der reichsten Länder der Welt erfolgte als hochregulierter „Standort“ mit einem hohen Anteil verstaatlichter Industrie und ausgebautem Wohlfahrtsstaat. Unter dem Gesichtspunkt dieser „Wettbewerbsfähigkeit" war also alles falsch – und trotzdem war es eine Erfolgsstory.

Kapital ist auch im heutigen Weltsystem nicht uneingeschränkt mobil. Viele Direktinvestitionen erweisen sich als Millionenflops, und Risiken von Verlagerungen werden häufig unterschätzt. Schon sind erste Rückverlagerungen beispielsweise aus Osteuropa zu beobachten (Hirsch-Kreinsen 1997). Wenn sich ein Land wie Österreich schon zum „Wirtschaftsstandort" degradieren läßt, sollte es doch wenigstens mit Selbstbewußtsein an seine Attraktivität glauben und nicht in vorauseilendem Gehorsam gegenüber Finanzmärkten und transnationalen Konzernen die Steuern senken und den Arbeitsmarkt deregulieren. Gewerkschaften sind dazu da, „Starrheiten" für die Unternehmen zu erzeugen; die Einschränkungen unternehmerischer Freiheiten zum Schutz der ArbeitnehmerInnen und zur Stärkung ihrer Verhandlungsmacht sollten auch weiterhin als Errungenschaften der Zivilisation und nicht als Standortnachteile wahrgenommen werden.

Der politische Spielraum auf nationalstaatlicher Ebene sollte nicht vorschnell totgesagt werden (vgl. Mahnkopf 1997): So zeigt sich beispielsweise die Bedeutung von Verteilungspolitik nicht nur an der Verstärkung sozialer Ungleichheiten, sondern an den ökonomischen Problemen durch mangelnde Inlandsnachfrage, die sich aus den zu niedrigen Lohneinkommen ergeben.

Die Stärkung der Sozialpolitik und der Arbeitnehmerrechte auf der Ebene der Europäischen Union ist eine der wichtigsten Aufgaben in diesem Zusammenhang. Allerdings ist dafür eine grundlegende Neuorientierung erforderlich, da sich die EU bisher mit Ausnahme der Regionalpolitik nur auf den Abbau von Wettbewerbsverzerrungen zwischen den Mitgliedstaaten beschränkt, Sozialpolitik also der Herstellung des Binnenmarktes untergeordnet bleibt, während sie auf die Bewältigung seiner nachteiligen Folgen ausgerichtet werden müßte.

Eine Stärkung der Interessenvertretung der ArbeitnehmerInnen innerhalb transnationaler Konzerne, wie sie durch die Europäischen Betriebsräte begonnen wurde, könnte auf Sicht das gegenseitige Unterbieten der ArbeitnehmerInnen unterschiedlicher Standorte beschränken. Es ist allerdings intensiv das Problem zu behandeln, wie konzernweite Arbeitsbeziehungen intensiviert werden können, ohne daß es zu einer Abkoppelung von den nationalstaatlich organisierten Gewerkschaften und den übernationalen Gewerkschaftsorganisationen kommt.

Das neoliberale Globalisierungsprojekt lebt von der scheinbaren Ausweglosigkeit der gegenwärtigen Situation, von einem Mangel an Alternativen zu marktradikaler Politik und wettbewerbsstaatlicher Anpassung. Für die Arbeitsbeziehungen in den einzelnen Ländern wären daher globale Perspektiven und Politikformulierungen eine wichtige Stütze. So hat beispielsweise die „Gruppe von Lissabon" bedrohliche und wünschenswerte Szenarien der zukünftigen globalen Entwicklung dargelegt, deren Realisierung von nationalstaatlichen und internationalen politischen Entscheidungen abhängt. Es stellt sich also die Frage, wie der globale Protest gegen die neoliberale Politik, die von der Arbeitsloseninitiative AC! in Frankreich bis zu den Zapatisten in Chiapas von vielen Bewegungen vorgetragen wird, verstärkt werden kann.

Literaturverweise:

ALTVATER, E./MAHNKOPF B. (1993), Gewerkschaften vor der europäischen Herausforderung – Tarifpolitik nach Mauer und Maastricht, Münster

ALTVATER, E./MAHNKOPF B. (1996), Grenzen der Globalisierung – Ökonomie, Ökologie und Politik in der Weltgesellschaft, Münster

DICKEN, P. (1992), Global Shift. The internationalization of economic activity, London

DOLESCHAL, R. (1991), Neue Logistikkonzepte in der bundesdeutschen Automobilindustrie als Antwort auf den internationalen Strukturwandel und die Folgen für die Beschäftigten; in: Flecker, J. / Schienstock, G. (Hg.), Flexibilisierung, Deregulierung und Gobalisierung – Interne und externe Restrukturierung betrieblicher Organisation, München

DÖRRE, K. (1995): Nach dem Ende des Wachstumspaketes: Auf der Suche nach einer neuen Geschäftsgrundlage für Industrielle Beziehungen, in: Soziologisches Forschungsinstituts Göttingen (Hg.), Im Zeichen des Umbruchs, Beiträge zu einer anderen Standortdebatte, Opladen, 155–170.

DÖRRE, K. (1996): Globalstrategien von Unternehmen – ein Desintegrationsphänomen? Zu den Auswirkungen grenzüberschreitender Unternehmensaktivitäten auf die industriellen Beziehungen, in: SOFI-Mitteilungen Nr. 24, 15–27.

FERNER, A. (1993), Multinational Companies and Human Resource Management. An Overview of Research Issues, paper for the European Community Human Capital and Mobility Conference on Multinationals and Human Resource Management, Barcelona

FERNER, A./HYMAN R. (1992) (eds.), Industrial Relations in the New Europe, London

FLECKER, J. (1997): Zwischen Anpassung und Abkopplung. Arbeitsgestaltung und gesellschaftliche Institutionen um internationalen Standortwettbewerb, in: Flecker (Hg. im Auftrag der Forschungs- und Beratungsstelle Arbeitswelt), Jenseits der Sachzwanglogik. Arbeitspolitik zwischen Anpassungsdruck und Gestaltungschancen, Berlin

FLECKER, J./SCHULTEN, Th. (1997): Am Ende der Gewißheiten. Zum Umbruch des „deutschen Modells“ sozio-ökonomischer Institutionen; Diskussionspapier für das Forschungskolleg „Globalisierung verstehen und gestalten“, FORBA-Schriftenreihe 1/97

FLECKER, J./SCHULTEN, Th. (1998): Arbeitsbeziehungen in Europa und die Zukunft des „europäischen Sozialmodells“, in: Berger, Roland/Steger, Ulrich (Hrsg.), Auf dem Weg zur europäischen Unternehmensführung – Ein Lesebuch für Manager und Europäer, München.

FORSGREN, M., HOLM, U., JOHANSON, J. (1992): Internationalization of the second degree: The emergence of European-based centres in Swedish firms; in: Young, St., HAMILL, J. (eds): Europe and the Multinationals, Aldershot

HASSEL, A./SCHULTEN, Th. (1997): Globalisation and the Future of Central Collective Bargaining: the Example of Germany, Paper presented at the EMOT Workshop on „Globalisation and Industrial Transformation in Europe“, in Malaga, Spain 9–12 January 1997

HEDLUND, S. (1993), Assumptions of Hierarchy and Heterarchy, with Applications to the Management of the Multinational Corporation; in: Goshal S./Westney D. E. (eds.), Organization Theory and the Multinational Corporation, New York

HIRSCH, Joachim (1995): Der nationale Wettbewerbsstaat. Staat, Demokratie und Politik im globalen Kapitalismus, Berlin/Amsterdam.

HIRSCH-KREINSEN, H. (1997): Globalisierung der Industrie: ihre Grenzen und Folgen; in: WSI-Mitteilungen 7/1997

HIRST, P., THOMPSON, G. (1992): The problem of „globalization“: international economic relations, national economic management and the formation of trading blocs; in: Economy and Society Vol 21/4

HUFFSCHMID, J. (1994): Globalisierung oder Blockbildung? Zur Struktur kapitalistischer Internationalisierung; in: Blätter für deutsche und internationale Politik, Nr. 8

JACOBY, S. M. (1995) (ed.), The Workers of Nations – Industrial Relations in a Global Economy, New York/Oxford

KOTTHOFF, H. (1997): Hochqualifizierte Angestellte und bestriebliche Umstrukturierung: Erosion von Sozialintegration und Loyalität im Großbetrieb; in: Kadritzke (Hg.), „Unternehmenskulturen“ unter Druck, Berlin

LANE, Christel (1995): Industry and Society in Europe, Stability and Change in Britain, Germany and France, Edward Elgar, Aldershot/Brookfield.

MAHNKOPF, B. (1997): Globalisierung: Gegen eine Selbstausschaltung der Politik!; in: Flecker (Hg. im Auftrag der Forschungs- und Beratungsstelle Arbeitswelt), Jenseits der Sachzwanglogik – Arbeitspolitik zwischen Anpassungsdruck und Gestaltungschancen, Berlin

MARGINSON, Paul/SISSON, Keith (1996): Multinational Companies and the Future of Collective Bargaining: A Review of the Research Issues, in: European Journal of Industrial Relations Vol. 2, No. 2, 173–198.

MATTHIES, H./MÜCKENBERGER, U./OFFE, C./PETER, E. /RAASCH, S. (1994), Arbeit 2000 – Anforderungen an eine Neugestaltung der Arbeitswelt, Reinbek bei Hamburg

MÜLLER, F. (1994), Das Transnationale Unternehmen in der europäischen Automobilindustrie; in: Die Betriebswirtschaft 54, 3/1994

RUIGROK, Winfried/VAN TULDER, Rob (1995): The Logic of International Restructuring, London/New York

SCHULTEN, T. (1997): Europäische Modernisierungskoalitionen? Der Beitrag Europäischer Betriebsräte zur Neuordnung der Arbeitsbeziehungen in Europa; in: Flecker (Hg. im Auftrag der Forschungs- und Beratungsstelle Arbeitswelt), Jenseits der Sachzwanglogik – Arbeitspolitik zwischen Anpassungsdruck und Gestaltungschancen, Berlin

SCHULTEN, Th. (1992), Internationalismus von unten – Europäische Betriebsräte in Transnationalen Konzernen, Marburg

SPERLING, H. J. (1997): Restrukturierung von Unternehmens- und Arbeitsorganisation – eine Zwischenbilanz, Marburg

STAEHLE, W. (1985), Internationale Arbeitsbeziehungen; in: Endruweit et al (Hg.) Handbuch der Arbeitsbeziehungen; Berlin

STREECK, Wolfgang (1995): German Capitalism: Does It Exist? Can It Survive?, Max-Planck-Institut für Gesellschaftsforschung Köln, MPIFG Discussion Paper 95/5.

STREECK, Wolfgang (1996a): Anmerkungen zum Flächentarif und seiner Krise, in: Gewerkschaftliche Monatshefte Vol 47, Nr. 2, 86–97.

THOMPSON, G. (1997): Where do multinational companies conduct their business activities and what are the consequences; Manuskript

TUDYKA K. P. (1974) (Hg.), Multinationale Konzerne und Gewerkschaftsstrategie, Hamburg

WARNER, M./TURNER, L. (1974), Gewerkschaften und multinationale Konzerne; in: TUDYKA K. P. (Hg.), Multinationale Konzerne und Gewerkschaftsstrategie, Hamburg

WITTKE, Volker (1995): Wandel des deutschen Produktionsmodells: Beschleunigen oder Umsteuern?; in: SOFI (ed.), Im Zeichen des Umbruchs, Opladen

Dieser Beitrag wurde auf der Grundlage von Arbeiten geschrieben, die im Rahmen eines Projekts des Forschungskollegs „Globalisierung verstehen und gestalten" der Gottlieb Daimler- und Carl Benz-Stiftung, Ladenburg, in Kooperation mit Thorsten Schulten, WSI Düsseldorf, durchgeführt wurden.

Globalisierung, Politik und Moral

Manfred Tieber

I.

Dieser Beitrag will klärend einige Aspekte der wirtschaftlichen Hintergründe der Globalisierung aufzeigen und sich vor allem mit der Verschränkung zwischen Globalisierung und dem Paradigmenwechsel in der Wirtschaftstheorie befassen.

In den achtziger Jahren wurde der Wohlfahrtsstaat nach den gedanklichen Konzepten von John Maynard Keynes von der Doktrin des Neoliberalismus abgelöst. Die grundlegenden Vorstellungen der neoliberalen Schule bestehen darin, daß der Staat nur mehr den Rahmen vorgibt, in dem sich ein freier Markt voll entfalten kann und damit ein unumschränkter freier Wettbewerb möglich ist.

Dies setzt voraus, daß die Entstehung von Monopolen verhindert werden soll, wobei aber von den Neoliberalen vor allem das Angebotsmonopol der Gewerkschaften auf dem Arbeitsmarkt thematisiert wurde. Weiters wird die uneingeschränkte Verfügungsmacht über das Privateigentum verlangt und die Vertragsfreiheit als wesentliches Element für die Funktionstüchtigkeit dieses Systems angesehen.

Die von der neoliberalen Schule erhobenen Forderungen bewirken eine deutliche Verringerung des Staatsanteiles am Bruttosozialprodukt. Die Folge: damit muß der Sozialstaat zwangsläufig aufgegeben werden. Ganz allgemein ein Ende der staatlichen Eingriffe in die Einkommensverteilung bei gleichzeitiger Einschränkung der Kompetenz des Parlamentes.

Letztendlich führt es dazu, daß der Starke, der Durchsetzungsfähige, der Erfolgreiche von dieser Denkungsart begünstigt wird und der Staat einen Ausgleich zwischen den starken und den schwachen Mitgliedern der Gesellschaft nicht mehr anstrebt.

Die Doktrin des Neoliberalismus begünstigt aber auch die zunehmende Globalisierung. Was heißt Globalisierung?

Gesellschaftlich bedeutet Globalisierung, daß die ursprüngliche Einheit von Nationalstaat und Nationalgesellschaft verlorengeht. Es kommt zu einer Herausbildung von neuen Macht- und Konzentrationsverhältnissen, dies führt zu Konflikten. Die Konkurrenz besteht vor allem zwischen nationalstaatlichen Akteuren und transnationalen Akteuren, und es werden davon Identitäten, wirtschaftliche Prozesse, mit einem Wort, das ganze soziale Gefüge der nationalen Gesellschaft berührt.

Ökonomisch bedeutet Globalisierung, daß jene Unternehmen begünstigt werden, die nicht an einen nationalen Ort gebunden sind und damit die unterschiedlichen Vorteile internationaler Standorte voll nutzen können. Transregionale Marktplanung – wie das neue Zauberwort heißt

– ermöglicht, die Kosten zu minimieren und die Gewinne zu maximieren. Wenn die Kosten in der Produktion steigen, bietet sich bei internationalen Firmen dieser Fluchtweg über die Globalisierung in idealer Weise an.

Nach diesem Umriß der Rahmenbedingungen soll vor allem jener Menschen gedacht werden, die einer unselbständigen Beschäftigung nachgehen. Es sollen die Auswirkungen für jene Menschen beschrieben werden, deren Existenz von einem Arbeitsplatz abhängt und deren Risken hauptsächlich oder überwiegend nur über die gesellschaftliche Solidarität und eine kollektive finanzielle gesetzliche Versicherung abgedeckt werden können. Diese Menschen bilden die überwiegende Mehrheit in allen Ländern der Erde.

Die unselbständige Beschäftigung sichert aber auch die materielle Existenz der Familie. Der geschichtliche Ablauf seit 1945 zeigt, daß der demokratische Entwicklungsprozeß durch die günstigen Bedingungen bei der unselbständigen Beschäftigung gefördert wurde. Weiters hat auch der schrittweise Ausbau des Sozialstaates einen erheblichen Beitrag zu dem beispiellosen wirtschaftlichen und sozialen Aufstieg Österreichs geleistet. Voraussetzung war jedoch auch die geistige Prägung Europas in der Nachkriegszeit durch Politiker wie Roosevelt, Schuman und Marshall, die ihrerseits wieder vor allem in der Wirtschaftspolitik durch die Lehre von Keynes und dessen Schülern beeinflußt waren.

Seit den späten siebziger Jahren ist diese humane Periode des wirtschaftspolitischen Denkens jedoch durch den Einfluß der neoliberalen Schule, deren hervorragendste Erscheinung Milton Friedman ist, abgelöst worden. Einer der Gründe für die Ablöse war, daß die Inflation der siebziger Jahre durch die makroökonomischen Methoden des Keynschen Modells nicht wirksam bekämpft werden konnte. Mit der Übernahme des Gedankengebäudes von Friedmann setzte jedoch für die unselbständig Beschäftigten eine entscheidende Klimaänderung ein.

II.

Aufbereitet wurde der Boden der heutigen wirtschaftlichen und sozialen Entwicklung durch den beispiellosen wirtschaftlichen Erfolg der Politik von Ronald Reagan für einflußreiche Bevölkerungsgruppen. Die Maßnahmen, die Reagan Anfang der achtziger Jahre setzte, bestanden aus Steuersenkungen für die Wohlhabenden, und erhöhte Verteidigungsausgaben auf der einen Seite, sowie Kürzungen der Sozialausgaben auf der anderen Seite. Diese Vorgangsweise, in Europa ursprünglich skeptisch kommentiert und eher belächelt, ist heute gängige Praxis in fast allen Industriestaaten der Erde.

Der Erfolg der Reaganschen Maßnahmen war deutlich sichtbar. Eine elitäre kleine Gemeinschaft, die leicht abgegrenzt werden konnte, da sie im Wirtschaftsleben durch ein gutes Einkommen mit keinerlei Existenzsorgen belastet war, konnte in dieser für sie so günstigen Zeit ihren Reichtum gewaltig vermehren. Die amerikanische Mittelschicht, die die

Umverteilung von unten nach oben am stärksten zu spüren bekam, wurde stark reduziert und verarmte. Bei den Sozialhilfeempfängern wurde ohne jede Rücksicht die Sozialhilfe immer mehr reduziert, denn diese sollten ja angespornt werden, etwas gegen ihre Armut zu unternehmen[1]. Tatsächlich war aber der Haupterfolg der Reaganschen Politik die Zurückdrängung des staatlichen Einflusses im Bereich der Wirtschaft. Dadurch war eine Planung der wirtschaftlichen Aktivitäten nicht mehr erforderlich und auch nicht mehr möglich.

Die theoretische Grundlage für diesen beispiellosen politischen Erfolg lieferten Professor Arthur Laffer und das Buch „Wealth und Poverty" von Georg Gilder. Welcher ökonomisch interessierte Mensch kennt nicht die so berühmte Lafferkurve, die das geistige Feigenblatt für die Vermehrung des Reichtums dieser elitären Schicht lieferte, während sie in Wirklichkeit der amerikanischen Mittelschicht mehr oder minder deutliche Existenznachteile bescherte und die sozial Schwachen aus der amerikanischen Gesellschaft einfach ausstieß.

Laffer demonstrierte an seiner Kurve die Wirkung einer Senkung der Spitzensteuersätze, die Energie freisetzt, die zu einer stärkeren wirtschaftlichen Aktivität führen würde. Damit würden die wachsenden Staatseinnahmen ein geringeres Haushaltsdefizit bewirken. Die Wirklichkeit hat diese pseudowissenschaftliche Scheinwelt längst entlarvt, denn die USA fuhr das größte Haushaltsdefizit ihrer Geschichte ein. Saniert wurde dann das Budget bei den sozial Schwachen und bei jenen Teilen der Bevölkerung, die keine Lobby hatten. Georg Gilder unterstützte diese Geisteshaltung mit salbungsvollen Sprüchen wie: „Der materielle Fortschritt ist unvermeidlich elitär. Er macht die Reichen reicher und vergrößert ihre Zahl, indem er die wenigen außergewöhnlichen Männer erhöht, die Wohlstand produzieren können für die demokratischen Massen, die ihn konsumieren".[2]

Interessant ist, daß alle diese scheinwissenschaftlichen Aussagen ernst genommen wurden, denn ein empirischer Nachweis konnte sowieso nicht verlangt werden, da er nicht zu erbringen gewesen wäre.

Charles A. Murray stützte die andere Seite des Reagan-Konzeptes ab, indem er schrieb: „Ideal wäre es, die gesamte staatliche Wohlfahrts- und Einkommensunterstützungsstruktur für Leute im arbeitsfähigen Alter zu beseitigen"![3] und Gilder ergänzte: „Um tatsächlich auch Erfolg zu haben, brauchen die Armen mehr als alle anderen den Ansporn ihrer Armut".

Man kann aus diesen damaligen angeblich wissenschaftlichen Aussagen klar erkennen, daß hier ausschließlich eine harte Interessenpolitik

---

1 2 % des männlichen Erwerbspotentials der USA, 6–8 % der Männer zwischen 15 und 35 Jahren sind gegenwärtig im Gefängnis – auch eine „erfolgreiche" Arbeitsmarkt- und Armutspolitik.

2 Georg Gilder, Wealth und Poverty New York: Basis Books, 1981, S. 259

3 Charles A. Murray. Losing Ground: American Social Policy 1950–1980 New York: Basis Books, 1984, S. 227

verfolgt wurde, die nur dazu diente, die Einkommen der Reichen wachsen zu lassen und die nicht allzu bemittelten Bevölkerungsschichten dafür zahlen zu lassen.

Vier Dinge sind als wesentlich festzuhalten:

1. Die unmittelbar betroffenen Bevölkerungskreise können die von der Politik eingeleiteten wirtschaftlichen Maßnahmen nicht wirklich in ihrer Tragweite verstehen und haben auch keine entsprechende Lobby, die ihre Interessen wahrnimmt (Lobbyismus können sich nur Leute mit Einfluß und Geld leisten)
2. Daher verbleiben wirtschaftspolitische Maßnahmen nicht im Gedächtnis der unmittelbar Betroffenen. Durch ihre zeitliche Gebundenheit und durch ihr bescheidenes Einkommen sind sie nicht in der Lage, sich ausreichend über die wahren Sachverhalte zu informieren oder sich entsprechende Beratungsleistung zu kaufen. Sie sind daher gegen Demagogie und Manipulationen aller Art völlig wehrlos.
3. Die Bereitschaft der Politiker für die sozial Schwächeren im Sinne eines Interessensausgleiches Maßnahmen zu setzen, nimmt progressiv ab. Es ist viel weniger mühsam, jenen nachzugeben, die sich wehren können, als jene zu verteidigen, deren Stimmen ohnehin nicht zu hören sind und die darüber hinaus noch manipulierbar sind.
4. Die Rolle der Medien ist zwiespältig. Das was nicht wirklich informiert, sondern wo Meinung als angebliche Information verkauft wird, wird gelesen. Wirkliche Information wird nicht gelesen. Die Medien bilden die Wirklichkeit nicht ab, sie erzeugen Pseudowirklichkeit. Dabei dürfte es nicht ganz unerheblich sein, daß die Medieneigentümer und die Mehrheit der Journalisten selbst zu den Besserverdienenden gehören.

III.

Die Rolle des Staates hat sich entscheidend verändert. Reagan sagte, „der Staat ist nicht die Antwort auf die sozialen Probleme, er ist das Problem“. In Wirklichkeit war genau dieser Satz der Wegbereiter einer gewaltigen Deregulierungs- und Privatisierungswelle, die bis zum heutigen Tage anhält. Die substantiellen Ideen dazu wurden jedoch viel früher entwickelt. Sie stammen einerseits aus längst überwunden geglaubten uralten Dogmen der klassischen Wirtschaftslehre, andererseits in erster Linie aus dem Gedankengebäude von Milton Friedman[4], der seine Ideen in den sechziger und siebziger Jahren ausformuliert hat. Diese Ideen

[4] Milton Friedmann, geb. 31. 7. 1912 in New York, ist seit 1946 Professor für Wirtschaftswissenschaften an der Universität Chikago und gilt als Hauptvertreter der sogenannten „Chicago-Schule“.

sind aber ebenfalls von den Grundlagen der uralten Dogmen der klassischen Lehre beeinflußt.

Galbraith[5] bezeichnet ihn „als einen kleinen Mann von kraftvoller Sprache, einmalig hartnäckig in Debatten und Diskussionen, völlig unbelastet von jedem Zweifel, wie er zuweilen feinsinnige Gelehrte befällt". Diese Charakterisierung, die nach genauem Studium seiner wissenschaftlichen Publikationen mehr als zutreffend ist, bezeugt, wie sehr man den Lauf der Politik und damit den Lauf der Welt mit seinem Denken beeinflussen kann: vor allem wenn diese Ideen in das Konzept jener Leute passen, die über Macht, Geld und Einfluß verfügen.

Friedman gilt als der führende Vordenker des heutigen Neoliberalismus, er ist der Vertreter der klassischen freien Marktwirtschaft. Daher haben empirisch nachweisbare Einflüsse von monopolistischen oder oligopolistischen Unternehmen und die damit verbundene unvollkommene Konkurrenz in seiner Lehre eine eher untergeordnete Bedeutung. Daß die multinationalen Konzerne den sogenannten freien Markt jederzeit teilweise aus den Angeln heben können oder ihn in jeder beliebigen Form zumindest beschränken können, ist ihm eher gleichgültig.

Wenn man bedenkt, daß große internationale Konzerne ganz legal keine Steuern zahlen, Umweltauflagen kaum beachten, soziale Netze zerstören und damit die unselbständig Beschäftigten ohne Gnade ihrer Sicherheit und in vielen Fällen ihrer Existenz berauben, dann mutet dieses hartnäckige Leugnen der Fehlentwicklungen im sogenannten freien Markt eher seltsam an.

Sein bedeutendster Beitrag zur Entwicklung der Wirtschaftstheorie ist der Monetarismus. Dieser stellt die Rolle des Geldes in den Mittelpunkt der makroökonomischen Betrachtung. Die Geldmenge ist im Rahmen dieses Ansatzes die wichtigste Determinante kurzfristiger Veränderungen beim nominalen Bruttosozialprodukt, während sie langfristig primär auf die Preise wirkt. Seiner Meinung nach sollte die Regierung die Feinabstimmung der Wirtschaft zugunsten fester Regeln aufgeben, auf Eingriffe in die Marktmechanismen verzichten und Preis- und Lohnmaßnahmen vermeiden.

Friedmans makroökonomische Beweisführung hinterläßt jedoch beachtliche Zweifel. Bei seinen umfangreichen statistischen Berechnungen über den Zusammenhang zwischen Geldmenge und Preisen bleibt immer offen, was Ursache, was Wirkung oder was bloßer Zufall ist. Galbraith bemerkte dazu mit einem gewissen sarkastischen Unterton: „Vielleicht bewirkten Veränderungen der Preise oder im Handelsvolumen Veränderungen der Geldmenge. Es wurde auch nie die ökonomische Beziehung zwischen Geldmenge und Preisen vollständig erklärt" und meinte: „daß

---

5 John Kenneth Galbraith, geb. 1908 in Station (Can.), ist einer der renommiertesten Wirtschaftswissenschaftler unserer Zeit. Er lehrte an den Universitäten von Kalifornien, Princeton, Cambridge und Harvard. Präsidentenberater unter Roosevelt und Kennedy.

nämlich niemand mit Sicherheit zu sagen wußte, was in der modernen Wirtschaft eigentlich Geld sei".[6]

Sicherlich sind Bargeld und Einlagen auf Scheckkonten Geld im üblichen Sinne. Aber gehören auch Spareinlagen, die mit Scheck behoben werden können, oder Spareinlagen, die in Kontokorrentkonten umgewandelt werden, nicht ausgenützte Kreditrahmen und die Kaufkraft von Kreditkarten zu diesem Begriff? Vor allem lassen sich diese monetären Produkte, die nur sehr willkürlich als Geld bezeichnet werden können, tatsächlich unter Kontrolle halten?

Das amerikanische Federal Reserve System (unserer österreichischen Nationalbank entsprechend) und die Bank von England wollten die Friedmannschen Thesen empirisch belegen, scheiterten jedoch klarerweise auf Grund des vorher gezeigten Mangels einer eindeutigen Festlegung des Begriffes Geld. Friedmann warf daraufhin den beiden größten Geldinstituten vor, daß sie schlicht unfähig wären, die empirischen Beweise zu liefern.

Der Monetarismus bot allerdings für Politiker mit pragmatischer Einstellung zur Wiederwahl bequeme Auswege. Der Politiker brauchte mit dieser Art der Geldpolitik weder zu Steuererhöhungen noch zu Kürzungen der Staatsausgaben zu greifen und, was heute ganz besonders wichtig scheint, auch die Staatstätigkeit wird nicht erhöht, da die Zentral- oder Bundesbanken mit einem Minimum an Verwaltungstätigkeit diese Aufgaben ausführen können.

Diese Art der monetären Wirtschaftspolitik verkennt jedoch ganz entschieden die Hauptwirkung. Sie ist nicht sozial neutral, denn eine restriktive Geldpolitik unterscheidet sich von einer restriktiven Finanzpolitik dadurch, daß sie die Wohlhabenden begünstigt und nicht wie im zweiten Fall die Wohlhabenden benachteiligt.

Denn höhere Zinssätze erfreuen alle Reichen, die über genügend Geld verfügen, da ihr Einkommen steigt, während bei Erhöhungen des Einkommens- und Körperschaftssteuertarifs ihr Einkommen sinkt.[7] Für die breite Mehrheit haben die im Gefolge der monetaristischen Wirtschaftspolitik auftretenden hohen Zinssätze letale Folgen. Denn die hohen Zinssätze bewirken ein noch rascheres Ansteigen der Staatsschuld. Eine damit verbundene Einschränkung der staatlichen Nachfrage zog auch einen deutlichen Rückgang der Unternehmerinvestitionen nach sich, da die Erträge aus reinen Finanzgeschäften wesentlich höher waren als die Erträge aus der realen Wirtschaft (Einkommen aus Unternehmen und Betrieben). Damit wichen viele Unternehmen in eher spekulative

---

[6] John Kenneth Galbraith: Die Entmythologisierung der Wirtschaft. Knaur Sachbuch München, 1987, S. 326.

[7] Die Reagansche Hochzinspolitik hatte zwei weitere wirtschaftspolitische Ziele: 1. Geld aus Europa und Japan anzuziehen, um den Krieg der Sterne zu finanzieren, 2. dem COMECON, dessen naturalwirtschaftliche Existenz am Weltmarkt auf niedrige Zinsen angewiesen war, zu erschüttern.

Finanzgeschäfte aus und vernachlässigten die notwendigen Investitionen in ihren Betrieben. Durch den damit verbundenen Rückgang der Gesamtnachfrage wurde seither auch eine riesige Zahl von Firmen in den Konkurs getrieben.

Seitdem diese Politik weltweit betrieben wird, ist die Arbeitslosigkeit auch weltweit ein Problem geworden. Trotz aller gegenteiligen Versprechungen von Politikern ist die Arbeitslosigkeit in den Industrieländern ständig gestiegen und damit zum größten Problem in der Wirtschaftspolitik geworden.

Für Politiker, die bei ihrer Wiederwahl von der Unterstützung der einflußreichen Minderheit abhängig sind und denen Eigenschaften wie Zivilcourage, Einsatzfreude und unabhängiges Denken fehlen oder die bequemeren Grundsätzen huldigen, bietet diese Art der Wirtschaftspolitik jedoch ein relativ konfliktfreies politisches Dasein.

IV.

Man stelle sich vor, jemand hätte in den sechziger Jahren in der damaligen entwickelten Industriegesellschaft folgende gesellschaftliche und wirtschaftliche Regelungen abgelehnt:

- ❑ Sicherheitsnormen bei Autos
- ❑ Führerscheinpflicht
- ❑ Preis- und Lohnkontrollen
- ❑ Gesetzliche Mindestlöhne
- ❑ antizyklische Geld- und Fiskalpolitik
- ❑ Gesetz zur Sicherstellung der Wahrheitspflicht bei Kreditgeschäften
- ❑ Schulpflicht
- ❑ Sozialversicherung
- ❑ Drogengesetze
- ❑ kostenloses öffentliches Schulwesen
- ❑ Lebensmittelgesetz; Reinheitsgrad von Nahrungsmitteln

u. a. m.

„Unvorstellbar, nicht diskussionswürdig“, wäre damals die Auffassung aller politisch Verantwortlichen gewesen. Heute allerdings sind solche Themen durchaus im Gespräch. Enthalten sind diese Standpunkte in dem Buch des Nobelpreisträgers Milton Friedman mit dem Titel „Kapitalismus und Freiheit“[8]. Wenn man diese streng logische und sorgfältige Darstellung liest, stellt man fest, daß jeder dieser angeführten Punkte darin enthalten ist. Er spricht sich gegen diese Punkte aus, weil er darin einen Eingriff in die persönliche Freiheit des einzelnen sieht und seiner Meinung nach alle diese Vorschriften ihr Ziel verfehlen. Diese hartnäk-

---

8 Milton Friedmann: Kapitalismus und Freiheit. Deutscher Taschenbuchverlag München, 1976.

kig vertretenen Standpunkte haben Ende der siebziger Jahre, Anfang der achtziger Jahre den vorher beschriebenen vollkommenen Paradigmenwechsel in der Wirtschaftspolitik bewirkt.

Die heute so betonte wichtige unabdingbare Freiheit des einzelnen wird jedoch unter einem falschen Etikett verkauft. Denn was für den einzelnen Freiheit von staatlichen Gesetzen und Regelungen bedeutet, bedeutet für alle, daß staatliche Garantien oder Schutzmechanismen verloren gehen, und die davon Betroffenen sind eindeutig in der Mehrheit.

Man nehme als Beispiel die Sozialversicherung. Der eine Bürger, der im Reichtum schwelgt, hat volle Freiheit, im Falle einer Erkrankung jenen Arzt oder jenes Spital zu wählen, das ihm die besten Heilungschancen verspricht. Voraussetzung ist, daß er jede Honorarnote begleichen kann. Dagegen braucht der Durchschnittsbürger mit seinem Durchschnittseinkommen absolut den sozialen Schutz der Sozialversicherung, da er nur in einer Solidargemeinschaft entsprechend vor den Risken der Krankheit geschützt wird und im Gegensatz zum reichen Bürger nicht die Spitalsrechnung oder das Ärztehonorar aus seinem bescheidenen Einkommen bestreiten kann. Nachdem diese Schutzeinrichtungen für die große Mehrheit der Bevölkerung notwendig sind, ist die Freiheit Friedmannscher Prägung nur für eine kleine elitäre Schicht möglich.

Friedman geht es damit nicht um die Freiheit des Einzelnen, sondern um die Beschneidung der Rolle des Staates und – dies unterstelle ich als Folge – um die Erfüllung von ungehemmten Wünschen einer kleinen aber einflußreichen Schicht der Bevölkerung, die sich durch die staatlichen Aktivitäten behindert fühlt.

Die Rolle des Staates mußte bisher umfassend angesehen werden. Der Staat vertritt nicht nur die Gruppen der Unternehmer und der Arbeitnehmer, sondern auch die Armen, die Alten in Stadt und Land, die Minderheiten, die Fremdarbeiter, die Bauern, die Umweltschützer sowie jene Gruppen staatlicher Institutionen, in denen das private Unternehmertum versagt hat: wie im sozialen Wohnungsbau, bei den Massenverkehrsmitteln und in der Gesundheits- und Sozialpolitik. Manche der daraus entspringenden Tätigkeiten beeinträchtigen den Spielraum und die Eigenständigkeit von Privatunternehmen, und spätestens hier wird die wahre Stoßrichtung des Neoliberalismus Friedmanscher Prägung erkennbar. Der moderne Konflikt zwischen Privatwirtschaft und Staat hat hier seine gedanklichen Wurzeln.

V.

Die Argumente scheinen auf den ersten Blick durchaus plausibel und logisch, nur ist man versucht mit Brecht zu sagen, „doch die Verhältnisse, sie sind nicht so“, denn diese Argumente stimmen nur für jene Schicht, die wirklich die finanzielle Freiheit hat, von dieser wirtschaftlichen Doktrin zu profitieren. Dies sind in erster Linie zwei große Gruppen: zum einen jene internationalen Unternehmen, die von der zunehmenden

Globalisierung der Weltwirtschaft profitieren (so findet man weggeworfene Coca Cola Dosen an der schönen blauen Donau genauso, wie in einem entlegenen Bergdorf in Kreta oder irgendwo in der Sahara)[9] und zweitens jene Finanzjongleure (insbesondere große Broker und internationale Geldinstitute), die die zwei wichtigsten wirtschaftspolitischen Instrumente – nämlich Zinsen und Wechselkurse – voll zu ihren Gunsten nützen können.

Daher muß man sich fragen, wem nützen diese Argumente, die die Vertreter des Neoliberalismus bei jeder Gelegenheit so schön herbeten. Wie schaut es aus mit der Behauptung, daß die Eingriffe des Staates unwirksam und schädlich sein können. Die Demagogen haben es immer dann leicht, Behauptungen als Tatsachen hinzustellen, wenn die Zusammenhänge schwierig nachzuvollziehen sind. Denn die Auswirkungen der wirtschaftlichen Aktivitäten des Staates sind ingesamt schwer abzuschätzen, und vor allem sind die daraus erzielten wirtschaftlichen Vorteile kaum richtig darzustellen. Auch die beste Input-Output-Analyse kann nur sehr beschränkt gewisse Wirkungen aufzeigen. Vor allem ist durch die wirtschaftliche Tätigkeit des Staates eine große Zahl von anderen Wirtschaftssubjekten betroffen. Weiters entstehen durch diese Tätigkeit Wirkungen in anderen Feldern der Staatstätigkeit, wie in Bereichen des Sozialen, des Kulturellen u. a. m., deren Erfolg oder Mißerfolg schon gar nicht mehr nachweisbar ist.

Den Bannerträgern der freien Marktwirtschaft, die die Rolle des Staates so schädlich finden, kann entgegengehalten werden, daß sich auch große private Unternehmen plötzlich in der Konkursstatistik wiederfinden und daß der Verlust an volkswirtschaftlichem Vermögen eine ganze Nation erschüttern kann. Das zweite Argument, daß durch die Privatisierung Märkte geöffnet werden, damit Kosten vermindert und Ressourcen eingespart werden, ist ebenfalls nur eine Behauptung, die gut klingt und plausibel scheint. Für wen werden denn die Märkte geöffnet? Für den Kleingewerbetreibenden? Für das mittlere Unternehmen am nationalen Standort? Für das Dienstleistungsunternehmen mit lokalem Umfeld? Nein, die werden ja von der internationalen Konkurrenz erbarmungslos aus dem Markt gedrängt. Es werden jene begünstigt, die ohnehin den Markt dominieren und die die notwendige Vielfalt der Märkte durch ungeheure Konzentrationsbestrebungen gänzlich zerstören. Gerade aber diese Vielfalt des Marktes garantiert sein einigermaßen gesichertes Funktionieren.

Die Kostensenkungen durch die Öffnung der Märkte erzwingt der im Gefolge der internationalen Konkurrenz härter werdende Wettbewerb. Doch welche Kosten werden dabei gesenkt? In der Standortdebatte wird Klartext darüber geredet: „Nur wenn man den ganzen Sozialklimbim

---

[9] Elmar Altvater, „Sozialpolitik im globalen Dorf“, in: Eure Armut kotzt uns an, Solidarität in der Krise. Fischer Taschenbuchverlag Frankfurt am Main, April 1996, S. 173

endlich abschaffen kann, können die Lohnkosten gesenkt und die ökonomische Produktivität gesteigert werden."[10] Der „Sozialklimbim" hat es aber erst den unselbständig Erwerbstätigen ermöglicht, ein menschenwürdiges Dasein zu leben, indem er Phasen der Erholung und der Besinnung einplant. Für die Verfechter des reinen Marktgedankens sind aber diese Zeiten der Erholung und Besinnung unproduktive Zeiten. Daher werden die Theoretiker des Neoliberalismus bei ihren Rezepten zur Effizienz immer wieder darauf hinweisen, wie wichtig es ist, Maschinen und Maschinenkomplexe ständig am Laufen zu halten, um das in ihnen gebundene Kapital bestmöglich zu verwerten. Die Folgen dieser Überkapazität sind aber nicht der Abbau von Maschinen, sondern der Abbau von Arbeitsplätzen.

Ergänzend wäre noch zu bemerken, daß mehr Markt zwangsläufig zu einer höheren Konzentration und damit zur Bildung von Monopolen führt (Beispiel Rewe). Der Markt vernichtet damit laufend seine eigene Grundlage. Eine staatliche Regulierung wäre daher nötig, um einen effizienten Wettbewerb zu gewährleisten. Die Doktrin des Neoliberalismus drängt jedoch auf eine gänzliche Beschneidung der wirtschaftspolitischen Kompetenzen des Staates. Dies führt zu dem paradoxen Phänomen, daß mehr Markt weniger Markt und damit weniger Wettbewerb erzeugt.

Bei der aufmerksamen Lektüre aller dieser Argumente fällt eines ganz besonders ins Auge. Alle diese Behauptungen sind sehr wohl für diese zwei eng begrenzten Gruppen durchaus plausibel und zutreffend, jedoch für die absolut größte Mehrheit der Weltbevölkerung stimmen diese Dogmen überhaupt nicht. Daß der freie Markt für handeltreibende Unternehmen von Vorteil sein kann, leuchtet ein, doch für die überwältigende Mehrheit der in der Wirtschaft handelnden Menschen, eben jener Menschen, die einer unselbständigen Beschäftigung nachgehen, sieht die Wirklichkeit ganz anders aus.

Das dritte und vierte Argument wird von dem Schlagwort „des souveränen Konsumenten" unterstützt, was immer das heißen mag. Es ist nichts weiter als eine demagogische Behauptung. Am Beispiel der Öffnungszeiten des österreichischen Handels kann man erkennen, wie jedoch solche einprägsamen Schlagworte Veränderungen bewirken können.

Die gesetzliche Regelung der Ladenschlußzeiten diente erstens dazu, den Beschäftigten ebenfalls Zeiten der Ruhe und Besinnung zu ermöglichen. Zweitens sollte durch möglichst einheitliche Öffnungszeiten ein geregeltes, für die Kinder dieser Berufsgruppe notwendiges Zusammensein in der Familie ermöglicht werden. Denn bei unterschiedlichen Berufszeiten der Familienmitglieder ist ein geordnetes Familienleben wohl kaum sinnvoll möglich. Mit der ursprünglichen einheitlichen Regelung wurde eine Konkurrenz im nationalen Bereich vermieden.

---

10 Elmar Altvater, a. a. O., S. 176

Nachdem höchstens im grenznahen Bereich die internationale Konkurrenz wirken konnte (niemand fährt von Wien nach Tarvis, weil dort die Geschäfte längere Öffnungszeiten haben), wurde der „mündige oder souveräne Konsument“ kreiert, damit die geregelte Schutzfrist für die im Handel Beschäftigten dereguliert werden konnte. Die Regulierung der Ladenschlußzeiten schützt überdies die kleinen vor den großen Unternehmen. Daher war und ist vor allem das Kleingewerbe und Teile der Handelsketten für die Regulierung der Ladenschlußzeit, des Schlußverkaufes und einer aggressiven Werbung. Weniger Regulierung begünstigt die Großen, führt zu Monopolen – und damit zu weniger Markt (und einer schlechten Nahversorgung), aber auch zu einer ruhelosen Gesellschaft.

Belustigend ist es, konservativen Politikern, die dem Neoliberalismus nahestehen, bei ihren Sonntagsreden zuzuhören, wo sie immer wieder die wichtige Rolle der Familie in den Mittelpunkt ihrer Betrachtungen stellen.

Daß in unserer heutigen Gesellschaft immer die egoistischen Motive die Oberhand behalten, während die humanen menschlichen Vorstellungen immer weiter zurückgedrängt werden, kann nicht wirklich überraschen, denn die immer härter werdende Konkurrenz läßt humanes Wirken nicht zu.

Das vierte Argument zur Privatisierung ist aus dem Verständnis für die Neoklassik zu erklären. Das langfristige Wachstum als Wohlstandsnorm wird von den Neoliberalen durch das statische Konzept der Effizienz abgelöst. Es wird nunmehr postuliert, daß nur der Markt in der Lage ist, die Produktionsfaktoren Kapital und Arbeit so anzuordnen, daß ein besseres Ergebnis mit anderen Organisationsformen nicht erreicht werden kann. Dies ist ein Dogma, hier wird Ungeprüftes (ja vielleicht sogar wissentlich Unwahres) als ewige Wahrheit ausgegeben.

Die Neoklassik hat wenigstens noch Fälle von Marktversagen zugegeben und damit die Wirtschaftstätigkeit des Staates im bescheidenen Rahmen legitimiert. Der Neoliberalismus dagegen bejaht den Staat nur dann, wenn einflußreiche Gaukler wie die Brüder Hunt auf Grund einer nicht aufgegegangenen Spekulation ihre Milliardenverluste über den Staat subventioniert erhalten.

Die sozial Schwachen dürfen dagegen vom Staat nichts verlangen, denn sie brauchen den Ansporn ihrer Armut! Wenn ein Budget gekürzt wird, dann bei den Renten, Pensionen, Sozialhilfen und Arbeitslosengeldern. Wenn wo gespart wird, dann bei Löhnen, Gehältern und Beamteneinkommen. Privilegien sind auch nur bei diesen Gruppen untereinander auszumachen, denn Reichtum ist immer der Tüchtigkeit zuzuschreiben, und wenn nun doch Privilegien sichtbar werden, dann wird dazu vornehm geschwiegen.

Man ist auch sehr großzügig, wenn es um die Belastungen bei den Unselbständigen geht. Das Aufkommen an Lohnsteuer steigt immer stärker als jenes an Einkommensteuer, dagegen werden die Steuern auf Kapitalerträge und Vermögen auf der ganzen Welt reduziert beziehungsweise abgeschafft.

VI.

Wie wird die versprochene Freiheit der neoliberalen Dogmatiker aussehen, wenn die ehemals verkündeten Ziele der sozialen Marktwirtschaft, wie soziale Gerechtigkeit, Vollbeschäftigung und Chancengleichheit für diese Gesellschaft keine Gültigkeit mehr haben, wenn der Staat seine Kompetenzen an die Schichten der hartgesottenen Erfolgreichen und der Kasinokapitalisten abtritt? In dem Buch die „Globalisierungsfalle“ werden Menschen beschrieben, die in einer Stadt in Brasilien leben, die abgeschottet von dem Rest der Bevölkerung hinter Mauern und Stacheldraht, bewacht von eigens dafür ausgebildetem Personal, ein geschütztes Dasein in Reichtum und Luxus führen. Ist das Freiheit? Ist das eine vorstellbare Zukunft? Es ist zu befürchten, daß dies zur Realität wird, wenn nicht rechtzeitig der Kurs geändert wird. Der Kapitalismus hat die Demokratie immer als janusköpfige Einrichtung verstanden. Die Demokratie war der Weg, der den Kapitalismus vom Absolutismus befreite und ihm zu mehr Souveränität verhalf. Andererseits eröffnete die Demokratie den abhängigen Bevölkerungsschichten die Möglichkeit, ihre Forderungen politisch zu formulieren und anzumelden. Dies schränkte den Kapitalismus wieder ein. Daher hat Alexis de Tocqueville schon in der ersten Hälfte des 19. Jahrhunderts gemeint: „Angesichts des Heraufkommens der Herrschaft der Massen komme es strategisch darauf an, für deren Kanalisierung und geistige Zähmung zu sorgen“. Entscheidend war bei allen diesen Überlegungen die Lösung der sozialen Frage. Der wichtige Schritt erfolgte in der Bismarck-Ära durch die Einführung der Sozialversicherung. Österreich folgte nach. Entscheidend dabei war das Ziel, die Loyalität der Arbeiterschaft zum Staat sicherzustellen und damit durch einen neu geschaffenen Wohlfahrtsstaat vorsorglich die Ruhe und Ordnung zu erhalten.

Der Unterschied zwischen dem Neoliberalismus und dem ursprünglichen Gedanken eines Wohlfahrtsstaates besteht darin, daß dieser durch entsprechende Konzessionen an den Kapitalismus die unselbständig Beschäftigten absicherte, während bei den Neoliberalen das Marktergebnis allein zur Mitbeteiligung am wirtschaftlichen Gesamtergebnis berechtigt.

Mit dieser Denkweise und mit den daraus abgeleiteten Handlungsalternativen der Neoliberalen haben sich auch wieder Themen zurückgemeldet, von denen man glaubte, daß sie eigentlich hinter uns liegen. Die jetzt wieder zu Tage tretenden Verteilungskämpfe begünstigen Armutsentwicklungen, und in diesem Zusammenhang tauchen wieder Fragen nach der sozialen Ungleichheit und der Ausgrenzung auf. Gleichzeitig stehen wieder Ausländerhaß, Rassismus und die Probleme der Integration beziehungsweise der Ausgrenzung von ethnischen Minderheiten auf der politischen Tagesordnung. Mit der neuen Armut, die dynamisch verläuft, ergeben sich neue Formen der Polarisierung und einer stärkeren spürbaren sozialen Spaltung. In der Gedankenwelt des Neoliberalismus begegnet man diesen Phänomenen mit der Methode des Verleugnens, des Verleumdens und der Ausgrenzung. Die Fragen nach sozialer Gerechtigkeit und Toleranz, nach Solidarität und Gemeinsinn werden nicht gestellt, denn dort, wo alles von der imaginären unsichtbaren Hand des Marktes gesteuert wird, sind ethische Überlegungen sowieso nicht angebracht. Wie wenig menschliche Überlegungen in einer solchen Gesellschaft eine Rolle spielen, kann man am Beispiel der „Gastarbeiter" demonstrieren. Diese waren von Anfang an die systematischen Verlierer. Eine der Aufgaben der Beschäftigungspolitik von Gastarbeitern war es, die konjunkturellen Engpässe auf dem Arbeitsmarkt auszugleichen, die Lohnkosten relativ zu verringern und in Krisenzeiten war es sehr bequem, eine „flexible Reservearmee" zu haben. Denn man konnte sie mehr oder minder problemlos entlassen und sie wieder nach Hause befördern, wenn die Konjunktur zu stottern begann. Mit diesem Modell war eindeutig festgelegt, wer die Hauptlast einer allfälligen Arbeitslosigkeit zu tragen hatte.

Der deutsche Gewerkschaftsbund hält in seinem Armutsbericht für 1994 folgende Zahlen fest:

- ❑ 16,7 Prozent der Ausländer in Westdeutschland sind einkommensarm.
- ❑ 44,2 Prozent sind wohnraumunterversorgt.
- ❑ 27,2 Prozent verfügen über keinen allgemeinbildenden Schulabschluß und mehr als die Hälfte haben keinen beruflichen Abschluß (55,7 Prozent)[11]

Damit haben auch wieder die Verteilungskämpfe in unserer Gesellschaft ganz allgemein, aber auch zwischen den untersten sozialen Schichten an Schärfe zugenommen. Wie kann es auch anders sein, wenn die langfristigen Entwicklungen geprägt sind von „Armut im Reichtum", von Massenarbeitslosigkeit und Wohnungsnot, weil die Wohnobjekte viel zu teuer geworden sind.

Aber je kälter das Klima für die Armen, die Ausgegrenzten und die Fremden wird, umso entschiedener werden alle eventuellen Beeinträchtigungen des schönen Lebens für die Gutsituierten als völlig undenkbar abgetan. Und wenn es nicht anders geht, dann greift man zum probaten Mittel der Verdrängung. Wenn nun die Armut wächst, liegt es nahe, daß auch über die Armut geredet wird. Dem kann man vorbeugen, wenn man die Sprache über die Armut ausgrenzt und überall dort, wo komplexe Zusammenhänge erst gedanklich geordnet werden müssen, ist es leicht, mit Hilfe der Demagogie einfache Formeln in der Form der Verallgemeinerung zu finden, die die Unschuldigen zu Schuldigen stempelt.

Gliedert man diese demagogischen Behauptungen, die sich später in wertende Vorurteile verwandeln, die leider von der Masse der Bevölkerung gar zu gerne übernommen werden und damit in die herrschende

---

11 Thomas Freyberg, Verleugnen, Verleumden, Ausgrenzen: Vom Umgang mit der Armut. In „Eure Armut kotzt uns an". Fischer Taschenbuchverlag, Frankfurt am Main 1996. S. 23

Meinung einfließen, so kann man folgende immer wiederkehrende Ansichten heraushören:

- ❑ Sozialmißbrauch: Hierher gehören die Beispiele vom Sozialschmarotzer und von der sozialen Hängematte, die dem Bürger signalisieren sollen, mit seinen Steuern und mit seinen Sozialabgaben können sich arbeitsscheue Elemente ein gutes, bequemes Leben finanzieren. Bei Millionen von Arbeitslosen in Europa ein paradoxes Argument (und seltsamerweise in Zeiten der Vollbeschäftigung, wo es eine gewisse Berechtigung gehabt hätte, nie verwendet). Die soziale Hängematte läßt einem Ferien auf Hawaii assoziieren, die Massenarbeitslosigkeit wäre dann als kollektives Freizeitvergnügen aufzufassen. Wenn Unternehmer ihre Steuerschulden in Milliardenhöhe hinterziehen und die Einrichtungen des Staates und der Gemeinschaft sehr wohl nützen (Schulen, Universitäten, Spitäler, Kulturbetriebe etc.), wo sind die dann einzureihen? Hoffentlich nicht bei den Kavaliersdelikten.
- ❑ Vergleiche: Pure Demagogie ist es auch, wenn immer die Ärmsten der Armen miteinander verglichen werden. Hier läßt sich trefflich argumentieren, daß es den Deutschen und Österreichern in ihrer Armut noch viel besser geht als in den Elendszonen von Bangladesh oder Kalkutta. Man legitimiert sozusagen die Gleichgültigkeit, das Ausgrenzen, das Wegschauen mit diesen Argumenten der Bequemlichkeit. Denn damit können wir uns noch an die Brust klopfen, denn wenn schon Globalisierung, dann auch hier als Loblied auf die eigene finanzielle Unterstützung. Das sie immer wieder einmal gekürzt wird und damit jene mit voller Wucht trifft, die sich nicht helfen können, darüber wird natürlich kaum berichtet. Bemerkenswert ist es schon, daß immer die die Vergleiche anstellen, die auf diesem niedrigen ökonomischen Niveau noch nie ihre eigene Menschenwürde erproben mußten.

Ein weiteres Phänomen ermöglicht diese zutiefst unsolidarische Gleichgültigkeit und Gehässigkeit bei der Argumentation. Die Armen bilden keine geschlossene Gruppe, die ihre Interessen vertreten könnte, denn sie fühlen sich allen möglichen sozialen Gruppen zugehörig, nur nicht der Gruppe der Armen. Armut wirkt daher nicht gruppenbildend. Sie ist deshalb trotzdem real und gegenwärtig, aber sie bleibt damit sozial völlig unauffällig. Auch das Milieu der Armut ist gegenüber früheren Jahrhunderten nicht mehr lokalisierbar. Es gibt keine bekannten Armenviertel. Die Armen fallen nicht durch ihre schlechte Bekleidung oder durch Ungepflegtheit auf. Lediglich, daß die Bettelei stark zunimmt, ist ein sichtbares Indiz einer wachsenden Armut.

Zusammenfassend kann man sagen, daß das auslösende Moment für die Armutsentwicklung nicht nur in der von den Neoliberalen geforderten Wirtschaftsmethodik liegt, die dem Staat nur mehr die Aufgabe zugesteht, die Rahmenbedingungen der kapitalistischen Marktwirtschaft zu garantieren, auch die höchst ungleiche Verteilung von Vermögen und Einkommen trägt zu dieser Entwicklung bei.

Österreich konnte sich natürlich auch nicht vom internationalen „Mainstream" der neoliberalen Wirtschaftspolitik abkoppeln. Die in Österreich und in der EU zu beobachtende Beschäftigungskrise und damit der Hauptfaktor der derzeitigen Armutsentwicklung ist zum Großteil eigenfabriziert und das Produkt einer zu sehr an der Preisstabilität und gesunden öffentlichen Finanzen orientierten Wirtschaftspolitik.

Die Einkommenspolitik in Österreich war in den achtziger Jahren geprägt von einer sehr starken Umverteilung zugunsten der Unternehmer und der Selbständigen. Die Besitzeinkommen (Kapitalbesitz, Vermietung und Verpachtung) wuchsen zwischen 1980 und 1996 um 246,7 %, während die Gewinneinkommen (Gewerbebetriebe, freie Berufe, Gewinne der Kapitalgesellschaften und Faktoreinkommen) im selben Zeitraum auf 157,6 % stiegen. Die Bruttoentgelte für unselbständige Arbeit stiegen dagegen nur um 127,9 %. Die Lohnentwicklung blieb damit hinter der Entwicklung des Volkseinkommens zurück. Obwohl der Anteil der unselbständig Beschäftigten an der Erwerbsbevölkerung in den achtziger Jahren erheblich anstieg, sank ihr Anteil am Volkseinkommen.

Die Effekte dieser Umverteilung waren aber nun nicht – wie allenthalben lautstark behauptet wurde – Schaffung neuer Arbeitsplätze, Abbau von Arbeitslosigkeit, Steigerung der Investitionen. Im Gegenteil, die Investitionsquote, die ab Mitte der sechziger Jahre mit der Gewinnquote gleichgerichtet verlief, blieb in den achtziger Jahren weit hinter der Gewinnquote zurück.

Damit kann man die Gewinner und Verlierer einer solchen Umverteilungspolitik eindeutig ermitteln. Auf der Seite der Gewinner stehen die Unternehmen und die Bezieher von Vermögenseinkommen und die Selbständigen. Auf der Seite der Verlierer stehen die Unselbständigen, die Kinderreichen und die Alleinerziehenden. Am schlimmsten trifft es aber die, die im gnadenlosen Wettbewerb keine Arbeit mehr finden, weil sie zu wenig ausgebildet sind, weil sie zu alt sind oder weil sie zu treu einer Firma in guten Zeiten gedient haben und jetzt zu viel verdienen und daher als teurer Kostenfaktor für das Unternehmen nicht mehr tragbar sind.

Schlußfolgerung: Wenn man die Zusammenhänge zwischen Globalisierung, Politik und Moral etwas näher betrachtet, ist es auffällig, daß für den unselbständig Beschäftigten eindeutig ein Klimawechsel stattgefunden hat, der sich zum erheblichen Teil aus dem Paradigmenwechsel in der Weltwirtschaftspolitik herleitet. Die Ablösung des keynesianischen Wohlfahrtsstaates durch den freien Markt neoliberaler Prägung sieht nur einige Gewinner, aber viele Verlierer; am stärksten betroffen ist die Masse der unselbständig Beschäftigten. Die Forderung nach Abschaffung des „gewerkschaftlichen Arbeitsmonopols, die angebliche Entbürokratisierung öffentlicher Institutionen, die Privatisierung staatlicher Unternehmen, die Dezentralisierung des öffentlichen Lebens" beschert den unselbständig Beschäftigten überwiegend Nachteile.

Mit der Forderung nach weniger Staat muß auch der Sozialstaat reduziert werden. Eine deutliche Verringerung des Staatsanteiles am Bruttosozialprodukt führt dazu, daß der Sozialstaat zwangsläufig aufgegeben werden muß. Dies ist leider der großen Zahl der unmittelbar Betroffenen nicht einsichtig. *Dabei geht es um ihre Zukunft, um ihre Existenz und um ihre Sicherheit, es geht aber auch um die Einrichtung der Demokratie.*

Die Vergangenheit hat immer wieder bewiesen, daß zu große Ungleichgewichte in einer Gesellschaft menschenunwürdige Entwicklungen begünstigt haben. Vielleicht wäre der Verlauf mancher geschichtlichen Epoche anders gewesen, wenn man diese humanistische Grundregel beachtet hätte.

II. Auswirkungen

Asien: Von der Finanzkrise in die soziale Katastrophe

Christoph Sykora[1]

Die Globalisierungsfalle hat zugeschnappt. Allerdings nicht – wie von einigen westlichen Globalisierungsapokalyptikern prognostiziert – in den europäischen Industriestaaten, sondern in den Ländern ihrer vermeintlich härtesten Konkurrenten, den südostasiatischen „Tigerstaaten".

Als im Frühjahr 1997 institutionelle Anleger aus den USA und England erstmals gezielt und koordiniert gegen die thailändische Währung spekulierten, konnte niemand ahnen, daß damit eine – mittlerweile fast globale – Finanzkrise ihren Ausgang nehmen sollte. Die verzweifelten Versuche der Bank of Thailand, den heimischen Baht zu stützen, indem sie ihre Dollarreserven auf den Markt warf und die nationale Währung aufkaufte, waren letztlich erfolglos. Die Bank verpulverte über 30 Mrd. Dollar, verbrauchte damit praktisch ihre gesamten Devisenreserven und mußte dennoch am 2. Juli 1997 den Wechselkurs freigeben. Der Fall des thailändischen Baht löste einen Dominoeffekt aus. Nacheinander kippten die Währungen Indonesiens, Malaysias, der Philippinen und schließlich Südkoreas.

Der Internationale Währungsfonds (IWF) mußte den betroffenen Ländern in einer Feuerwehraktion zu Hilfe eilen, um die drohende Zahlungsunfähigkeit abzuwenden. Die Finanzexperten des IWF beruhigten und erklärten, die Finanzkrise werde zwar das Wachstum der „Tiger" vorübergehend schwächen, mittelfristig könne aber die Stabilität wieder hergestellt werden. Im August 1997 stellte IWF-Generaldirektor Camdessus fest, daß die Länder Südostasiens „in der Lage waren, Strategien gegen ein Übergreifen der Krise zu entwickeln" (Le Monde, 23. August 1997). Diese Hoffnung hat sich nicht erfüllt. Trotz einer Finanzspritze von über 100 Mrd. $ leidet die Region nach wie vor unter finanzieller Instabilität – mit unsicheren Konsequenzen für ganz Asien und den Rest der Welt. Mittlerweile wurde auch Rußland von der „asiatischen Grippe" angesteckt. Wenngleich die Krisenursachen anders gelagert sind, so ist doch

---

1 Stand Ende September 1998; einer der Aspekte der Globalisierung ist die Tatsache, daß solche Artikel genau terminisiert werden müssen, um verständlich zu bleiben.

klar, daß die schwelende russische Wirtschaftskrise erst durch die Ereignisse in Asien akut wurde. Ende September 1998 verdichten sich zudem die Anzeichen, daß nach dem Rubel auch die Währungen Lateinamerikas in den Abwertungsstrudel gerissen werden könnten.

Die Ursachen

Das atemberaubende Wachstum der Tigerstaaten hatte sich schon in den letzten Jahren deutlich abgeschwächt. „Aufgrund von politischen und wirtschaftlichen Turbulenzen wurden die Währungen von Thailand, Malaysia und Indonesien das ganze Jahr über attackiert. Werden diese Länder das Schicksal Mexikos erleiden?“ schrieb der Economist in seiner Ausgabe vom 24. August 1996, also bereits ein Jahr vor dem Ausbruch der Krise.

Die strukturellen Probleme der Tigerstaaten waren seit langer Zeit bekannt. Dennoch wurde das Modell ihrer wirtschaftlichen Entwicklung von IWF und Weltbank weiterhin als Erfolgsmodell schlechthin für Entwicklungsländer auf der ganzen Welt propagiert. Das atemberaubende Wachstum und die hohe „internationale Wettbewerbsfähigkeit“ waren die Gründe für die Attraktivität, die dieses Entwicklungsmodell ausstrahlte. Das Wirtschaftswunder der Tigerstaaten eignete sich hervorragend, um die segensreichen Wirkungen der freien Marktwirtschaft und eines deregulierten Privatsektors zu illustrieren.

So frei wie es die marktwirtschaftliche Rhetorik unterstellte, waren die Tigerstaaten allerdings nie. Die hohe „Wettbewerbsfähigkeit“ gründete sich vielmehr auf folgende Faktoren: eine enge Verstrickung von politischen, finanziellen und industriellen Eliten, geschützte Heimmärkte, Unterdrückung von ArbeitnehmerInnen und unabhängigen Gewerkschaften, autokratische Regierungen, Auslandsmärkte (vor allem der US-amerikanische), die offen für ihre Exporte waren und ausländische Investoren, die gewillt waren, diese Exporte zu finanzieren.

Über die konkreten Ursachen der Finanzkrise herrscht Uneinigkeit unter den Ökonomen (siehe die Darstellung der unterschiedlichen Sichtweisen in WIFO-Monatsbericht 3/98). Festzustehen scheint, daß den Ländern Südostasiens zum Verhängnis wurde, daß sie ihre Exporte überwiegend durch Dollarkredite finanzierten. Mitte 1995 setzte die stärkste Dollaraufwertung seit Anfang der achtziger Jahre ein, dadurch sanken die Exporterlöse und stiegen gleichzeitig die Zinsen auf die Dollarschulden. Im Unterschied zur Krise in Lateinamerika betrifft die Verschuldung aber nicht in erster Linie die öffentlichen Haushalte, sondern den privaten Sektor. Als sich die Liquiditäts- und Kapitalbilanzprobleme von Unternehmen und Banken verschärften, setzte der rasche Abfluß von Auslandskapital einen Teufelskreis von Währungsabwertungen, steigenden Schulden und sinkenden Vermögenswerten in Gang. Firmenpleiten, mangelndes Vertrauen, sinkende Staatsausgaben und erhöhte Steuern führten schließlich zu einer massiven Konjunktur- und Wachstumsabschwächung.

Ob die realen Ursachen der Krise nun im hohen Verschuldungsgrad des Privatsektors, mangelnder Bankenaufsicht, Fehlinvestitionen, Mißwirtschaft oder anderen strukturellen Problemen begründet sein mögen, eines ist sicher: Die Krise hätte niemals dieses Ausmaß und die damit verbundenen katastrophalen sozialen Konsequenzen erreicht, wenn nicht durch die Liberalisierung der Kapitalmärkte innerhalb kürzester Zeit Auslandskapital in gigantischer Höhe praktisch ungehindert abfließen hätte können. Die Finanzkrise in Asien hat einmal mehr gezeigt, wie hoch die kurzfristige Kapitalmobilität im Zeitalter der deregulierten globalen Finanzmärkte ist.

Die Politik des IWF

Um den völligen Zusammenbruch ihres Bankenssystems zu verhindern, mußten Thailand, die Philippinen, Indonesien und Süd-Korea den Internationalen Währungsfonds (IWF) anrufen. Als Voraussetzung für die Gewährung von Hilfskrediten verlangt der IWF die Umsetzung eines Maßnahmenpaktes, der in der Regel die Reduzierung der Staatsausgaben, den Abbau von Subventionen, Zinserhöhungen und die Öffnung der Finanz- und Produktmärkte für ausländische Investoren vorsieht. Erklärtes Ziel dieser Maßnahmen ist eine Verbesserung der Handelsbilanz, damit die betroffenen Länder die Zinszahlungen auf die Auslandsschulden bedienen können. Vorhersehbare Folgen der drakonischen Auflagen des IWF sind weitreichende Arbeitsplatzverluste und Preissteigerungen.

Die Hilfsmaßnahmen des IWF haben die Krise in Südost-Asien nicht entschärft. Im Gegenteil, die strengen Auflagen haben die rezessiven und deflatorischen Tendenzen noch verschärft. Durch die auferlegten Sparmaßnahmen und Zinserhöhungen wurde das Kreditangebot genau in jenem Moment verknappt, in dem es am dringendsten benötigt worden wäre. Vertreter von internationalen Gewerkschaftsverbänden übten massive Kritik an IWF und Weltbank. In ihren Gesprächen mit dem IWF warnten die Gewerkschaftsführer davor, daß die vorgeschlagenen Sanierungsprogramme der wirtschaftlichen Realität der Region nicht angemessen seien und verheerende soziale Folgen hätten.

Die Bevölkerung bezahlt

Nach der Finanz- und Bankenkrise sehen sich die Länder Südost-Asiens nun mit der sozialen Krise konfrontiert. Die Währungsabwertung hat dramatische Auswirkungen auf die Lebensbedingungen der Menschen, die Inflation wird angeheizt und der Lebensstandard der Massen sinkt. Inflationsbedingt entwerten sich die Sparvermögen, was angesichts fehlender Alterssicherungssysteme fatale Folgen hat.

Von den Hilfszahlungen des IWF profitierten in erster Linie westliche Gläubigerbanken, deren Außenstände weitgehend abgedeckt wurden. Sie konnten die Konsequenzen ihrer verfehlten Kreditpolitik abwälzen, im Gegensatz zur arbeitenden Bevölkerung, die nun durch dramatische Absenkung ihres Lebensstandards für die Krise bezahlen muß.

Die Arbeitslosigkeit nimmt sprunghaft zu. Allein in Indonesien ist die Zahl arbeitsloser Menschen binnen eines Jahres von 2,5 Millionen (im Jahr 1997) auf über 8 Millionen gestiegen. Die Zahl der unterhalb der Armutsgrenze lebenden Indonesier wird sich bis Ende 1998 von 40 auf 100 Millionen Menschen erhöhen. In Malaysia, Thailand und Südkorea ist die Lage am Arbeitsmarkt nicht besser. Vom IWF angeregte neue Arbeitsgesetze in Südkorea werden den Arbeitgebern erlauben, Zehntausende von ArbeitnehmerInnen ohne Entschädigung und ohne Aussicht auf Weiterbeschäftigung zu entlassen. Die Krise am Arbeitsmarkt trifft nicht nur den Produktionssektor, sondern läßt die Beschäftigung nun auch im bislang boomenden Dienstleistungsbereich einbrechen.

Von jahrzehntelangen hohen Wachstumsraten verwöhnt, wurde in den Tiger-Staaten auf den Aufbau von sozialen Sicherungssystemen weitgehend verzichtet. Das Fehlen dieser Systeme rächt sich nun. Menschen ringen verzweifelt um ihre Zukunft. In Indonesien herrschten bürgerkriegsähnliche Zustände: Not und Wut trieben die Menschen auf die Straßen, Geschäfte werden in Brand gesetzt, Kaufhäuser geplündert, Präsident Suharto, seit über 30 Jahren an der Macht, mußte abdanken. Der Zorn über gestiegene Preise entlud sich in programmartigen Übergriffen auf die chinesische Minderheit. Auch in Malaysia und Thailand verschärfen sich die ethnischen Spannungen, Fremdenhaß macht sich breit und trifft vor allem Wanderarbeiter aus anderen Ländern.

Die Gewerkschaften sind durch die Wirtschaftskrise in die Defensive geraten. Zwar wurden in Indonesien nach Abdankung von Diktator Suharto die schlimmsten Repressionen beendet und in Südkorea konnte die Anerkennung von unabhängigen Gewerkschaften durchgesetzt werden. Die neugewonnenen Freiheiten können aber unter dem Druck der Krise nicht in Verhandlungsmacht umgesetzt werden. Wenn es um Kündigungen, Sozialpläne oder die Gestaltung der Arbeitsrechtsgesetzgebung geht, stehen die Gewerkschaften mit dem Rücken zur Wand. In Südkorea mußte etwa die unabhängige Gewerkschaft KCTU, die ihre Hochburg in der Schwerindustrie (550.000 Mitglieder) hat, einem mit Regierung und Unternehmerverbänden ausgehandelten Sozialpartnerabkommen zustimmen. Der IWF lobte das Abkommen als vorbildhaft für andere Länder der Region. Vordergründig ging es um die sozialpartnerschaftliche Lastenteilung zur Abfederung des IWF-Programmes, de facto bedeutet die Vereinbarung eine Erleichterung von Massenkündigungen, den Verlust der gewerkschaftlichen Mitsprache und Wochenarbeitszeiten bis zu 56 Stunden ohne Überstundenzuschlag. Zudem zeigt sich, daß die Regimes in Konfliktfällen immer noch anfällig für autoritäre Rezepte sind. Als im August 26.000 Beschäftigte des koreanischen Autoproduzenten Hyundai gegen drohende Massenentlassungen streikten, ließ die Regierung 14.000 Soldaten aufmarschieren. Angesichts dieser massiven militärischen Drohung mußten die Gewerkschaften schließlich einlenken.

Keine Stabilisierung ohne Reformen

Das Entwicklungsmodell der Tigerstaaten ist gescheitert. Das über kreditfinanzierte Exportindustrialisierung gepuschte „Wirtschaftswunder" ist nach dem Absturz der Währungen und dem Abzug des Auslandskapitals über Nacht zusammengebrochen. In Ländern wie Indonesien oder Maylasia ist nach über dreißigjährigem Wirtschaftswachstum nicht einmal eine minimale soziale Infrastruktur übriggeblieben. Die Feststellung der Weltbank, wonach „die Verbindung zwischen autoritären Regierungssystemen und wirtschaftlichem Niedergang, die in Afrika so klar auf der Hand liegt, in asiatischen Ländern nicht festzustellen (ist)" (Weltbank 1997, S. 191), hat sich als Trugschluß erwiesen. Auch in Südostasien kann nachhaltige Entwicklung nur gelingen, wenn weitreichende Demokratisierungsschritte gesetzt und die grundlegenden Arbeitsnormen eingehalten werden. Weiters bedarf es einer Reform der teilweise drakonischen Arbeitsgesetze und dem schrittweisen Aufbau sozialer Sicherungssysteme.

Die Finanzkrise in Asien hat gezeigt, welch verheerende Wirkung die mangelnde Regulierung der Finanzmärkte haben kann. Der weltweite Einbruch der Aktienbörsen hat außerdem deutlich gemacht, daß sich derartige Krisen nicht mehr lokal begrenzen lassen, selbst wenn Milliardenbeträge zur Stabilisierung eingesetzt werden. Kurzfristige, hochriskante Kapitaltransfers, die unabhängig von wirtschaftlichen Rahmenbedingungen oder des Schadens, den sie anrichten, getätigt werden, sind eine permanente Bedrohung der Weltkonjunktur. Selbst Finanzjongleure wie der US-Milliardär Georges Soros fordern daher mittlerweile eine Regulierung des internationalen Kapitalflusses. Mögliche Lösungsansätze wären eine wirkungsvolle Besteuerung des kurzfristigen Spekulationskapitals, die Etablierung eines koordinierten internationalen Wechselkurs-Systems sowie strengere Bankenaufsichten durch die nationalen Währungsbehörden und internationalen Finanzinstitutionen.

Steuerwettbewerb – Steuerharmonisierung

Anton Rainer

Unterschiedliche Sicht der Steuerkonkurrenz

Von Verfechtern des freien Marktes (Neue Klassische Ökonomie) wird der Steuerwettbewerb eher positiv gesehen. Abgesehen von einer zumindest staatsskeptischen Haltung („Staat laß nach!") glaubt man beweisen zu können, daß (vollkommener) Markt und Konkurrenz jedenfalls die Effizienz hebt. Demgegenüber führen Steuern – soweit es sich nicht um Kopfsteuern oder ähnliche Abgaben handelt – zusätzlich zur Verminderung des (realen) Einkommens und somit zu suboptimaler Allokation. Steuerkonkurrenz bringt zusammen mit Maastricht-Kriterien die EU-Mitgliedstaaten unter finanziellen Druck, das nachlassende Steueraufkommen erfordert zusätzliche Ausgabenkürzungen, der Staat schrumpft.

Aus sozialer und (sozial)demokratischer Sicht ist diese Entwicklung eher negativ zu sehen: Der Rückbau des Staates zum Nachtwächterstaat bedeutet ein Abgeben vor allem sozialer Kompetenzen. Zusätzliche negative Effekte sind beispielsweise: Erschwerung der Budgetkonsolidierung, Umschichtung der Steuerbelastung von mobilen Faktoren (vor allem Kapital) auf immobile (höhere Besteuerung des Faktors Arbeit), negative Verteilungswirkungen und daraus resultierende soziale Konflikte, Förderung der Steuervermeidung (-hinterziehung), Hindernis für Ökologisierung der Besteuerung.

Faire und unfaire Steuerkonkurrenz

Die OECD sieht unfaire Steuerkonkurrenz, wenn etwa folgende Kriterien vorliegen:

- ❑ Vorzugsregelungen, die zu einer bloßen räumlichen Umschichtung von Aktivitäten führen, ohne zusätzliche Aktivitäten zu induzieren
- ❑ einseitig signifikant niedrigere effektive Steuersätze für international mobile Sektoren
- ❑ spezielle Begünstigungen für Ausländer
- ❑ steuerlicher Anreiz, der so hoch ist, daß er ein primärer Faktor der unternehmerischen Standortentscheidung wird
- ❑ keine zeitliche Begrenzung oder kein begründbares ökonomisches Ziel von Vorzugsregelungen
- ❑ Verhandlungsmöglichkeit bezüglich Bemessungsgrundlage.

Dieses Konzept greift zu kurz, da auch sogenannte faire Konkurrenz (z. B. Steuerfreiheit für in den meisten anderen Staaten besteuerte Tatbestände) sehr schädlich sein kann.

Eine realistische ökonomische Sicht

Die Anwendung der Theorie des vollkommenen Marktes ist bei wenigen Akteuren (=Staaten) nicht sinnvoll; daher wäre die Steuerkonkurrenz grundsätzlich vielmehr ein Anwendungsbereich der Spieltheorie, wobei mit einiger Wahrscheinlichkeit eine „Prisoners' Dilemma"-Situation darstellbar wäre (d. h. eine nicht koordinierte „Gleichgewichtslösung" könnte suboptimal bzw. nachteilig für fast alle Staaten sein).

Der Umschichtungsdruck hängt weniger mit Mobilität der Faktoren, sondern vor allem mit der Mobilität der Bemessungsgrundlagen zusammen (z. B. Sachkapital und vor allem Grundstücke sind nicht besonders mobil, jedoch kann der daraus fließende Gewinn mit buchhalterischen Transaktionen und preislichen Gestaltungsmöglichkeiten bezüglich der Einkunftsarten und der regionalen Zurechnung verschoben werden).

Die Urangst der Ökonomen vor dem Verschwinden des Geldes sowie die immer stärkere wirtschaftspolitische Dominanz der (Noten-)Banken („Zentralbankismus") und damit der großen Geldanleger (die sich z.T. auf Klein-Finanzkapitalisten = z. B. angehende Pensionisten im Kapitaldeckungsverfahren, stützen) führen dazu, daß Geldkapital steuerlich meist mit Samthandschuhen angefaßt wird. Auch innerhalb der EU versuchen die Mitgliedstaaten Geld anzuziehen, indem sie mehr oder weniger deutlich Steuerhinterziehungen zu Lasten anderer Mitgliedstaaten ermöglichen bzw. sogar anbieten (siehe KESt-Freiheit von Ausländern).

Spezialproblem: Besteuerung des Faktors Arbeit bzw. (steuerliche) Lohnnebenkosten (LNK)

Es ist unbestritten, daß nicht einkommensschaffende (und freizeitverbundene) LNK (soweit die LNK gleichzeitig Einkommen der unselbständig Beschäftigten sind, ist ihre wirtschaftliche Auswirkung wegen der mit ihnen verbundenen Nachfrageeffekte a priori nicht klar) ungünstig für die Beschäftigung sind. Im Rahmen der derzeitigen „Arbeitsmarkt-Kreuz-orientierten" Beschäftigungstheorie (wonach die Beschäftigung je nach Verlauf von Arbeitsangebots- und Nachfragekurven im wesentlichen vom Preis der Arbeitskraft = Lohn bestimmt ist) wird diese ungünstige Auswirkung allerdings weit übertrieben. Tatsächlich weisen die Lohnkosten insgesamt (je Arbeitskraft bzw. je Arbeitsstunde) sogar national, v. a. aber im internationalen Vergleich (über die Zeit) derart große Unterschiede auf, daß Verschiebungen von einigen Prozentpunkten nur in wenigen Wirtschafts(teil)bereichen (zufällig) beschäftigungsrelevant sein können. Somit dürfte jede Elastizitätsannahme zwischen Lohnkosten und Beschäftigung (Elastizität = %-Anstieg der Beschäftigung je % Senkung der Lohnkosten) von über 0,2 eher hoch gegriffen sein. Eine nicht kompensierte Senkung steuerlicher LNK ist wahrscheinlich eine der teuersten Beschäftigungsmaßnahmen, eine diesbezügliche Konkurrenz zwischen den Ländern könnte bei allen Beteiligten zu längerfristigen Budgetproblemen führen, ohne die Arbeitslosenzahlen merkbar zu reduzieren.

Die „Double-Dividend"-Hypothese von Umweltökonomen (wonach eine Umschichtung von lohnbezogenen Abgaben zu Ökosteuern sowohl Umwelt- als auch Beschäftigungsvorteile bringt) ist zwar grundsätzlich stimmig, beide „Dividenden" sind allerdings gering (empirisch kaum nachweisbar). Trotzdem liegen die Extrem-Äquivalenz-Theoretiker („Ricardo-Äquivalenz") falsch, die eine Auswirkung einer solchen Umschichtung nur insofern sehen, als es dadurch zu einer Entlastung der Arbeitnehmer zu Lasten der nicht (mehr) aktiven Bevölkerung (Pensionisten, Arbeitslose) kommt. Diese Sicht steht übrigens auch im Widerspruch zum neoklassischen „Beweis" der Kopfsteuer („lump sum tax") als optimale Besteuerung.

Besonders stark wird – auch von der neoklassischen Schule – die Auswirkung von Senkungen der Arbeitskosten im Niedriglohnbereich gehalten (Forderung nach Aufhebung des Mindestlohns). Das könnte man durchaus aufgreifen, indem man z. B. die Sozialversicherungsbeiträge umverteilt (Senkung bei niedrigen Einkommen finanziert durch Erhöhung bei den hohen). Ohne besondere Probleme beim Leistungsrecht wäre das etwa möglich, indem beim DG-Beitrag die Höchstbeitragsgrundlage aufgehoben wird und das Mehraufkommen durch Senkung des Prozentsatzes oder – noch wirksamer – durch Freibeträge (die den unteren Einkommensbereich relativ stärker entlasten würde) neutralisiert.

Gegenmaßnahmen gegen schädliche Steuerkonkurrenz

1. (Steuerliche) Mobilitätshemmnisse

Ein wichtiges Ziel internationaler Organisationen und Abkommen (z. B. EU, WTO) ist die Erhöhung der Mobilität im allgemeinen, indem hemmende Regulierungen abgeschafft oder zumindest vereinheitlicht werden. Dies ist grundsätzlich zu begrüßen, weil dadurch künstliche Kosten (allerdings ist zu bedenken, daß Kosten immer woanders Einkommen sind) beseitigt werden. Wegen der natürlichen Mobilitätsunterschiede und der ungleichen Schwerpunkte der Mobilitätspolitik kommt es zu „Mobilitätsungleichgewichten" (z. B. zwischen Finanz- und Sachkapital oder Güter- und Arbeitsmärkten).

In der Theorie des vollkommenen Marktes – die offensichtlich eine wichtige Basis der EU-Theorie (und Praxis) ist – sind Mobilitätshindernisse und -kosten schädlich, weil alle Wirtschaftssubjekte unabhängig von ihrer räumlichen Lage gleichberechtigt am Marktgeschehen (Binnenmarkt) teilnehmen sollten, wodurch sich diejenigen mit der effizientesten Produktion und damit dem niedrigsten Preis durchsetzen. Die Nachteile dieser Vorgangsweise werden nicht gesehen, verdrängt oder als (nicht in der Verantwortung der Ökonomie liegende) „externe Effekte" verschleiert. Um dies an einem Beispiel zu demonstrieren: Unter Hinweis auf die USA wird häufig eine höhere räumliche Mobilität am Arbeitsmarkt hochgepriesen. Die „Marktscheuklappen" verhindern, daß

Lohnsteuerstatistiken ab 1995

	1994			1995			1996		
	Fälle	Mio.S	pro Kopf	Fälle	Mio.S	pro Kopf	Fälle	Mio.S	pro Kopf
Bruttobezüge									
alle LSt-Pflichigen	5340,5	1293199	242100	5365,8	1348395	251300	5362,0	1369617	255400
Arbeitnehmer	3489,4	977290	280100	3471,3	1010924	291200	3435,7	1017073	296000
männlich	2004,7	668179	333300	1990,3	690453	346900	1961,4	693341	353500
weiblich	1484,7	309112	208200	1481,1	320470	216400	1474,4	323732	219600
Pensionisten	1851,1	315909	170700	1894,4	337471	178100	1926,3	352544	183000
männlich	796,7	173765	218100	816,1	185407	227200	835,8	194453	232700
weiblich	1054,4	142144	134800	1078,3	152065	141000	1090,5	158092	145000
%-Veränderungen brutto									
alle LSt-Pflichigen				0,47%	4,27%	3,80%	-0,07%	1,57%	1,63%
Arbeitnehmer				-0,52%	3,44%	3,96%	-1,03%	0,61%	1,65%
männlich				-0,72%	3,33%	4,08%	-1,45%	0,42%	1,90%
weiblich				-0,25%	3,67%	3,94%	-0,45%	1,02%	1,48%
Pensionisten				2,34%	6,83%	4,34%	1,68%	4,47%	2,75%
männlich				2,43%	6,70%	4,17%	2,41%	4,88%	2,42%
weiblich				2,26%	6,98%	4,60%	1,14%	3,96%	2,84%

man erkennt, daß diese Mobilität in vielen Fällen seitens der mobileren Arbeitskräfte (= Menschen) mit einem unter Umständen beträchtlichen Verlust an Lebensqualität erkauft ist und daß damit auch negative Konsequenzen für die Umwelt (nicht nur im ökologischen Sinn) verbunden sein können.

Anstelle der früheren ordnungspolitischen Mobilitätshemmnisse könnten und sollten wirtschaftspolitische Instrumente zur Herabsetzung der Mobilität in zu mobilen Bereichen treten. Der Schwerpunkt könnte bei steuerlichen Maßnahmen liegen.

Beispiele:

- ❏ Verteuerung von Güter- und Personentransporten (v. a. im Individualverkehr) durch (höhere) Treibstoff-, KFZ- und Schwerverkehrsbesteuerung oder Mauten (Road Pricing), Besteuerung von Flugtreibstoffen usw.
- ❏ wirksame Kapitalertragbesteuerung auf Zinsen und ausgeschüttete Gewinne mit Absicherung durch eine Transaktionsabgabe („Tobin-Steuer") gegenüber Staaten, die sich der allgemeinen KESt nicht anschließen wollen
- ❏ Beibehaltung und Erhöhung der Börsenumsatzsteuer oder ähnlicher Abgaben, um spekulativ motivierte kurzfristige Finanzveranlagungen zu bremsen

Vorteile: größere wirtschaftspolitische Autonomie der Regionen (nicht notwendigerweise durch Staatsgrenzen vorgegeben), Verringerung der Umweltbelastung, Erleichterung der „Euthanasie der Rentiers" (= Entgünstigung arbeitsloser Einkommen mit günstigen Verteilungswirkungen), Erschließung zusätzlicher Staatseinnahmen (durch Übergang von ausgabenerzeugenden zu einnahmenschaffenden Mobilitätshindernissen)

2. Harmonisierung der Steuersysteme

Es sollten eine einheitliche Steuerbelastung oder zumindest eine allgemeine Mindestbelastung für vergleichbare Tatbestände eingeführt werden (in der EU mit Abstrichen bei der Mineralölsteuer und einigen anderen Verbrauchsteuern verwirklicht; geradezu verkehrt: Höchstbeträge gemäß Wegekostenrichtlinie).

Schwierigkeiten:

Vergleichbarkeit der Tatbestände macht Vereinheitlichung der Ermittlungsregeln für die Bemessungsgrundlagen notwendig. Es ist auch zu beachten, daß ähnliche Tatbestände in verschiedener Form auftreten (können); dies gilt z. B. besonders für Einkommen (einbehaltener und ausgeschütteter Unternehmensgewinn, Löhne und Gehälter, Zinsen, Mieten, Leasing etc.). Auch die gesellschaftspolitischen Zielsetzungen der EU-Mitgliedstaaten (und noch mehr jene von Drittstaaten) sind möglicherweise zu unterschiedlich (welche Gruppen oder Aktivitäten sollen besonders belastet oder gefördert werden?).

3. Änderungen der Steuerstruktur

Eine Umschichtung des Steueraufkommens von direkten umverteilenden Steuern zu indirekten Massensteuern entspricht grundsätzlich dem Zustand, der sich bei einer nicht koordinierten Lösung (in der Spieltheorie: suboptimale Gleichgewichtslösung) ergeben könnte. Die Wettbewerbssituation wird als gegeben hingenommen oder begrüßt. Die Verteilungswirkung einer solchen Umstrukturierung ist meistens regressiv. Möglicherweise kann man selbst so der Steuerkonkurrenz nicht entgehen, weil sich diese auch auf indirekte Steuern beziehen kann. Große Differenzen zwischen den Steuersätzen insbesondere benachbarter Staaten führen zu einem nicht unbeachtlichen Kaufkraftabfluß bzw. -zufluß.

Eine Umstrukturierung des Steuersystems zu Lasten immobilerer Vermögensbestände wäre jedoch auch im nationalen Alleingang möglich. Eine Erhöhung der Grundsteuer durch schrittweises Heranführen der steuerlichen Liegenschaftswerte an die Verkehrswerte bei gleichzeitiger – für die Gemeinden aufkommensneutraler – Senkung der Kommunalsteuer würde ökonomisch durchaus Sinn machen (wobei allerdings die intrakommunale Verteilungswirkung zu beachten ist).

4. Stärkere Gebührenfinanzierung

Eine Umstrukturierung in Richtung Marktwirtschaft kann durch Ausweitung der entgeltlichen Staatstätigkeit (in weiterer Folge durch Privatisierung von staatlichen Aktivitäten) angepeilt werden. Man verspricht sich damit eine Erhöhung der Effizienz und in der Folge, daß die Leistungen an die Staatsbürger insgesamt (d. h. bei Berücksichtigung der indirekten Finanzierung aus Steuern) billiger werden. Häufig wird angenommen, daß der Markt quasi automatisch zu einer solchen Effizienzsteigerung führt. Tatsächlich können solche Lösungen auch wesentlich teurer kommen (wie überhaupt von der „main stream" – Ökonomie meist übersehen wird, daß Markt nicht gratis ist, sondern beträchtlichen Aufwand voraussetzt). Verteilungspolitisch sind Ausgliederung und Privatisierung meist nachteilig. Allerdings können Vor- und Nachteile sehr unterschiedlich sein und sind daher von Fall zu Fall zu analysieren. Als Beispiel für eine eher vorteilhafte marktmäßige Entgeltlichkeit anstelle von Steuern kann ein (flächendeckendes) Mautsystem (zu neudeutsch: Road Pricing) genannt werden, das bei entsprechender Mauthöhe auch einen Teil der derzeitigen KFZ-bezogenen Abgaben ersetzen könnte.

Eine neue Weltverfassung?

Das Multilaterale Investitionsschutzabkommen (MAI) und ArbeitnehmerInneninteressen

Elisabeth Beer

1. Einleitung

Die im Rahmen der OECD geführten Verhandlungen über ein multilaterales Investitionsschutz und -liberalisierungsabkommens (MAI) sind Anlaß für eine in der Öffentlichkeit geführte Diskussion, die im Kern das allgemein empfundene Unbehagen über Auswirkungen der Wirtschaftsglobalisierung wiedergibt. Kritiker des Abkommens äußern folgende grundsätzliche Bedenken: schrumpfende wirtschaftspolitische Gestaltungsspielräume der Nationalstaaten mit zunehmender Integration in Wirtschaftsräume wie z. B. der Europäischen Union und fortschreitende Liberalisierung der Weltwirtschaft; uneingeschränkte Mobilität des Kapitals übt einen massiven Druck zur Nivellierung von Sozial- und Umweltstandards nach unten aus; mangelnde Durchschaubarkeit politischer Prozesse sowie Demokratiedefizit. Insofern kann man die Diskussion über das MAI auch stellvertretend für das grundsätzliche, allgemein empfundene Unbehagen über die zunehmende Verflechtung der Wirtschaft werten. Kritische Stimmen kommen von zahlreichen Nichtregierungsorganisationen aus den Bereichen Entwicklungs- und Umweltpolitik, von Gewerkschaften und Universitätsinstituten sowie dem Europäischen Parlament. Erstmals seit Ende der 70er Jahre wird eine massive Kritik an den herrschenden Wirtschaftsdogmen geäußert, die bereits entsprechenden Druck auf die MAI-Verhandlungen in Paris ausüben konnte. Die Verhandlungsführer sahen sich aufgrund der öffentlichen Diskussion gezwungen, den Geltungsbereich des MAI klarer zu umreißen.

Das MAI soll die bestehenden, zahlreichen bilateralen Direktinvestitionsbestimmungen durch ein multilaterales Abkommen regeln und darüber hinaus harmonisieren. Direktinvestitionen, nämlich grenzüberschreitendes investives Kapital, kommen aufgrund ihrer dynamischen Entwicklung in den letzten zwanzig Jahren in der Verflechtung der Weltwirtschaft eine zusehends größere Bedeutung zu. Obwohl der internationale Handel weiterhin eine wichtige Rolle im Globalisierungsprozeß spielt, sind ausländische Direktinvestitionen multinationaler Unternehmen jetzt zum Hauptmotor für die beschleunigte Integration der Wirtschaftstätigkeiten über nationale Grenzen hinweg geworden. Während des letzten Jahrzehnts haben die Direktinvestitionen viermal so schnell zugenommen wie das Bruttosozialprodukt und dreimal so schnell wie der Handel. Die Zahl der multinationalen Unternehmen hat sich von Anfang der 90er Jahre von 7.000 auf heute rund 40.000 erhöht. Gleichzeitig kommen lediglich 1 % der Unternehmen für 50 % der globalen Direktinvestitionen auf. Rund ein Drittel des Welthandels findet innerhalb der Konzerne statt. Harmonisierung und Liberalisierung von derzeit bestehenden Bestimmungen für Direktinvestitionen – ob national oder international – erleichtern die Wirtschaftstätigkeit multinationaler Unternehmen. Sie stellen ausländische Investitionen à la longue mit Investitionen von Inländern in allen Wirtschaftsbereichen gleich. Hiermit werden Instrumente der Wirtschaftspolitik, z. B. über Eigentumsverhältnisse nationale, strategische Ziele zu verfolgen, aufgegeben.

Multinationale Unternehmen haben heute Einfluß auf das Leben praktisch aller Beschäftigten – auch wenn sie nicht direkt bei ihnen eingestellt sind – da es komplexe Unterauftrags- und externe Auftragsvergabenetze gibt. Privatisierungen bringen heute häufig den Transfer der Eigentumsrechte in ausländische Hand mit sich. Multinationale Unternehmen können wirtschaftlichen und sozialen Nutzen bringen. Sie können aber auch den Entwicklungsverlauf eines Landes negativ beeinflussen und die Bedingungen und Umstände der Beschäftigten verschlechtern. Die Mobilität des Kapitals (und wichtiger noch, seine potentielle Mobilität) aber verlagert auf drastische Weise das Machtgleichgewicht weg vom Staat und den Beschäftigten und hin zu den Eigentümern des Kapitals, womit die Regierungen unter Liberalisierungs- und Flexibilisierungsdruck gesetzt werden. Die Verhandlungen über das MAI sind in diesem Kontext zu sehen.

2. Zum Hintergrund

Seit 1995 wird im Rahmen der OECD ein multilaterales Investitionsliberalisierungs- und Investitionsschutzabkommen verhandelt. Ursprünglich wurde dieses auf WTO-Ebene angestrebt. Weltweit gibt es bis zu 2000 bilaterale Investitionsabkommen. Dieser Bereich sollte eine weltweite Regelung erfahren. Nur versperrte sich die Mehrzahl der Entwicklungsländer diesem Vorhaben.

Interesse an Investitionsabkommen haben grundsätzlich Industrieländer, die ihre inländischen Konzerne in der Internationalisierungsstrategie unterstützen und schützen wollen. Vertragspartner sind wiederum in überwiegender Zahl Schwellen- und Entwicklungsländer. Der ausländische Investor soll vor nicht gerechtfertigten staatlichen Eingriffen und Diskriminierungen geschützt werden, da ein geringes Vertrauen in die Rechtsstaatlichkeit dieser Länder gesetzt wird.

Nach Abschluß der GATT-Verhandlungsrunden und der Gründung der Welthandelsorganisation WTO 1995 ist die OECD unter Legitimationsdruck geraten. Auf weltweiter Ebene wurden in zähen Verhandlungen weitreichende Liberalisierungen in Handel und Dienstleistungen erzielt und damit den Wirtschaftsinteressen zum Durchbruch verholfen. Die OECD hat nach den erzielten Fortschritten auf WTO-Ebene zu befürchten, daß sie an politischer Bedeutung verliert. Mitglieder der OECD sind

35 hochindustrialisierte Länder wie die USA, Kanada, Australien, Neuseeland, die EU-Mitgliedstaaten sowie Mexiko, Südkorea und die Mittelosteuropäer Ungarn, Tschechien und Polen.

Nach dem Scheitern der ersten Gespräche im Rahmen der WTO, ein einheitliches Investitionsabkommen über das bestehende TRIMs zu verhandeln, nahm sich die OECD des Themas mit der Absicht an, nach Abschluß der Verhandlungen das Investitionsabkommen für alle Staaten der Welt zu öffnen. Hiermit will sie ihre Bedeutung als wirtschaftspolitische Organisation unterstreichen.

3. Österreichische Politik gegenüber ausländischen Investitionen

Österreich hat in der Zweiten Republik eine grundsätzlich positive und liberale Haltung gegenüber ausländischen Investoren eingenommen. Bis auf einige wenige Branchen im Dienstleistungssektor konnten ausländische Unternehmen unter denselben Bedingungen wie Inländer unternehmerisch tätig werden, womit die Inländergleichbehandlung gewährleistet wird.

Die liberale Politik resultierte zum einem aus der Schwäche des österreichischen Privatkapitals und zum anderen aus dem Umstand, daß der Staat seine Eigentümerfunktion, die er in gut einem Drittel der Industrieunternehmen innehatte, nicht offensiv und strategisch wahrgenommen hat. In den 60er, 70er und auch 80er Jahren waren Investitionen von ausländischen Unternehmen in Österreich wirtschafts- und insbesondere strukturpolitisch von wesentlicher Bedeutung. Folgende Argumente wurden für die Förderung der Ansiedlung ausländische Unternehmen ins Treffen geführt: neue Arbeitsplätze werden geschaffen; neue Technologien werden importiert, womit der chronische Technologierückstand abgebaut werden kann; die Exporte der Unternehmen leisten einen positiven Beitrag zum Ausgleich der Leistungsbilanz. Diese liberale Politik ist mit Beitritt Österreichs zur Europäischen Union unverändert geblieben.

Kritische Stimmen kamen ausschließlich von Arbeitnehmerseite. So hat die Arbeiterkammer Wien die Eigentumsverhältnisse in der österreichischen Wirtschaft in drei Studien analysiert und diskutiert. Die Zeitschrift „Informationen über Multinationale Konzerne" hat kritisch das Gebaren der internationalen Unternehmen – auch in Österreich – kommentiert.

Die Bedeutung ausländischer Investoren in Österreich hat trotz Globalisierung der Wirtschaft offensichtlich abgenommen. Im Jahr 1997 haben ausländische Investitionen in Summe 2.400 neue Arbeitsplätze geschaffen[1]. Diese Zahl ist eher ein Hinweis dafür, daß ausländische Investitionen auf die grüne Wiese – es sei denn, „ein großer Fisch kann

[1] laut Presseaussendung des Bundesministeriums für wirtschaftliche Angelegenheiten vom 9. 7. 1998

ans Land gezogen werden" – an wirtschaftlicher Bedeutung verlieren, da Eigentümerwechsel und Umstrukturierungen gegenüber Neugründungen von Unternehmen entscheidend an Bedeutung gewonnen haben.

Um inländische Wirtschaftsinteressen im Ausland zu schützen, hat Österreich insgesamt mit einem Dutzend Ländern – überwiegend Entwicklungsländer – bilaterale Investitionsschutzverträge abgeschlossen. Darunter sind auch Länder wie Kroatien und Südafrika.

Das Wirtschaftsministerium vertritt Österreich federführend in den MAI-Verhandlungen in Paris. Seine wirtschaftsliberale Positionierung entspricht der langjährigen Wirtschaftspolitik der Regierung. Ein Argument, daß aus Sicht der Beamten für den Abschluß eines multilateralen Investitionsschutzabkommens spricht, ist unter anderem der Kostenfaktor. Bilaterale Abkommen auszuverhandeln sei sehr kostspielig. Diese Kosten könnte ein multilaterales Abkommen merklich senken.

4. Was will das multilaterale Investitionsschutz und liberalisierungsabkommen (MAI) regeln?

4.1 Die Instrumente des MAI

Das MAI sieht sowohl Investitionsliberalisierung als auch Investitionsschutz vor[2]: Die Liberalierungsinstrumente sollen ausländischen Investoren beziehungsweise Unternehmen den Marktzugang erleichtern. Hierzu sind die in der Welthandelspolitik üblichen Instrumente der Nichtdiskriminierung und Meistbegünstigung vorgesehen. Nichtdiskriminierung heißt in diesem Kontext, daß der ausländische Investor nicht schlechter behandelt werden darf als ein Inländer. Zum Beispiel sind nationale Regelungen, die die Geschäftstätigkeit in einem bestimmten Wirtschaftszweig nur Inländern vorbehalten wollen, nicht MAI-konform. Die Meistbegünstigungsklausel besagt, daß der Staat jedem Drittstaat – in dem Fall allen MAI-Vertragsparteien – die selben Rechte einräumen muß: Die Rechte, die ein Staat einem anderen Staat gewährt, muß er auch Drittstaaten zugestehen. Um bei dem vorher angeführten Beispiel zu bleiben, ist das Betreiben einer Anwaltskanzlei an die inländische Staatsbürgerschaft gebunden, gesteht aber der Staat einem anderen Staat zu, auch seine StaatsbürgerInnen als Anwälte zuzulassen, dann gilt dies automatisch für alle MAI-StaatenbürgerInnen.

Investitionsschutz will das MAI insoweit gewähren, als der Investor nicht ungerechtfertigt enteignet werden darf; im Falle der Enteignung ist eine entsprechende Entschädigung vorzusehen. Enteignung erfährt eine weite Definition, indem enteignungsähnliche Maßnahmen auch erfaßt

---

[2] Die Ausführungen beziehen sich auf das OECD-Dokument DAFFE/MAI (98)/REV1, Multilateral Agreement on Investment – Consolidated Text vom 22. 4. 1998; der Vertragstext ist nicht ausverhandelt und sieht noch unterschiedliche Bestimmungsvarianten (ausgedrückt in Klammern) vor.

sind. Denkbar sind hierbei strengere Umweltauflagen, aber auch sozialrechtliche Bestimmungen. Im Falle der Entschädigung darf er nicht schlechter gestellt werden als ein Inländer.

Ein weiteres Schutzelement ist die im MAI eingeräumte Möglichkeit des Investors, so er sich seiner Rechte beschnitten fühlt, direkt das Gastland zu klagen. Hierzu ist ein effizient, d. h. rasch agierendes Schiedsgericht vorgesehen. Auch wenn das direkte Klagerecht des Investors ein Element von bilateralen Investitionsschutzabkommen ist, erlangt es im MAI-Zusammenhang eine andere Bedeutung.

Das MAI sieht in der derzeit diskutierten Fassung prozeduale Liberalisierungselemente vor: Die Vertragsparteien verpflichten sich, in Zukunft keine nationalen Bestimmungen zu verabschieden, die ausländischen Investoren aus MAI-Vertragsländern schlechter stellen würde. Diese „*Stand-still*-Verpflichtung" soll gewährleisten, daß der derzeitige Status quo als Ausgangslage für weitere Liberalisierungen gilt. Weiters prüft zur Zeit jede Vertragspartei im Zuge der Verhandlungen den MAI-Text dahingehend, ob dieser mit nationalen Bestimmungen konform ist. Ist dies nicht der Fall, so können nationale Vorbehalte zu einzelnen Bestimmungen angemeldet werden. Die nationalen Vorbehalte werden aber Gegenstand von künftigen Verhandlungen sein, in denen die einzelnen Staaten aufgefordert werden, diese Vorbehalte zu streichen. Dieses sogenannte „*Roll-back*-Verfahren" ist ein integraler Liberalisierungsprozeß, der abgeschlossen ist, wenn alle Vertragsparteien auf dem Niveau des MAI-Abkommenstextes sind.

4.2 Wirtschaftspolitisch relevante Bereiche, die im MAI eine Regelung erfahren sollen

Das MAI geht über ein reines Investitionsschutzabkommen hinaus und will eine Reihe von speziellen Themen, die für ausländische Investoren relevant sind, einer Regelung unterwerfen. Hierunter fallen unter anderem:

- eine sehr weitreichende Definition von ausländischen Investitionen
- Bestimmungen hinsichtlich des Schlüsselpersonals, das der Investor ins Zielland mitnehmen darf
- wirtschaftliche Auflagen, die das Zielland dem Investor machen darf;
- Bestimmungen im Zusammenhang mit Privatisierungen
- die Behandlung von Steuern im Rahmen des MAI, welche grundsätzlich ausgenommen sind
- intellektuelle Eigentumsrechte
- Regelungen bezüglich der Finanzdienstleistungen
- Bestimmungen über die Errichtung und Auflösung von Monopolen
- Verbot von „Positiv-Diskriminierung" ausländischer Investoren im Bereich Sozial-/Arbeits- und Umweltstandards

5. MAI-Bestimmungen, die Arbeitnehmerrechte berühren

In Folge wird auf jene MAI-Bestimmungen, die Arbeitnehmerinteressen unmittelbar berühren, näher eingegangen:[3]

5.1 Arbeits- und Sozialstandards

In der Präambel, die nicht verbindlich ist, wohl aber den Geist des Abkommens festhält, gibt es unter anderem ein Verweis auf die sozialen Grundrechte, die die wesentlichen IAO-Konventionen[4] wie Absicherung gewerkschaftlicher Rechte, Verbot von Zwangsarbeit und ausbeuterischer Kinderarbeit und das Nichtdiskriminierungsgebot umfassen. Weiters ist die Annexierung der „OECD-Leitlinien für Multilaterale Unternehmen", die einen „Wohlverhaltenskodex" darstellen, vorgesehen.

Der Hinweis auf Nachhaltigkeit, grundlegende Arbeitnehmerrechte sowie die Leitlinien ist – wenn auch unverzichtbar – in der vorgeschlagenen Form nicht ausreichend für ein solches Abkommen, das sehr wohl in gesellschaftspolitisch sensible Bereiche hinein reicht. Aus Arbeitnehmersicht ist es unverzichtbar, auch an anderer, nämlich verbindlicher Stelle, eine Absicherung und insbesondere Verpflichtung zur Weiterentwicklung der sozialen Grundrechte festzuschreiben. Die Vertragsparteien sollen sich im eigentlichen Vertragstext des MAI verpflichten, die sieben IAO-Kernübereinkommen einzuhalten, womit die Nichtbeachtung der grundlegenden Sozialstandards auch Gegenstand des Sanktionsmechanismus wird. Die Grundsatzerklärung der IAO über die Grundrechte und angemessene Folgeverfahren vom Juni 1998 nimmt alle IAO-Mitgliedsländer – auch wenn sie nicht alle Konventionen ratifiziert haben – in die Pflicht, diese grundlegenden Rechte einzuhalten, zu fördern und zu verwirklichen. Klar aber ist, daß die IAO die beauftragte internationale Organisation und das zuständige Gremium für die Setzung und Behandlung internationaler Arbeitsnormen ist. Zur effizienten Durchsetzung dieser hat sie sich multilateraler Instrumente zu bedienen.

Die Verhandlungsparteien haben darüber hinaus die Aufgabe, die Durchsetzung der OECD-Leitsätze für multinationale Unternehmen zu verbessern, verfolgen sie konsequent das sich selbst gesteckte Ziel, nämlich ein multilaterales Abkommen höchsten Standards auszuverhandeln. Um den Leitlinien einen höheren Verbindlichkeitsgrad einzuräumen, sind die Leitsätze ins MAI zu implementieren, wobei Nicht-OECD-Mitglieder, die dem MAI beitreten, automatisch die Leitsätze annehmen müssen und alle MAI-Vertragsparteien verpflichtet werden müssen, innerstaatliche

---

[3] Eine umfassende Analyse des MAI-Vertragstextes würde den Rahmen sprengen, daher werden von der Autorin nur einige wichtige Themenbereiche herausgegriffen und diskutiert.

[4] Internationale Arbeitsorganisation (IAO) mit Sitz in Genf; sie ist drittelparitätisch zusammengesetzt (Arbeitnehmer, Arbeitgeber und Staat); sie verabschiedet rechtlich unverbindliche Konventionen über Arbeits- und Sozialbedingungen, die den Staaten zur Unterzeichnung vorgelegt werden.

Kontaktstellen einzurichten, die auch ihrer Funktion nachkommen. Darüber hinaus haben die Leitsätze im Falle von Auseinandersetzungen im Rahmen des MAI als Interpretationsmaßstab zu dienen. Die multinationalen Unternehmen sind dahingehend zu beurteilen, ob sie die grundlegenden Sozial- und Arbeitsrechte und die Leitlinien einhalten. Hiermit werden auch die Unternehmen in die Pflicht genommen. Derzeit läuft ein Verfahren zur Aktualisierung der Leitsätze im Rahmen der zuständigen Gremien der OECD, wo unter anderem auch diese Aspekte zu berücksichtigen sind.

Der derzeit diskutierte MAI-Vertragstext trifft keine Aussagen über das Verhalten der Vertragsparteien in Streikfällen. Aus Arbeitnehmersicht ist gerade in diesem Bereich eine einheitliche Regelung erforderlich. Diese sollte einerseits festlegen, daß bestreikten Betrieben nicht mit ausländischen Arbeitskräften ausgeholfen werden darf. Eine entsprechend gleichlautende Bestimmung gibt es in internationalen Wirtschaftsabkommen[5]. Andererseits muß sichergestellt werden, daß der Staat sich bei Arbeitskämpfen neutral zu verhalten hat. Es darf nicht zu Entschädigungsansprüchen eines Investors gegenüber einem Vertragsstaat als Folge von Streiks kommen. Um abzusichern, daß das MAI der Ausübung gewerkschaftlicher Rechte, insbesondere dem Streikrecht, nicht entgegensteht, ist ausdrücklich die Streikfreiheit im MAI aufzunehmen.

Zur Zeit ist ein Artikel in Diskussion, der besagt, daß bestehende Standards im Umwelt-, Arbeits- und Sozialbereich nicht als Anreiz für ausländische Investitionen gesenkt werden dürfen. Hierdurch würden einerseits Investoren positiv diskriminiert und andererseits im Zuge des Standortwettbewerbs dem Umwelt- und Sozialdumping Vorschub geleistet werden, wodurch es wiederum zu Wettbewerbsverschlechterung für andere Staaten kommt. Dieses Kapitel ist von der Intention her zu begrüßen, da erstmalig in einem Wirtschaftsabkommen die Problematik des Standortwettbewerbs angesprochen wird. Hinsichtlich der Ausgestaltung dieses Artikels ist aber noch vieles offen.

Wirtschaftspolitisch kann ein „Verschlechterungsverbot" nur dann von Relevanz sein, wenn es verbindlich ist. Darüber hinaus müssen die nationalen Arbeits- und Umweltnormen transparent sein und Mindeststandards gelten. Weiters ist den von einer Schädigung betroffenen Personengruppen ein Klagerecht einzuräumen, damit sie ihre Rechte wirksam durchsetzen können.

Ohne eine Parteienstellung von Gewerkschaften und Umweltorganisationen ist zu befürchten, daß ein von der Intention begrüßenswerter Artikel zahnlos bleibt. Gemäß der derzeitigen Formulierung hätte der Staat – als MAI-Vertragspartei – die Möglichkeit, das Schiedsgericht anzurufen, wenn ein anderer MAI-Staat beispielsweise seine gesetzlich geregelten Arbeitszeiten als Anreiz für einen ausländischen Investor herabsetzt. Ob aber der Staat, von dem die Investition abgezogen wurde,

---

5 GATS (Generell Agreement on Traderelated Services)

klagt, wird von unterschiedlichen, insbesondere außenpolitischen Kalkülen abhängen; die Wahrscheinlichkeit – bedenkt man die auf zwischenstaatlicher Ebene diplomatischen Gepflogenheiten – ist wohl als gering einzuschätzen.

5.2 Schlüsselpersonal

Dieser Artikel regelt sowohl den Personenkreis als auch die Bedingungen, unter denen der Investor Schlüsselpersonal[6] vorübergehend ins Zielland mitnehmen darf. Die Bestimmungen sind dahingehend zu prüfen, ob sie mit dem in Österreich geltenden Ausländerbeschäftigungsgesetz übereinstimmen oder dessen Abänderung notwendig machen würde. Diese Fragestellung wird durch Widersprüchlichkeiten im Textvorschlag erschwert: Einerseits stehen jene Bestimmungen unter Gesetzesvorbehalt, womit die jeweils geltenden nationalen Bestimmungen des Arbeits- und Sozialrechts Anwendung finden, andererseits gibt es ein absolutes Verbot im Zusammenhang mit Negativbescheiden von Aufenthaltsgenehmigungen. Aufgrund von Kontingentierungen, Arbeitsmarktprüfungen etc. dürfen dem begünstigten Personenkreis der Aufenthalt nicht untersagt werden.

Von Österreich wurde ein nationaler Vorbehalt angemeldet, der generell für das Schlüsselpersonal gelten soll. Der Vorbehalt ist zum einem in den Abschlußverhandlungen politisch durchzusetzen, zum anderen wird dieser mittelfristig sicherlich Gegenstand des „Roll-back-Verfahrens" werden. Mit Unterzeichnung des MAI-Vertrages würde Österreich im Hinblick auf Migrationsbestimmungen für den begünstigten Personenkreises mit Wegfall des nationalen Vorbehaltes nationale Souveränität aufgeben.

5.3 Demokratiepolitische Bedenken

Das Europäischen Parlament[7] äußerte zu Recht die Besorgnis, daß es ein Ungleichgewicht zwischen den Rechten und Pflichten, denen sich die Unterzeichnerstaaten unterwerfen und den Rechten und dem Schutz, welche die Investoren genießen, gibt. Es sind auch den multinationalen Unternehmen Pflichten aufzuerlegen, deren Verletzung Folgen haben muß. Das MAI sieht z. B. für die Vertragsstaaten bestimmte Auflagenverbote vor, die diese einem ausländischen Investor nicht machen dürfen. Als Investitionsvoraussetzung darf das multinationale Unternehmen nicht zum Export gewisser Produktionsquoten oder zu inländischen Wertschöpfungsquoten angehalten werden. Werden wiederum Förde-

---

[6] Unter Schlüsselpersonal sind Leitende Angestellte, Manager und Spezialisten zu verstehen.

[7] Empfehlungen an die EG in Hinblick auf OECD-Verhandlungen über ein multilaterales Investitionsabkommen; Berichterstatter Wolfgang Kreissl-Dörfler; PE 224.288/ff.

rungen gewährt, sollen beispielsweise Transferauflagen hinsichtlich der angewendeten Technologie erlaubt sein. Eine gleichwertige Vorgangsweise gegen den Investor, der gegen Auflagen verstößt, die ihm bei Investitionsgenehmigungen auferlegt wurden, ist vorzusehen.

Zu bedenken sind auch die Auswirkungen, die ein MAI-Schiedsspruch effektiv auf die nationale Rechtsstaatlichkeit haben kann. Diese sollen an dem aus den Medien bekannten Fall „ETHYL" demonstriert werden: Die US-amerikanische Firma „ETHYL" verkaufte in Kanada einen mit toxischem Zusatz versetzten Treibstoff, der in Folge gesetzlich verboten wurde. Das NAFTA-Abkommen[8] räumt „ETHYL" das Recht ein, den Staat wegen einer enteignungsähnlichen Maßnahme zumindest auf Schadenersatz zu klagen, was die Firma auch tat. Das Urteil ist derzeit (Sommer 1998) noch ausständig.

Grundsätzlich würde das MAI diese Vorgangsweise des multinationalen Unternehmens ermöglichen! Demokratiepolitisch bedenklich ist insbesondere der Umstand, daß nationale Bestimmungen von einem internationalen Schiedsgericht auf deren MAI-Konformität geprüft werden können. Allein die Möglichkeit, zu einer hohen Schadenersatzsumme verurteilt zu werden, übt Druck auf Regierungen und Spielräume der Rechtsgestaltung aus. Es ist fraglich, ob im Fall Zwentendorfs (angenommen, der Atomkraftwerk-Betreiber war ein ausländischer Investor) unter der Androhung einer hohen Entschädigungszahlung das Volk als Souverän sich gegen die Atomkraft ausgesprochen und in Folge das Parlament das Atomsperrgesetz verabschiedet hätte.

6. Wer will das MAI?

Grundsätzlich wird auf Seiten der österreichischen Wirtschaft der ökonomische Nutzen eines solchen Abkommens auf OECD-Ebene als sehr gering eingeschätzt. Für die Wirtschaft wäre ein Investitionsschutzabkommen auf globaler Ebene, d. h. im Rahmen der WTO, wünschenswert. Ein wesentlicher Teil der OECD-Länder sind Mitglieder der Europäischen Union. Der EU-Binnenmarkt macht das MAI-Abkommen irrelevant. Für die mittel- und osteuropäischen Länder sind die Instrumente im Rahmen der Beitrittsvorbereitungen und die fortschreitende Integration von Bedeutung. Die USA, Kanada, Australien und Neuseeland sind hochentwickelte Industrienationen mit rechtsstaatlichen Strukturen, womit der wirtschaftliche Nutzen des MAI in den Schwellenländern wie Mexiko, Südkorea und Brasilien zu suchen ist. Diese aber werden höchstwahrscheinlich dem MAI in absehbarer Zeit nicht beitreten.

Das MAI soll allen Ländern der Welt zur Unterzeichnung offenstehen, wobei die OECD hofft, daß mittelfristig das multilaterale Abkommen international wird. Genau das ist aus entwicklungspolitischer Sicht hef-

---

8 Weitreichendes wirtschaftliches Abkommen zwischen USA, Kanada und Mexiko, an das sich das MAI in vielen Bestimmungen anlehnt.

tig zu kritisieren: Es ist sehr wahrscheinlich, daß die Weltbank oder der Internationale Währungsfonds das MAI zur Unterstützung ihrer wirtschaftsliberalen Politik instrumentalisiert und von Entwicklungsländern, die in Zahlungsschwierigkeiten gekommen sind, als Gegenleistung für Kredite den Beitritt zum Abkommen verlangt. Die Entwicklungsländer sind aus der Mitgestaltung des Vertrages ausgeschlossen. Darüber hinaus sieht das MAI unter dem Kapital „Leistungserfordernisse" Bestimmungen vor, die die weniger entwickelten Länder in ihrer wirtschaftspolitischen Gestaltungsmöglichkeiten enorm einschränken.

7. Schlußfolgerungen

Das MAI dient der Wirtschaftsliberalisierung, ohne ausreichend Arbeitnehmerrechte abzusichern oder Arbeitnehmern und anderen potentiell Betroffenen einen Rechtszugang auf internationaler Ebene zu verschaffen. Aus Arbeitnehmersicht ist daher kein Nutzen zu erkennen. Das MAI kann nur dann als akzeptabel gewertet werden, wenn dieses die zukünftigen nationalen Gestaltungsmöglichkeiten insbesondere in gesellschaftspolitisch wichtigen Bereichen wie Soziales und Umwelt nicht einschränkt. Um dies zu gewährleisten, müßte der MAI-Vertragstext umfangreiche Klarstellungen über die erwünschte Wirkungsweise von etlichen Bestimmungen vorsehen. Diese sind dann zu diskutieren. Darüber hinaus sind die nationalen Arbeits- und Sozialrechte sowie die Umweltgesetze und deren Weiterentwicklung im Vertrag abzusichern.

Die Diskussion um das MAI ist sicherlich nur als Spitze des „Globalisierungs-Eisberges" zu werten. Die Kampagne gegen das Abkommen ist teilweise recht polemisch in ihrer Argumentation und frei in der Interpretation, was das MAI auf nationalstaatlicher Ebene bewirken könnte, geführt worden. Diese Vorgehensweise ist, um sich Gehör zu verschaffen, in einer Mediengesellschaft wie der unsrigen notwendig. Die Diskussion hat ihre Wirkung bei den Regierungen gehabt. So wurde der Beirat für Wirtschafts- und Sozialfragen von der österreichischen Bundesregierung aufgefordert, eine sozialpartnerschaftliche Bewertung des Vertragstextes vorzunehmen. Den Verhandlungen in Paris wurde eine Nachdenkpause verordnet; im Herbst werden sie unter einem neuen Vorsitzenden fortgeführt. Ob diese zu einem Abschluß kommen werden, ist aus heutiger Sicht vollkommen offen. Die Positionen der Länder als auch der Interessensgruppen haben sich im Zuge der Verhandlungen zum Teil auseinanderbewegt. Zu hoffen aber ist, daß die kritischen Stimmen sich auch über das MAI hinaus formieren und nicht verstummen, wenn es das „gemeinsame Feindbild-MAI" – aus welchen Gründen auch immer – nicht mehr gibt.

Neuer Transatlantischer Markt

Gescheiterter Probegalopp für eine neue Liberalisierungsrunde zwischen der EU und den USA

Franz Kreil

Seit dem Ende des Kalten Krieges ist die Neuausrichtung der Beziehungen zwischen Europa und den USA zum Gegenstand von Überlegungen geworden. Ein Rückfall der USA in den Isolationismus, die zunehmenden Handelstreitigkeiten zwischen der EU und den USA und eine neue Sicherheitsarchitektur sind nur einige Schlagwörter, die, implizit oder explizit, die sich verändernden Beziehungen reflektieren, für die bis jetzt kein zufriedenstellender politischer Rahmen gefunden worden ist. Unausgesprochen steht im Raum die Befürchtung, daß ein zunehmender Wettbewerb zwischen den beiden Wirtschaftsblöcken die stabilen Beziehungen ohne das sinnstiftende Band der gemeinsamen kommunistischen Bedrohung in ein Konfliktpotential verwandeln könnte.

Von einer breiteren Öffentlichkeit eher unbemerkt fungiert seit 1995 die Neue Transatlantische Agenda als Kooperationsplattform zwischen der EU und den USA. Sie fußt auf vier, eher weitgesteckten, programmatischen Leitlinien: Förderung von Frieden, Stabilität, Demokratie und Entwicklung in der Welt, gemeinsames Vorgehen gegen globale Gefahren, Ausdehnung des Welthandels und der wirtschaftlichen Beziehungen sowie Brückenbildung auf subnationaler Ebene auf beiden Seiten des Atlantiks. Sieht man von einem Abkommen über gegenseitige Anerkennung (1997) ab, war dieser Kooperation jedoch bisher wenig Erfolg beschieden.

Ein weiterer Versuch, diese transatlantische Kooperation zu vertiefen, war das Lancieren des „Neuen Transatlantischen Marktes" (NTM) im März 1998. Obwohl diese Initiative in der Zwischenzeit von den EU-Mitgliedsstaaten politisch zum Scheitern verurteilt wurde und davon nach derzeitigem Stand, wenn überhaupt, lediglich Bemühungen zum Abbau der unzähligen technischen Handelshemmnisse übrigbleiben werden, lohnt es sich, Feststellungen grundsätzlicher Art anzustellen. Die Hauptpunkte des von den EU-Kommissaren Sir Leon Brittan und Martin Bangemann inspirierten handelspolitischen Projektes sind:

- ❑ die politische Verpflichtung, alle Zölle auf gewerbliche Waren bis zum Jahr 2010 auf WTO-Ebene abzubauen. Vorbedingung ist aber, daß ausreichend viele Staaten (= OECD und Schwellenländer) ebenso Zugeständnisse machen
- ❑ eine Freihandelszone zwischen den EU und USA für den Dienstleistungsverkehr

- ❑ Liberalisierungsschritte bei öffentlichem Beschaffungswesen, geistigem Eigentum und Investitionen. Diese sollen über den Rahmen bereits bestehender multilateraler oder plurilateraler Abkommen hinausgehen
- ❑ Abbau gegenseitiger Handelshemmnisse durch Harmonisierung und/oder gegenseitige Anerkennung von Normen und Verfahren

Ein handelspolitisches Zusammengehen der Wirtschaftsblöcke EU und USA hätte nachhaltige Auswirkungen auf den Welthandel. Zusammen machen sie 36 % des weltweiten Handels an Waren bzw. 47 % bei Dienstleistungen aus. Der Außenhandelsanteil ihrer Volkswirtschaften gemessen am BIP betrug 1996 bei den USA 24,8 % (Waren:19,4 %, Dienstleistungen: 5,4 %) und bei der EU 23,4 % (Waren: 17,7 %, Dienstleistungen: 5,7 %). In bilateraler Hinsicht kann die Handelsstruktur als ausgeglichen betrachtet werden. Nur 1995 wies die EU gegenüber den USA einen negativen Saldo (-0,3 Mrd ECU) aus, ansonsten waren seit 1993 geringe Überschüsse zu verzeichnen.

Eine im Auftrag der EU-Kommission erstellte Studie über die Verwirklichung der vier angeführten Eckpunkte ergab die in der Tabelle angeführten Ergebnisse. Diese Studie basiert auf einem allgemeinen Gleichgewichtsmodell (CGE), wobei folgendes relativiert werden muß: Sie beruht auf verschiedenen Modellannahmen, darunter Vollbeschäftigung und die Umsetzung der Verpflichtungen aus der Uruguay-Runde bis zum Jahr 2005. Weiters ist einschränkend zu bemerken, daß keine Auswirkungen der Liberalisierung in den einzelnen Wirtschaftssektoren und auf die Beschäftigung ermittelt wurden. Die in Aussicht gestellten Ergebnisse in Form von BIP-Zuwächsen ab dem Jahr 2005 sind wie folgt:

	EU (in % des BIP)	**USA (in % des BIP)**
Abbau aller nicht tarifären Handelshemmnisse zwischen EU und USA	0,8 %	k.A
Freihandelszone bei Dienstleistungen zwischen EU und USA	0,3 %	k.A.
Liberalisierung bei öffentlichem Beschaffungswesen zwischen EU und USA	0,1 %	k.A
Gesamt	1,1 %	0,5 %
multilateraler Null-Zollsatz bei gewerblichen Produkten	0,7 %	0,5 %
Total	1,8 %	1 %

Kritik

Selbst unter der Annahme der potentiellen Gewinne in Form von BIP-Zuwächsen läßt die Studie die *Verteilung* der Zuwächse offen. Politische Freihandelsoptionen, seien es Abbau von Zöllen oder sonstigen Beschränkungen, erhöhen nicht nur die Konsummöglichkeiten einer Volkswirtschaft, sondern sie führen auch zu einer Umverteilung von Einkommen zwischen Regionen, Wirtschaftssektoren und Arbeitsmarktsegmenten. Die pauschalierende Feststellung, Freihandel führe für alle zu mehr Wohlstand, ist nicht allgemeingültig. Oft unterschlagen wird von der veröffentlichten Meinung, aber auch von der scientific community, daß erst durch begleitende staatliche Maßnahmen (Wohlfahrtsstaat, Umverteilung) das Pareto-Optimum erreicht wird. Eine kritische Wertung von jüngeren wissenschaftlichen Arbeiten über die Beziehung von Außenhandel und Arbeitsmarktsegment kommt zu einem differenzierten Bild. Unter der Einschränkung von verschiedenen Modellannahmen ist ein Zusammenhang von Außenhandel und Arbeitslosigkeit nicht von der Hand zu weisen, auch wenn die tatsächlich von diesem verursachte Arbeitslosigkeit nicht so groß ist, wie in „Globalisierungsdebatten" gemeinhin angenommen wird.

Der wirtschaftspolitische Ansatz der Kommission ist symptomatisch für ein Herangehen an „globale Herausforderungen". Während seit geraumer Zeit in Europa eine „Globalisierungsdebatte" in allen möglichen Schattierungen geführt wird, die letztendlich das schwindende Vertrauen der öffentlichen Meinung in die autonome Gestaltbarkeit von Politik und das Überhandnehmen von wirtschaftlichen Sachzwängen zur Folge hat, schlägt die Kommission „eine Deregulierung und einen verbesserten Marktzugang für Unternehmen" als brückenbindendes transatlantisches Element vor, das die Wettbewerbsfähigkeit Europas zum Ziel hat.

Ein Blick auf die oben angeführten Außenhandelsanteile bei beiden großen Wirtschaftsblöcken sollte in Erinnerung rufen, daß der Außenhandel zwar wieder ein hohes Niveau erreicht hat, das teilweise höher ist als vor 1914, aber der überragende Teil der gesamtwirtschaftlichen Tätigkeit noch immer relativ wenig mit Außenhandel zu tun hat. Während Wettbewerbsfähigkeit auf betrieblicher Ebene einen wohldefinierten Begriff darstellt, ist die Übertragung des Begriffs auf ganze Volkswirtschaften problematisch und teilweise irreführend.

Kernstück des NTM wäre zweifellos die Errichtung einer Freihandelszone bei Dienstleistungen gewesen, die innerhalb dieser Zone völlige Gleichbehandlung gewährt und gegenüber Drittstaaten bestehende Handelsbeschränkungen aufrecht erhalten hätte. Eine solche Freihandelszone ist z. B. bei der Bildung des Europäischen Wirtschaftsraums (EWR) erfolgt, bei der die EU und die damalige EFTA[1] sich auf die Dienstleistungsfreiheit einigen konnten. Ein solches Vorhaben ist aber nur unter Staaten mit ähnlichen Strukturen und gleichgelagerten politischen Wertvorstel-

---

1 ohne Schweiz

lungen möglich, da viele Dienstleistungssektoren (z. B. Fernsehen, soziale Dienste, öffentlicher Nahverkehr) aufgrund gesellschaftspolitischer Zielsetzungen reguliert werden. Da in Europa dieser Prozeß nicht ohne Schwierigkeiten ablief und selbst in den USA Dienstleistungen in den verschiedenen Bundesstaaten unterschiedlichen Auflagen unterliegen, werden die Grenzen der politischen Umsetzung von Handelsliberalisierungen immer deutlicher.

Der 1993 unterzeichnete mulitlaterale Vertrag über den Handel von Dienstleistungen (GATS) sieht die Bildung von Freihandelszonen (Art V GATS) und damit die Nicht-Gewährung der Meistbegünstigungsklausel gegenüber Drittstaaten nur dann vor, wenn „ein beträchtlicher Teil" aller elf großen Dienstleistungsbereiche mit Subsektoren sowie alle vier Erbringungsarten (grenzüberschreitend, Konsumation im Ausland, Niederlassung und Personenverkehr) substantiell unter eine Marktöffnung fällt. Da von vornherein beim NTM Bereiche (z. B. audiovisueller Bereich, maritime Schiffahrt) aus dem Verhandlungsangebot genommen wurden und ein erfolgreicher Abschluß nur in einigen Dienstleistungssektoren möglich gewesen wäre, hätte ein möglicher Erfolg dieser Initiative das GATS-Regime unglaubwürdig gemacht. Es hätte außerdem zu einem möglichen Präzedenzfall geführt, auf den sich andere Staaten (z. B. türkischer Wunsch nach Schaffung einer Dienstleistungsfreihandelszone mit der EU) berufen hätten können. Alles in allem stellt sich die Frage, warum solche Vorhaben überhaupt initiiert werden, die einerseits nur geringe potentielle Gewinne bei unverhältnismäßig hohem politischem Aufwand erzielen können, andererseits ein ganzes System (WTO) in Frage stellen. NTM könnte insofern symptomatisch sein, als er den politischen Spielraum und vor allem die Grenzen für weitere Liberalisierungsrunden aufzeigt.

Bei der Diskussion um weitere Öffnungsschritte im Außenhandelsbereich kristallisiert sich immer mehr eine Tendenz heraus: Ohne eine Wirtschaftspolitik, die alle Gesellschaftsschichten an Produktivitätsfortschritten partizipieren läßt, gewinnt eine liberale Außenhandelspolitik nicht mehr genügend Akzeptanz bei der Bevölkerung bzw. wird diese mit nicht-vertragskonformen Schutzmaßnahmen konterkariert. Insbesondere sei an die USA erinnert, bei der einerseits im wirtschaftlichen Binnenbereich Deregulierung, Wettbewerb und Vergrößerung der Einkommenskluft an der Tagesordnung standen, die andererseits in der Außenhandelspolitik in den letzten Jahren eine protektionistische Wandlung durchlaufen haben. Ein Gegenbeispiel ist der Wohlfahrtsstaat Schweden, der seit dem 2.Weltkrieg einen freihandelsorientierten Ansatz verfolgt hat und bis heute politisch „durchhält". Ironie dieses Jahrzehnts dürfte sein, daß sich eine ungezügelte neo-liberale Wirtschaftspolitik mit einer Idealisierung der „unsichtbaren Hand" den Weg für eine liberale Außenhandelspolitik verbaut.

Freihandelsverfechter wären an sich gut beraten, auf die Ursprünge des Welthandels zurückzugehen, wo das GATT-Regime eingebettet war in das ordnungspolitische Bretton-Woods-System, das mit fixen Wechselkursen und einer pragmatisch geführten Wirtschaftspolitik einen stabilen Rahmen für Beschäftigung, Wachstum und Handel bildete.

An sich könnte das Transatlantische Marktkonzept eines jener Kooperationsgremien sein, das die Wiedererlangung des politischen Handlungsraums zum Auftrag hat und Lösungsschritte in diese Richtung konzipiert. Daher ist es unverständlich, daß schädlicher Steuerwettbewerb, Koordinierung des staatlichen Beihilfenwesens bei der Industrieansiedelung und Wettbewerbsregelungen als nebensächliche Tagesordnungspunkte mitgeschleppt werden bzw. als *non-thema* wie z. B. Regulierungsmaßnahmen bei Finanz- und Devisenmärkten und Koordinierung der Währungspolitik abgehandelt werden. Das politische Argument der schwierigen politischen Umsetzung ist nicht ganz von der Hand zu weisen. Aber warum strebt man dann ernsthaft z. B. die Harmonisierung bzw. Anerkennung von Berufsdiplomen zwischen der EU und USA an, deren Harmonisierung in der EU Jahrzehnte gedauert hat und in den USA in manchmal 50 Bundesstaaten auf unterschiedlichste Weise geregelt wird? Der Verdacht liegt nahe, daß eine politische Linie weitergefahren wird, ohne an Alternativen zu denken.

Auslandskapital in der österreichischen Industrie: Ein Problem?

Christian Bellak

1. Einleitung

Multis in Österreich haben eine lange Tradition (vgl. o.A. 1960, Ehl 1953, Weber und Haas 1979) und eine große Bedeutung (AK 1962, Grünwald und Lacina 1970, Beer et al. 1991, Lüning 1991, Rammer 1996, Aiginger und Peneder 1997, American Chamber of Commerce 1997). Sie können damit als wichtige „Träger industrieller Entwicklung und Catching-up" bezeichnet werden. Ebenso alt sind die Angst vor den Multis und die Vorwürfe gegen sie (vgl. etwa Studiengruppe 1959, Diwok 1959, Ehrlich 1970, Peischer 1981, Goldmann 1990) und daraus folgende industriepolitische Forderungen (z. B. Peischer 1990).

Derzeit sind ca. 2.800 ausländische Unternehmen an über 2.000 Tochterunternehmen beteiligt, wobei in letzteren über 200.000 Beschäftigte (Stand 1995, gewichtet) gezählt werden (vgl. auch Tabelle 4a, Seite 117), davon über die Hälfte in der Industrie. Direktinvestitionen (FDI) werden in Österreich vor allem aus Marktmotiven, z. T. auch aus Effizienzgründen getätigt. (vgl. Tabelle 1).

Tabelle 1. Durchschnittliche Werte von passiven Direktinvestitionen, Bruttoinlandsprodukt (Marktgröße) und Produktivität (Effizienz): Differenz Österreich – OECD 1996

	Österreich	OECD	Differenz in %
Passiver FDI-Bestand p. c. (Mio. $)	0,0018674	0,0017383	+ 7,4
BIP p. c. (PPP, Mio. $)	21.395	20.289	+ 5,4
Produktivität*)	1,0	0,9	+ 11,1

Quelle: FDI: OECD (1997) International Direct Investment Statistics Yearbook, Table 5.

BIP: www

Produktivität: OECD (1998) Economic Outlook, Nr. 62, Table A58 (nur „business sector")

Anmerkung: Diese Tabelle darf nicht normativ interpretiert werden, etwa daß die Anteile bzw. Relationen der einzelnen Indikatoren gleich sein sollten. Dafür gibt es weder eine theoretische noch eine empirische Grundlage.

*) durchschnittliches jährliches Wachstum 1979–96

Ein Blick auf OECD-Daten zeigt zudem, daß Österreich bezüglich der passiven FDI gemessen an Produktion (bzw. Beschäftigung) im Jahr

1991 geringfügig über (bzw. unter) dem ungewichteten OECD-Durchschnitt (Industrie) lag, also der ausländische Einfluß nicht außergewöhnlich hoch war (OECD 1996, Table 1.13).

Ausländische Multis *(„Kapital")* sind überwiegend Gewinner im Globalisierungsprozeß (vgl. etwa Hirst und Thompson 1996 für eine kritische, sehr überzeugende Argumentation), wobei *Arbeit* überwiegend als Verlierer im Globalisierungsprozeß (Grunberg 1996, Weltbank 1995; für Österreich: Bellak 1995a, 1996a) bezeichnet wird. Die Multis seien als wichtige Träger der Globalisierung schuld daran, wobei diese Argumentation an verschiedenen Vorwürfen festgemacht wird.

Sind die Vorwürfe gegenüber ausländischen Multis in Österreich gerechtfertigt? Dieser Artikel ist kein Plädoyer für den Ausverkauf österreichischer Unternehmen, er versucht lediglich, die in der öffentlichen Debatte verwendeten Argumente und die Empirie ohne Mythen zu konfrontieren.

2. Vorwürfe gegenüber ausländischen Multis in Österreich

Es besteht kein Zweifel darüber, daß die Eigentumsstruktur die Allokation der Ressourcen beeinflußt. Insbesondere die intangiblen, geschaffenen Assets[1] der Unternehmen, welche die Wettbewerbsfähigkeit zentral bestimmen, weisen das Problem „unvollständiger Verträge" auf. Das heißt vereinfacht, daß weder die Verwendung solcher Inputfaktoren, noch der Output vollständig mittels Verträgen geregelt werden kann und daher durch „Ownership" (= Eigentum) kontrolliert wird: „Where such incomplete contracts prevail, control of residual rights becomes essential for protecting firms' intangible assets." (Nakamura und Xie 1998, S. 571)

In der öffentlichen Debatte werden die verschiedensten kritischen Argumente verwendet (für eine ausführliche Darstellung vgl. Bellak 1992, 1996b, 1997a):

Ausverkauf bewirke

Souveränitätsverlust der nationalen (Wirtschafts-)Politik

Beispielsweise schrieb „Die Presse": „Internationalisierung bedeutet hierzulande nämlich fast immer, sich ausländischen Kapitalgebern an die Brust zu werfen. Das ist weder illegal, noch sittenwidrig, hat auf Dauer aber katastrophale Auswirkungen. Mit jeder Hereinnahme von Auslandskapital wandert ein Stück Wirtschaftskompetenz über die Grenze. (...) Am Ende dieses Weges steht die wirtschaftspolitische Entmündigung des Landes, weil Entscheidungen nicht mehr nach individuellen Gesichtspunkten, sondern nach zentralen Konzernüberlegungen getroffen werden." Implizit wird solchen Argumentationen der Mythos der

[1] z. B. Produktionstechnologie, Markennamen, Humankapital; im Unterschied zu tangiblen, natürlichen Ressourcen

Machtlosigkeit von Regierungen gegenüber multinationalen Unternehmen zugrundegelegt.

Unterordnung unter die Interessen der Multis

Die Annahme, daß – nicht zuletzt aufgrund des hohen Organisationsgrades – das Kapital seine Interessen gegenüber der Arbeit durchsetzt, entbehrt nicht vielfacher empirischer Bestätigung, die folgende Aussage ist jedoch zumindest für entwickelte Volkswirtschaften überzogen: „Die Förderung ausländischer DI (Direktinvestitionen, C. B.) um jeden Preis kann zu einer willfährigen Unterwerfung unter die Interessen multinationaler Unternehmen führen, die der langfristigen Entwicklung des Landes durchaus schaden kann, insbesondere dann, wenn die Erringung und Ausnutzung von Marktmacht dominant werden." (Priewe 1997, S. 252, der sich mit den Transformationsländern beschäftigt).

Abzug von Headquarterfunktionen

Z. B. argumentiert das BMwA (1997), daß „ein ausländischer Unternehmenseigner die Betriebszentrale in sein Heimatland verlegen wird." (S. 229), was u. a. mit der sogenannten „principal – agent"-Problematik[2] begründet wird. Diese Argumentation ist jedoch problematisch, da multinationale Unternehmen meist eine sehr diversifizierte Eigentümerstruktur aufweisen und da Headquarterfunktionen im traditionellen Sinn heute auch zunehmend internationalisiert werden. Sicherlich werden die strategischen Entscheidungen irgendwo „zentral" gefällt, doch auch dies wird zunehmend durch die Aggregation der regionalen Headquarters ermöglicht, deren Lokalisierung von jener des Eigentümers erheblich abweichen kann. Es ist vielmehr anzunehmen (und empirisch zu zeigen), daß die Entscheidung über die Lokalisierung der Headquarterfunktionen in rational agierenden Unternehmen sich an den optimalen Standortfaktoren statt an der Heimat des Eigentümers orientiert.

„Abkassieren" von Förderungen und schnelle Verlagerung (schneller Rückzug) danach

Die Vorstellung, daß Unternehmen Betriebsansiedlungen an Förderungen orientieren, hält sich erstaunlich lange in der Diskussion, obwohl der marginale Beitrag von Incentives im Rahmen der Standortwahl von Unternehmen längst erwiesen ist. Verlagerungen von Betrieben sind nämlich oft mit hohen Transaktionskosten verbunden (Bellak 1997c) und Unternehmen (Realkapital) daher wesentlich immobiler als Finanzkapital.

Durchbrechen der historisch gewachsenen Arbeitsbeziehungen

Multinationale Unternehmen seien aufgrund ihrer internationalen Tätigkeit von dem jeweils national existierenden sozialen und politi-

---

2 Dabei geht es vereinfacht im wesentlichen um die Kosten der Überwachung und Kontrolle für die Muttergesellschaft über die Tochter im Ausland (vgl. dazu Nakamura und Xie, 1998; Grossmann, Hart, 1986).

schen Umfeld (Milieu) unabhängig. Dies äußere sich vor allem dadurch, daß sie einem historisch gewachsenem Konsens von Arbeit und Kapital auf nationaler Ebene nicht folgen. Die Konsequenz wäre dann ein Verhalten, das den Druck auf den Faktor Arbeit erhöht und nationale Bestimmungen untergräbt – zusätzlich abgesichert durch die permanente Drohung der Verlagerung der Aktivitäten („Erpressung nationaler Gewerkschaften").

Ausbeutung der Tochterunternehmen (durch Verrechnungspreise und Gewinntransfer)
Ausländische Multis hätten aus unternehmensstrategischen und steuerlichen Gründen einen Anreiz, ihre Tochterunternehmen bilanztechnische Verluste erwirtschaften zu lassen und somit dem Wirtschaftsstandort zu schaden. Insbesondere die Kapitalabflüsse auf der makroökonomischen Ebene sowie der permanente Druck zu höherer Effizienz auf Unternehmensebene (was für die ArbeitnehmerInnen nicht nachvollziehbar ist, da die nötigen objektiven Informationen fehlen) sind hier zu erwähnen. Dem Problem unternehmensinterner Verrechnungspreise ist kaum beizukommen, so daß sich multinationale Unternehmen staatlicher Kontrolle weitgehend entziehen (Bellak 1997b).

Ausschlachten der Unternehmen infolge des Aufkaufs
Eine übliche Vorgangsweise bei Akquisitionen ist die „Zerschlagung von Unternehmen" in profitable und nicht profitable Teile, wodurch es für die Belegschaften zu raschen und unvorhersehbaren strukturellen Anpassungszwängen kommt. Die Regelungen zur sozialen Absicherung sowie das institutionelle Umfeld sind dann oft überfordert. Der Unterschied zwischen einer Akquisition durch einen nationalen bzw. ausländischen Anbieter besteht darin, daß letzter dem Standort viel weniger verpflichtet ist als erster. Anzumerken ist hier, daß die Bindung von Unternehmen an Standorte – unabhängig vom Eigentum – aus sozialer und kultureller Perspektive generell loser wird.

3. Die Performance ausländischer Multis in Österreich[3]

Kapitalströme

Eine langfristige Betrachtung österreichischer Direktinvestitionen zeigt den anhaltenden Überschuß der passiven über die aktiven Direktinvestitionen (Tabelle 2, nächste Seite) sowie die geringe gesamtwirtschaftliche Bedeutung gemessen an den Beständen (!) im Vergleich zum BIP (vgl. Tabelle 3, Seite 116). Mit Beginn der 90er Jahre zeigten die aktiven Direktinvestitionen eine starke Aufholtendenz, was den Saldo der aktiven und passiven Direktinvestitionsströme kurzfristig positiv werden läßt. Allerdings ist dieser Trend 1995 bis 1997 nicht mehr zu beobachten,

[3] Die folgenden Abschnitte basieren weitgehend auf Bellak 1998b.

und auch die Direktinvestitionsbestände zeigen nach wie vor ein krasses Übergewicht der passiven Direktinvestitionen. Inwieweit die jüngste Abschwächung der Direktinvestitionsaktivitäten österreichischer Unternehmen nur konjunkturbedingt oder auch wettbewerbsbedingt ist – wobei beides problematisch ist –, läßt sich noch nicht abschätzen.

Tabelle 2. Aktive und passive Direktinvestitionsströme (1980–1997)

Jahr	Aktiv	Passiv	Saldo
1980	1,3	3,1	–1,8
1981	3,3	5,0	–1,7
1982	2,3	3,5	–1,2
1983	3,4	3,9	–0,5
1984	1,4	2,3	–1,0
1985	1,5	3,5	–2,0
1986	4,8	2,8	2,0
1987	3,9	5,1	–1,1
1988	3,8	5,4	–1,6
1989	11,3	7,7	3,7
1990	18,9	7,4	11,6
1991	15,0	4,2	10,9
1992	20,6	10,3	10,2
1993	17,1	11,4	5,6
1994	13,7	15,0	–1,3
1995	10,5	6,4 (*)	4,1
1996	14,9	40,2	–25,3
1997	18,0	21,0	–3,0

Quelle: OeNB

(*) inklusive des Sonderfalls eines teilweisen Abbaus kumulierter reinvestierter Gewinne, der sich in der Zahlungsbilanzstatistik als Desinvestition abbildet.

Im internationalen Vergleich besteht eine deutlich unterdurchschnittliche Direktinvestitionsaktivität österreichischer Unternehmen. Für 1995 gibt die UNCTAD einen Anteil der Direktinvestitionen an der Bruttokapitalstockbildung von aktiv 5,6 % und passiv 5,2 % weltweit an, für Österreich 1,8 % bzw. 1,1 %.

Kapitalbestände

Die passiven Direktinvestitionsbestände erscheinen im gesamtwirtschaftlichen Zusammenhang über lange Perioden von untergeordneter Bedeutung, insbesondere, da erst in den 90er Jahren die Fünf-Prozent-Marke (verglichen mit dem Bruttoinlandsprodukt, vgl. Tabelle 3, Seite 116) überschritten wurde. Der Beitritt Österreichs zur Europäischen Union im

Jahr 1995 hat deutlich positive Effekte für Österreich als Produktionsstandort gehabt und es gibt derzeit keine Anzeichen für eine Abschwächung der passiven Direktinvestitionen. Die große Bedeutung erhalten die passiven Direktinvestitionen vor allem aus der günstigen Kapitalbeschäftigungsrelation und der Tatsache, daß ausländische Multis wichtige aktive Direktinvestoren sind: „40 percent of Austrian outward FDI into the EU (and 28 per cent of overall outward FDI) is carried out by enterprises which are in turn subsidiaries of foreign investors or TNCs.“ (Neudorfer, 1997, S. 56)

Tabelle 3. Direktinvestitionsbestände – Gesamtwirtschaft (1970–1997) und Quoten

Jahr	Buchwerte (Mrd. öS)		Buchwerte / BIP (%)	
	Aktiv	Passiv	Aktiv	Passiv
1970	n. v.	20,3	–	5,40
1980	7,3	43,7	0,73	4,39
1990	45,6	105,5	2,53	5,86
1991	59,7	115,2	3,10	5,98
1992	86,5	127,4	4,23	6,23
1993	98,5	138,1	4,65	6,52
1994	102,9	145,3	4,55	6,40
1995	118,1	176,9	5,10	7,60
1996*)	140,0	200,0	5,80	8,30
1997	155,0	220,0	–	–

Quelle: OeNB
*) geschätzt

Beschäftigte

Das Ungleichgewicht, welches sich in den Kapitalbeständen manifestiert, zeigt sich auch bei den Beschäftigten der Gesamtwirtschaft, weniger allerdings bei der Industrie. (s. Tabelle 4a, Seite 117). Bezüglich des Anteils der in ausländischen Unternehmen in Österreich Beschäftigten an den Gesamtbeschäftigten der Industrie ergeben sich große Branchenunterschiede (s. Tabelle 4b, Seite 117): Insgesamt beträgt der Anteil 1995 29 Prozent, im Textil- und Nahrungsmittelbereich je 22 Prozent, in der Elektrobranche 46 Prozent und dürfte bis Anfang 1998 noch stark zugenommen haben.

Multinationale Unternehmen sind also bedeutende Träger von Beschäftigung. Welcher Anteil daran aber der Tatsache, daß sie in ausländischem Eigentum stehen, zugerechnet werden kann, hängt vom unterstellten Alternativszenario ab. Es ist nicht von der Hand zu weisen, daß ein großer Teil dieser Beschäftigten nicht durch inländische Unternehmen erhalten worden wäre – wenn auch eine exakte Quantifizierung nahezu unmöglich ist.

Tabelle 4a. Beschäftigte in aktiven und passiven Direktinvestitionen (ungewichtet, in 1.000) 1985–1995

	Gesamtwirtschaft		Industrie	
	Aktiv	Passiv	Aktiv	Passiv
1985	60	241	31	157
1986	65	258	35	149
1987	58	248	35	149
1988	60	262	37	146
1989	54	281	41	157
1990	83	290	60	165
1991	100	263	64	145
1992	116	263	75	150
1993	137	259	87	140
1994	151	250	94	144
1995	166	249	102	137

Quelle: OeNB

Tabelle 4b. Anteile der Beschäftigten in ausländisch beherrschten Unternehmen in Österreich, gemessen an den Gesamtbeschäftigten der Industrie (1975–1995) ungewichtet, nach Wirtschaftszweigen

Branchen	1975	1980	1985	1990	1995
Metall, Transport	17	16	19	26	24
Elektroindustrie	44	58	54	57	46
Öl, Chemie	41	24	36	35	41
Papier, Holz	25	20	19	16	17
Textilien, Bekleidung, Leder	24	29	25	25	22
Nahrungsmittel, Getränke, Tabak	20	27	25	14	22
Bau und verwandte Branchen	21	36	34	47	–
Sonstige	k. A.	25	22	10	–
Gesamt	25	26	27	30	29

Quelle: Bellak, 1997a, Table 19

Performancevergleich

In der Literatur finden sich viele theoretische und empirische[4] Ergebnisse über Unterschiede zwischen Unternehmen nach Eigentum. In den modernen theoretischen evolutionären Ansätzen sind Unterschiede zwischen Unternehmen ein integraler Bestandteil der Argumentation. Insbesondere werden sich Unternehmen in ihrer „strategy" und „structure"[5] unterscheiden. Insofern diese beiden Parameter – und darüber besteht kein Zweifel – durch in- oder ausländisches Eigentum betroffen sind, „it is nonsense to presume that a firm can calculate an actual ‚best' strategy" (Nelson 1991, S. 265). Begründet wird dies damit, daß sich – im Gegensatz zur neoklassischen Position – Unterschiede im Unternehmensverhalten nicht bloß auf unterschiedliche Umfeldbedingungen (z. B. Marktstrukturen) oder Assets zurückführen lassen, sondern daß „some actors are not even aware of a possibility being considered by others (ibidem, S. 260). Unterschiede im Unternehmensverhalten sind also auch bei gleichen Umfeldbedingungen und Assets möglich und erhalten aus evolutionärer Sicht eine eigene Qualität.

Kennzahlen[6]

Verschiedene empirische Studien für Österreich, welche sich auf jeweils unterschiedliche Perioden und Unternehmensgruppen beziehen, deuten grosso modo auf eine überlegene Performance ausländischer Multis im Vergleich zu inländischen Unternehmen hin, wobei die Evidenz nicht immer eindeutig und signifikant ist.

a) Hahn et al. (1997) zeigen einen signifikanten Einfluß des Eigentums auf die langfristige Performance der Unternehmen (1980–1994) auf, gemessen an den Eigenkapitalquoten, der Wertschöpfung etc.

b) Gugler (1998, S. 26) vergleicht eine Stichprobe der 214 größten Dienstleistungsunternehmen nach Eigentum. Unter anderem sind die ausländisch beherrschten Unternehmen größer, ihre F&E-Intensität ist höher und auch ihre Rentabilität ist höher. Die Analyse einer Teilmenge (= 94 Unternehmen) zeigte, daß zwischen 1975 und 1994 die ausländisch beherrschten Unternehmen den höchsten „return" hatten und drei Viertel dieser Unternehmen hochprofitabel sind.

c) Glatz und Moser (1989a, b) zeigen, daß alle größeren Betriebsansiedlungen zwischen 1970 und 1985 bei den meisten der untersuchten

---

4 Siehe z. B. Blanchflower 1984, Dunning und Morgan 1980 zu Löhnen; Cohen 1973 zu Exporten; Cousineau et al. 1989, Creigh und Makeham 1978, Carmichael 1992 zu Streiks; Davies und Lyons 1991, Ylä-Anttila et al. 1997 zu Produktivität; Dickersen et al. 1997, Little 1981 zur Performance infolge eines Takeovers; Greer und Shearer 1981, Forsyth 1973 zu Arbeitsbeziehungen; Grinols 1991 zu Arbeitslosigkeit; Hahn et al. 1996, Short 1994, Kumar 1984, Maliranta 1997 zu verschiedenen Aspekten; Kumar 1990 zu Profitabilität; Moden 1997 zu F&E.

5 „Structure in the sense of a mode of organization and governance." (Nelson 1991)

6 vgl. dazu auch Bellak 1998a

Parameter (Beschäftigungszuwachs, Wertschöpfung pro Beschäftigtem, Exporte, Vorleistungsbezug etc.) höhere Werte als die Industrie insgesamt aufweisen. Die untersuchten Unternehmen erhielten in irgendeiner Form staatliche Subventionen, und die Analyse zeigt auf, daß etwa „spill overs" nicht in wünschenswertem Ausmaß auftreten.

d) Eine von der GBI in Auftrag gegebene Studie (AMC & IHS 1997) zeigt deutliche Unterschiede der F&E-Intensität zwischen den beiden Gruppen von Unternehmen der besonders technologieintensiven Cluster (s. Tabelle 6a, Seite 120) und weist darauf hin, daß das Nationale Innovationssystem Österreichs ausländisch dominiert ist.

e) Ein einfacher Vergleich von Rentabilität und Produktivität zwischen passiven Direktinvestoren und der Industrie insgesamt weist letztere weit profitabler aus, erstere jedoch produktiver (vgl. Tabelle 5).

Tabelle 5. Performancevergleich zwischen passiven Direktinvestoren und Industrieunternehmen Österreichs insgesamt (ausgewählte Jahre)

	1992	1993
Rentability (Profits / Turnover) %		
Manufacturing Sector (1.538 / 1.610)		
Median	2.25	1.74
Upper Quartile	5.90	5.95
Lower Quartile	–0.40	–1.00
Inward FDI (543 / 563)		
Median	1.20	1.20
Upper Quartile	4.60	4.00
Lower Quartile	–1.50	–1.60
Productivity (Sales / Employee) ATS mn		
Manufacturing Sector (1.538 / 1.610)		
Median	1.41	1.45
Upper Quartile	2.06	2.09
Lower Quartile	1.01	1.03
Inward FDI (543 / 563)		
Median	1.60	1.70
Upper Quartile	2.40	2.50
Lower Quartile	1.10	1.20

Quelle: Manufacturing Sector: OeNB (Hrsg.) Jahresabschlußkennzahlen österreichischer Unternehmen der Sachgütererzeugung und des Bauwesens von 1992 bis 1995, Statistisches Monatsheft 12/96, Tab. 1, S. 9 f.

Inward FDI: Neudorfer, 4/1995, p. 80

Anmerkung: Inward FDI firms are included in Manufacturing sector.

Die plausibelste Erklärung für Performanceunterschiede liegt wohl in der unterschiedlichen Stellung von österreichischen und ausländisch beherrschten Unternehmen im Gesamtkonzern. Während erste oftmals ihre Holding, ihre ältesten Produktionsanlagen und eine über die Zeit peripher gewordene regionale Lage in Österreich haben, werden letztere mit der neuesten Technologie von der Mutter (im Extremfall kostenlos) versorgt, üben oft hochspezialisierte Tätigkeiten aus und haben regionale Standortvorteile („economies of clustering" etc.). Weitere Erklärungen liegen in der unterschiedlichen Verteilung der beiden Unternehmensgruppen über Branchen und in ihrer unterschiedlichen Risikotragfähigkeit.

Forschung und Entwicklung

Von allen Studien (vgl. z. B. Buchinger et al. 1994, sowie alle oben genannten Studien; s. auch Kosz 1998) wurde eine höhere Forschungsintensität in ausländisch beherrschten Unternehmen ermittelt. Dies stellt ein österreichisches Spezifikum dar, welches sich z. B. in Deutschland nicht zeigt (Tabellen 6a und 6b).

Tabelle 6a. F&E-Quote nach Eigentum: Österreich 1990 und 1995

	Alle Unternehmen	Ausländische Unternehmen	Österreichische Unternehmen
1990	3,3	3,9	2,9
1995	3,6	4,4	2,7

Quelle: Bellak 1998c, Table 14, based on AMC and IHS (1997)

Tabelle 6b. F&E-Kennzahlen nach Eigentum: Deutschland 1995

	Ausländische Unternehmen	Deutsche Unternehmen
Anteil der Beschäftigten in forschungsintensiven Sektoren	62,7	49,7
Anteil an den F&E Ausgaben in Deutschland		
Industrie	17,1	82,9
Gesamtwirtschaft	16,7	83,3
F&E-Intensität ausgewählter bedeutender Unternehmen der Industrie		
gemessen an den Beschäftigten	7,7	9,5
gemessen am Umsatz	4,0	6,3

Quelle: erstellt nach Beise und Belitz 1998, diverse Tabellen

Arbeitsbeziehungen

Fallstudien über die Entwicklung von Arbeitsbeziehungen nach ausländischen Übernahmen bzw. in ausländischen Tochtergesellschaften in Österreich kommen selbst aus kritischer Perspektive zu nur kurzfristig negativen Wirkungen auf Arbeitsbeziehungen, die sich rasch wieder „normalisieren" (vgl. z. B. Flecker et al. 1990, Karlhofer 1985). Dies bedeutet jedoch nicht, daß die Arbeitsbeziehungen in ausländisch dominierten Unternehmen problemlos wären.

Wettbewerb

Sehr wesentlich in der Diskussion bezüglich der Wettbewerbswirkungen ist, ob es um Wettbewerb in Österreich selbst oder um den internationalen Wettbewerb geht (Letzteres ist in den meisten Branchen heute der Fall). Bedeutender als die Stimulierung von Wettbewerb in Österreich selbst wird heute

a) der Anschluß eines übernommenen Unternehmens an das Marketing-Netzwerk eines ausländischen Multis gesehen (z. B. in der Nahrungsmittelindustrie), der zusätzliche Märkte erschließt,

b) die zunehmende Spezialisierung der Tochtergesellschaft im Gesamtkonzern, die ein langfristiges Überleben aufgrund des lokal geschaffenen bzw. weiterentwickelten Wettbewerbsvorteils sichert.

Im Hintergrund eines potenten ausländischen Multis stehen einfach ganz andere Kapazitäten, was Marktmacht und die Schaffung sowie Durchsetzung und Verwertung internationaler Wettbewerbsfähigkeit anbelangt.

4. Fazit

Entgegen den in der öffentlichen Debatte immer wieder geäußerten Vorwürfen sind ausländische Multis ...

- ❑ Garanten für das Überleben „notleidender österreichischer Firmen" (Ehrlich 1970, S. 17)
- ❑ Sicherer bedeutender Beschäftigungsanteile
- ❑ bedeutende aktive Direktinvestoren
- ❑ bedeutende Träger industrieller Forschung
- ❑ wichtige Impulsgeber für mehr Wettbewerb in zum Teil geschützten Branchen und Unternehmen

Somit kann die Diskussion in Österreich als weitgehend abgehoben von den (wirtschaftlichen) Realitäten bezeichnet werden.

Anzumerken ist noch, daß eine weitgehende politische Instrumentalisierung der Bedeutung ausländischer Multis in Österreich erfolgt:

- ❑ Die „Neue Rechte" fordert Unternehmen in „österreichischer Hand"
- ❑ Industrielobbyisten fordern eine Beschneidung der betrieblichen Mit-

bestimmungsrechte (iwd 1998), um die „Wettbewerbsfähigkeit des Standortes" zu erhöhen.[7]

- Gewerkschaften fordern stärkere Informations- und Entscheidungsrechte (Bellak und Unger 1998) im Kampf gegen Verlagerungen und Erpressungen durch Multis.

Es gibt natürlich „schwarze Schafe"[8], aber es gibt keine Anzeichen, daß ausländische Multis sich systematisch bzw. signifikant „schlechter benehmen" als österreichische Unternehmen. Allerdings sind negative Entwicklungen durch nationale oder internationale Politik hintanzuhalten – die Mär vom machtlosen Staat ist in Wahrheit nämlich eine (billige) Ausrede der Politik(erInnen). Dem „Sachzwang der Ökonomie" bzw. dem „Druck des Marktes" darf die zunehmende Verflechtung der Eigentumsstrukturen nicht untergeordnet werden, sondern sie muß politisch geleitet und mitgestaltet werden – anstatt der simplen Forderung nach einer Begrenzung der Internationalisierung mittels vordergründigem Protektionismus nachzugeben und damit Politikdefizite zu rechtfertigen.

5. Literatur[9]

AIGINGER, K. und PENEDER, M. (1997) Qualität und Defizite des Industriestandortes Österreich, WIFO, Wien.

AMC UND IHS (1997) Der Einfluß von Auslandseigentum in der österreichischen Industrie auf das FTE-Potential, Executive Summary, Studie der GBI, Wien.

AMERICAN CHAMBER OF COMMERCE (1997) U.S. Investor Confidence Survey, Wien.

ARBEITERKAMMER WIEN (Hrsg.) (1962) Das Eigentum an den österreichischen Kapitalgesellschaften, Wien.

BAYER, K. und BLAAS, W. (1986) Volkswirtschaftliche und finanzwirtschaftliche Rentabilität von Ansiedlungssubventionen, Wien, mimeo.

BAYER, K. und PALME, G. (1987) Strukturpolitische Aspekte einer Betriebsansiedlungspolitik, WIFO Monatsberichte, Nr. 2, S. 91–109.

BEER, Elisabeth, EDERER, Brigitte, GOLDMANN, Wilhemine, LANG, Robert, PASSWEG, Miron, REITZNER, Robert (1991) Wem gehört Österreichs Wirtschaft wirklich? Orac, Wien.

BEISE, M. und BELITZ, H. (1998) Trends in the Internatiaonlisation of R&D – the German perspective, DIW Discussion Papers, No. 167, Berlin.

---

7 „In deutschen Unternehmen mit mehr als 2.000 Beschäftigten ist die Hälfte des Aufsichtsrates in Arbeitnehmerhand" oder: „Selbst in manchen Personalfragen muß der Arbeitgeber den Betriebsrat um sein Ja-wort bitten." (!)

8 vgl. Bellak (1996b) für eine Beschreibung der „rent seeker", wie z. B. TNS (Spinnerei), Tandon (Computer) der „Verlagerer", wie z. B. Hafslund Nycomed (Pharma), Leobersdorfer Maschinenfabrik, Semperit (Reifen) und der „Downsizer", wie z. B. Aeterna (Schuhe).

9 Diese Literaturliste enthält auch weiterführende Literatur für interessierte LeserInnen.

BELLAK, C. (1992) Zu einer verfügungsrechtsorientierten Strukturpolitik, Wirtschaftspolitische Blätter, Nr. 3, S. 369–383.

BELLAK, C. (1995a) Machtverteilung zwischen Multis und Staat, Informationen über Multinationale Konzerne, Nr. 2, S. 7–10.

BELLAK, C. (1996a) Machtverlagerung: Multis und Nationale Regierungen, Informationen über Multinationale Konzerne, Nr. 1, S. 8–14.

BELLAK, C. (1996b) Ausverkauf der Industrie: Entwicklung und Konsequenzen für die Interessenvertretung, Studie im Auftrag der Vereinigung Österreichischer Industrieller, Wien.

BELLAK, C. (1997a) Die neue Überfremdungsdiskussion in Österreich, Wirtschaftspolitische Blätter, Nr. 1, S. 3–13.

BELLAK, C. (1997b) Reeling in the transnationals, New Economy, January, S. 17–21.

BELLAK, C. (1997c) The (Im-)Mobility of Multinational Enterprises – A Conceptual Scheme, in: Internationalization and Foreign Direct Investment Behaviour in OECD and Asian Countries, Proceedings of the 4th Workshop in International Business: University of Vaasa, S. 232–249.

BELLAK, C. (1998a) Ausländisches Kapital in der österreichischen Industrie: Sind ausländische Töchter besser? WIWIPOL (Hrsg.) Wieviel Staat, wieviel privat? Die zukünftige Rolle des Staates in Österreichs Wirtschaft, ÖGB Verlag, Wien, S. 251–272.

BELLAK, C. (1998b) Trends und industriepolitische Implikationen der M&A-Zunahme in Österreich seit dem EU-Beitritt, AK Wien, erscheint demnächst.

BELLAK, C. (1998c) Lessons from Austria's Post-War Pattern of Inward FDI for CEECs, WIIW Research Reports, erscheint demnächst.

BELLAK, C. und Unger, B. (1998) Internationale Kapitalmobilität und die Neuorientierung der Gewerkschaften, in: Zukunftswerkstatt (Hrsg.) Industriepolitik in Österreich, erscheint demnächst.

BLANCHFLOWER, D. (1984) Comparative Pay Levels in Domestically-owned and Foreign-owned Manufacturing Plants: A Comment, British Journal of Industrial Relations, Jg. 22, S. 265–267.

BMwA (1998) Handbuch des österreichischen Außenhandels, Wien.

BUCHINGER, E., SCHIEBEL, E. and P. GHEYBI (1994) F&E-Ansiedlung in Österreich, OEFZS-4706, Seibersdorf.

CARMICHAEL, F. (1992) Multinational Enterprise and Strikes: Theory and Evidence, Scottish Journal of Political Economy, Jg. 39, Nr. 1, Februar, S. 52–68.

COHEN, B.I. (1973) Comparative Behavior of Foreign and Domestic Export Firms in a Developing Economy, Review of Economics and Statistics, Jg. 55, S. 190-197.

COUSINEAU, J.-M., R. LACROIX, and D. VACHON (1989) Foreign Ownership and Strike Activity in Canada, Working Paper Nr. 8927, Department of Economics, University of Montreal.

CREIGH, S.W. and P. MAKEHAM (1978) Foreign Ownership and Strike-Proneness: A Research Note, British Journal of Industrial Relations, Jg. 16, S. 369–372.

DAVIES, S.W. and B.R. LYONS (1991) Characterising Relative Performance: The Productivity Advantage of Foreign Owned Firms in the UK, Oxford Economic Papers, Jg. 43, S. 584–595.

DICKERSON, A.P., GIBSON, H.D. and TSAKALOTOS, E. (1997) The Impact of Acquisitions on Company Performance: Evidence from a Large Panel of UK Firms, Oxford Economic Papers, Nr. 49, S. 344–361.

DIWOK, F. (1959) Die Bedeutung des Auslandskapitals für Österreichs Wirtschaft, in: Schriftenreihe „Die Wirtschaft geht jeden an", Heft 21, S. 19 ff.

EHL, O. (1953) Das Eigentum an den österreichischen Aktiengesellschaften, Arbeit und Wirtschaft, 7. Jg., Nr. 2.

EHRLICH, R. (1970) Amerikanische Direktinvestitionen in Österreich, WIFO Monatsberichte, Beilage 89: Dezember.

FLECKER, Jörg, HOFBAUER, Johanna, KRENN, Manfred, PASTNER, Ulrike (1990) Betriebsübernahmen, Beschäftigung und industrielle Arbeitsbeziehungen, Endbericht, Dezember, Studie im Auftrag des Bundesministeriums für Wissenschaft und Forschung und der Kammer für Arbeiter und Angestellte, IHS: Wien.

FORSYTH, D.J.C. (1973) Foreign-owned Firms and Labour Relations: A Regional Perspective, British Journal of Industrial Relations, Jg. 11, S. 20–28.

GLATZ, Hans und MOSER, Hans (1989a) Ausländische Direktinvestitionen und Industriepolitik, Wirtschaft und Gesellschaft, Wien, S. 33–61.

GLATZ, Hans und MOSER, Hans (1989b) Auswirkungen ausländischer Direktinvestitionen in der österreichischen Industrie, Wien, Campus.

GOLDMANN, Wilhemine (1990) Kapitalverflechtung Österreich – Deutschland; Österreich als Partner oder Commis? in: Rathkolb, O., Schmid, G. und G. Heiß (Hrsg.) Österreichs und Deutschlands Größe, Otto Müller Verlag, Salzburg, S. 165–173.

GREER, C.R. and J.C. SHEARER (1981) Do Foreign-Owned Firms Practice Unconventional Labor Relations? Monthly Labor Review, Jg. 104, S. 44–48.

GRINOLS, E.L. (1991) Unemployment and Foreign Capital: The Relative Opportunity Costs of Domestic Labour and Welfare, Economica, Jg. 58, S. 107–121.

GRUNBERG, I. (1996) Rival States, Rival Firms: How Do People Fit In? The Global Unemployment Challenge, UNDP, Discussion Papers, Nr. 4, New York.

GRÜNWALD, O. und LACINA, F. (1970) Auslandskapital in der österreichischen Wirtschaft, Europa Verlag, Wien.

HAHN, F.R., MOOSLECHNER, P. and PFAFFERMAYR, M. (1996) Globalisierungstendenzen in der österreichischen Wirtschaftspolitik, WIFO Studie im Auftrag der AK.

HIRST, P. und G. THOMPSON (1996) Globalization in Question, Cambridge: Cambridge UP.

IWD (1998, Hrsg.) Deutsches Standort-Handikap (Mitbestimmung in der EU), Nr. 20, S. 6–7.

KOSZ, A. (1998) Heimische Industrieforschung: Fest in ausländischer Hand, ÖHZ, Nr. 20, S. 12–13.

KARLHOFER, F. (1985) Multis in Österreich – Konsens auf Abruf, Wie Konzerne agieren und Belegschaftsvertreter reagieren, IMK, Nr. 3, S. 6 ff.

KUMAR, M.S. (1984) Comparative Analysis of UK Domestic and International Firms, Journal of Economic Studies, Jg. 11, Nr. 3, S. 26–42.

KUMAR, N. (1990) Mobility Barriers and Profitability of Multinational and Local Enterprises in Indian Manufacturing, The Journal of Industrial Economics, Jg. XXXVIII, Nr. 4, 449–463.

LITTLE, J. S. (1981) The Financial Health of U.S. Manufacturing Firms Acquired by Foreigners, New England Economic Review, S. 5–18.

LÜNING, Jörg (1991) Direktinvestitionen und Standortverhalten von multinationalen Unternehmen, Diss., Wien.

MALIRANTA, M. (1997) Plant Productivity in Finnish Manufacturing, ETLA Discussion Papers, Nr. 612, Helsinki.

MARKUSEN J. R. (1995) The Boundaries of Multinational Enterprises and the Theory of International Trade, Journal of Economic Perspectives, Jg. 9, Nr. 2, Frühjahr, S. 169–189.

MODEN, K.-M. (1997) Foreign acquisitions of Swedish companies – Effects on R&D and productivity, IUI, mimeo, Stockholm.

NAKAMURA, M. und XIE, J. (1998) Noverifiability, non-contractability and ownership determination models in foreign direct investment, with an application to foreign operations in Japan, International Journal of Industrial Organization, Jg. 16, S. 571–599.

NELSON, R. R. (1991) Why Do Firms Differ, and How Does It Matter?, Strategic Management Journal, Jg. 14, S. 61–74.

NEUDORFER, P. (1995) Indikatoren zu den Direktinvestitionen, Berichte und Studien der OeNB, Heft 4, Wien, S. 69–84.

NEUDORFER, P. (1997) The Opening of Central and Eastern Europe: The Case of Austrian Foreign Direct Investment, Focus on Transition, Nr. 2, S. 52 bis 59.

o. A. (1960) Ausländische Direktinvestitionen in Österreich, WIFO Monatsberichte, Nr. 7, S. 310–315.

OECD (1996) Globalisation of Industry, Paris.

PEISCHER, J. (1981) Multinationale Konzerne in Österreich: Auswirkungen auf die Zahlungsbilanz und Finanzierungsgewohnheiten, Quartalshefte, Jg. 16, Nr. 1, S. 69–89.

PEISCHER, J. (1990) Internationalisierung: Strategien gegen den Ausverkauf der österreichischen Wirtschaft, WISO, Jg. 13., Nr. 1, S. 69 f.

PRIEWE, J. (1997) Direktinvestitionen im Transformationsprozeß – Hoffnungsträger oder Mythos? Zum Stellenwert von Direktinvestitionen in GUS-Ländern, Wirtschaft und Gesellschaft, Jg. 23, Nr. 2, S. 233–255.

RAMMER, C. (1996), Ausländische Produktionsstätten in Österreich Anfang der 90er Jahre, IMK, S. 9–21.

STUDIENGRUPPE ZUR FÖRDERUNG DER ÖSTERREICHISCHEN WIRTSCHAFTSENTWICKLUNG (1959) Der Kalte Anschluß, Wien.

WEBER, F. und HAAS, K. (1979) Deutsches Kapital in Österreich. Zur Frage der deutschen Direktinvestitionen in der Zeit vom Ende des Ersten Weltkrieges bis zur Weltwirtschaftskrise, in: Jahrbuch für Zeitgeschichte, S. 169 bis 235.

WELTBANK (1995) World Development Report 1995: Workers in an Integrating World, Oxford: Oxford UP.

YLÄ-ANTTILA, P. und ALI-YRKKÖ, J. (1997) Foreign owners set their sights higher than local ones, Unitas, 2, S. 14–19.

Droht dem Wirtschaftsstandort Österreich die Insolvenz?

Dietmar Zach

Politiker, Wirtschaftsexperten und Wissenschaftler diskutieren seit Beginn der 90er Jahre über die Globalisierung der Weltwirtschaft. Ob es aufgrund der empirischen Zahlen legitim ist, von einer Globalisierung der Weltwirtschaft zu sprechen, soll in diesem Beitrag nicht näher untersucht werden.[1]

Faktum ist jedoch, daß unter Berufung auf die Globalisierung weitreichende wirtschaftspolitische Veränderungen eingefordert werden. Mit dem Hinweis auf die „Flexibilität des Kapitals" und der in Zeiten der Globalisierung notwendigen Sicherung des Wirtschaftsstandortes werden Lohn- und Gehaltsverzicht für ArbeiterInnen, Angestellte und BeamtInnen einerseits sowie finanzielle Erleichterungen aller Art für UnternehmerInnen andererseits als Therapievorschläge dargebracht – andernfalls, so die Behauptung, würden die UnternehmerInnen gezwungen sein, ihre „Zelte" anderswo aufzuschlagen. In Zeiten des globalen Wettbewerbs müsse und werde dort produziert werden, wo die niedrigsten Produktionskosten gegeben sind. Während neoliberale Wirtschaftsfachleute sich von empirischen Ungereimtheiten in ihrer Argumentation nicht „beirren lassen", scheinen Öffentlichkeit und Politik vergessen zu haben, daß Vertreter der Wirtschaft seit eh und je (und in jedem Land) über zu hohe Steuern und zu arbeitnehmerfreundliche Rahmenbedingungen jammern.[2]

Im nachfolgenden Beitrag wird untersucht, ob aus der Insolvenzentwicklung in Österreich Rückschlüsse auf die Wettbewerbsfähigkeit des Wirtschaftsstandortes Österreich gezogen werden können. Pointiert

---

1 Eine Analyse zum Thema Globalisierung sollte zwischen der Situation auf den Finanzmärkten, den Märkten für Güter und Dienstleistungen sowie den Arbeitsmärkten differenzieren – siehe z. B. Mahnkopf, Birgit; Standortkonkurrenz in: Global Change; Zukunfts- und Kulturwerksätte (Hg.), Wien, 1997; siehe auch Vidal, Jean-François; Internationalisierung, Regulation und politische Ökonomie. Ein Vergleich der Perioden 1880–1913 und 1970–1995 in: Kurswechsel (1/98), Beigewum (Hg.); Hoffmann, Jürgen/Hoffmann, Reiner; Globalisierung – Risiken und Chancen für gewerkschaftliche Politik in Europa in: Standortdebatte und Globalisierung der Weltwirtschaft, Simons, Rolf/Westermann, Klaus (Hg.), Marburg, 1997; Egger, Peter/Hahn, Franz R./Pfaffermayr, Michael/Stankovsky, Jan; Herausforderungen durch den Globalisierungswettlauf in der EU; WIFO-Studie im Auftrag der BAK, S. 121 ff.

2 Zur Kritik daran siehe z. B. Schulmeister, Stephan; Zehn Kritikpunkte an der neo-liberalen Erklärung von Arbeitslosigkeit in: Stillgelegt. Weichenstellungen für den Arbeitsmarkt im Jahr 2000, GPA (Hg.), Wien, 1997

formuliert lauten die Fragen: Was sind die Gründe für eine steigende Zahl von Insolvenzen? Treibt staatliche Überregulierung Privatbetriebe in den Bankrott? Droht dem Wirtschaftsstandort Österreich – sofern die Insolvenzentwicklung als aussagekräftiger Indikator angesehen wird – in absehbarer Zeit der Konkurs?

1. Insolvenzentwicklung in der Zweiten Republik

Kann ein Unternehmen seinen Verpflichtungen aufgrund von Zahlungsunfähigkeit bzw. Überschuldung nicht nachkommen, so muß ein Insolvenzverfahren eingeleitet werden.[3]

Die Zahl der Insolvenzen (womit bereinigte Ausgleichsverfahren, Konkurse und „mangels Masse" abgewiesene Konkursanträge gemeint sind) ist in der Zweiten Republik – teils rasant – gestiegen.[4]

Insolvenzentwicklung von 1960–1995 (Graphik 1)

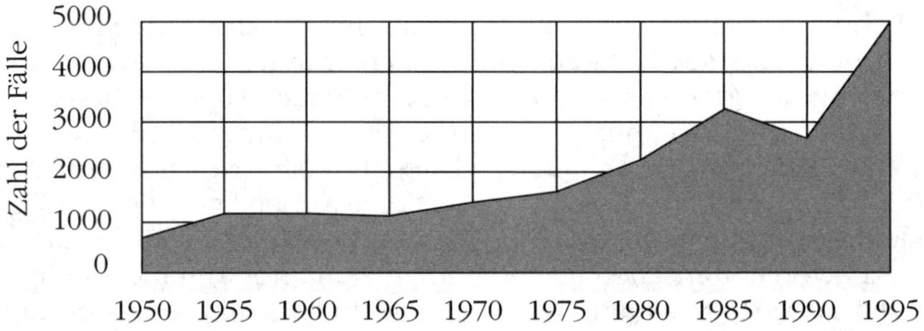

Ein genauer Blick auf die Zahlen ist jedoch angebracht. In der Periode von 1950 bis 1970 hat sich die Zahl der Insolvenzen beinahe verdoppelt (von 719 auf 1417 Fälle) und auch von 1970 bis 1990 ist die Zahl der Insolvenzen von 1417 auf 2677 gestiegen. Bemerkenswert sind die Schwankungen – während es zu Beginn der 50er Jahre einen Anstieg der Insolvenzen zu verzeichnen gab, ist dann von 1955 bis 1970 eine (annähernde) Stabilisierung ausmachbar.

---

3 vgl. Leitsmüller, Heinz/Naderer, Ruth u. a.; Unternehmenskrise und Insolvenz, Wien, 1994 – S. 71 ff.; Unterscheidbar sind sodann „privat-rechtliche Verfahren" oder aber Verfahren mit „öffentlich-rechtlichem" Charakter unter Einschaltung der Gerichte. Für die gerichtlichen Insolvenzverfahren ist zwischen Vorverfahren, Konkurs und Ausgleich zu unterscheiden. Details bezüglich des Insolvenzrechts in Österreich siehe Jahn, Uwe (Hg.); Insolvenzen in Europa, 2., neubearbeitete und erweiterte Auflage, Bonn, 1997, S. 255 ff.

4 Die Daten stammen vom Kreditschutzverband von 1870 (KSV) bzw. Kindel, Klaus; Die österreichische Konkurs- und Ausgleichsentwicklung: ein chronologisch empirischer Abriß, Dipl.-Arbeit, Wien, 1985, S. 31 ff.; Für die Jahre 1945 und 1946 waren keine Zahlen auffindbar – für die Jahre 1947–1949 waren keine Zahlen über abgewiesene Konkursanträge zu eruieren.

Auffällig ist der Rückgang der Insolvenzzahlen in den späten 80er Jahren. Seit Beginn der 90er Jahre ist jedoch ein beachtlicher Anstieg der Insolvenzfälle feststellbar.[5]

Um stichhaltigere Aussagen über die Insolvenzentwicklung treffen zu können, ist die Zahl der Insolvenzen in Beziehung zur Zahl der Arbeitsstätten zu setzen – wodurch Insolvenzquoten ersichtlich werden.[6]

Tabelle 1	**50er Jahre**	**60er Jahre**	**70er Jahre**	**80er Jahre**	**90er Jahre**
Arbeitsstätten (laut Kammersystem)	242.537	247.203	228.930	230.111	252.326
Konkurse und bereinigte Ausgleiche	711	769	994	1.411	1.872
Konkurse und bereinigte Ausgleiche in %	0,29	0,31	0,43	0,61	0,74
Abgewiesene Konkursanträge in %	0,19	0,22	0,21	0,70	1,01
Insolvenzen insgesamt	1155	1306	1469	3.025	4.421
Insolvenzen insgesamt in %	0,48	0,53	0,64	1,31	1,75

Tabelle 1 zeigt einen Anstieg der Insolvenzquote – auch und obwohl seit den 70er Jahren die Zahl der Arbeitsstätten ansteigt.[7]

---

5 Im Detail war folgende Insolvenzentwicklung feststellbar: 1992 – 3.658 Insolvenzen, 1993 – 5.082, 1994 – 4.850, 1995 – 4.994, 1996 – 5.698 und 1997 – 5.053 Insolvenzen. Trotz verschiedener Novellierungen der Konkurs- und Ausgleichsordnung sowie des Insolvenzrechtsänderungsgesetzes (z. B. 1982, 1993, 1994, 1997) sind keine maßgeblichen Folgewirkungen bezüglich der Insolvenzentwicklung feststellbar – siehe dazu z. B. Kindel, S. 22 ff.

6 Die Bildung von Insolvenzquoten – vor allem wenn dies für eine zeitliche Abfolge versucht wird – ist keine leichte Aufgabe. Die Insolvenzzahlen der jeweiligen Jahre des jeweiligen Jahrzehnt wurden summiert, um sodann einen Durchschnittswert für die jeweilige Dekade zu erhalten – dies erschien sinnvoll, da die Arbeitsstättenzählung nur alle 10 Jahre erfolgt (Für die 90er Jahre wurde die Insolvenzperiode von 1990 – 1997 als Durchschnittswert ermittelt). Zu beachten ist, daß die Insolvenzquote etwas überhöht ist, da die Arbeitsstättenzählung jeweils zu Beginn der Dekade stattfindet (siehe auch Fußnote 7).
Quellen: Arbeitsstättenzählung 1991. Hauptergebnisse Österreich, ÖSTAT (Hg.), Wien, 1994; Arbeitsstättenzählung 1981. Hauptergebnisse Österreich, ÖSTAT (Hg.), Wien, 1983; Arbeitsstättenzählung 1973. Hauptergebnisse Österreich, ÖSTAT (Hg.), Wien, 1976; Ergebnisse der Vorerhebung zur nichtlandwirtschaftlichen Betriebszählung vom 10. Oktober 1964, ÖSTAT (Hg.), Wien, 1966; Österreichs Industrie in den Jahren 1954 bis 1958, ÖSTAT (Hg.), Wien, 1959

7 Andere Insolvenzquoten (und zwar niedrigere) ergeben sich sofern die Betriebssystematik 1968 als Grundlage der Arbeitsstättenzählung hergenommen wird, da diese eine höhere Anzahl von Arbeitsstätten ausweist – für die 70er Jahre ergäben sich nach diesem Berechnungsmodus die Werte 0,35 % (bezüglich der Konkurse inklusive bereinigter Ausgleiche) und 0,52 % wenn die abgewiesenen Konkursanträge eingerechnet werden. Für die 80er Jahre wären 0,49 % bzw. 1,07 % und für die 90er Jahre 0,59 % bzw. 1,41 % berechenbar.

Insolvenzentwicklung von 1980–1995 (Graphik 2)

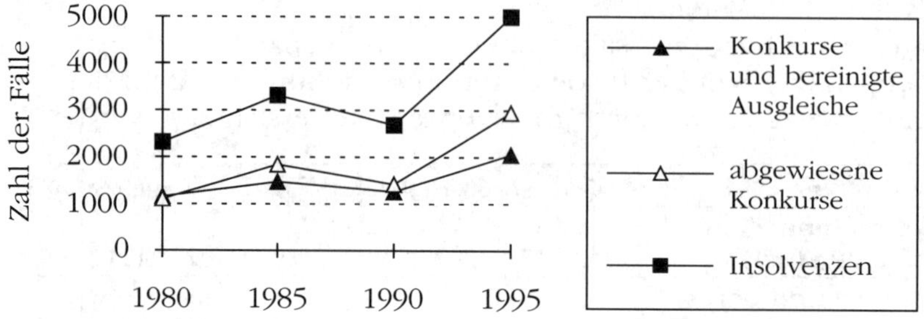

Graphik 2 veranschaulicht das Faktum, daß seit 1983 die Zahl der abgewiesenen Konkursanträge konstant über der Zahl der Konkurse und Ausgleiche liegt.[8]

1.1. Die sektorale Entwicklung der Insolvenzen

Sektorale Insolvenzentwicklung (Graphik 3)

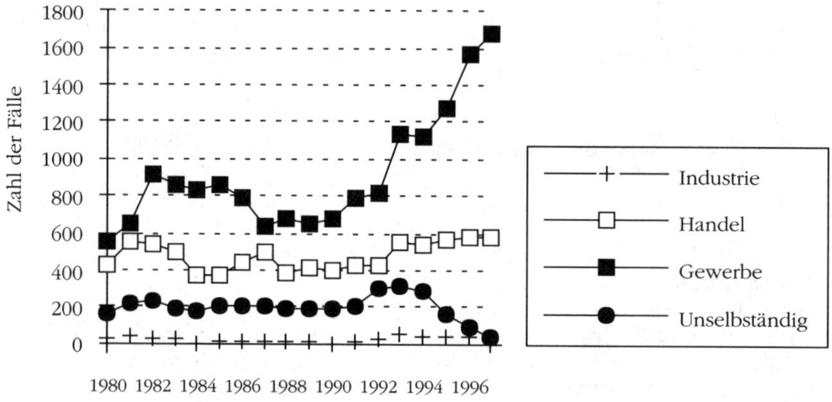

Der beachtliche Anstieg der Konkurse und bereinigten Ausgleiche seit 1990 (siehe Graphik 2) rührt, wie Graphik 3[9] zeigt, vor allem aus der

---

8 Anmerkung am Rande: Bereits 1960 hat (erst- und einmalig bis zum Jahr 1983) die Zahl der abgewiesenen Konkursanträge die Zahl der Konkurse und der bereinigten Ausgleiche überstiegen.

9 Graphik 3 folgt der Branchenaufschlüsselung des KSV. Dabei wird – aufgrund der verfügbaren Daten – nicht auf die Insolvenzzahlen inklusive „mangels Masse abgewiesener Konkurse“ fokussiert. Die Zahlen beziehen sich nur auf bereinigte Ausgleichsverfahren (also die eröffneten Ausgleiche abzüglich der Anschlußkonkurse) *und* auf die eröffneten Konkurse (mangels Masse abgewiesene Konkurse, die nicht detailliert aufgeschlüsselt und daher nicht zuordenbar sind, werden nicht berücksichtigt).

Insolvenzentwicklung im Gewerbebereich. Hier ist seit 1980 mehr als eine Verdreifachung der Konkurse und Ausgleiche zu verzeichnen, ja selbst seit 1992 ist eine Verdoppelung der Insolvenzfälle feststellbar. Im Bereich Handel hingegen – wie auch im Industriebereich – ist die Zahl der Insolvenzfälle seit 1980 im wesentlichen „konstant". Die laut KSV-Statistiken dem Industriebereich zuordenbaren Insolvenzen überstiegen seit 1980 nie die Drei-Prozent-Marke.

Ein etwas anders Bild ergibt sich, wenn wir Insolvenzdurchschnittswerte der Perioden in Beziehung zur Zahl der Arbeitsstätten setzen.

Tabelle 2	**80er Jahre**	**90er Jahre**	**80er Quoten in %**	**90er Quoten in %**
Industrieinsolvenzen	19	33	0,17	0,44
Handelsinsolvenzen	451	509	0,61	0,6
Gewerbeinsolvenzen	742	1.131	0,97	1,31

Die Quote der Industrieinsolvenzen ist also in den 90er Jahren deutlich angestiegen – wobei aufgrund der geringen Zahl der nominellen Fälle auch vermutet werden könnte, daß hiervon keine strukturellen Entwicklungen ablesbar sind.

Wie auch immer – feststellbar bleibt: die Quote der Industrieinsolvenzen liegt deutlich unter dem Insolvenzdurchschnitt von 0,61 % für die 80er Jahre bzw. 0,74 % für die 90er Jahre (siehe Tabelle 1, Seite 129).

1.2 Zur Insolvenzentwicklung einzelner Branchen

Insolvenzentwicklung einzelner Branchengruppen (Graphik 4)

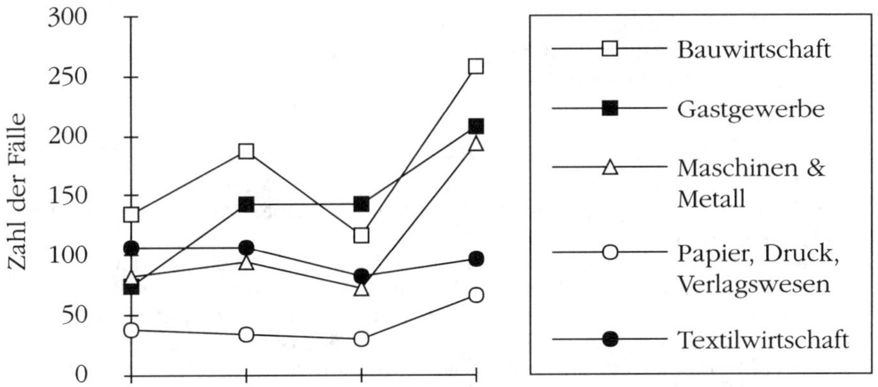

Insolvenzentwicklung einzelner Branchengruppen (1980=100 %) (Graphik 5)

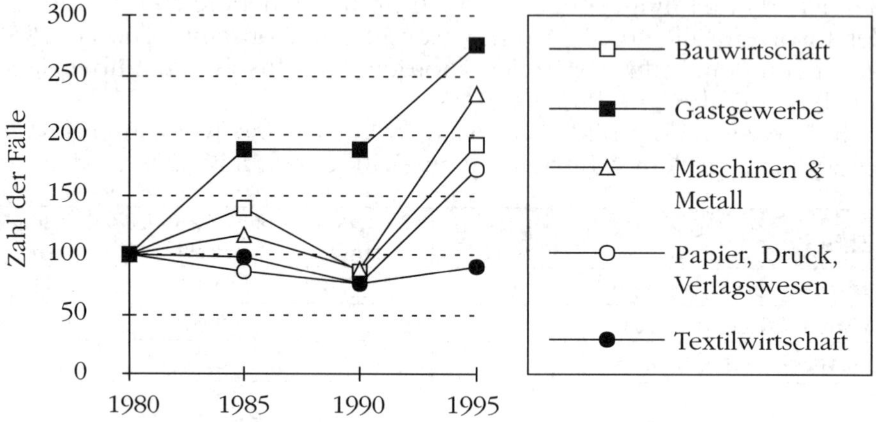

Graphik 4[10] auf der vorhergehenden Seite verdeutlicht, daß die Branchen Bauwirtschaft, Gastgewerbe und Maschinen/Metall hauptverantwortlich für die nominellen Insolvenzzuwächse ab Beginn der 90er Jahre sind. Graphik 5 skizziert diese Entwicklung bezogen auf das Jahr 1980. Nach dieser Berechnungsart ist das Gastgewerbe Spitzenreiter bei der Insolvenzentwicklung mit einem Anstieg auf fast 300 Prozent seit 1980 – wobei auch während des allgemeinen Insolvenzrückgangs Ende der 80er Jahre keine Beruhigung der Lage konstatierbar ist.[11] Auffallend ist auch die Insolvenzentwicklung in der Textilbranche – diese ist, bezogen auf das Basisjahr 1980, nicht angestiegen.

Der Versuch, einzelne Branchengruppen der Insolvenzstatistik des KSV in Beziehung zu setzen mit der Zahl der Arbeitsstätten, gestaltet sich äußerst schwierig. Folgende Insolvenzquoten, die errechnet wurden, geben ein wenig Einblick in die Insolvenzentwicklung seit 1980[12] (siehe Tabelle 3, folgende Seite).

---

[10] Die Zahlen beziehen sich nur auf bereinigte Ausgleichsverfahren *und* auf die eröffneten Konkurse

[11] Zusätzlich ist anzumerken, daß z. B. 1996 und 1997 jeweils ca. 1/6 der „abgewiesenen Konkursanträge"dem Gastgewerbe zuzurechnen waren.

[12] Was die Insolvenzen betrifft, wurde wiederum ein „Durchschnittswert" pro Jahrzehnt errechnet, welcher dann zur Zahl der Arbeitsstätten in Beziehung gesetzt wurde. Für den Textilbereich sind folgende Kennnummern der Kammerstatistik erfaßt – 1300, 1310, 1320, 1330, 2200, 2204, 2210, 3080. Für den Metallbereich sind die Kennnummern 1200, 2140, 2151, 2152, 2160, 2180, 3160 und 3170 erfaßt.
Für die Bauwirtschaft die Kennnummern 1010 bis 1090 sowie 2230, 3210 und 3230.
Für das Gastgewerbe sind die Kennnummern 6010 und 6020 erfaßt.

Tabelle 3: Textilwirtschaft	80er Jahre	90er Jahre
Insolvenzen	118	107
Insolvenzquote in %	0,78	0,7

Tabelle 4: Maschinen und Metall	80er Jahre	90er Jahre
Insolvenzen	98	170
Insolvenzquote in %	1,02	1,47

Im Bereich „Maschinen und Metall", welcher als abwanderungsgefährdet aufgrund hoher Kosten betrachtet werden könnte, ist – im Gegensatz zur Textilwirtschaft – eine Zunahme der Insolvenzquote feststellbar. Doch ist eine Zunahme der Insolvenzquote ebenfalls für die Bereiche Bauwirtschaft wie für das Gastgewerbe zu konstatieren.

Tabelle 5: Bauwirtschaft	80er Jahre	90er Jahre
Insolvenzen	168	245
Insolvenzquote in %	0,73	1,02

Tabelle 6: Gastgewerbe	80er Jahre	90er Jahre
Insolvenzen	126	188
Insolvenzquote in %	0,3	0,42

Im produzierenden Sektor (laut EU-konformer ÖNACE-1995-Systematik) ist von Internationalisierung bzw. Globalisierung (von den Zahlen her betrachtet) überhaupt noch recht wenig feststellbar. Zirka 11.500 Unternehmen (mit cirka 750.000 unselbständig Beschäftigten) wurden 1997 zum produzierenden Sektor gerechnet. Darunter befinden sich jedoch 4.149 Unternehmen des Bauwesens mit 174.000 Arbeitnehmern. Im Bauwesen wurden 1997 98 % des Gesamtumsatzes im Inland getätigt – und im Bereich der Sachgütererzeugung wurden immerhin 60 Prozent des Gesamtumsatzes im Inland erzielt.[13]

Welches Resümee ist aus den Zahlen zu ziehen? Die Insolvenzrate in Österreich ist – so die Meinung des Kreditschutzverbandes von 1870 – „zu hoch".[14] Aber wo liegen die Ursachen für diese Entwicklung? Die klein- und mittelständische Wirtschaft, welche in Österreich nach wie vor eine große Bedeutung hat, ist laut KSV aufgrund von fehlendem Eigenkapital, zunehmender Absatzprobleme, mangelhaftem Controlling, unzureichendem vorbeugendem Kreditschutz, gravierenden Managementfehlern und durch Konzentrationsprozesse, durch welche kapitalstärkere Marktteilnehmer entstehen, besonders gefährdet. Vom KSV wird aber

---

13 vgl. ÖSTAT-Homepage
14 KSV (1870)-Pressedienst, 13. 01. 98 – Insolvenzstatistik 1997

auch festgehalten: „Die Unternehmen wollen schneller, größer und vor allem rentabler werden“, womit sich der „nationale und internationale Wettbewerbsdruck“ auch auf klein- und mittelständische Unternehmen vergrößere.

Sektoral gesehen ist das Gewerbe besonders insolvenzgefährdet. Nach Branchengruppen aufgeschlüsselt zeigt sich ein günstiges Abschneiden der „Sorgenbranche“ Textilwirtschaft, während das Gastgewerbe die höchste prozentuelle Insolvenzzuwachsrate aufweist (vgl. Graphik 5, Seite 132) – eine mögliche Erklärung für diesen Sachverhalt wäre, daß – in der Hoffnung auf später erzielbare Gewinne – mit besonders hohem Risiko gewirtschaftet wird.[15]

1.3 Geschätzte Passiva durch Insolvenzen

Die geschätzten Passiva sind laut KSV von 2,2 Mrd. ÖS 1970, auf 8,3 Mrd. 1980 und 12,2 Mrd. 1990 gestiegen. Der absolute Rekordwert wurde 1995 mit sagenhaften 63 Mrd. Schilling erzielt; 1996 wurden die Passiva auf 53 Mrd. Schilling geschätzt und 1997 lag der Wert laut KSV bei 35 Mrd. ÖS.[16]

Aussagekräftiger sind die Zahlen jedoch, wenn die geschätzten Insolvenzpassiva mit dem nominellen BIP in Verbindung gesetzt werden.

Tabelle 7	Geschätzte Insolvenzpassiva Summe in Mrd. ATS	Verbindlichkeiten gem. am nominellen BIP in %	BIP nominell in Mrd. ATS
1970	2,2	0,59	370
1975	5,8	0,88	654
1982	14,8	1,29	1.141
1990	12,2	0,68	1.801
1992	32,2	1,50	2.124
1995	63	2,68	2.352

Zu beachten ist zudem, daß wenige Großinsolvenzen (geschätzte Passiva über ÖS 100 Millionen) das Volumen der geschätzten Passiva grob verzerren. 1993 verursachten 45 Großinsolvenzen Passiva von geschätzten 15,2 Mrd. (das Gesamtpassiva betrug 32,2 Mrd. ÖS). 1996 verursachten 79 Großinsolvenzen – insgesamt waren 1996 2.276 Insolvenzfälle zu verzeichnen – geschätzte Passiva von 29 Mrd. Schilling – also von mehr als 50 Prozent der geschätzten Passiva. Und auch 1997 konn-

---

[15] vgl. „Die Presse“, 25. 6. 1998, S. 17, laut deren Angaben stehe gut ein Drittel der „knapp 18.000 Ein- bis Fünfsternbetriebe“ im Hotelbereich vor der Schließung bzw. Übernahme.

[16] vgl. KSV (1870)-Pressedienst, 13. 01. 98 – Insolvenzstatistik 1997. Geschätzte Insolvenzverbindlichkeiten sind nicht mit den tatsächlichen Verlusten aus Insolvenzen gleichzusetzen.

ten ca. drei Prozent Großinsolvenzen ungefähr ein Drittel der geschätzten Passiva auf sich vereinen.[17]

1.4 Insolvenzen und Arbeitsplatzverluste

Waren 1980 laut Schätzungen des KSV 10.300 Beschäftigte von den Insolvenzen betroffen, so waren es 1985 cirka 17.000 Personen und 1990 wiederum „nur“ 9.200 Personen. Mit der rasanten Insolvenzentwicklung ab Beginn der 90er Jahre hat sich auch die Zahl der Betroffenen drastisch erhöht – und zwar auf 19.200 im Jahre 1996 und 21.000 im Jahre 1997.

Wenn wir also das Jahr 1980 als Basis hernehmen, so hat sich die Zahl der von Insolvenz Betroffenen etwas mehr als verdoppelt, etwas höher liegt die prozentuelle Steigerung bei den Insolvenzfällen (+221 %). Die Zahl der Arbeitslosen insgesamt (ebenfalls auf Basis 1980) hat sich hingegen von 53.000 im Jahresdurchschnitt auf 233.000 im Jahresdurchschnitt 1997 erhöht – was mehr als eine Vervierfachung darstellt.

1.5 Anmerkungen zum Arbeitsmarkt und zu steigenden Erwerbslosenquoten

Die Erwerbsquote lag in Österreich 1995 bei 59,4 Prozent – womit Österreich um 4,2 Prozent über dem Durchschnitt der EU-Mitgliedsstaaten liegt.[18]

Trotz stetigen Anstiegs der Zahl der Beschäftigten (1997 waren im Jahresdurchschnitt über 3 Millionen Beschäftigte in Österreich vermerkt, womit seit 1973 ein Beschäftigtenzuwachs von knapp 400.000 Personen feststellbar ist), steigt die Zahl der von Erwerbs- bzw. Arbeitslosigkeit betroffenen Personen. Erklärbar ist dies durch demographische Entwicklungen, den Anstieg der Frauenerwerbsquote, der Zunahme sogenannter ausländischer Beschäftigter wie durch einen deutlichen Zuwachs von Teilzeitbeschäftigung.

Die „Sockel- und Langzeitarbeitslosigkeit“ wird immer mehr zum wirtschafts- und sozialpolitischen Problem. Seit Anfang der 80er Jahre ist die Zahl der von Arbeitslosigkeit betroffenen Personen in Österreich dramatisch angestiegen. Waren 1980 im Jahresdurchschnitt 1,9 % von Arbeitslosigkeit betroffen, so lag die Arbeitslosenquote 1995 im Jahresschnitt bei 6,6 %[19] – wobei Frauen besonders von Arbeitslosigkeit betroffen sind. Zugleich steigt die Zahl der Teilzeitbeschäftigten rasant und die „Teilzeitquote beträgt 25,8 % (1994) und ist damit um ein Viertel höher als 1990 (19,8 %).“[20] Wiederum besonders betroffen sind Frauen:

---

[17] Eigene Berechnungen basierend auf Zahlen des KSV (1870)-Pressedienst, 13. 01. 98 – Insolvenzstatistik 1997 und Kindel

[18] Wirtschafts- und sozialstatistisches Taschenbuch 1997, AK (Hg.), S. 37

[19] nach der österreichischen Berechnungsweise

[20] Schmid, Tom; Arbeitslosigkeit in Österreich – aktuelle Trends und Probleme in: Stillgelegt. Weichenstellungen für den Arbeitsmarkt im Jahr 2000, GPA (Hg.), Wien, 1997, S. 66

„1992 übten 20 Prozent der erwerbstätigen Frauen eine Teilzeitbeschäftigung aus (bei Männern waren es 1,6 %)".[21]

Zu bedenken sind zugleich die fundamentalen Veränderungen, die sich seit 1945 innerhalb der Wirtschaftssektoren vollzogen haben. Gegenwärtig sind nur mehr ca. 6 % der Erwerbstätigen in der Landwirtschaft tätig – nach 1945 war in der Landwirtschaft ein Drittel der Erwerbstätigen beschäftigt. Die Beschäftigungszahlen zeichnen ein eindeutiges Bild – der Produktionssektor ist im Rückgang. Während in den 50er Jahren die Industrie expandierte, ist gegenwärtig die Mehrheit der Beschäftigten im Dienstleistungssektor beschäftigt.[22]

Die Zahl der Beschäftigten im Bereich Industrie/produzierendes Gewerbe ist von 1973–1991 um 175.000, das ist ein Minus von 9,3 %, gesunken. Demgegenüber stehen im Dienstleistungsbereich quantitative Beschäftigungssteigerungen in allen Sektoren – am spektakulärsten im Geld- und Kreditwesen sowie im Sektor „soziale und öffentliche Dienste" (ca. +200.000).[23]

2. Ergebnisse der qualitativen Insolvenzforschung

1995, das Rekordpleitenjahr von den Insolvenzpassiva her betrachtet, war auch das Jahr, in dem die Megapleite von „Konsum Österreich" – über 15.000 Mitarbeiter waren betroffen, die Gesamtverbindlichkeiten beliefen sich auf rund 26 Mrd. Schilling – für Medienschlagzeilen sorgte. Manche Zeitungskommentatoren entrüsteten sich über die Managementfehler beim „roten Riesen" und sangen ein Loblied auf die Qualitäten der Privatwirtschaft.

Die Kenntnis theoretisch qualitativer Untersuchungen bezüglich der Ursachen für Insolvenzen hätte manch eifrigen Verfechter der privatwirtschaftlichen Fähigkeiten jedoch skeptisch stimmen müssen. Eine qualitative Insolvenzuntersuchung der Forschungsgruppe Köln des Instituts für Mittelstandsforschung aus dem Jahre 1976 (basierend auf Daten einer empirischen Erhebung) kam zu folgenden Ergebnissen:[24] Rang 1 bezüglich der Insolvenzursachenbereiche im Untersuchungssample (bezogen auf mittelständische Betriebe) nimmt der Bereich (Unternehmens)Führung ein. Auf Rang 2 der wichtigsten Ursachenbereiche das Thema Finanzierung – an dritter Stelle folgte der Absatzbereich, auf Rang 4 der Bereich

---

21 Cyba, Eva; Modernisierung im Patriarchat? Zur Situation der Frauen in Arbeit, Bildung und privater Sphäre, 1945–1995 in: Österreich 1945–1995, Sieder, Reinhard/Steinert, Heinz/Tálos, Emmerich (Hg.); Wien, 1995, S. 450

22 vgl. Karazman-Morawetz, Inge; Arbeit, Konsum, Freizeit im Verhältnis von Arbeit und Reproduktion in: Österreich 1945–1995, Sieder, Reinhard/Steinert, Heinz/Tálos, Emmerich (Hg.); Wien, 1995, S. 409ff

23 vgl. ÖSTAT (Hg.), Statisches Jahrbuch 1995, S. 250; – womit zugleich auf die enorme beschäftigungspolitische Bedeutung des öffentlichen Sektors aufmerksam gemacht werden soll.

24 Reske, Winfried/Brandenburg, Achim/Mortsiefer, Hans-Jürgen; Insolvenzursachen mittelständischer Betriebe. Eine empirische Analayse, Göttingen, 1976, S. 175 ff.

„Betriebsstruktur". Überbetriebliche Insolvenzfaktoren traten „in aller Regel jedoch nur als ‚verstärkendes' und lediglich in Ausnahmefällen als ‚auslösendes' Moment in Erscheinung."[25]

Innerbetriebliche Fehler bezüglich Zielsetzung eines Unternehmens, bezüglich Planung, Organisation und Kontrolle tangieren zugleich auch die zwischen- und die überbetriebliche Ebene.[26] Bezüglich Österreich stellen Betriebsberater „vor allem das Fehlen ausreichender Kenntnisse der Buchhaltung, Bilanzierung und Kalkulation" in den Vordergrund der Mißerfolgsursachen.[27] Externe Faktoren – wie eine allgemeine Konjunkturkrise und spezifische Branchenkrisen (Textil, Chemie, Papier) – spielen bei der Insolvenzentwicklung eine Rolle, aber: auch laut den Untersuchungen des Kreditschutzverbandes sind nur bei einer geringen Zahl aller Insolvenzen die Gründe im außerbetrieblichen Bereich zu finden – innerbetriebliche Mängel sind zumeist für den Großteil der Insolvenzen verantwortlich (vgl. Graphik 6).[28]

Insolvenzursachen im Jahre 1993 (Graphik 6)

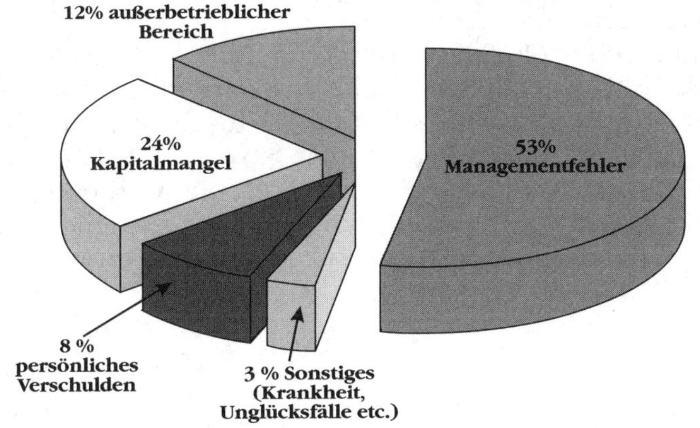

Die Ergebnisse der Querschnittsuntersuchungen (vgl. Graphik 6), die der KSV von Jahr zu Jahr durchführt, differieren im wesentlichen nur geringfügig.[29]

---

25 Reske u. a., S. 179 bzw. S. 226 – wobei anzumerken ist, daß die Rangfolgenergebnisse nach Branchen und Betriebsgrößen zum Teil doch erheblich differieren.

26 Wastian, Andrea; Österreichs Steuersystem potentielle Insolvenzursache mittelständischer Unternehmen?, Diplom-Arbeit – Wien, 1987, S. 91 ff.

27 Wastian, S. 93

28 siehe Leitsmüller/Naderer, S. 11 f. oder Kindel, S. 49 ff.

29 Die Daten zur Graphik 6 sind den KSV-Mitteilungen, Juli 1994, S. 56, entnommen. Bezüglich 1990 (KSV-Mitteilungen, Dezember 1991, S. 35) wären folgende Prozentsätze festzuhalten: Managementfehler – 37 %, persönliches Verschulden – 17 %, Sonstige Ursachen – 5 %, Kapitalmangel – 21 % und außerbetrieblicher Bereich – 20 %.

Gefragt werden kann, inwiefern die Gesetzeslage für die Kapitalarmut der heimischen Wirtschaft (mit)verantwortlich ist – andererseits muß festgehalten werden: die von Vertretern der Marktwirtschaft propagierten Prinzipien – wie z. B. der freie Leistungswettbewerb – haben ja nur dann Sinn, wenn auch ihre Umkehrung gilt. Insofern sind Insolvenzen „über ihre selektierende Wirkung letztlich auch mit Ausdruck für die Funktionsfähigkeit der Marktwirtschaft“.[30]

Festzuhalten ist: Erdrückende Übereinstimmung besteht bei fast allen Untersuchungen der qualitativen Krisenursachenerforschung dahingehend, daß Managementfehler bei kleinen und mittleren Unternehmen hauptverantwortlich für das marktwirtschaftliche Scheitern sind.[31]

3. Internationale Insolvenzentwicklung und abschließende Bemerkungen

Eine Ausgangsfrage war, ob aufgrund der Insolvenzentwicklung in Österreich von einer „Konkursgefahr“ für die Republik ausgegangen werden kann. Naheliegend ist, die Insolvenzentwicklung in anderen Staaten zu analysieren.

Aufschlußreiches Material existiert zur BRD. Anfang der 50er Jahre waren in der BRD pro Jahr cirka 5.500 Insolvenzen zu verzeichnen – bis Anfang der 70er Jahre hat sich die Zahl der Insolvenzen auf Jahreswerte zwischen 3.000 bis 4.000 eingependelt.[32] Von 1971–1975 hat sich die Zahl der Insolvenzen jedoch um +107,2 % erhöht, während in Österreich für diesen Zeitraum nur eine Steigerung um 32 % feststellbar war.[33] Noch beeindruckender ist ein Insolvenzvergleich für die Periode von 1960 bis 1990[34] (siehe Graphik auf der folgenden Seite).

---

30 Reske u. a., S. 1; Untersuchungen aus der BRD zeigen auch, daß die Insolvenzentwicklung mit verschiedenen makroökonomischen Variablen – gesamtwirtschaftliche Kapitalrendite, Geldmarktzins, Inflationsrate – korrelliert. Sinkende Rentabilität ebenso wie steigende Zinsen erhöhen die Insolvenzwahrscheinlichkeit eines Unternehmens.

31 vgl. z. B. Schmoll, A.; Kreditprüfung, 1990 oder Vogelsang, G.; Unternehmenskrisen, 1988

32 vgl. Tuxhorn, Peter; Kündigung und Kündigungsschutz in der Insolvenzordnung; Diss.-Münster, 1995, S. 6

33 Reske u. a., S. 30 ff.

34 Basierend auf Angaben von Melchers, Michael; Zur Bewertung insolventer Unternehmen unter Berücksichtigung der Reform des Insolvenzrechts, Frankfurt am Main, 1995, S. 28; Von den 18.876 Insolvenzen in der BRD im Jahre 1985 wurden 76,9 % mangels Masse abgewiesen – der Vergleichswert für Österreich lag bei 56 Prozent.

Insolvenzvergleich: Österreich – BRD (1960 = 100 %) (Graphik 7)

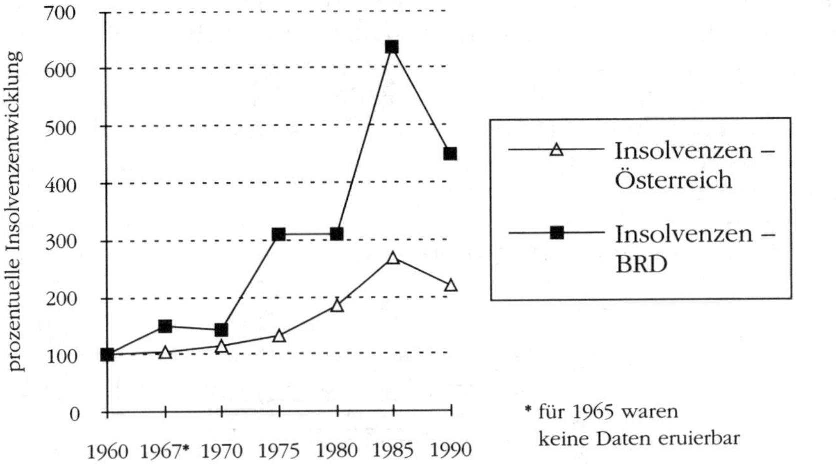

Und auch ein Vergleich mit weiteren Staaten ergibt interessantes Bild bezüglich allfälliger Schlußfolgerungen.

Internationale Insolvenzentwicklung (1988 = 100 %) (ohne abgewiesene Konkursanträge) (Graphik 8)

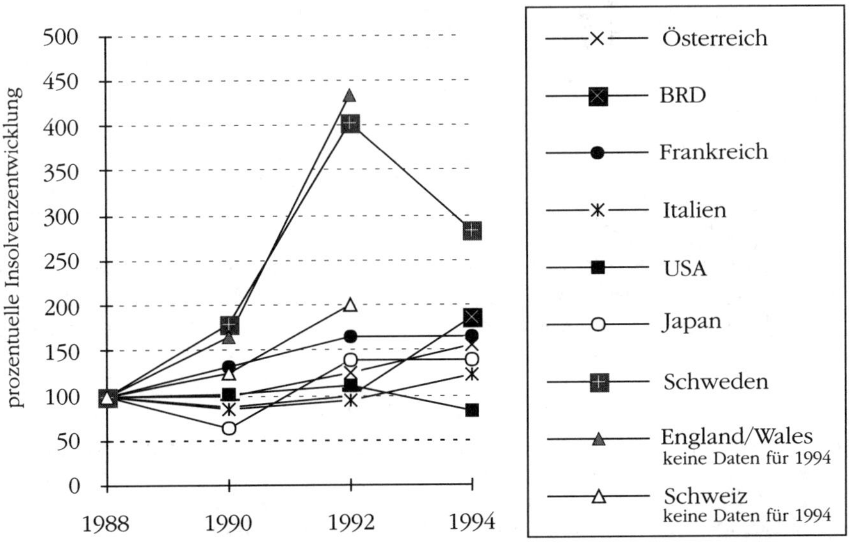

Am auffallendsten an Graphik 8 ist wohl, daß England/Wales, ein Deregulierungsparadefall aufgrund der thatcherschen Politik, zu Beginn der 90er Jahre enorme prozentuelle Steigerungsraten bei den Insolvenzen aufweist. Österreich liegt im Durchschnittsbereich, woraus zu schließen wäre, daß die Republik *nicht* „vom Konkurs bedroht" ist.[35]

Als maßgeblicher – bezüglich der Frage der Wettbewerbsfähigkeit des heimischen Wirtschaftsstandortes – betrachtet der Autor jedoch ohnehin die Entwicklung der Produktivität. Bezüglich der Produktivitätsentwicklung kann Österreich mit beeindruckenden Zahlen aufwarten: „Die Produktivität je Industriebeschäftigten hat sich seit 1956 verfünffacht, die Produktivität je geleisteter Arbeitsstunde in der Industrie sogar verachtfacht"[36] – womit Österreich das Produktivitätsniveau Westdeutschlands erreicht hat.

BIP pro Kopf (1995) (Graphik 9)

dargestellt für ausgewählte Länder

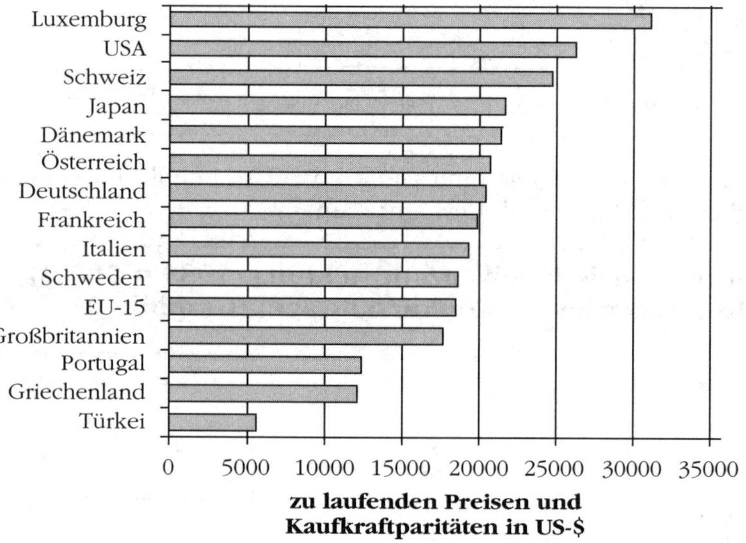

Weiters sind die relativen Lohnstückkosten (das Verhältnis zwischen Arbeitskosten und Produktivität) ein zentraler Indikator für die preisliche Wettbewerbsfähigkeit einer Volkswirtschaft. Von 1980 bis 1990 konnte

---

35 Festzuhalten ist, daß dies die Zahlen für bereinigte Ausgleiche und Konkurse sind – also mangels Masse abgewiesene Konkurse nicht aufscheinen. Die Situation der BRD (vgl. Graphik 7, Seite 139, sowie Fußnote 32) erscheint also in einem besseren Licht als dies der Fall ist, wenn mangels Masse abgewiesene Konkurse ebenfalls berücksichtigt wären. Zu vermuten ist, daß bei einem Vergleich inklusive der mangels Masse abgewiesenen Fälle Österreich auch im Vergleich zu anderen Ländern noch besser abschneiden würde.

36 Karazman-Morawetz, S. 410; vgl. auch Guger, S. 52 ff.; Festzuhalten ist aber, daß sich das reale Pro-Kopf-Einkommen der Arbeitnehmer seit 1956 nur verdreifacht hat.

die österreichische Industrie – trotz Aufwertung des Schillings – die relativen Lohnstückkosten gegenüber dem Durchschnitt der Handelspartner und der EU um fast 8 Prozent verbessern – zwischen 1990 und 1995 verschlechterten sich die Lohnstückkosten hingegen um rund 3 Prozent zuungunsten der heimischen Industrie.[37] Die neuesten Daten zeigen für Österreich wiederum ein mehr als erfreuliches Bild – laut WIFO habe Österreich gegenüber seinen durchschnittlichen Handelspartnern „die Lohnstückkosten in den vergangenen drei Jahren um zehn Prozent verbessern können".[38]

Österreich ist ein reiches Land geworden – wie ein Blick auf die Statistik (siehe Graphik 9, Seite 140) zeigt. Österreich war 1995 (gemessen am BIP pro Kopf) das zehntreichste Land der Welt – doch der Reichtum ist äußerst ungleich verteilt. Faktum ist: die Schere zwischen lohnabhängig Erwerbstätigen und Beziehern von Einkommen und Vermögen hat sich (auch in den letzten Jahren) weiter geöffnet. Die bereinigte Nettolohnquote ist von knapp über 60 Prozent (Mitte der 70er Jahre) auf unter 50 Prozent (1995) abgesunken.[39] Faktum ist auch, daß jeder siebente ÖsterreicherIn armutsgefährdet ist.[40]

So bleibt am Ende die Beitrages festzuhalten: Die Durchsetzung einer anderen Verteilungspolitik und vor allem der Kampf gegen die Arbeitslosigkeit sollten – angesichts der dramatischen Zahlen und der damit verbundenen trostlosen Lebenssituation hunderttausender Menschen in Österreich – für die Gewerkschaftsbewegung weiterhin zentrales Themen bleiben.

PS: Bedanken möchte ich mich bei Frau Glans (KSV von 1870), Frau Schmied (AMS Österreich) und Herrn Haydn (Hauptverband der österreichischen Sozialversicherungsträger), die mir aufgrund der freundlichen Überlassung von statistischem Basismaterial sehr geholfen haben.

---

37 vgl. Guger, S. 54 ff.

38 Kurier, 29. 04. 1998, S. 19

39 vgl. Guger, S. 41; bezüglich der weltweiten Unrechtsordnung siehe z. B. Wandaller, Peter; Thesen zur Zukunft des Kapitalismus in: Stillgelegt. Weichenstellungen für den Arbeitsmarkt im Jahr 2000, GPA (Hg.), Wien, 1997

40 Lutz, H./Wagner, M./Wolf, W.; Von Ausgrenzung bedroht. Struktur und Umfang der materiellen Armutsgefährdung im österreichischen Wohlfahrtsstaat der achtziger Jahre, BMAS (Hg.), Wien, 1993

Konzentrationsprozesse in der Wirtschaft am Beispiel Philips Videowerk (iR3)

Alfred Ackerbauer, Manuel Friedl

1. Einleitung

Durch die gravierenden ökonomischen und politischen Veränderungen des letzten Jahrzehnts sind die nationalen Systeme der Arbeitsbeziehungen im Umbruch begriffen. International agierende Unternehmungen und Geld- und Finanzspekulanten finden optimale Bedingungen vor. Die Folge der Internationalisierung von Wirtschaft und Gesellschaft zeigen die Grenzen bzw. einen neuen Handlungsbedarf der nationalen Regelungs- und Steuerungsmechanismen für die Arbeitsbeziehungen auf. Seit dem Bestsellererfolg von Hans-Peter Martin und Harald Schumann (Die Globalisierungsfalle) werden diese Entwicklungen unter dem Begriff „Globalisierung" subsumiert. Trotz oder vielleicht gerade wegen diesem Buch ist für viele Menschen diese „Globalisierung" nach wie vor unklar und wird somit als Bedrohung und als etwas schicksalhaftes angesehen, das über die österreichische Volkswirtschaft hereinbricht. Eine Umfrage des Linzer Meinungsforschungsinstitutes Market hat ergeben, daß 55 % der ÖsterreicherInnen den Begriff kennen, aber nur sehr vage beschreiben können, was sich hinter diesem Begriff verbirgt.

Der Begriff Globalisierung wird selbst in einschlägiger Literatur oft nicht hinreichend klar definiert. Globalisierung wird in der Regel mit Internationalisierung gleichgesetzt. Der Begriff der Globalisierung wird von Unternehmungen und Vertretern der neoliberalen Wirtschaftspolitik im Zusammenhang mit Stärkung der Wettbewerbsfähigkeit und Standortsicherung verwendet, daraus resultieren oft Kostensenkungsprogramme, Streichung von Sozialleistungen sowie generelle Deregulierung der arbeits- und sozialrechtlichen Normen.

Mit der Begriffsverwendung werden jedoch jeweils unterschiedliche Dimensionen erfaßt bzw. werden auch bewußt miteinander vermischt: Die Internationalisierung der Produktmärkte, die Liberalisierung der internationalen Geld- und Kapitalmärkte und die Strategien der international agierenden Konzerne (global player).

Eine Studie des WIFO[1] kommt unter anderem zu folgenden Schlußfolgerungen:

„Unbestritten wird der gegenwärtige Trend zur Globalisierung primär von den Unternehmungen und ihren Internationalisierungsbestrebungen getragen" (Globalisierungstendenzen, S. 53).

„Als Hauptmotive der Globalisierung nennen die Unternehmungen die besseren Möglichkeiten der Marktbearbeitung, Markteintritt und Absatzsicherung. Horizontale Produktionsverlagerungen zur Nutzung ausländischer Standortvorteile (insbesondere niedrige Lohnstückkosten) sind weniger häufig ein Internationalisierungsmotiv. Es ist jedoch damit zu rechnen, daß diese Form der Internationalisierung an Bedeutung gewinnt und die Konzentration von Unternehmensfunktionen auf verschiedene Standorte in mehreren Ländern zunimmt." (Globalisierungstendenzen, S. 75)

Aus Sicht der Gewerkschaft ist die Globalisierung

keine neue, ungewöhnliche Ausweitung des Welthandels. Dieser Handel findet nicht „global" statt, sondern fast ausschließlich im Bereich der OECD-Länder. Aus der österreichischen Perspektive haben wir es eher mit eine Europäisierung als mit Globalisierung zu tun. Das Schlagwort „Globalisierung" ist in der Entwicklung des Geld- und Finanzkapitals in Richtung „Casino-Kapitalismus" angebracht. Der Begriff wird als Kampfbegriff neoliberaler Politik verwendet mit der Funktion, die Menschen auf weiteren Sozialabbau und „Gürtel enger schnallen" vorzubereiten. (Sykora)

Die nachfolgende Untersuchung konzentriert sich auf die Dimension der Konzernstrategien und versucht an Hand einer Fallstudie, in der der Konzentrationsprozeß der Videorecorderproduktion der Firma PHILIPS über einen Zeitraum von 5 Jahren analysiert wurde, das Agieren eines „global players" und dessen Auswirkungen darzustellen.

Folgende Analysekriterien wurden definiert:

1. Konzernstrategie (Konzernphilosophie) und Marktbedingungen
2. Entscheidungsstrukturen, Entscheidungsbefugnisse
   - 2.1 Philips, iR3 (Konzern, lokales Management etc.)
3. Entscheidungsgrundlagen
4. Auswirkungen des Konzentrationsprozesses
   - 4.1 Europäische Standorte
   - 4.2 Österreichischer Standort
   - u. a. Anzahl Arbeitsplätze, Kosten, Standortsicherung, Arbeitsbeziehungen usw.

[1] Österreichisches Institut für Wirtschaftsforschung

2. Untersuchungsgegenstand

Untersuchungsobjekt:

Philips, ein niederländischer Konzern, der weltweit agiert (global player). Im besonderen wurde der Bereich der Videorecorderproduktion (iR3) näher untersucht.

Konzentrationsprozeß:

1. Schließung der Videorecorderproduktion in Nürnberg mit Verlagerung nach iR3-Wien.
2. Konzentration der Printplattenproduktion (TV+VCR) in iR3-Wien mit gleichzeitiger Produktionsverlagerung aus allen anderen Standorten.

3. Philips als global player

3.1 Organisationsstruktur

„Philips Electronics N. V. (‚Philips') ist die Muttergesellschaft der Philips-Gruppe. Ihre Aktien notieren an den Börsen von Amsterdam, London, New York und einigen anderen Städten. Mit dem Management der Philips Electronics N. V. ist der Vorstand betraut, der vom Aufsichtsrat kontrolliert wird. Die generelle Strategie der Philips-Gruppe wird vom Group Management Committee festgelegt, das aus Mitgliedern des Vorstandes, den Vorsitzenden der Produkt-Divisionen und bestimmten Schlüsselkräften aus der Verwaltung besteht. (...) Die Aktivitäten der Philips-Gruppe, die in Produkt-Divisionen gegliedert ist, sind über die ganze Welt verteilt. Wir bieten Produkte, Systeme und Dienstleistungen in den Bereichen Beleuchtung, Elektronik, Kommunikation, Haushaltsgeräte, Bauelemente, Halbleiter, Medizin, Musik, Film, Multimedia, Informationstechnologie, Datenverarbeitung und Netzwerkerstellung." (Philips 1997, S. 89)

Tab. 1: Entwicklung von Umsatz, Gewinn und Beschäftigtenzahl 1992–1996 (Philips 1997, S. 3 und S. 94)

Jahr	1992	1993	1994	1995	1996
Netto-Umsätze (in hfl[2])	58.527.000.000	58.825.000.000	60.977.000.000	64.462.000.000	69.195.000.000
Netto-Gewinn (in hfl)	–900.000.000	1.965.000.000	2.125.000.000	2.518.000.000	–590.000.000
Beschäftigte (zu Jahresende)	257.000	244.000	253.000	265.100	262.500

2 1 hfl ≈ 6,2 ATS

Der Philips-Konzern hat in 67 Staaten auf allen 6 Kontinenten Fertigungs- oder Verkaufsniederlassungen:

Tab. 2: Umsatz und Beschäftigte nach Kontinenten 1996 (Philips 1997, S. 15)

Kontinent	Umsatz (in hfl)	MitarbeiterInnen
Europa	36.000.000.000	135.500
USA und Kanada	13.900.000.000	31.700
Lateinamerika	5.200.000.000	25.100
Afrika	600.000.000	1.100
Asien	12.100.000.000	66.500
Australien und Neuseeland	1.300.000.000	2.600
Summe	69.100.000.000	262.500

Zwischen 1992 und 1996 stieg der Anteil der Entwicklungsmärkte Asien, Lateinamerika und Osteuropa am Konzernumsatz von 16 % auf 28 %. Während beispielsweise die Umsätze in Westeuropa im Jahr 1996 stagnierten oder für manche Produkt-Divisionen sogar fielen, führte das Wachstum in Osteuropa zu einer vierprozentigen Umsatzsteigerung für ganz Europa. Auch in einem vergleichsweise schlechten Geschäftsjahr wie 1996 konnte Philips in Lateinamerika den Umsatz um 20 % steigern, in Asien betrug der Zuwachs 14 %. Das führte auch zu einer Ausweitung der Produktion in diesen Regionen. So wurde in Singapur eine neue Fabrik für Mobiltelefone eröffnet, in China stieg die Zahl der Joint Ventures auf 17. Auch in Lateinamerika stieg die Zahl der Beschäftigten in einem Jahr um 1.900 (Philips 1997, S. 16 f.).

3.2 Ziele des Managements

„Philips wird seit langem als führend in der Welt der elektronischen Technologie gelobt. Aber technisches Expertentum ist nur ein Teil der Geschichte von Philips. Wie unsere Grundwerte klar machen, versuchen wir, die Menschen zum Ziel unserer Bemühungen zu machen und das Leben der Menschen zu verbessern.“ (Philips 1997, Klappentext)

Die Grundwerte aus der Philips-Unternehmensphilosophie:

- Wir erfreuen Kunden
- Wir betrachten Mitarbeiter als wertvollste Ressource
- Wir liefern in jeder Hinsicht Qualität und Spitzenleistungen
- Wir erzielen eine erstklassige Rendite des Eigenkapitals
- Wir fördern das unternehmerische Handeln auf allen Ebenen

Im Brief des Präsidenten von Philips an die Aktienbesitzer anläßlich der Veröffentlichung des Geschäftsberichts über das Jahr 1996 werden die drei wirtschaftlichen Hauptziele des Managements formuliert (Philips 1997, S. 9):

- ein positiver Cash Flow
- nachhaltiges zweistelliges Wachstum des Gewinns aus ordentlicher Geschäftstätigkeit
- langfristig 24 % Return on capital

3.3 Jüngere wirtschaftliche Entwicklung

Nach 1995, dem bisher besten Jahr in der über hundertjährigen Firmengeschichte (Philips 1996, S. 6), war 1996 „ein extrem enttäuschendes Jahr" (Philips 1997, S. 8) für Philips Electronics N. V. Die Handelswarenerlöse stiegen zwar von hfl 64,5 Mrd. auf hfl 69,2 Mrd., jedoch fuhr das gesamte Unternehmen nach einem Netto-Gewinn von hfl 2,5 Mrd. im Jahr 1995 1996 einen Netto-Verlust von hfl 590 Mio. ein.

„Ein Teil dieses Rückgangs wurde dadurch verursacht, daß wir unsere Organisation für ein Wachstum aufgerüstet hatten, das nicht zustande kam. Wir reagierten einfach nicht schnell genug auf den Markt. (...) Zusätzlich hat das von uns eingesetzte Umstrukturierungs-Programm sowohl das Ergebnis aus ordentlicher Geschäftstätigkeit als auch das Gesamt-Netto-Ergebnis von 1996 verringert." (Philips 1997, S. 8) Die Umstrukturierung bzw. Schließung maßgeblicher Teile des Geschäftsbereichs „Sound & Vision", die wir später noch ausführlich behandeln werden, kostete hfl 800 Mio., die Reduzierung des Anteils an Grundig mehr als hfl 600 Mio., und zusätzliche hfl 700 Mio. flossen in eine Unzahl von Restrukturierungs-Maßnahmen in den einzelnen Produkt-Divisionen.

Die Zahl der Beschäftigten fiel im Laufe des Jahres 1996 von 265.100 auf 262.500, blieb jedoch immer noch weit über dem Niveau von 1994. „Unsere Verwaltungskosten, von denen ein Großteil aus Löhnen und Gehältern besteht, stiegen schneller als unsere Umsätze. (...) Wir haben bereits Schritte unternommen, um die Verwaltung in der Konzernzentrale zu rationalisieren und werden diese Strategie auch auf die Produkt-Divisionen und die nationalen Organisationen ausweiten. Analysen besonders der Geschäftsbereiche, die zu wenig Leistung brachten, führten uns dazu, geplante Maßnahmen vorzuverlegen. Diese Maßnahmen beinhalten Auslagerungen in Billiglohnländer, Verbesserung der Durchsatzzeiten, selektivere Produktentwicklung, Verkleinerung der Produktpaletten, Verkauf von Geschäftsbereichen, die zu wenig Leistung bringen, und die Schließung von Betrieben." (Philips 1997, S. 12)

„Derzeit konzentrieren wir uns darauf, unsere 100 existierenden Firmen zu entwickeln, anstatt neue Geschäftsbereiche zu erschließen. (...) Wir trennen uns von Bereichen, die zu wenig Leistung bringen und die strategisch nicht unbedingt notwendig sind. (...) Wir haben unsere Beteiligung an Grundig reduziert, wir schließen Superclub, wir reduzieren unser Medien-Portefeuille, wir verkaufen die Bereiche Daten-Transfer und Mobil-Funk, wir haben Regina (unsere Staubsauger-Erzeugung in den USA) geschlossen – um nur einiges zu erwähnen. Zwar ist dieser Prozeß

noch nicht abgeschlossen, doch liegen wir im Zeitplan, und wir entledigen uns schnell von Aktivitäten, die Profit, Geld und Zeit kosten."(Philips 1997, S. 9)

3.4 Die Stellung von Sound & Vision im Philips-Konzern

Das Wiener Werk iR3 fällt in die Produkt-Division „consumer products", die für 34,7 % des Philips-Jahresumsatzes von 1996 verantwortlich war, und darin wiederum in den Bereich „Sound & Vision". Philips ist am Weltmarkt für Elektrogeräte derzeit die Nummer 3.

Nachdem bereits 1995 durch ein nur mehr geringes Wachstum dieses Bereichs gekennzeichnet war (Philips 1996, S. 24), konnte der Umsatz auch 1996 nur mehr durch starke Verkäufe in Lateinamerika, Asien, der Pazifik-Region und Osteuropa gesteigert werden. Die traditionellen Märkte in Europa und Nordamerika sind ausgeschöpft.

Schon 1995 formulierte der Präsident des Bereiches Sound & Vision, man sei „unfähig gewesen, den Lagerbestand rechtzeitig an die enttäuschende Entwicklung des Marktes anzupassen. Aufgrund der Überkapazitäten und des Verkaufsdrucks wurde die Industrie abermals Opfer eines Preisverfalls, besonders in den USA und in Europa. Durchschnittlich sanken die Preise um 4 %." (Philips 1996, S. 24)

1996 wurden „800 Millionen hfl in ein Programm zur Verbesserung der Betriebsabläufe investiert, das die Kosten-Effizienz steigern soll. Die Anpassung der Produktionskapazität wird durch eine Reduktion der Zahl der Herstellungsstätten und durch *outsourcing* verwirklicht. Wir haben 1996 bekanntgegeben, daß wir die Zahl der Mitarbeiter in Westeuropa um etwa 3.900 reduzieren werden. In den USA werden wir die Herstellung von Farbfernsehgeräten auslagern, was unsere Belegschaft um etwa 1.500 Köpfe reduzieren wird. Weitere Maßnahmen für andere Teile der Welt werden vorbereitet." (Philips 1997, S. 26)

„Die derzeitige Entwicklung der Digital-Technologie bringt eine Vereinheitlichung der Funktionen Audio, Video, Kommunikation und Informationstechnologie. Die Innovationsgeschwindigkeit bei neuen Produkt-Applikationen nimmt rapide zu. Gleichzeitig gibt es immer noch einen sehr beträchtlichen, hoch entwickelten und stark umkämpften Markt für konventionelle Audio- und Video-Produkte, in dem Sound & Vision einer der Hauptakteure ist. Wir werden unsere Ressourcen zunehmend auf diese neuen digitalen Applikationen, wie z. B. Digital Video Disc (DVD), digitale (Satelliten-) Fernseh-Empfänger, WebTV und tragbare PCs, konzentrieren..." (Philips 1997, S. 26)

Außer Philips gibt es weltweit nur noch zwei andere VCR-Produzenten, nämlich Sony und Matsushita. Alle anderen Marken werden ebenfalls von einem dieser Produzenten hergestellt, nur unter einem anderen Namen verkauft.

4. Die Konzentrationsprozesse – Entwicklung von iR3 in den letzten 5 Jahren

4.1 Videorecorderproduktion

Ausgangssituation

Ursprünglich wurden alle Philips-Videorecorder für den europäischen Markt im 1981 gegründeten Wiener Videowerk produziert, die Videorecorder der Firma Grundig, an der Philips mit 31 % beteiligt war, in einem Werk in Nürnberg. Das Wiener Werk war mit 2.500 Beschäftigten gegenüber 1.400 in Nürnberg weitaus größer. In Wien konnten damals etwa 350 verschiedene Modelle produziert werden. 1989 gab es erste Kontakte zum staatlichen ungarischen Elektronik-Produzenten Videoton, der bis dahin hauptsächlich für die Rüstungsindustrie gearbeitet hatte, und bald wurde ein Joint Venture gegründet.

Die Videorecorder für den amerikanischen Markt werden großteils in Asien zugekauft oder im Rahmen eines Joint Ventures zwischen iR3 und JVC in Malaysia gefertigt. Sowohl von der Kapazität als auch von der Qualität her könnte man den amerikanischen Markt von Europa aus beliefern, doch ist man nicht in der Lage, Videorecorder um ATS 700,– zu produzieren. Durch diesen laufenden konzerninternen Kostenvergleich wird Druck auf die europäischen Standorte erzeugt, denn genauso gut wie von Europa könnte man natürlich auch von Fernost den europäischen Markt versorgen. Asiatischen Markt gibt es für Philips kaum.

1991 produzierte Philips 1,6 Mio. Videorecorder, die Schwesterfirma Grundig 700.000 Videorecorder pro Jahr für den europäischen Markt. Grundig erzeugte die Laufwerke für diese Videorecorder nicht selbst, sondern kaufte sie von einem japanischen Konkurrenten, der Fa. Matsushita, zu.

1992: Wien wird competence center

1992 wurde Wien von der Philips-Konzernzentrale zum international competence center (ICC) für Videorecorder erklärt. Alle kommerziellen und finanziellen Entscheidungen sowie alle Entscheidungen über Forschung & Entwicklung gingen von nun an nicht mehr von Eindhoven, sondern von Wien aus. Das war für den Wiener Standort entscheidend.

Bereits zuvor waren die technische und logistische Entwicklung mit ca. 300 Mitarbeitern in Wien konzentriert gewesen, nur die kommerzielle Leitung (marketing & sales) erfolgte von Holland aus. Man wollte die Leitung zentralisieren, und hätte man Holland als Zentrum bestimmt, wären in Wien viele hochqualifizierte Arbeitsplätze verloren gegangen.

Die Bestimmung von Wien als ICC war für den Betriebsrat eine pragmatische Entscheidung, da die Umsetzung in Wien einfacher war als in Eindhoven oder Nürnberg. Außerdem ist es klug, die Leitung möglichst nahe bei der Fabrik zu haben, um sofort auf Kundenwünsche reagieren zu können.

1992/93: Gründung von iR3

Philips war zu 31 % an Grundig beteiligt und hatte auch die industrielle Führung dieser Firma über. Naheliegenderweise einigte man sich darauf, daß statt Matsushita auch Philips die Laufwerke für Grundig bereitstellen könnte. Durch diese Strategie konnte für Philips die Stückzahl erhöht und damit die Auslastung verbessert und gleichzeitig die Begünstigung der Konkurrenz durch den eigenen Konzern beendet werden.

Ende 1992 einigte man sich darauf, den Videobereich aus beiden Konzernen herauszulösen und ein Joint Venture zu gründen. Es wurde sowohl in Österreich als auch in Deutschland eine Ges.m.b.H. mit dem Namen „iR3 – Video International" gegründet, die auf dem Markt als neutraler Lieferant agieren sollte und konnte. Neben Philips und Grundig gab es auch viele andere Firmen, die ihre Geräte bei iR3 fertigen ließen und nur ihre Markennamen auf den Geräten anbrachten.

Das Wiener Video-Werk konnte somit die Produktion mit einem Schlag um 700.000 Laufwerke steigern. Wien konnte deshalb nach diesem Schritt natürlich auch billiger anbieten.

In Wien wurden in großen Mengen Low-End-Geräte (Basisgeräte, nur mit Grundfunktionen wie Aufnahme und Wiedergabe) hergestellt, die nur mit kleineren Spannen verkauft werden können. High-End-Geräte (HiFi-Geräte mit Schnickschnack) mit größeren Spannen wurden im iR3-Werk Nürnberg, das unter einer wesentlich schlechteren Kostenstruktur litt, produziert, wobei auch in diese Geräte Laufwerke aus dem Wiener Werk eingebaut wurden. Nur die Elektronik wie z. B. VPS oder 3-Kopf-Technik wurde in Nürnberg dazugepackt. Die Nürnberger F&E-Abteilung umfaßte ca. 120 Grundig-Ingenieure.

1993: Errichtung eines Philips-Standortes in Ungarn

Aus dem staatlichen Betrieb Videoton mit 30.000 Beschäftigten wurden nach dem Umbruch 20.000 Menschen entlassen. 1993 übernahm Philips diese Firma als strategischen Standort für Ost-Europa. Heute hat die nunmehrige Philips-Tochter mit dem Standort Székesfehérvár nur mehr 1000 Mitarbeiter. Einer der Hauptgründe für Philips, sich gerade in Ungarn niederzulassen, war sicher die Nähe zum Wiener iR3-Werk.

Es wurde eine neue Fabrik errichtet, die ursprünglich nur den Ost-Markt beliefern sollte. Man war ursprünglich sehr optimistisch, was das Wirtschaftswachstum in den Ländern des ehemaligen Ostblocks betrifft, und errechnete sich gute Chancen, bald jede Menge Videorecorder verkaufen zu können. Bald wurden aber auch Hilfsstoffe und Laufwerke für den westeuropäischen Markt produziert.

In nur 300 km Entfernung von Wien war es nun möglich, zu „Bedingungen wie in Malaysia" (Bassler) zu produzieren. Damals betrugen die ungarischen Lohnkosten 1/7 bis 1/12 der österreichischen. Den Betriebsräten war klar, daß in Zukunft viel Arbeit an Ungarn verloren gehen würde. Geplant war, das Know-how und die Entwicklung in Österreich zu belassen, die Fertigung allerdings in Ungarn durchführen zu lassen. Die Betriebsräte versuchten immer wieder, Kalkulationen vom Management zu bekommen, denn „Ausgliedern um des Ausgliederns willen" war zu dieser Zeit modern. Vorgelegt wurden Kalkulationen, bei denen herauskam, daß gewisse Teile in Ungarn z. B. um 20 % billiger produziert werden könnten. Man überlegte nun gemeinsam mit den Mitarbeitern, wie man diese 20 % auch in Wien einsparen könnte, beispielsweise durch geschicktere organisatorische Abläufe, durch Qualitätsverbesserung oder durch Wiedergewinnung von Rohstoffen. Das Ergebnis war, daß die Produktion von Teilen, die in Ungarn um nur bis zu 20 % billiger hätten hergestellt werden können, in Österreich blieb. Dadurch konnte „einiges an Arbeitsplätzen" (Volek) gerettet werden, und zweitens wurde dem Management bewußt gemacht, daß Ausgliedern zwar modern ist, aber doch nur aufgrund von genauen Rentabilitätsberechnungen erfolgen sollte. Der Kostendruck und der Druck zur weiteren Qualitätsverbesserung und Produktivitätssteigerung wurde durch diesen neuen Standort aber enorm verstärkt.

In Wien wurde zu dieser Zeit mit der Produktion eines neuen Laufwerk-Typs begonnen, die Produktion des alten Laufwerkes mit seiner sehr arbeitsintensiven Fertigung wurde sukzessive nach Ungarn verlagert. Die neue Laufwerks-Fertigung in Wien war voll mechanisiert und kam daher mit viel weniger Arbeitsplätzen aus. Dadurch gingen in Wien 450 Arbeitsplätze verloren. Laut Betriebsrat wären diese Arbeitsplätze auch ohne das neue ungarische Werk verloren gegangen, nur vielleicht zwei Jahre später, aber dann mit einem Schlag. So wurden die Arbeitsplätze im Lauf von zwei Jahren sukzessive nach Ungarn verlagert, was den Vorteil hatte, daß man sich mit der Fluktuation helfen konnte.

Geplant war nun, in Ungarn Low-End-Recorder ohne irgendein Zubehör für Großkunden wie Watson und Metro herzustellen. In einer Fehleinschätzung veranschlagte das Management dafür maximal 20 % der gesamten Philips-Produktion[3]. Die Produktion der Standardgeräte sollte im größten Standort, in Wien, erfolgen und die der High-End-Geräte in Nürnberg.

1993/94: Schließung der Grundig-Scanner-Fabrik in Nürnberg

Mit dem Ende des Zuliefer-Vertrages über die Laufwerke der Fa. Matsushita entfiel für Grundig die Notwendigkeit, eigene Scanner (Abtasteinheiten) zu produzieren. Ebenso wie die Laufwerke wurden nun auch die Scanner aus dem Wiener iR3-Werk bezogen. Das eigene Scanner-Werk war nun „nur mehr ein Fremdkörper im Konzept" (Volek) und war außerdem gegenüber Wien nicht konkurrenzfähig. Die zusätzlichen Scanner konnten in Wien aufgrund der vorherigen Überkapazität[4] ohne zusätzlichem Personal und ohne Ausdehnung der Arbeitszeit produziert werden. „Das haben wir überhaupt nicht gespürt." (Volek)

---

3 siehe 1995 Schließung Videofabrik Nürnberg, nächste Seite

4 Auch heute könnten mit den vorhandenen Ressourcen jährlich ca. 7 Millionen Scanner produziert werden.

In Nürnberg gingen dadurch ca. 430 bis 450 Arbeitsplätze verloren. Nur ca. 30 davon wurden in die Nürnberger iR3-Videofabrik eine Halle weiter übersiedelt.

1995: Schließung der Videofabrik Nürnberg

Aus den für Low-End-Geräte veranschlagten 10–20 % wurden plötzlich ein Anteil von 60 % mit steigender Tendenz. Grund dafür war, daß das mittlere Segment, für das eigentlich Wien hätte produzieren sollen, verlorenging. Wird ein neues feature wie z. B. VPS oder Show-View erfunden, ist die Produktion nur im ersten Moment teuer, doch „schon morgen kostet das nichts mehr" (Volek). D. h. es war möglich, auch in niedrigst spezifizierte Geräte im Laufe der Zeit features einzubauen, die kurz zuvor noch sehr teuer waren. So können die ganz billigen Geräte heute schon mehr, als ein Normalkunde braucht.

Neben diesen Geräten gab es bald keinen Markt mehr für teurere Standardgeräte, da noch dazu die viel billigeren Low-End-Geräte der Konkurrenz ebenfalls aus der iR3-Fertigung stammten. Schließlich mußte bei den wirklichen High-End-Geräten (das sind z. B. S-VHS-Geräte oder Recorder, mit denen man Aufnahmen schneiden kann) zur Kenntnis genommen werden, daß Philips kein High-End-Spezialist ist. Solche Geräte wurden zwar hergestellt, „aber das ist nicht unseres" (Bassler). Damit war „ganz klar: Es waren zu viele Standorte" (Volek).

Jedoch wurde nun nicht das eigentlich für den mittleren Sektor vorgesehene Werk in Wien geschlossen, sondern das in Nürnberg. Für diese Entscheidung sprachen folgende Gründe:

- Technische Schwierigkeiten in Nürnberg: Geplant war, in Nürnberg jährlich 300.000 bis 400.000 Recorder herzustellen, tatsächlich konnten nur 200.000 produziert werden.
- Im Vergleich zu den anderen beiden Werken waren die Standortkosten in Nürnberg die ungünstigsten. Die Lohn- und Gehaltskosten in Nürnberg lagen ca. um 20 % über denen in Wien.
- Laut Betriebsratsvorsitzendem Bassler war ein wesentlicher Faktor auch der Verhandlungsstil der Deutschen IG Metall.
- Wien war competence center.
- In Wien waren erst 600 bis 700 Mio. Schilling in die neue Laufwerks-Anlage investiert worden.
- Für Wien sprach weiters die Nähe zu Ungarn. Wäre das Wiener Werk geschlossen worden, wäre das Ungarische Werk nie zur vollen Leistungsfähigkeit gelangt. Zu dieser Zeit waren sogar ArbeiterInnen aus Wien in Ungarn, um die dortigen MitarbeiterInnen anzulernen.
- Schließlich waren die guten Beziehungen zwischen Arbeitgeber- und ArbeitnehmerInnenvertretung im Wiener Werk, die Problemlösungskapazität der innerbetrieblichen Sozialpartnerschaft, ausschlaggebend. In Wien war es insofern leicht, da die Entscheidungsträger von der Konzernspitze auch hier im competence center sitzen. Nürnberg ist

aber durch hunderte Kilometer von ihnen getrennt.

Der Personalstand wurde in Nürnberg schon vor der Werksschließung von zuerst 1000 auf 654 zurückgestutzt. Mit 31. 12. 1995 verloren auch diese ihre Arbeitsplätze. Dadurch ersparte sich Philips jährliche Lohn- und Gehaltskosten in der Höhe von ATS 500 Mio.

Wien war froh, daß nach den ständigen Auslagerungen wieder neue Aufgaben auf das Werk zukamen, so daß man den Beschäftigtenstand bei den ArbeiterInnen in etwa bei 2.500 halten konnte. Bei den Angestellten sieht es etwas anders aus: Bereits in Nürnberg war mit der Entwicklung des digitalen VHS begonnen worden, das es ermöglichen sollte, 5 Sendungen auf einmal in perfekter digitaler Qualität mit besserer Zugriffszeit usw. aufzunehmen. Das ca. 25köpfige Team, das an diesem Projekt arbeitete, ist geschlossen nach Wien übersiedelt. Doch die restlichen ca. 70 Nürnberger EntwicklerInnen verloren ihre Arbeitsplätze. Inzwischen ist das Projekt abgeschlossen, das neue System wurde bereits bei der Funkausstellung 1997 vorgestellt, die daran beteiligten Nürnberger Entwickler arbeiten immer noch in Wien.

Im gleichen Zug wurde die Betriebslaufzeit von 120 auf 151 Stunden ausgedehnt (5-Schicht-Betrieb, nur sonntags wird nicht gearbeitet), und die 35-Stunden-Woche ohne direkten Lohnausgleich vereinbart. Aus der Sicht des Betriebsrats hat dieser letzte Schritt „unheimlich viel an Konkurrenzfähigkeit gebracht." (Volek) Unmittelbar wurden auch 120 Arbeitsplätze durch diese Maßnahme gesichert.

4.2 Konzentration der Printplatten-Fertigung in Wien (PCB-FAB)

4.2.1 Reorganisierung des gesamtem „Sound & Vision"-Bereiches

1997 „ist kein Stein auf dem anderen geblieben" (Volek). Es erfolgte eine Umstrukturierung, die in Europa insgesamt 6000 Arbeitsplätze forderte und für Philips Kosten von ATS 2,4 Mrd. bedeutete:

Das Wiener Werk ist nun der einzige Standort in Europa, an dem Video-Laufwerke und Video-Scanner hergestellt werden. Zusätzlich wurde die Printplatten-Produktion für TV- und Videogeräte von Nürnberg, Székesfehérvár (Ungarn), Dreux (Frankreich) und Brügge in Wien in der sogenannten PCB-Fab[5] konzentriert. Das bedeutet, die drei Kernstücke aller europäischen Philips-Videorecorder werden in Wien hergestellt. Die Endmontage aller Geräte wanderte jedoch nach Ungarn. Das Wiener Werk hat sich somit von einem Geräte-Hersteller zu einem konzerninternen Zulieferer von Video-Laufwerken, Video-Scannern und Printplatten gewandelt.

---

5 Print circuit board-Fabrik

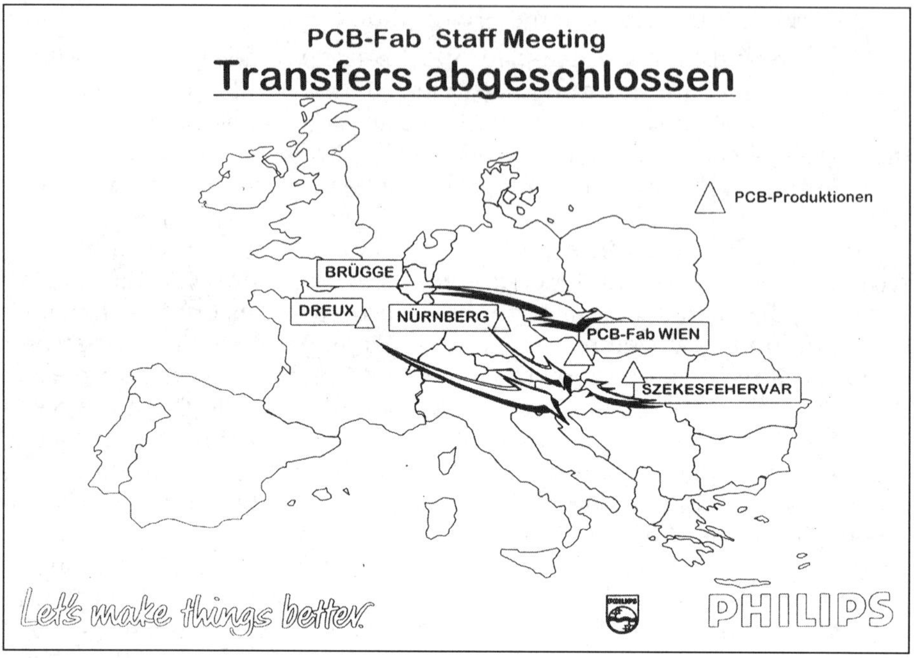

Schaubild[6]

Nicht zu vernachlässigen ist allerdings, daß Wien immer noch competence center ist: Was der Videorecorder kann, wie er aussieht und wie er produziert wird, wird im Wiener Werk bestimmt. Ebenso werden die Vor-Serien mit den ersten etwa 200 Stück in Wien hergestellt. Hier werden auch die ungarischen ArbeiterInnen eingeschult, die dann nach Anleitung die Recorder in Ungarn zusammenbauen.

Diese Verlagerungsprozesse stellt Betriebsratsvorsitzender Volek als sehr kompliziert dar: Es wäre in der Verantwortung der Wiener gelegen, die Nürnberger und Wiener Anlagen für Video-Geräte nach Ungarn zu verfrachten und dort einsatzfähig zu machen, gleichzeitig die diversen Printplattenproduktionen abzubauen und in Wien funktionstüchtig zu machen, und das alles ohne Auswirkung auf die produzierte Stückzahl.

Diese Konzentration der Printplatten-Herstellung für TV- und Video-Geräte in Wien ist ein Zwischenschritt in der Verwirklichung des Projekts „lightening stroke": Für den ganzen „Sound & Vision"-Bereich wird daran gearbeitet, daß in Zukunft alle Printplatten für alle Geräte, egal ob für TV- und Video-Geräte oder für Staubsauger, Monitore, Rasierer usw., die gleichen Abmessungen haben sollen. Endziel dabei ist es, je eine Fertigungsstätte in Europa, eine in den USA und eine in Asien zu haben, in denen dann diese vereinheitlichten Printplatten hergestellt werden. Für Europa wurde Wien als diesbezügliches competence center festgelegt.

---

6 aus firmeninterner Staff-Meeting-Unterlage, Angestelltenbetriebsrat

Die Printplatten-Produktion ist nicht arbeits- sondern know-how-intensiv, denn „wenn es arbeitsintensiv ist, kommt es eh nicht zu uns“ (Bassler ohne zynischen Unterton). Mit ihr gibt es inzwischen noch technologische Probleme, aber das Hauptproblem ist die Logistik. Auf einer größeren Printplatte (ca. A4-Format) sitzen 1000 bis 1200 Bauteile. Es muß der richtige Bauteil zur richtigen Zeit am richtigen Platz eingesetzt und verlötet werden, und die je nach Modell unterschiedlich bestückten Printplatten müssen just in time in Frankreich (für die dortige TV-Produktion) oder in Ungarn (für die Video-Produktion) angeliefert werden. Je nach Kundenwünschen müssen sofort die entsprechenden Printplatten geliefert werden, denn ein Lager hält sich heute keine Fabrik mehr.

Die Gründe für die Konzentration der Printplatten-Erzeugung sind einleuchtend: Bisher produzierte jede Fabrik ihre eigenen Leiterplatten, und dabei waren die „sündteuren Maschinen“ (Volek) nur mit jeweils 60 % ausgelastet. Das bedeutet, im ganzen Konzern gab es ungeheure Überkapazitäten.

Dazu kommt, daß jede Fabrik für ihre Printplatten-Produktion ihre eigenen Lieferanten, beispielsweise für Widerstände, hatte. Natürlich können die Preisverhandlungen mit Zulieferern anders geführt werden, wenn Philips als Gesamtkonzern als Verhandlungspartner am Tisch sitzt, und es geht nicht um 100 Mio., sondern um 2 Mrd. Widerstände.

Die Folgen dieses Schrittes betreffen Produktionsstätten in ganz Europa: In Dreux werden nun die TV-Geräte nur mehr zusammengebaut, ähnlich Ungarn am Video-Sektor. In Brügge werden keine TV-Geräte mehr hergestellt, allerdings befindet sich die Entwicklungsabteilung nach wie vor dort.

4.2.3 Gründe und Bedingungen für die Verlagerung nach Wien

Als ausschlaggebend für die Entscheidung des Betriebsrates, die PCB-Fabrik gerade in Wien zu errichten, werden abermals persönliche Gründe angeführt:

Dadurch, daß die Haupt-Entscheidungsträger in Wien sitzen, war es den Betriebsräten möglich, von Beginn der Überlegungen an die Pläne mitzugestalten. Beispielsweise traf man sich bereits zwei Jahre vor Verwirklichung der Pläne zu inoffiziellen Gesprächen bei einer Schale Kaffee und besprach, ob es grundsätzlich vorstellbar sei, in Wien 7 Tage pro Woche rund um die Uhr zu arbeiten.

Die Entscheidung für Wien kam also auch dadurch zustande, daß bereits im Vorfeld der Entscheidungsfindung der Wiener Betriebsrat zur Arbeit rund um die Uhr[7] *sein Einverständnis gegeben hatte. Die Betriebs-*

[7] Auch in einer französischen Philips-Fabrik, in der Handys hergestellt werden, wird rund um die Uhr gearbeitet. Ein zusätzlicher Vorteil, den diese Fabrik genießt, sind hohe Zuschüsse durch den französischen Staat, der für neu aufgenommene Arbeitskräfte drei Jahre lang die Sozialversicherung zahlt.

zeiten wurden nun von 151 auf 168 Stunden (= 7 x 24 h) wöchentlich ausgedehnt.[8]

Laut Volek könnte man die Auftragslage auch ohne dieses neue Modell bewältigen, „trotzdem müssen wir es machen, weil das eine politische Sache ist". „Die 168 Stunden waren ein Muß!" (Volek) Gleichzeitig wurde eine gewisse saisonale Flexibilität in der Arbeitszeitgestaltung vereinbart. September, Oktober, November und Dezember wird mit voller Kraft produziert, Urlaube werden bevorzugt in der ersten Jahreshälfte gegeben.

Im Februar 1997 wurde dem iR3-Werk von der Konzernleitung eine neue, vorher nicht vereinbarte Bedingung gestellt: eine zehnprozentige Reduktion der Lohn- und Gehaltskosten (pro Kopf und Stunde). Hintergrund dafür ist die konzerninterne Konkurrenz durch das TV-Geräte-Werk in Dreux, in dem die Lohn- und Gehaltskosten um 10 % unter denen in Wien liegen. Teile des Top-Managements hätten eine Konzentration der Printplatten-Erzeugung in Dreux bevorzugt und haben daher „massivst Druck" (Bassler) in diese Richtung ausgeübt. Schließlich wurde von J. D. Timmer, dem Philips-Präsidenten selbst, entschieden. Wien gewann, weil letztendlich doch die Berechnungen für Wien sprachen. Betriebsratsvorsitzender Volek hält diese Berechnungen teilweise aber für sehr unrealistisch.[9] Interessant hierbei ist, daß es im ganzen Konzern nach solchen Entscheidungen keine Nachkalkulationen gibt. „Das kontrolliert kein Mensch mehr." (Volek)

4.2.4 Auswirkungen auf die Beschäftigungssituation in Wien

Der Beschäftigtenstand in der Laufwerke- und Scanner-Fabrik blieb konstant bei ca. 400[10] ArbeiterInnen. Voriges Jahr steigerten diese 400 Beschäftigten die Produktivität um 3,1 %, dieses Jahr werden es 3,6 % sein. Für 1998 sind sogar 16 % Produktivitätssteigerung geplant.

In der heute nach Ungarn verlagerten Endmontage waren 430 ArbeiterInnen fix beschäftigt. Heute arbeiten statt dessen ca. 720 Leute in der PCB-Fabrik, in den Spitzenzeiten verstärkt durch bis zu 1000 LeiharbeiterInnen. Zum Zeitpunkt des Interviews Ende November 1997 waren es ca. 800.

Für das Jahr 1998 sind allerdings insgesamt im Jahresdurchschnitt nur 1.065 Arbeitskräfte budgetiert, wobei dann nach einer Betriebsvereinba-

---

[8] Dies wurde durch eine Ausnahmegenehmigung durch das BM für Arbeit und Soziales ermöglicht

[9] Beispielsweise sah der Plan bereits für 1997 eine drastische Reduktion der Überstunden vor. Tatsächlich wurden 1997 so viele Überstunden wie nie zuvor in der Werksgeschichte geleistet.

[10] Alle folgenden Zahlen beziehen sich nur auf ArbeiterInnen, Angestellte sind ausgenommen. IR3 hatte 1997 ca. 800 Angestellte.

rung der Anteil der LeiharbeiterInnen nur mehr bei höchstens 20–25 % liegen darf.[11]

Die Vorsitzenden beider Betriebsräte halten die Zahl von 1.065 Arbeitskräften für nicht machbar, obwohl diese schon ein Zugeständnis der Konzernleitung ist. Philips vertritt die Philosophie der „world class factory", nach der eine Fabrik höchstens 670 ArbeitnehmerInnen haben darf. Kurzfristig wurde diese Latte für 1997 auf 750 angehoben und für 1998 nochmals erhöht.

Doch ohne diese Erhöhungen wäre beispielsweise die Produktion von TV-Geräten in Frankreich, von der gewisse Module nach Wien ausgelagert wurden, stillgestanden. Doch tendenziell wird sich Philips bemühen, die Wiener Fabrik auf eben jene 670 ArbeiterInnen zu reduzieren. Bereits jetzt wurden manche Abläufe, die erst neu nach Wien gewandert waren, wieder ausgelagert.

Die Tätigkeit in der PCB-Fab unterscheidet sich von der in der Endmontage grundlegend. Diese Umstellung von relativ großen auf ganz kleine Bauteile war „ganz schön heavy" (Volek).

4.3 Zukünftige Entwicklungen

Klar ist, daß die Entscheidung für Wien keine endgültige ist. Ist das Projekt „lightening stroke" abgeschlossen, kann die Produktion jederzeit ohne Probleme oder Anlaufschwierigkeiten verlagert werden: „Du hast eine Diskette mit der Software, und das war's!" (Volek)

Eine Schließung des Wiener Werks steht „ständig" (Volek) im Raum. „Mit dem muß man leben. Erst heute in der Früh habe ich das wieder gehört" (Bassler). „Aber ich nehme das jetzt ernster als vor ein paar Jahren." (Volek) Denn das Projekt „lightening stroke" gibt dem Unternehmen eine ungeheure Fülle an Möglichkeiten, auch beispielsweise die Auslagerung bestimmter Produktionsschritte an contract manufacturer.

Der Trend innerhalb des Konzerns geht eindeutig in Richtung Billiglohnländer. Die „bundling center" (Fabriken, in denen die einzelnen Bestandteile zu Geräten zusammengebaut werden) liegen bereits jetzt in Ländern des ehemaligen Ostblocks. Die gleiche Funktion, die Ungarn in der Videorecorder-Produktion übernimmt, kommt Polen in der TV-Geräte-Produktion zu. Betriebsratsvorsitzender Volek sieht aber auch für diese Standorte keine sichere Zukunft: „Bundling center kann man auch jederzeit überall hinstellen. Ganz geschwind eine Fabrik irgendwo in China oder Afrika aufzustellen, ist überhaupt kein Problem."

Bei den Argumenten, die für den Wiener Standort sprechen, „wird es jetzt schwer, denn sehr viel haben wir nicht anzubieten" (Volek). Derzeit sind es die 168 Stunden Wochenarbeitszeit, die gut funktionierende innerbetriebliche Sozialpartnerschaft und die hohe Kompetenz der Wiener Belegschaft. Niemand traut sich eine Prognose für die nächsten bei-

---

[11] Lt. österreichischer Gesetzeslage (Arbeitskräfteüberlassungsgesetz) würde der Maximalwert eigentlich bei ca. 5 % liegen.

den Jahre zu erstellen. Innerhalb dieses Zeitraumes müßte das Projekt „lightening stroke“ bereits perfekt laufen.

Die Philips-Zentrale hält sich mit direkten Vorgaben eher zurück. Die wichtigste von ihnen ist, daß das RONA zweistellig sein muß, also nicht unter 10 % sein darf. „In einer stabilen Fabrik, wie es unsere Deck-Fabrik[12] ist, wird das ganz leicht erreicht.“ (Volek) „Wenn wir heute über Videorecorder reden, kann man davon ausgehen, daß wir jährlich mindestens 10 % efficiency holen.“ (Volek) Das kann man so sehen, daß man jedes Jahr 10 % der Leute hinausschmeißt und nachher das gleiche produziert, oder man produziert mit der gleichen Belegschaft um 10 % mehr. Ohne Problem. Die 10 % betreffen aber auch die Performance des Apparates: Jedes Jahr ist das gleiche Gerät um 10 % besser!

In der PCB-Fab werden diese 10 % bei weitem noch nicht erreicht, denn dort befindet man sich noch mitten in der Umstrukturierung. Würde das Ziel aber auch mittelfristig nicht erreicht werden, könnte es sein, daß das Management entscheidet, daß die Printplatten nicht in Wien, sondern in Frankreich, Usbekistan, der Ukraine oder China erzeugt werden.

5. Ergebnisse

Durch konzerninterne Konzentrationsprozesse der Fertigung werden europaweit Arbeitsplätze reduziert, einzelne Länder können als „Standortsieger“ bezeichnet werden. Der Preis dafür ist die betriebliche Deregulierung und Flexibilisierung der Arbeitsbeziehungen.

Allgemein ist die Konzernpolitik ausgerichtet auf Auslagerungen in Billiglohnländer, Verkleinerung der Produktpaletten, Verkauf von Geschäftsbereichen, die zu wenig Leistung bringen und die Schließung von Betrieben, die nicht in die Konzernstrategie hineinpassen. Für Westeuropa bedeutet dies die Reduktion der Herstellungsstätten und die Kündigung ca. 3.900 Philips-Beschäftigten (Philips 1997, S. 12).

Für das „Wiener Philips-Videowerk“ bedeutet dies zwar gewaltige Veränderungen in allen Betriebsbereichen, es konnte aber der Standort abgesichert werden. Der Preis dafür war die Bereitschaft zu erhöhter Flexibilität in der Arbeitsorganisation und Arbeitszeitgestaltung. Der Konkurrenzdruck zu Ungarn schwebt aber weiterhin über das Wiener Werk (laufende Qualitätsverbesserungen, Produktivitätssteigerungen und Kosteneinsparungen).

Durch die VCR-Konzentration nach Wien und Schließung von Nürnberg wurden insgesamt ca. 1500 Arbeitsplätze abgebaut. In Wien hingegen wurden keine nennenswerten Arbeitsplatzzuwächse registriert. Vielmehr wurden die bestehenden 2.500 Arbeitsplätze dadurch abgesichert.

---

12 = Scanner- und Laufwerk-Fabrik

Die Konzentration der Printplattenfertigung in Wien brachte wieder Arbeitsplatzverluste an den anderen europäischen Standorten mit sich. Der gesamte Umstrukturierungsprozeß kostete laut Schätzung des Betriebsrates rund 6000 Philips-Beschäftigten in Europa den Arbeitsplatz. Volkswirtschaftliche Rechnungen würden unter Einbeziehung der Sekundärauswirkungen auf Zulieferanten weitaus höhere Arbeitsplatzverluste konstatieren. An der Flexiblisierungsschraube wurde noch einmal gedreht (Sonntagsarbeit), und auch eine 10 %ige Kostensenkung war Vorbedingung des Konzerns für die Zuschlagserteilung an Wien. Weiters wurde der erhöhte Beschäftigtenbedarf nur geringfügig durch fixe Personalaufnahmen durchgeführt, sondern überwiegend mit Leiharbeitskräften abgedeckt (in Spitzenzeiten bis zu 1000!). Unterm Strich gibt es ein Minus von 430 Arbeitsplätzen der VCR-Endmontage, die nach Ungarn transferiert wurden gegenüber ca. 720 Arbeitsplätzen in der neuen PCB-Fabrik, das ergibt somit ein Beschäftigungsplus von ca. 300 Beschäftigten am Wiener Standort.

In den letzten Jahren wurden zahlreiche legistische Maßnahmen getroffen, die den Wirtschaftsstandort Österreich im Vergleich zu anderern EU-Ländern attraktiver machten.

Diese Maßnahmen waren:

❑ 1994 die große Steuerreform, die die Abschaffung der Vermögens- und der Gewerbesteuer beinhaltete. Laut ÖGB-Berechnungen belief

sich die Entlastung im Unternehmerbereich auf rund 4 Mrd. S.[13] Aus Sicht der Unternehmungen katapulierte sich Österreich mit dieser Maßnahme in das europäische Spitzenfeld der niedrigsten Grenzsteuersätze auf einbehaltene Gewinne.

- Auch im Bereich der Arbeitszeitflexiblisierung wurden auf gesetzlicher Ebene (Arbeitszeitgesetz und Arbeitsruhegesetz) und in einigen Branchenkollektivverträgen (z. B. Metallgewerbe mit 1. 3. 1997, Metallindustrie mit 1. 11. 1997) legistische Maßnahmen in Richtung Standortverbesserung getroffen.

  Die legistischen Maßnahmen ermöglichen unter kollektivvertraglichen Rahmenbedingungen[14] Unternehmungen, die Normalarbeitszeit über das ganze Jahr durchzurechnen, um damit Kapazitätsschwankungen besser ausgleichen zu können, ohne daß bei Mehrarbeit Überstunden anfallen, aber auch bei niedriger Kapazität Beschäftigte nicht abgebaut werden müssen (Jahresarbeitszeitmodelle).

- Weiters kann Sonntagsarbeit aus Standortsicherungsgründen (= wirtschaftliche Gründe) in den Branchenkollektivverträgen vereinbart werden.

Mit 1. 1. 1998 wurde weiters im „Frauennachtarbeitsgesetz"[15] die Beschäftigung von Frauen während der Nacht mittels kollektivvertraglicher Vereinbarung ermöglicht.

- Der Vollständigkeit halber müssen die Förderungsmaßnahmen wie Investitionsfreibeträge, die das Steueraufkommen auf Gewinne reduzieren, die Forschungsförderung und die Exportförderung noch beachtet werden. Die einzelnen Bundesländer und Gemeinden erleichtern in eigenen Programmen die Ansiedlung von Unternehmungen (z. B. in Wien der Wiener Wirtschaftsförderungsfonds – WWFF)

Mit den Standortvorteilen in Österreich wird, wie in einem Kurierartikel vom 13. Jänner 1998, in dem die Vorteile für Unternehmungen und damit auch die Anreize für ausländische – insbesondere deutsche – Investoren dargestellt werden, auch im Ausland Werbung gemacht.

Die staatliche Betriebsansiedlungsagentur (Austrian Business Agency – ABA) bilanzierte für 1997, daß 62 Unternehmungen Investitionen im Gesamtausmaß von 2,57 Mrd. S., mit denen knapp 2400 Arbeitsplätze geschaffen wurden, getätigt haben. In der deutschen Handelskammerzeitung „Wirtschafts-Spiegel" bewirbt die ABA Österreich als Steuerparadies[16]:

---

[13] ÖGB Rednerdienst, Nr. 4/1993, ÖGB-Verlag, Wien, Dezember 1993
[14] siehe u. a. Kollektivvertrag für Angestellte des Metallgewerbes
[15] Bundesgesetz über die Nachtarbeit der Frauen
[16] Faksimile auf S. 161: Deutsche Handelskammerzeitung 7–8/97

STEUERPARADIES ÖSTERREICH

Halbe Abgabenlast, großzügige Möglichkeiten der Gewinnminderung - in Österreich geht es deutschen Unternehmen gut

„In Österreich bleibt einem Unternehmen praktisch doppelt so viel von seinem Gewinn, wie in Deutschland. Die Steuerlast ist insgesamt um gut die Hälfte geringer", erklärt Johann Eder, Wirtschaftsprüfer und Steuerberater in Wels, der auf Anliegen deutscher Investoren spezialisiert ist.
Während die Körperschaftssteuer in Österreich nur 34 Prozent beträgt und damit zu den günstigsten Sätzen innerhalb der EU gehört (siehe Grafik), sind in Deutschland 45 Prozent abzuführen. Dazu kommen in der Bundesrepublik Gewerbesteuer (13–18 Prozent) und Solidaritätsabgabe (7,5 Prozent) – Belastungen die in Österreich nicht existieren.
Zudem bietet das österreichische Steuerrecht großzügige Möglichkeiten der Gewinnminderung, die in Deutschland nicht gewährt werden. Mit dem Investitionsfreibetrag können Unternehmen ihre Steuerlast reduzieren: Absetzbar sind 9 Prozent aller Anschaffungskosten für abnutzbare Wirtschaftsgüter im Anlagevermögen, 6 Prozent für unkörperliche Wirtschaftsgüter wie etwa Softwareprogramme sowie 12 Prozent für Wirtschaftsgüter, die 8 Jahre genutzt werden und ungebraucht sind.
Ein zweites wichtiges Instrument zur Gewinnminderung stellt die Forschungsförderung dar: Zwischen 12 und 18 Prozent der Forschungsaufwendungen eines Unternehmens sind absetzbar, wenn diese „zur Entwicklung oder Verbesserung volkswirtschaftlich wertvoller Erfindungen eingesetzt werden", wie Eder erklärt. Darunter seien Forschungskosten zu verstehen, die zu einer Steigerung von Exportumsätzen führen. Eder: „In der Praxis fallen 90 Prozent aller F&E-Aufwendungen darunter."
Ein weiterer Vorteil, für deutsche Unternehmen in Österreich ist die weitaus günstigere Exportförderung. „Sowohl hinsichtlich der politischen Absicherung als auch bei der Übernahme von Kreditrisken bietet Österreich im Vergleich zu Deutschland wesentlich attraktivere Konditionen", so der Steuerexperte. Derzeit macht der österreichische Zinssatz für Exportkredite in der Höhe von 3,5 Prozent nur die Hälfte des deutschen Zinssatzes aus.
Bei geschickter Wahl der Rechtsform sind zusätzliche Einsparungen möglich. Die Austrian Business Agency berät Sie in allen Ihren Standortfragen und vermittelt Ihnen einschlägige Experten.

SONNTAGSARBEIT OHNE ZUSCHLAG

Flexible Arbeitszeiten ermöglichen Einsparungen in Millionenhöhe

Beschäftigung rund um die Uhr, 365 Tage im Jahr - das ist mit der Flexibilisierung der Arbeitszeiten in Österreich ab Mitte 1997 möglich. Sonntagsarbeit ist demnach zwar genehmigungspflichtig, aber die neuen Regelungen bieten großzügigen Spielraum: 7-Tage-Schichten werden bewilligt, wenn technische oder wirtschaftliche Notwendigkeiten nachweisbar sind.
Bereits Anfang Juni wurde Sonntagsarbeit im Philips Videowerk in Wien genehmigt. Philips wertete den Österreich-Standort daraufhin zum konzernweiten Kompetenzzentrum für Printbestückung auf.
Die Gesetzesnovelle ermöglicht zudem Zeitausgleich anstelle von teuren Zuschlägen. Die wöchentliche Arbeitszeit kann bei einem Durchrechnungszeitraum von 8 Wochen bis zu 50 Stunden betragen. Bei Zeitausgleich ist eine tägliche Normalarbeitszeit von 10 Stunden möglich. Der Anlagenhersteller Voith in St. Pölten erwartet sich durch die Flexibilisierung jährliche Einsparungen von mehr als 35 Mio. ÖS (5,1 Mio. DM) – etwa 5 Prozent der Gesamtpersonalkosten. Die Va-Tech schätzt das Einsparungspotential auf 200 Mio. ÖS.

Für weitere Informationen über die wirtschaftlichen Vorteile des Standortes Österreich steht die Austrian Business Agency als Beratungsunternehmen der Republik Österreich für deutsche Investoren zur Verfügung. Profitieren Sie vom unbürokratischen und kostenlosen Service der ABA.

Austrian Business Agency
Opernring 3, A-1010 Wien
Tel.: +43-1-588 58-0, Fax: +43-1-586 86 59
Kontakt: Hans Nagl, Projektleiter
Maria Hahn, Projektassistentin
http://www.telecom.at/AustrianBusinessInfo
eMail: austrian.business@telecom.at

AUSTRIA
EUROpportunity

AUSTRIAN BUSINESS AGENCY
Wien New York Tokio

6. Literaturliste und Quellen

Dieser Beitrag entstand in Verbindung mit einer Lehrveranstaltung am Institut für Politikwissenschaft der Universität Wien zum Thema Globalisierungstendenzen in unserer Wirtschaft.

Interviews

Bassler Stefan, Vorsitzender des Betriebsrats der Arbeiter der iR3 Video International GmbH, 26. November 1997

Volek Hans, Vorsitzender des Betriebsrats der Angestellten der iR3 Video International GmbH, 26. November 1997

Literatur

ANNUAL REPORT OF PHILIPS ELECTRONICS N. V.: 1995 (Eindhoven, 1996) (Übersetzung aus dem Englischen durch die Autoren)

ANNUAL REPORT OF PHILIPS ELECTRONICS N. V.: 1996 (Eindhoven, 1997) (Übersetzung aus dem Englischen durch die Autoren)

HAHN Franz R., MOOSLECHNER P., PFAFFERMAYER M., Globalisierungstendenzen in der Österreichischen Wirtschaft, Studie des Österreichischen Instituts für Wirtschaftsforschung, Hrsg.: Kammer für Arbeiter und Angestellte Wien, Wien 1997

PHILIPS VON A – Z (Wien, 1996) (Broschüre für neue Philips-Mitarbeiter, mit Firmengeschichte, Aufbau des Managements usw.)

STEUERPARADIES FÜR AUSLÄNDISCHE FIRMEN, in: Kurier 13.1.1998, Seite 17

SYKORA CH., Sekretär in der Gewerkschaft der Privatangestellten, Globalisierung – Problemlage und gewerkschaftliche Antworten, Referatsunterlage 1997

Weltbankbericht 1997 – Ein Stein des Anstoßes?

Patrizia Reidl

Der Mitte 1997 erschienene Jahresbericht der Weltbank für 1997 war eine kleine Sensation. „Der Staat in einer sich ändernden Welt“ lautete sein Titel, der neugierig darauf machte, was denn die Weltbank zum Thema Staat zu sagen hatte. Daß darin dann ausgerechnet diese Institution den Staat als wichtigen Wirtschaftsfaktor im Dienst der Menschen ins Spiel bringt, gleicht einem geistigen Erdrutsch.

Das Thema Staat

Seit der „neoliberalen Revolution“ in den 70ern gibt es eine breite Diskussion über die Rolle und Funktion des Staates. Spätestens mit dem Zusammenbruch der realsozialistischen Länder hielten manche den Staat und seine Funktionen für obsolet: Er sollte weitgehend abgeschafft oder „schlanker“ werden. Neoliberalismus setzte sich gegenüber Keynesianismus durch. Weg vom Staat hin zum Privaten wurde als die Patentlösung aller wirtschaftlichen und gesellschaftlichen Probleme propagiert. Auch in sozialen, also klassischen Bereichen staatlicher Dienstleistung: Gesundheitsversorgung, Erziehung, Pensionsvorsorge etc. „Deregulierung“ und „Privatisierung“ waren zwei der Schlagworte der unglückseligen „neoliberalen Revolution“, dem Abbau von Staatsschulden wurden bedenkenlos soziale Errungenschaften geopfert.

Die fatale Auswirkung war wachsende Ungleichheit in zusehends gespaltenen Gesellschaften. Haben oder nicht haben wurde die zentrale Frage: Geld haben oder nicht. Zugang zu lebenswichtigen Dienstleistungen haben oder nicht. Arbeit haben oder nicht. Die epidemisch wachsende Arbeitslosigkeit ist nur eine der negativen Folgen dieser Politik. Das größer und größer werdende Gefälle zwischen arm und reich (bei gleichzeitigem Anstieg des weltweiten Reichtums) eine weitere.

Vor ein paar Jahren tauchten erste Zweifel an diesem Weg auf. Zweifel, die angesichts der Massenarbeitslosigkeit in der EU und in den USA nicht mehr so einfach vom Tisch zu wischen waren. Wurzel der Massenarbeitslosigkeit war der Trend zur Rationalisierung, von internationalen Unternehmen gerne mit den Argumenten der „Globalisierung“ gerechtfertigt.

Die Entlassung des Staates auf Kosten der Menschen und des Wohls der Gesellschaft schuf zusehends mehr Probleme, als sie löste. Man begann, über eine veränderte Rolle des Staates nachzudenken, über seine Funktionen und Aufgaben im Sinne der Allgemeinheit, die es neu zu formulieren galt.

Der Weltbankbericht 1997 ist in diesem Zusammenhang zu sehen. Neu war dabei, daß sich ausgerechnet die Weltbank – als *die* Verfechterin neoliberaler Wirtschaftspolitik – plötzlich zur Rolle des Staates ganz andere, für sie neue Gedanken machte.

Die Weltbank

Die Internationale Bank für Wiederaufbau und Entwicklung (IBRD) – kurz „Weltbank" genannt – ist für das Verfolgen eines harten neoliberalen Kurses bekannt. Gegründet wurde sie 1944, übrigens einer Anregung von J. H. Keynes folgend, auf der Währungs- und Finanzkonferenz in Bretton Woods, USA (zusammen mit dem „Internationalen Währungsfonds" (IWF). Die Weltbank ist eine rechtlich selbständige Sonderorganisation der Vereinten Nationen (UNO) mit Sitz in Washington. Die Mitgliedschaft steht allen Mitgliedern des IWF offen.

„Die Tätigkeit der Weltbank besteht zum überwiegenden Teil in der Gewährung von Darlehen."[1] Eine Definition, die die politische Funktion der Weltbank völlig außer acht läßt: Für das Gewähren solcher Kredite werden einem Land härteste neoliberale Reformen vorgeschrieben. Die Weltbank schüttet ihre Gelder nur an Länder aus, die sich willfährig zum „schlanken Staat" transformieren. Das Privatisieren staatlicher Unternehmen, das Reduzieren von Sozialausgaben und vieles mehr aus dem Register neoliberaler Wirtschaftspolitik wird gefordert. Werden diese Auflagen nicht erfüllt, gibt es keinen Kredit.

Beispiele für derart reformierte Länder sind etwa Tschechien (die Divergenz in der grundsätzlichen wirtschaftspolitischen Ausrichtung führte zur Abspaltung der Slowakei), Chile (das „vielgerühmte" reformierte Pensionssystem) und viele afrikanische, lateinamerikanische und südostasiatische Länder.

Seit ihrer Gründung hat sich die Institution Weltbank grundlegend verändert. Laut dem deutschen Ökonomen Elmar Altvater ist die „Globalisierung der Finanzwelt" die Grundlage dieser Wende.[2] Wurde das auf dem Dollar basierende Weltwährungssystem erst zu Beginn der 70er aufgegeben, änderte die Weltbank schon bald nach der Gründung ihren Kurs. Nach anfänglichen Wiederaufbauhilfen für das vom Krieg zerstörte Europa begann sie sich mit der „Dritten Welt" zu befassen.

Die Weltbank wurde von US-Präsident Truman instrumentalisiert. Truman benutzte sie, um sein Versprechen der „westernization" und „americanization" aller Weltregionen umzusetzen. War die Weltbank 1944 geschaffen worden, um Entwicklungen wie in den dreißiger Jahren auszuschließen (also gegen Regierungssparkurs, Abwertungswettlauf) der Währungen, so verfolgte die Weltbank bereits ab Ende der 40er aus-

---

1 Vgl. Vahlens Großes Wirtschaftslexikon, Band 4, S 2045/2046.
2 Vgl. Altvater, E.: Grenzen der Globalisierung. Münster, 1997. S 182.

schließlich die Amerikanisierung der blockfreien Staaten, sprich der Dritten Welt.[3]

Die drastischen neoliberalen Reformen führten bisher in den meisten der von der Weltbank mit Krediten beglückten Ländern zu verheerenden sozialen Verhältnissen, zu Unruhen und Bürgerkriegen. In allen Fällen litt die Bevölkerung, die gesundheitliche Versorgung und die soziale Entwicklung der Menschen war beeinträchtigt. Die geforderten neoliberalen Reformen führten zur Lähmung fast aller staatlicher Dienstleistungen.

Der Weltbankbericht 1997

Nach dem theoretischen Teil des Berichtes zeigt ein praktischer Teil anhand der Untersuchung von über 3.000 überwiegend kleinen (weniger als 50 MitarbeiterInnen) Unternehmen in 69 Ländern die Erfahrungen, die mit staatlichen Grundstrukturen gemacht werden (vgl. S 205 ff.).

Davon ausgehend fordert die Weltbank einen effektiven Staat, weil dieser die Grundlage für ein florierendes Wirtschaftssystem bildet. Mit „effektivem Staat" meint die Weltbank einen Staat, der alle notwendigen Mittel bereitstellt, die ein normales Leben ermöglichen: Funktionierendes Rechtssystem, Infrastruktur, soziale Versorgung, Schutz der Schwachen und der Umwelt, Demokratie und Mitspracherecht.[4] Dabei muß der Staat nicht der alleinige Anbieter von Dienstleistungen sein.

James D. Wolfensohn, der Präsident der Weltbank, verweist in seinem Vorwort auf die Geschichte der heutigen Industrieländer und das Wirtschaftswunder Ostasien. Diese Staaten hätten gezeigt, daß ihre Entwicklung einen effektiven Staat erfordere, „der eine Rolle als Katalysator und Förderer spielt und die Aktivitäten von Privatunternehmen und Einzelpersonen unterstützt und ergänzt."[5] Damit huldigt Wolfensohn nicht plötzlich dem Staat als einzigem Wirtschaftstreiber, er fordert vielmehr dazu auf, die Rolle des Staates grundsätzlich zu überdenken und den Staat nicht völlig aus seiner Verantwortung zu entlassen.

Der Zusammenbruch der realsozialistischen Länder hätte gezeigt, daß der Staat seine Versprechen nicht einlösen konnte, und auch sonst gingen viele Industrieländer von „Mischsystemen" zu mehr Marktwirtschaft über. Aber – und hier hört man für die Weltbank völlig neue Töne – in Wolfensohn's Augen schlägt die Entwicklung völlig ohne Staat genauso fehl, wie eine staatlich dominierte. Wirtschaftliche und soziale Entwicklung setzt einen effektiven Staat voraus. Erst dann ist Wirtschaften zum Wohle aller, der gesamten Gesellschaft, möglich.

---

3 Vgl. ibidem S 182/183.

4 Internationale Bank für Wiederaufbau und Entwicklung/Weltbank: Weltentwicklungsbericht 1997. Der Staat in einer sich ändernden Welt. Dt. Ausgabe. 1. Aufl., 1997. S 4.

5 Vgl. ibidem Vorwort.

Was es heißt, keinen funktionierenden Staat zu haben, mußten in jüngster Zeit die Menschen in einigen Entwicklungsländern feststellen, wie etwa in Somalia, dessen System nach völliger Ineffizienz und starker Korruptionsanfälligkeit im Bürgerkrieg versank.

Der Weltbankbericht stellt eine Zwei-Stufen-Strategie vor, um diese Effektivität zu erreichen. Einerseits soll der Staat seinem Leistungsvermögen entsprechend agieren, er soll sich auf seine Kernaufgaben konzentrieren. Andererseits soll öffentlichen Institutionen neues Leben eingehaucht werden – Anreize für die Bediensteten, ihre Aufgaben besser und flexibler zu erfüllen und Korruption zu verhindern. Der Staat soll dabei nicht als einziger Anbieter (Monopolstellung) Dienstleistungen zur Verfügung stellen, Wettbewerb könne auch hier durchaus befruchtend wirken.[6] Außerdem sollen staatliche Maßnahmen und Programme nicht nur Wachstum fördern, sondern auch sicherstellen, „daß die Vorteile eines marktgestützten Wachstums ausgeglichen verteilt werden, insbesondere durch Investitionen in die Grundausbildung und die Gesundheitsfürsorge."[7] Die Bekämpfung der Korruption, die sich vor allem in Ländern mit schwachen und starren öffentlichen Systemen findet, ist von großer Bedeutung. Weniger Bedienstete und deren bessere Entlohnung kann neben anderen Maßnahmen Korruption eindämmen.[8]

Reformen brauchen immer Zeit, bis sie greifen. Voraussetzungen dafür sind politische Beschlüsse, die einen Wechsel fordern, und leistungsfähige Institutionen, die den Wechsel umsetzen. Die Schaffung leistungsfähiger staatlicher Institutionen ist ein langwieriger und schwieriger Prozeß, weil er gravierende Veränderungen bewirkt und auf Widerstand treffen wird. Strategisch angelegte Reform versucht, mehr Wettbewerb und Transparenz bei Behörden einzuführen, die Bevölkerung mit einzubeziehen und „mit den Gewerkschaften an Programmen (zu) arbeiten, die die Arbeitnehmer in die Lage versetzen, Sicherheit durch den Wandel statt gegen den Wandel anzustreben."[9] Letztendlich bringen aber nur die beiden Faktoren – politische Beschlüsse und leistungsfähige Institutionen – eine bessere wirtschaftliche Entwicklung mit sich.

Die zentrale Frage, die sich durch den Weltbankbericht 1997 stellt: Rückt die Weltbank damit von ihrer bisherigen Strategie ab, eine betont marktfreundliche Entwicklung zu forcieren? Oder ist der Bericht nicht vielmehr ein Plädoyer zur Nutzbarmachung/Instrumentalisierung staatlicher Institutionen im Sinne der Marktwirtschaft? Die Beantwortung dieser Frage richtet sich nach dem Standpunkt und dem Blickwinkel des Fragestellers. Aus der Sicht eines „reichen" Landes kann die Forderung der Weltbank nach einem effektiven Staat entweder zu weit oder zu wenig weit gehen.

---

6 Vgl. ibidem S 6.
7 Ibidem S 6.
8 Vgl. ibidem S 11.
9 Ibidem S 15.

Für die Menschen in Entwicklungsländern und Ländern mit wie auch immer gearteten zerrütteten Strukturen, wo die staatlichen Dienstleistungen/Infrastrukturen nicht in der Lage sind, das Leben der Menschen zu schützen, zu fördern und zu vereinfachen, können die Vorschläge der Weltbank von großer Bedeutung sein. Hinter großen Worten wie „staatliche Strukturen" stecken kleine, aber wichtige Alltäglichkeiten, wie kostenlose Schulmilch oder funktionierende ärztliche Versorgung.

Tatsache ist: Gute wirtschaftliche Erträge sind leichter in einem – vom Staat geschaffenen und erhaltenen – funktionierenden Umfeld zu erwirtschaften. Es ist besser für ein Unternehmen, wenn es mit vorhandenen Infrastrukturen arbeiten kann, wenn gebildetes Personal bereitsteht, wenn für die soziale Grundversorgung gesorgt ist und sich die Menschen sicher fühlen. Das hat auch die Weltbank erkannt.

Die Autoren des Berichts zielen im speziellen in Richtung der Entwicklungsländer, denn das sind die Länder, in denen sich die Weltbank hauptsächlich betätigt. Funktionierende staatliche Strukturen fehlen ihnen weitgehend, worauf die Weltbank ihre fehlende wirtschaftliche Entwicklung zurückführt. Funktionierende staatliche Strukturen helfen jedoch bei der Entwicklung einer prosperierenden Wirtschaft.

Die Rezeption des Weltbankberichts 1997 in internationalen Print-Medien

Daniel Hofmann, Neue Zürcher Zeitung vom 6. 6. 1997, ist in seinem Artikel skeptisch. Einerseits gibt der Weltbankbericht 1997 keine Antwort auf Fragen nach der Handlungsfähigkeit des Staates in der Globalisierung. Einnahmen kann der Staat dann nämlich nur von immobilen Steuerzahlern lukrieren; betroffen davon sind hauptsächlich ArbeitnehmerInnen und Ärmere. Andererseits bezweifelt Daniel Hofmann, daß der Staat – wie es heißt – verpflichtet werden soll, Aufgaben zu übernehmen, die „in die Domäne des Marktes hineinführen". Dies sei ein übersteigertes Vertrauen in die Leistungsfähigkeit des Staates, meint der Autor. Das Thema des Weltbankberichts 1997 gehe auf einen Wunsch der damaligen japanischen Regierung zurück, die ihr eigenes Wirtschaftsmodell als Alternative zum angelsächsischen Kapitalismus anbieten wollte. Japan sei ein denkbar schlechtes Vorbild angesichts wirtschaftlicher Mißerfolge. Abschließend meint der Autor, daß es wohl zuweilen Marktversagen gibt, aber Märkte erwiesen sich als immer „findiger" bei der Überwindung von Unvollkommenheiten als die „schwere Hand des Staates".

Der britische Economist (28. 6. 1997) hinterfragt den Neuigkeitswert des Weltbankberichts. Aus der Sicht des britischen Wirtschaftsblattes stellt der Bericht die „richtigen" Fragen, „verweigere" aber die Antworten: Will man die Vorschläge der Weltbank in die Tat umsetzen, dann fehlen die „Wunderlösungen".

Für die britische Financial Times (FT) (26. 6. 97) zeigt sich allerdings eine Einstellungsänderung seitens der Weltbank. Die früheren Berichte wurden immer dafür kritisiert, zu sehr an „Wunschlisten“ für Reformen selbst interessiert zu sein, als an der eigentlichen Umsetzung von Reformplänen und der Umgestaltung der Institutionen, die das erst ermöglichen. Die veränderte Einstellung der Weltbank-Ökonomen macht die Financial Times daran fest, daß größere Betonung auf Faktoren wie Umwelt, in der Reformen stattfinden sollen, Regeln und Institutionen gelegt wird. Außerdem gibt es für die FT Schlüsselfunktionen, die dem Staat zukommen. Der Staat sollte nicht mehr tun als er kann, denn damit erreiche er weniger als er könnte. Dies sei kein Aufruf zu Minimalismus, sondern zu Bescheidenheit. Aber auch ein bescheidener Staat brauche Reformen, meint die FT. Im Kommentar kommt die FT zum Schluß, daß man „inkompetente Staaten“ nicht unterstützen darf, vielmehr solle man auf den richtigen Moment warten, wo man einem Staat helfen könne.

Die britische Tageszeitung The Independent (10. 7. 97) sieht den Weltbankbericht 97 im Zusammenhang mit einer „Moral-Epidemie“ in der Ökonomie. Diane Coyle meint, Werte werden plötzlich zum Thema. Das sei neu, denn bisher haben sich Ökonomen immer vor offensichtlichen Werturteilen gescheut, sogar in der Wohlfahrtsökonomie sei diese Angst vor Urteilen üblich. Genau diese Angst sei jetzt im Rückzug begriffen, meint die Autorin. Die Weltbank wird von NGOs seit langem für ihren ultra-orthodoxen Freie-Markt-Ansichten kritisiert. Für die Gewährung von Krediten mußten die betroffenen Länder – zumindest theoretisch – den angelsächsischen Kapitalismus übernehmen und das hieß: Abschaffung von Zöllen, Preisderegulierungen, Senkung der Regierungsausgaben usw.

Die Weltbank hat mit ihrem Bericht 97 keinesfalls die Freie-Markt-Theorie aufgegeben, meint Diane Coyle, aber er werfe ein Licht auf andere Politikkriterien: Korruption, Funktionieren von Gesetzen, Ungleichheit der Gesellschaft, Schulbildung usw. Bemerkenswert ist für die Autorin auch die Einbeziehung von „Sozialkapital“, die Bedeutung für Investitionen in Humankapital – Weiterbildung, Fähigkeiten für ArbeitnehmerInnen – sei im Laufe des Jahrhunderts immer wichtiger geworden. Der britische Guardian (26. 6. 97) berichtet ebenfalls von einer „erstaunlichen 180-Grad-Wende“, die sich durch den Weltbankbericht 1997 offenbart.

Trotzdem erntet der Weltbankbericht 97 auch ironische Bemerkungen. So meint beispielsweise der Präsident des IBFG (Weltbund der freien Gewerkschaften, jener Dachverband, in dem auch der ÖGB vertreten ist), Bill Jordan, er bedaure, daß öffentliche Institutionen, öffentliche Moral und so wichtige Dienstleistungsbereiche wie Gesundheit und Erziehung zuerst maßgeblich gerodet werden müßten, damit die Weltbank nun bei ihrer jetzigen Ansicht angelangt sei.

Die indische Economic Times (8. Juli 97) weist ebenfalls auf den Umschwung hin, den die Weltbank gemacht hat. Der Staat wird zumindest als ein wichtiger Faktor im Entwicklungsprozeß anerkannt – ein völlig neuer Schritt für eine Institution wie die Weltbank, die das Zurückdrängen des Staates und das Forcieren des Privatsektors zur obersten Prämisse in den letzten Jahren erklärt hat. Der Weltbank war in diesem Zusammenhang immer unangenehm, daß in den reichen Ländern die Regierung direkt in Geschäfte eingriff – und damit auch noch Erfolg hatte. Trotz der plötzlichen Anerkennung der Rolle des Staates für den Erfolg einer Marktwirtschaft revidiert die Weltbank ihre alten Ansichten nicht, der Staat gilt als Katalysator und Förderer, nicht als potentieller Leader bei Wachstum, obwohl es Beispiele gibt, die dies belegten.

Der Autor S. Venkitaramanan meint, der Weltbankbericht 97 gelte als Lektion für die Welt, aber auch für die Weltbank selbst. Denn sie ist ein „Staatsbetrieb", also müßten die Ratschläge genauso in der eigenen Organisation Anwendung finden. Kenner der Weltbank sowie diejenigen, die die Dienste der Bank bereits in Anspruch genommen haben, wissen, daß die Macht der Bank zum Positiven führen kann, genauso gut aber indirekt in Schwierigkeiten. Der Autor weist in diesem Zusammenhang auf eine Studie von Cathrine Caufield hin, in der nachgewiesen wird, daß die Weltbank gegen die eigenen Widersprüche immun ist. Schlechte Hilfestellung hat überhaupt keine Auswirkungen, auch nicht auf die Finanzen der Bank.

Edward Mortimer bringt in der kanadischen Financial Post (3. 7. 97) den Weltbankbericht in Zusammenhang mit den Regierungszusammenbrüchen und Bürgerkriegen, die es in den letzten Jahren gegeben hat. Ein effektives Staatsgefüge würde langfristig solche Zusammenbrüche verhindern. Dieses Staatsgefüge gemeinsam mit einer unparteiischen Judikatur und Exekutive aufzubauen, würde allerdings eine Generation dauern, meint der Autor.

Schlußwort

Alle angeführten Reaktionen vermuten zumindest eine Einstellungsänderung der Weltbank: Der Staat wird nunmehr als eigener Faktor für eine funktionierende Marktwirtschaft anerkannt und gefordert. Eine gänzliche Neuorientierung der wirtschaftspolitischen Ausrichtung der Weltbank bei künftigen Projekten konstatiert allerdings niemand, darauf gibt auch der Bericht keinerlei konkreten Hinweis. Die Anhänger neoliberaler Wirtschaftspolitik sind skeptisch, ob „soviel" Staat nicht wieder in Verhältnisse wie in ehemals realsozialistischen Ländern führen könnte. Andere sehen im Hinzuziehen des Faktors Staat eine Signalwirkung für eine großflächige Trendumkehr.

Entscheidend ist letztendlich der Blickwinkel: Was für die einen ein „Zurückkippen" in realsozialistisches Wirtschaften ist, kann für andere (über)lebenswichtig sein. Weiters stellt sich die Frage, ob die Weltbank mit ihrem Vorschlag nach einem effektiven Staat wieder einmal Auslöser für eine weltweite Entwicklung ist, wie sie es in den 70er Jahren mit der „neoliberalen Wende" schon einmal war. Ein Stein des Anstoßes, sozusagen.

Literatur

ALTVATER, Elmar und MAHNKOPF, Birgit: Grenzen der Globalisierung. Ökonomie, Ökologie und Politik in der Weltgesellschaft. Westfälisches Dampfboot, 2. Aufl., Münster, 1997.

BALLS, Andrew: Government must be markets' „partner, catalyst and facilitator". In: Financial Times. United Kingdom, 26. Juni 1997.

BALLS, Andrew: Africa's crisis of governance. In: Financial Times. United Kingdom, 26. Juni 1997.

COYLE, Diane: We Have To Add Social Capital To The Free Market Equation. In: Independent. United Kingdom, 10. Juli 1997.

DENNY, Charlotte: Sudden U-Turn By The World Bank. In: The Guardian, United Kingdom, 26. Juni 1997.

DICHTL, Erwin und ISSING, Otmar (Hrsg.): Vahlens Großes Wirtschaftslexikon. Band 4. Verlag Beck. Münschen, 1987.

INTERNATIONALE BANK FÜR WIEDERAUFBAU UND ENTWICKLUNG/WELTBANK: Weltentwicklungsbericht 1997. Der Staat in einer sich ändernden Welt. Dt. Ausgabe. 1. Aufl., 1997. (Vertrieben von Gerold & Co, Graben 31, 1010 Wien)

HOFMANN, Daniel: Absage an die marktfreundliche Entwicklung. In: Neue Zürcher Zeitung. Nr. 145, 26. 6. 1997.

HOFMANN, Daniel: Zurück zum Staat? In: Neue Zürcher Zeitung. Nr. 145, 26.6.1997.

„IT'S THE GOVERNMENT, STUPID". In: The Economist. United Kingdom, 28. Juni 1997 bis 4. Juli 1997.

„THE VITAL STATE", Kommentar. In: Financial Times. United Kingdom, 26. Juni 1997.

„EFFECTIVE STATE KEY TO ECONOMIC DEVELOPMENT". In: Jakarta Post. Southeast Asia, 26. Juni 1997.

VENKITARAMANAN, S.: WDR 97 – The Bank And The State. In: Economic Times. India, 8. Juli 1997.

III. Politik

Globalisierung – die Herausforderung für Gewerkschaften

Hans Sallmutter

Eine 1997 durchgeführte Meinungsumfrage (Imas, 1997) zum Thema Globalisierung brachte ein überraschendes Ergebnis. Trotz der hohen medialen Präsenz des Themas kennen nur 55 % der ÖsterreicherInnen den Begriff Globalisierung, 43 % können damit nichts anfangen. Und selbst jene, die schon von Globalisierung gehört haben, können nur sehr vage angeben, was sie sich darunter vorstellen. Die Palette der assoziierten Bedeutungen reicht von „weltweiter Vernetzung" (38 %), „alles einheitlich" (15 %), „Zusammenschluß von Ländern" (9 %), „Produktion in Billiglohnländern" (3 %) bis zu „immer erreichbar" (1 %).

Die Ergebnisse dieser Umfrage zeigen sehr gut, daß die mediale Hysterie rund um den Bestsellererfolg „Die Globalisierungsfalle" (Martin/Schumann) weniger zur Aufklärung, als vielmehr zur Verunsicherung beigetragen hat. Für viele Menschen ist Globalisierung etwas Ungreifbares, Bedrohliches, etwas, das quasi schicksalhaft über die kleine österreichische Volkswirtschaft hereinbricht.

Im Gegensatz zur herrschenden Unklarheit darüber, was Globalisierung eigentlich bedeutet, sind die von Unternehmerseite vorgeschlagenen Antworten, wie man ihren negativen Effekten begegnen sollte, sehr konkret. Gefordert wird die Senkung von Lohnnebenkosten und Einstiegslöhnen unter dem Kollektivvertrag (KV), Kürzung von Sozialtransfers, die Streichung oder Verlagerung von Feiertagen auf das Wochenende, die Kürzung der Entgeltfortzahlung im Krankheitsfall, Aufweichung des Kündigungsschutzes etc. Die Liste dieser Forderungen ist nicht neu, und es spricht einiges dafür, daß es sich bei der Debatte um Globalisierung lediglich um eine Neuauflage der alten Standortdiskussion unter einem neuen Schlagwort handelt. Das Globalisierungsargument wird heute von Vertretern der neoliberalen Wirtschaftspolitik verwendet, wenn es darum geht, sozialpolitische Errungenschaften zurückzudrängen. Die Argumentationskette lautet: Wir müssen unsere Wettbewerbsfähigkeit erhalten, daher müssen wir die Arbeitskosten senken, wir müssen die Steuerlast reduzieren, und wir müssen die Arbeitsmärkte deregulieren.

Das Gefährliche an dieser Globalisierungsdiskussion ist die Einseitigkeit, mit der sie unter dem Gesichtspunkt der Standortsicherung und Kostensenkung geführt wird. Sie erzeugt Angst, propagiert eine simple Sachzwanglogik und könnte zur Folge haben, daß alles, was Gewerkschaften in den vergangenen Jahrzehnten erfolgreich durchgesetzt haben, zur Verhandlungsmasse erklärt wird. Das wird dann gelingen, wenn sich eine bestimmte Interpretation von Globalisierung durchsetzt. Eine Interpretation, in der Globalisierung tatsächlich zur Falle wird, weil es scheinbar keinen anderen Ausweg als Arbeitskräfteabbau, Flexibilisierung der Arbeitsmärkte und soziale Deregulierung gibt.

Um zu verhindern, daß sich das Thema Globalisierung zum ideologischen Fliegenpracker der Arbeitgeberseite entwickelt, mit dem jedes gewerkschaftliche Argument totgeschlagen wird, muß es im Interesse von Gewerkschaften liegen, Klarheit in die Diskussion zu bringen. Wir müssen uns dabei folgende Fragen stellen: Was sind tatsächliche und was sind nur behauptete Effekte der Globalisierung? Welche Problemlagen sind auf nationaler, europäischer oder globaler Ebene verursacht und auf welcher Ebene müssen gewerkschaftliche Antworten gefunden werden?

„Was die Weltwirtschaft anbelangt, so ist sie verflochten" (Kurt Tucholsky)

Das lapidare Zitat von Tucholsky bestätigt die Erkenntnis vieler Wirtschaftswissenschafter, daß zahlreiche – der Globalisierung zugeschriebene – Phänomene weder neu noch außergewöhnlich sind (siehe dazu auch den Beitrag von Jörg Flecker in diesem Band Seite 47). So wurde darauf hingewiesen, daß Globalisierung keine neue, ungewöhnliche Ausweitung des Welthandelsvolumens darstellt. Der Welthandel hat sich zwar in den letzten Jahren beschleunigt, aber das Ausmaß des Volumens ist nicht außergewöhnlich. So hat etwa das Volumen des Handels der OECD-Länder erst in den 80er Jahren wieder das Niveau vor dem ersten Weltkrieg erreicht. Außerdem findet dieser Handel keineswegs „global" statt, sondern konzentriert sich auf Westeuropa, Asien und Nordamerika. Die Intensivierung des Welthandels ist also eine Verstärkung des Handels zwischen hochentwickelten Ländern, mit durchaus negativen Folgen für Entwicklungsländer.

Oft wird im Zusammenhang mit Globalisierung die Angst vor einer Überschwemmung der heimischen Märkte mit Produkten aus Billiglohnländern geschürt. Empirisch läßt sich diese Angst nicht nachvollziehen. Nur 1,2 % der gesamten Importe der westlichen Industrieländer kommen aus sogenannten Billiglohnländern. Auch die verstärkten Investitionsströme sind keine bedrohliche Globalisierungsfolge. In den meisten Industrieländern halten sich die aktiven (jene von inländischen Firmen im Ausland) und passiven Direktinvestionen die Waage. Auch in Österreich sind sie in etwa ausgeglichen, weder von einem „Ausverkauf der heimischen Wirtschaft" noch von einer „Flucht der Unternehmen aus Österreich" kann gesprochen werden.

In Summe haben die westlichen Industrieländer und auch Österreich von der zunehmenden weltwirtschaftlichen Verflechtung profitiert. Das bedeutet allerdings nicht, daß es keinerlei Verlierer gibt. Vor allem Beschäftigte in arbeitsintensiven Branchen mit niedriger Wertschöpfung, wie beispielsweise der Textilindustrie, sind von Produktionsverlagerungen betroffen. Der Großteil der österreichischen Produktionsverlagerungen landet allerdings im benachbarten Ausland. Es handelt sich daher eigentlich weniger um Globalisierung als vielmehr um Regionalisierung bzw. Europäisierung. Der rapide Strukturwandel in der Nahrungsmittelindustrie, in der Milchwirtschaft, bei Speditionen usw. hat in erster Linie mit dem EU-Binnenmarkt und dem Beitritt Österreichs zur EU zu tun.

Daß die Intensivierung der Handels- und Investitionsströme weniger dramatisch verläuft als vielfach dargestellt, bedeutet nicht, daß Globalisierung ausschließlich ein ideologischer Kampfbegriff der Unternehmer ist und keinerlei reale Effekte hat. Gerade die Internationalisierung und Liberalisierung der Kapitalmärkte – jene Entwicklung, die das Schlagwort Globalisierung am ehesten rechtfertigt – hat dramatische Auswirkungen auf die Arbeitsbeziehungen und Unternehmenskulturen.

Unter dem Druck der Kapitalmärkte und institutioneller Investoren verändern Unternehmen ihre Strategien in Richtung kurzfristiger Effizienzüberlegungen. Diese Diktatur des großen Geldes mit ihrer „Philosophie" des „Shareholder-value" führt dazu, daß Beschäftigte permanent mit Kostensenkungsprogrammen, Outsourcing, Erfolgskontrollen und Standortvergleichen konfrontiert sind. Verlagerungs- und Auslagerungsdrohungen (innerhalb der EU und sogar innerhalb von Nationalstaaten) haben die Verhandlungsposition von ArbeitnehmerInnen und Gewerkschaften erheblich geschwächt.

Gewerkschaftliche Handlungsmöglichkeiten

Zweifellos ist eine stärkere internationale Vernetzung und Kooperation von Gewerkschaften das Gebot der Stunde, um wieder an Einfluß zu gewinnen. Ich denke aber, daß es auch auf nationaler Ebene noch erheblichen gewerkschaftlichen Handlungsbedarf gibt. Alle Analysen der Wirtschaftsforschungsinstitute zeigen, daß Österreichs Wirtschaft von EU-Integration und Ostöffnung profitiert hat. Wenn also EU-Beitritt und Ostöffnung unter dem Strich positive Effekte hatten, so müssen aber alle Bevölkerungsgruppen angemessen an diesem Profit beteiligt werden. Mit anderen Worten: Wir müssen *Verteilungsfragen* stärker thematisieren. Das betrifft sowohl die Verteilung von Arbeit als auch von Einkommen, wie beispielsweise die Verkürzung und Neuverteilung von Arbeitszeit, eine stärkere Belastung von Vermögenseinkommen zugunsten des Faktors Arbeit oder die Einführung von wertschöpfungsbezogenen Abgaben.

Die Verteilungsfrage stellt sich natürlich auch dann, wenn es darum geht, wie der Produktivitätsfortschritt angemessen verteilt wird. Die Konjunkturdaten zeigen nach oben, die Lohnstückkostenposition Österreichs hat sich zuletzt stark verbessert. Diese positiven Signale müssen sich in entsprechenden Lohn- und Gehaltsabschlüssen widerspiegeln. Niedriglohnkonzepte lassen sich mit unserem Sozialmodell auf Dauer nicht vereinbaren. Wir brauchen steigende Realeinkommen, um über die Steuer- und Abgabenleistung unsere sozialen Sicherungssysteme zu festigen und um die zuletzt sehr schwache Binnennachfrage anzukurbeln.

Was die Arbeitsbeziehungen in Österreich betrifft, so glaube ich, daß Gewerkschaften und Betriebsräte deutlich machen müssen, daß sie nicht bereit sind, den Strategiewandel in Richtung Shareholder-value widerstandslos mitzumachen. Die Stärke der österreichischen Wirtschaft beruht auf der Produktion von Qualitätserzeugnissen, die auf gut bezahlter und hochqualifizierter Facharbeit basiert. Die industriellen Beziehungen sind abgesichert durch das einzigartige System der Sozialpartnerschaft, das ein hohes Ausmaß an sozialer und wirtschaftlicher Stabilität garantiert. Wenn diese erfolgreiche strategische Ausrichtung zunehmend in Frage gestellt wird, wenn der langfristige Standortvorteil kurzfristigen Profitkalkülen geopfert wird, dann müssen wir in Erinnerung rufen, daß Gewerkschaften auch Kampforganisationen sind. Den Unternehmern muß klar werden, daß eine Aufkündigung des kooperativen, sozial und langfristig ausgelegten Wirtschaftsmodells für sie mit Kosten verbunden ist. Die deutschen Gewerkschaften haben das zum Beispiel mit ihrem Arbeitskampf um die Lohnfortzahlung im Krankheitsfall erfolgreich demonstriert.

Die Position der Gewerkschaften auf nationaler Ebene wird natürlich wesentlich davon abhängen, wie sich die wirtschaftlichen und sozialen Rahmenbedingungen auf europäischer Ebene entwickeln. Die Massenarbeitslosigkeit in Europa, der Steuerwettlauf und die Standortkonkurrenz zwischen den EU-Mitgliedsstaaten sind „hausgemachte" europäische Probleme und keine Folge der Globalisierung. Derzeit werden zwei Projekte auf europäischer Ebene mit großer Priorität vorangetrieben: Die Wirtschafts- und Währungsunion und die Osterweiterung. Bei beiden Vorhaben drohen die sozial- und beschäftigungspolitischen Aspekte zu kurz zu kommen. Die als Vorleistung für die WWU versprochene Beschäftigungsunion ist – trotz der am Amsterdamer Gipfel erreichten Fortschritte – noch in weiter Ferne. Bei der Osterweiterung steht die wirtschaftliche Leistungskraft der Beitrittswerber im Vordergrund, die sozialen Auswirkungen der Erweiterung werden kaum thematisiert. Wenn die europäischen Gewerkschaften mehr Einfluß auf den politischen Gestaltungsprozeß in Europa erreichen wollen, müssen sowohl die Positionen der nationalen Bünde stärker koordiniert als auch das Verhandlungsmandat des Europäischen Gewerkschaftsbundes gestärkt werden. Dazu bedarf es sicherlich einer Aufstockung der personellen und finanziellen Ressourcen des EGB.

Auch im Bereich der Kollektivvertragspolitik muß es eine Neuorientierung auf europäischer Ebene geben. Nationale und branchenmäßige Strukturen lösen sich auf, Unternehmen operieren zunehmend auf grenzüberschreitenden Märkten. Dadurch verlieren die auf den nationalen Geltungsbereich beschränkten Kollektivverträge ihre wettbewerbsregulierende Funktion. Eine schrittweise Ausdehnung des Wirkungsbereiches über nationale Grenzen hinaus in Richtung Euro-KV ist daher unausweichlich. Dazu wird es aber erforderlich sein, die nach wie vor großen Unterschiede im Selbstverständnis und der Strategie innerhalb und zwischen den nationalen Gewerkschaftsverbänden zu überwinden.

Ein wichtiges Instrument im Kampf gegen unfaire Unternehmensstrategien könnte der Europäische Betriebsrat werden. In Europa fallen rund 1.600 Unternehmen unter die Eurobetriebsrats-Richtlinie. Perspektivisch könnte es daher bis zum Jahr 2000 über 20.000 ArbeitnehmervertreterInnen geben, die in Europäischen Betriebsräten tätig sind. Die gewaltige Herausforderung für die Gewerkschaften besteht nun darin, ob es gelingt, dieses Potential gewerkschaftlich zu organisieren. Davon wird es abhängen, ob der Euro-Betriebsrat das Instrument zu einer Internationalisierung der Gewerkschaftsarbeit wird, oder ob er ein zahnloser Papiertiger von weitgehend auf betrieblicher Ebene isolierter Gremien bleibt.

So groß der Handlungsbedarf für Gewerkschaften in Europa auch sein mag, wir dürfen als Gewerkschafter den globalen Blickwinkel nicht verlieren. Großangriffe auf Gewerkschaftsrechte nehmen weltweit zu, denn das gewerkschaftsfeindliche Klima des freien Marktes verbreitet sich stetig in der Welt nach dem kalten Krieg. Es muß daher dringend ein weltweit anerkanntes Normen- und Regelsystem für den Welthandel realisiert werden. Besonders die Sozialklauseln und Verhaltenskodizes für transnationale Konzerne müssen besser verankert und Sanktionsmöglichkeiten im Kampf gegen ein weltweites Sozialdumping geschaffen werden. Das Ziel ist die Verknüpfung der grundlegenden Arbeitsnormen (Koalitionsfreiheit, Verbot von Zwangsarbeit und Sklaverei, Abschaffung von Kinderarbeit, Recht auf Kollektivvertragsverhandlungen) mit den Handelsbeziehungen im Rahmen der WTO. Wenn diese Forderungen umgesetzt werden, könnte es gelingen, dem Begriff Globalisierung eine neue Dimension zu geben: Globalisierung könnte dann dafür stehen, daß es uns nicht egal ist, zu welchen Löhnen und sozialen Bedingungen Menschen auf der anderen Seite des Globus arbeiten.

Droht der Ausverkauf unserer Wirtschaft?

Herbert Tumpel

Unter Globalisierung versteht man eine Vielzahl von Aktivitäten: den traditionellen Außenhandel mit Waren und Dienstleistungen, grenzüberschreitende Direktinvestitionen, den internationalen Kapitalverkehr, den internationalen Technologie- und Informationstransfer sowie auch die grenzüberschreitende Mobilität von Arbeitskräften. Während die erste Phase der Internationalisierung, eingeleitet durch multilaterale Handelsabkommen in den 50er und 60er Jahren, vor allem den Waren- und Dienstleistungsverkehr betraf, war die spätere Phase durch die zunehmende internationale Arbeitsteilung multinationaler Konzerne, verbunden mit ausländischen Direktinvestitionen, charakterisiert.

Die Ausweitung der Handlungsmöglichkeiten für Unternehmen durch die technologische Entwicklung, Ostöffnung, EU-Integration, WTO-Abkommen und eine lange politische Hegemonie des Deregulierungs- und Liberalisierungsgedankens hat auch in Österreich zu einer Neuausrichtung der Arbeitsteilung, zu verstärkten Direktinvestitionen und zu beschleunigtem Strukturwandel geführt. Obwohl die Wirtschaftswissenschaften davon ausgehen, daß die daran beteiligten Länder insgesamt längerfristig einen Wohlfahrtsgewinn verzeichnen werden, stellt sich die Frage, wie die Verteilungswirkungen auf Arbeitnehmergruppen und Regionen im einzelnen aussehen und vor allem, zu welchen sozialen Verwerfungen es während des Prozesses des Strukturwandels kommt.

An vorderster Stelle muß – aufgrund der sozialen und wirtschaftlichen Bedeutung – die Beschäftigungsfrage stehen. Die österreichische Wirtschaftspolitik muß daher entsprechende Maßnahmen zur Unterstützung bzw. Begleitung des Strukturwandels ergreifen. Innovative Lösungen sind in dieser Fragestellung gefordert.

Der Abbau von Handelsschranken im weltweiten Handel mit Gütern und Dienstleistungen bietet einer kleinen, außenhandelsorientierten Volkswirtschaft wie Österreich bessere Absatzmöglichkeiten für die heimischen Produkte und ist daher gewissermaßen eine Überlebensfrage. Allerdings sollte dieser Abbau längerfristig angelegt und vor allem nur schrittweise umgesetzt werden, um Anpassungsprobleme, wie sie in einigen Bereichen durch die EU-Vollmitgliedschaft entstanden sind, zu vermeiden.

Ganz ausgeblendet wird in den ökonomischen Analysen der Globalisierungsdiskussion oft folgender, vor allem für die Arbeitnehmer meist schwerwiegender Effekt: Im allgemeinen Wettlauf der Länder um die Wettbewerbsfähigkeit von Wirtschaftsstandorten und damit um Direktinvestitionen bzw. um das Kapital im allgemeinen werden die Rahmenbedingungen hinsichtlich Arbeit, Umwelt, Besteuerung usw. laufend nach unten hin beziehungsweise zu Lasten der Arbeitnehmer angepaßt. Unabhängig von etwaigen ökonomischen Argumenten werden Schlagwörter wie „Globalisierung“ und „Wettbewerbsfähigkeit“ von Unternehmensvertretern oftmals schlicht zur Durchsetzung reiner Interessenpolitik benutzt. Im Ergebnis führen solche Entwicklungen zu einem Wohlfahrtsverlust für alle betroffenen Länder. Dieser negative Trend kann nur durch (zumindest) EU-weite Koordinierung vermindert werden. Die Wirtschaftspolitik ist aufgerufen, in dieser Richtung verstärkt Initiativen zu setzen und dem Druck in Richtung Herabsetzung von Standards stärker entgegenzuwirken.

Auslandskapital in Österreich – droht der Ausverkauf unserer Wirtschaft?

Österreichs Eigentumsstrukturen zeigen schon seit Beginn der Industrialisierung charakteristische Züge, die sie bis heute prägen. Zum einen ist es die Dominanz des deutschen Kapitals, insbesondere in der Elektro- und Chemieindustrie, zum anderen ist es die Schwäche des österreichischen Privatkapitals. Die österreichische Handelsbilanz mit Industriegütern war gegenüber Deutschland stets negativ, und deutsches Kapital war seit Ende des 19. Jahrhunderts in der Elektro- und Chemieindustrie Österreich-Ungarns übermächtig. AEG, Siemens, Felten & Guilleaume und später Westinghouse, Ericsson (Schrack), Western Electric (Czeija, Nissl & Co, dann ITT, jetzt Alcatel), BBC, Solvay und Glanzstoff ließen österreichischem Kapital (Kapsch, Elin-Weiz, KDAG) kaum Zeit und Platz zur Entfaltung. Im Gegensatz zur industriellen (Auslands-)Expansion deutscher Unternehmen nahm Österreich-Ungarn (vielleicht mit Ausnahme Böhmens) eine eher untergeordnete Position in der gesamten westeuropäischen Arbeitsteilung ein.

Eine dramatische Änderung erfuhren Österreichs Eigentumsstrukturen um die Jahrhundertwende, als mit der Entwicklung der Börse eine ganze Reihe von Personen- in Aktiengesellschaften umgewandelt wurden und erstmals die Banken als Eigentümer von Industrieunternehmen die Bühne betraten: 25 % der österreichischen Industrieaktiengesellschaften standen unter der eigentumsmäßigen Kontrolle der sieben großen Universalbanken Wiens, während umgekehrt die österreichische Großindustrie keine entsprechende Eigentums- und Verfügungsposition gegenüber den Banken hatte. In der Zwischenkriegszeit erreichte die Bankenherrschaft über die österreichische Großindustrie ihren Höhepunkt.

Während hierzulande die Industrie stagnierte und die Banken krachten, florierte die deutsche Rüstungsindustrie (Stahl: Krupp, Chemie: IG-Farben, Automobilbau: Opel, Daimler-Benz), die ihr Wachstum nach dem Anschluß in Österreich fortsetzte und hier gewaltige Industriekapazitäten (Stahl, Aluminium, Chemiefaser) aufbaute.

In der Zweiten Republik löste der Staatsbesitz das während des Anschlusses übermächtig gewordene „deutsche Eigentum“ ab. Der verstaatlichte Bankenbesitz knüpfte an die vor 1938 bestehenden Eigentumsstrukturen an. Das Wiedereindringen deutschen Kapitals nach dem Staatsvertrag (1955) knüpfte zum Teil an vorher vorhandene Bindungen an, etwa in der Elektro- und der Chemieindustrie (Siemens, AEG, Bayer, Hoechst), zum Teil drang es in neue Industriebereiche ein: Es ist ein relativ neues Phänomen der siebziger und achtziger Jahre, daß auch mittelständisches deutsches Kapital in Österreich Fuß faßte. Die industriellen Abverkäufe des ÖIAG-Konzerns und der CA gingen damals fast durchwegs an die deutsche Industrie (wie Metallgesellschaft, Siemens, Conti, Rothenberger, MAN).

Die österreichische Wirtschaftspolitik nahm in der Vergangenheit gegenüber dem Auslandskapital eine sehr schwankende und immer wieder wechselnde Haltung ein.

Als in den sechziger Jahren ausländische Multis nach Österreich strömten und in Billiglohnfertigungen in der Textil, Bekleidungs- und Elektroindustrie investierten, machte in erster Linie die Arbeiterkammer auf negative Auswirkungen derartiger Investitionen für Lohnniveau, Sicherheit der Arbeitsplätze, Mitbestimmung und Leistungsbilanz aufmerksam. Außer einem damit geweckten öffentlichen Interesse am hohen Auslandskapitalanteil in der österreichischen Wirtschaft folgten jedoch keinerlei wirtschaftspolitische Konsequenzen. Als dann in der zweiten Hälfte der siebziger, Anfang der achtziger Jahre die weltweite Rezession auch auf Österreich übergriff, begann die Wirtschaftspolitik – nach dem Vorbild anderer Länder – Multis zu umwerben und sie mit beträchtlichen Förderungen zur Ansiedlung in Österreich zu bewegen, um hier Arbeitsplätze zu schaffen. Die größten und erfolgreichsten Ansiedlungen dieser Art waren General Motors in Wien und BMW in Steyr. Die anfangs mit Vehemenz vorgebrachte Kritik (vor allem an der Ansiedlung von General Motors) verstummte weitgehend, als Untersuchungen Ende der achtziger Jahre zeigten, daß die volkswirtschaftliche Bilanz durchaus positiv ist und die Beschäftigungsentwicklung in Niederlassungen ausländischer Konzerne dynamischer war als in inländischen Unternehmen.

In Verlauf der 80er und insbesondere der 90er Jahre kam es in Österreich – bedingt durch Ostöffnung und EU-Integration – vermehrt zu internationalen Unternehmenszusammenschlüssen und Übernahmen, nachdem bis dahin Investitionen ausländischer Konzerne „auf der grünen Wiese“ dominierten. Das stetig steigende Volumen an ausländischen Direktinvestitionen in Österreich zeigt, daß Österreich ein gefragter Standort für ausländische Unternehmen ist, sei es, um Zutritt zu bestimmten Märkten zu erlangen, sei es wegen seiner qualifizierten Arbeitskräfte oder der geographischen Nähe zu Osteuropa, also auch potentiellen künftigen EU-Staaten. Als Beispiele seien hier Magna International mit Standorten in Niederösterreich und der Steiermark, Sony in Salzburg oder auch das Siemens-Leiterplattenwerk in Kärnten erwähnt.

Die ausländischen Direktinvestitionen in Österreich, das heißt, Transaktionen, die ausländische Unternehmen im Inland tätigen, haben sich nach dem außerordentlich hohen Wert 1996 von ATS 40,2 Mrd. (verursacht vor allem durch die Übernahme der BML-Gruppe (Billa-Merkur) durch den deutschen REWE-Konzern) wieder auf der üblichen Steigerungsrate der neunziger Jahre stabilisiert. Im ersten Halbjahr 1997 wiesen die von Ausländern in Österreich getätigten Investitionen eine Steigerung von ca 10 % gegenüber dem Niveau des letzten Jahres auf. Die größten Übernahmen in diesem Jahr waren die der Immuno durch den US-Pharmakonzern Baxter und der Papierfabrik Leykam durch die südafrikanische Sappi-Gruppe. 1998 kam es schließlich zur Übernahme von Steyr-Daimler-Puch durch den bedeutenden kanadischen Automobilzulieferer Magna International.

Im Zeitraum 1993 bis 1996 wurden von der OeNB Direktinvestitionen ausländischer Unternehmen in Österreich mit einem Gesamtwert an Netto-Neuinvestitionen von insgesamt ATS 73 Mrd. registriert. Pro Jahr bedeutet dies ein Investitionsvolumen von durchschnittlich ATS 18,25 Mrd. Davon wurden ca 78,8 % (ATS 14,38 Mrd.) von Unternehmen aus Ländern der Europäischen Union getätigt, wobei deutsche Unternehmen 56,2 % (ATS 10,25 Mrd.) abdeckten, zweitgrößter Investor waren die Niederlande mit 10,4 % (ATS 1,9 Mrd.), drittgrößter Großbritannien mit 4,1 % (ATS 0,75 Mrd.). Engagements von Nicht-EU-Staaten in Österreich mit relativ bedeutendem Umfang kamen aus der Schweiz (5,1 %), Norwegen (1,1 %) und Slowenien (0,4 %) als größtem Investorland aus Mittel- und Osteuropa.

Abbildung 1

Passive Direktinvestitionen 1993 bis 1996 im Durchschnitt

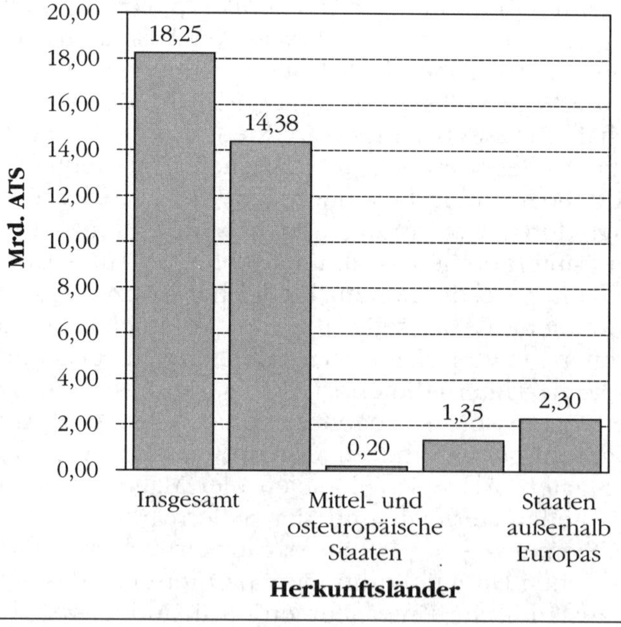

Quelle: OENB, 1997, V. Lacina

Ein Vergleich der passiven Direktinvestitionen der Zeitspanne 1993 bis 1996 nach Herkunftsländern zeigt, daß deutsche Unternehmen mit durchschnittlich 71 % der Netto-Neuinvestitionen an der Spitze des ausländischen Engagements in Österreich liegen, der zweitgrößte Investor sind die Niederlande mit 13 %.

Österreichische Investitionen im EU-Raum flossen hauptsächlich nach Deutschland (59 %), 12 Prozent nach Irland.

Abbildung 2

Aktive und passive Direktinvestitionen Österreichs im EU-Raum

1993 bis 1996 im Durchschnitt nach wichtigsten Ziel- bzw. Herkunftsländern

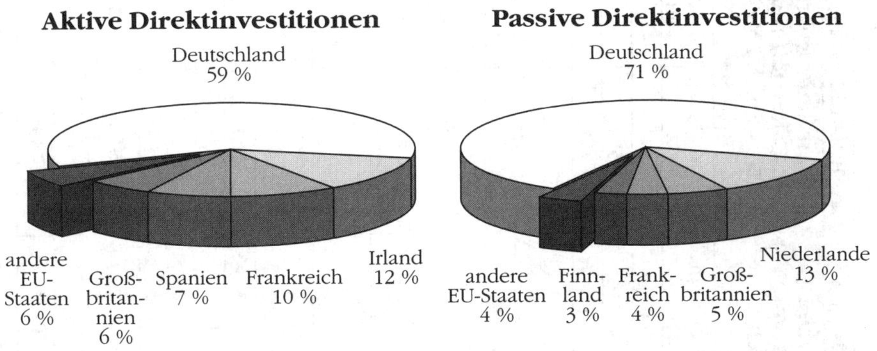

Quelle: OENB, 1997, V. Lacina

Beachtenswert ist, daß nach wie vor, trotz einer kurzfristigen Trendumkehr zu Beginn der 90er Jahre, jährlich mehr von ausländischen Unternehmen in Österreich (passive Direktinvestitionen) investiert wird als von österreichischen im Ausland (aktive Direktinvestitionen). Gemessen am Nominalkapital zeigt zwar die letzte Erhebung der OeNB (1995) eine ausgeglichene Bilanz an Direktinvestitionsbeständen, jedoch betrachtet man den Marktwert, das heißt, werden die Ertragsaussichten der Unternehmen mitbewertet, besteht immer noch ein krasser Überschuß an passiven Direktinvestitionen in Österreich.

Zu den besonders aktiv im Ausland engagierten österreichischen Unternehmen gehören die Firmen Miba, Wienerberger, Mayr-Melnhof, AVL List, Agrana, Plansee sowie auch der Ventilhersteller Hörbiger, die vor allem in Mittel- und Osteuropa, Nordamerika sowie Asien neue Standorte aufgebaut haben.

Gemäß OeNB waren 1995 (letzte Erhebung) etwa 281.000 österr. Arbeitnehmer in ausländisch beherrschten Unternehmen tätig (Tochter- und Enkelunternehmen mit einem Auslandsanteil von mehr als 50 %). Davon waren 160.000 in der Sachgüterproduktion (inkl. Bauwesen) und 121.000 im Handel und Dienstleistungsbereich (Tabelle 1 und 2 auf den folgenden Seiten).

Tabelle 1: Beschäftigte in ausländisch beherrschten Unternehmen in Österreich

per Ende 1995

Wirtschaftszweige der erfaßten österreichischen Unternehmen	Direkte Beteiligungen: Beteiligungsfirmen in Unternehmen mit ausl. (Töchter) Mehrheit ungewichtet[1]		Indirekte Beteiligungen: Beteiligungsfirmen in Unternehmen mit ausl. (Enkel) Mehrheit ungewichtet[2]		Zusammen: Beteiligungsfirmen	Zusammen: Beschäftigte
	Anzahl	Beschäftigte in 1000	Anzahl	Beschäftigte in 1000	Anzahl	in 1000
Bergbau und Energie	**14**	**0,7**	**11**	**0,0**	**25**	**0,7**
Sachgütererzeugung inkl. Bauwesen	**689**	**119,0**	**561**	**41,2**	**1250**	**160,2**
Nahrungs- und Genußmittel	56	7,2	51	4,6	107	11,8
Textilwaren, Bekleidung, Leder	67	8,4	18	1,8	85	10,2
Be- und Verarbeitung von Holz	19	1,6	2	0,0	21	1,6
Papier, Verlagswesen, Druckerei	63	4,4	73	3,1	136	7,5
Chemie, Gummi, Kunststoff, Mineralöl	100	15,9	117	3,4	217	19,3
Glas, Steinwaren	33	4,0	67	3,0	100	7,0
Metall	56	8,1	25	0,5	81	8,6
Maschinenbau	141	19,7	61	7,0	202	26,7
Elektrotechnik, EDV-Geräte, Optik	60	30,4	60	8,5	120	38,9
Fahrzeugbau	18	10,9	16	4,6	34	15,5
Möbel, Sportgeräte, Recycling	22	2,4	7	0,4	29	2,8
Bauwesen	54	6,0	64	4,5	118	10,5
Dienstleistungen	**1559**	**89,3**	**767**	**31,2**	**2326**	**120,5**
Handel inkl Kfz	1047	59,6	321	17,1	1368	76,7
Beherbergungs- u Gaststättenwesen	56	4,7	14	0,2	70	4,9
Verkehr und Nachrichtenübermittlung	63	6,1	64	1,2	127	7,3
Kredit- und Versicherungswesen	91	8,2	137	6,0	228	14,2
Realitäten, unternehmensbezogene Dienste	246	2,2	249	15,6	495	17,8
Öffentliche und sonstige Dienstleistungen	17	0,2	17	0,3	34	0,5
Insgesamt	**2262**	**209,1**	**1339**	**72,5**	**3601**	**281,6**

[1]) Alle Beschäftigten in Direktinvestitionsunternehmen mit einem ausländischen Anteil von mehr als 50 %
[2]) Alle Beschäftigten des Enkels, wenn der ausländischer Anteil an der Tochter größer als 50 % und der Anteil der Tochter am Enkel größer als 50 % ist.

Quelle: OeNB, Statistisches Monatsheft 6/97

Tabelle 2: Anteile der Beschäftigten in ausländisch beherrschten Unternehmen in Österreich an den Gesamtbeschäftigten der Industrie (1975–1995) ungewichtet, nach Wirtschaftszweigen

Branchen	1975	1980	1985	1990	1995
Metall, Transport	17	16	19	26	24
Elektroindustrie	44	58	54	57	46
Öl, Chemie	41	24	36	35	41
Papier, Holz	25	20	19	16	17
Textilien, Bekleidung, Leder	24	29	25	25	22
Nahrungsmittel, Getränke, Tabak	20	27	25	14	22
Bau und verwandte Branchen	21	36	34	47	–
Sonstige	k. A.	25	22	10	–
Gesamt	25	26	27	30	29

Quelle: ÖNACE aus Statistische Übersichten 6/97, OeNB, Christian Bellak 1997

Das heißt, daß etwa 9,6 % der unselbständig Beschäftigten in Österreich in ausländisch beherrschten Unternehmen arbeiten.

Zu den größten ausländisch beherrschten *Industrieunternehmen* Österreichs zählen heute neben Siemens, Philips, BMW und Opel Austria auch Firmen wie Böhler-Uddeholm, die im Rahmen der Privatisierung der Verstaatlichten Industrie mehrheitlich an anglo-amerikanische Anleger verkauft wurde, oder auch die für Österreich traditionellen Steyr-Daimler-Puch Werke, welche erst kürzlich vom kanadischen Autozulieferer Magna International übernommen wurden. In diesem Zusammenhang wären noch das von Chrysler beherrschte Eurostar Automobilwerk sowie die ebenfalls im Kfz-Zulieferbereich tätigen Steyr Nutzfahrzeuge (M.A.N.-Gruppe), die ÖAF-Gräf & Stift (ebenfalls M.A.N.-Gruppe) sowie die Semperit Reifen AG, die in den letzten Jahren aufgrund der für Österreich nachteiligen Standortüberlegungen ihres deutschen Mutterkonzerns für negative Schlagzeilen sorgte. Der „Fall Semperit" war es schließlich, welcher in Österreich erneut die Diskussion über mögliche negative Folgen von Verkäufen wichtiger österreichischer Unternehmen an ausländische Eigentümer anheizte – und dies auch zurecht! Neben Teilen der Produktion wurde auch die Forschungsabteilung ins Ausland verlagert. Der „Fall Semperit" war kein Einzelfall:

- Der norwegische Pharmakonzern Nycomed zog die Forschung aus seinem österreichischen Tochterunternehmen, einem Teil der früheren Chemie Linz, ab.
- Kästle, eine der früher renommierten österreichischen Schifirmen, hat in Österreich keine Produktion mehr.

- Der britisch-niederländische Nahrungsmittelkonzern Unilever, welcher in den letzten Jahren 5,6 Milliarden öS an Dividenden aus seinen österreichischen Betrieben lukriert hat und weiterhin deutlich positive Betriebsergebnisse aufweist, verlagert seine Eisproduktion.

Ans Ausland verkauft hat Österreich große Teile des Nutzfahrzeugebereiches sowie der übrigen Fahrzeugindustrie, der Papierindustrie und der Schiindustrie. Österreichische Lösungen wurden zum Teil zwar diskutiert, aber nicht realisiert!

Die großen *Handelsunternehmen* in Österreich haben allesamt deutsche Eigentümer: es sind dies die zum REWE-Konzern gehörende Billa-Merkur-Gruppe, neuerdings um Meinl ergänzt, die ZEV Markant, Hofer, Metro, Löwa, u. a. m.

Zu den größten *Diensleistungsunternehmen* im ausländischen Besitz gehören IBM Österreich, Siemens Nixdorf Informationssysteme, die Speditionsunternehmen Schenker und Panalpina, McDonald's usw.

Nach einer Untersuchung der AMC-Management Consulting hat die Dominanz der Auslandsunternehmen insbesondere in den technologieintensiven Branchenclustern wie Chemie/Pharma, Elektronik, Energie- und Umwelttechnik und Fahrzeugbau im Zeitraum 1990/95 stark zugenommen. Dies ist einerseits auf ausländische Übernahmen österreichischer Schlüsselunternehmen im Bereich Chemie/Pharma und Elektronik sowie andererseits auf Produktionsanläufen und -erweiterungen in den großen Betriebsansiedlungen im Kfz-Zulieferbereich zurückzuführen. In Österreich werden etwa zwei Drittel der gesamten Forschungs- und Entwicklungsaktivitäten des verarbeitenden Sektors von 20 Großunternehmen erbracht – 13 davon befinden sich im ausländischen Eigentum. Das bedeutet allerdings, daß diese im ausländischen Eigentum befindlichen Großunternehmen im Hinblick auf das Niveau der österreichischen Industrietechnologien und der gesamten Forschungs- und Technologielandschaft Österreichs eine wesentliche Rolle spielen und daher unverzichtbar sind.

Auch wenn rein statistisch gesehen nicht von einem Ausverkauf der österreichischen Wirtschaft gesprochen werden kann, so ist doch aus wirtschaftspolitischer Sicht das Auslandskapital in Österreich insgesamt sehr bedeutend und trotz der unbestreitbaren Vorteile (Technologietransfer, usw.) auch aufgrund permanenter globaler Standortüberlegungen multinationaler Konzerne und dem Umstand, daß die Headquarterfunktionen meist im Stammland konzentriert werden, mit erheblichen Nachteilen verbunden (reine Produktionsverlagerungen ins Ausland werden durchaus auch von heimischen Firmen durchgeführt). Es stellt sich daher die Frage nach der adäquaten wirtschaftspolitischen Strategie.

Wirtschaftspolitische Gegenstrategien aus Arbeitnehmersicht

Die sprunghaft zunehmende internationale Wirtschaftsverflechtung und der damit einhergehende zunehmende Wettbewerb der Standorte hat zu einem Aufbrechen der traditionellen wirtschaftspolitischen Instrumentarien im Bereich der nachfrageseitigen gesamtwirtschaftlichen Steuerung auf nationalstaatlicher Ebene geführt.

Die wichtigste gegenwärtige und zukünftige Herausforderung für Österreich als Wirtschaftsstandort besteht daher darin, die heimische Wertschöpfung abzusichern und zu optimieren, um damit österreichische Arbeitsplätze zu erhalten. Wesentliche Voraussetzung dafür wird sein, nicht nur generell die Standortattraktivität zu verbessern, sondern durch die Absicherung und den Ausbau nationaler industrieller Kompetenz- und Know-how-Zentren eine solide Basis für eine selbsttragende Entwicklung mit dynamischen Auswirkungen auf andere Wirtschaftszweige zu schaffen.

Strategisches Eigentum oder Streubesitz?

Große Anteilseigner (strategische Eigentümer) sind in der Regel nicht nur besser informiert als Kleinaktionäre. Sie haben üblicherweise auch ein langfristiges Interesse am Unternehmensbestand. Aus gesamtwirtschaftlicher Sicht bedeutet dies eine stärkere Verpflichtung – im Sinne von langfristig stabilen Beziehungen – von strategischen Eigentümern für den Unternehmensbestand und damit gegenüber den wichtigsten „Stakeholdern" (Beschäftigte, Lieferanten, Kunden, Banken). Die kritiklose Übernahme des „Shareholder-value"-Prinzips als Maxime der Unternehmenssteuerung ist mehr als problematisch, da es vom Grundsatz her ein sehr kurzfristig angelegtes Gewinnmaximierungsprinzip zum Schutz von uninformierten Kleinaktionären ist, das mittel- bis langfristige Perspektiven der Unternehmensentwicklung außer acht läßt.

Inländisches oder ausländisches strategisches Eigentum?

Vergleicht man verschiedenste Kennzahlen und Merkmale von Unternehmungen in in- und ausländischem strategischen Besitz, zeigt sich zwar nach wichtigen Kriterien wie Lohnhöhe, Exportanteil und -zuwachs, Investitionen eine gleiche oder sogar bessere Unternehmensentwicklung der Auslandstöchter. Dies jedoch mit einer wichtigen Ausnahme: Wertschöpfungsintensive Unternehmensbereiche, also jene mit hoher Entscheidungs- und Investitionsverantwortung (z. B. Spitzenmanagement, Planung, Forschung und Entwicklung, qualitativ hochwertige Fertigung) von international tätigen Konzernen verbleiben in der überwiegenden Mehrzahl der Fälle im Land der Muttergesellschaft. Darüber hinaus ist die Konzernspitze überdurchschnittlich häufig im Land der dominierenden Eigentümer angesiedelt. Das bedeutet, daß bei der Übernahme eines bisher im inländischen Besitz stehenden selbständigen Unternehmens durch ausländische Eigentümer das Risiko des Verlustes an „strategischer" Wertschöpfung an die Muttergesellschaft besteht. Davon betroffen sind im Regelfall nicht nur die höherqualifizierten Arbeitsplätze im Unternehmen selbst, sondern auch in den Zulieferbereichen, insbesondere in jenem der industrienahen Dienstleistungen. Dadurch besteht die Gefahr, daß ein Standort insgesamt an Attraktivität verliert.

Im Einzelfall könnte jedoch auch in Zukunft der Verkauf an ausländische Eigentümer die sinnvollste Lösung sein.

Forschung & Entwicklung und strategisches Eigentum

Die im österreichischen Innovationssystem bestehenden strukturellen Defizite sind zum Teil auf die Dominanz ausländischen Eigentums in den sowohl quantitativ wie auch qualitativ wichtigsten Industrieclustern zurückzuführen. Zwar stammt ein Gutteil der F&E-Leistungen der österreichischen Wirtschaft aus diesen Unternehmen, jedoch zeigt ein Vergleich der F&E-Dynamik zwischen den ausländischen Konzernen und ihren österreichischen Tochterunternehmen in wesentlichen Bereichen wie Chemie/Pharma, Fahrzeugbau, Energie- und Umwelttechnik, daß die im ausländischen Eigentum befindlichen Branchen- und Technologieführer bezüglich Forschungsdynamik und/oder Forschungsintensität nicht an das Niveau ihrer Mutterkonzerne heranreichen. Darüber hinaus werden viele strategische Entscheidungen betreffend Größe und Richtung der F&E-Aktivitäten an den österreichischen Standorten von den strategischen Eigentümern im Ausland gefällt, was grundsätzlich immer eine gewisse Bedrohung österreichischer Standorte darstellt, wie (bereits dargestellte) Beispiele aus der Vergangenheit (z. B. Reifen, Pharma) bewiesen haben.

Angesichts der jüngsten Entwicklungen in Österreich und umfänglicher bereits im Gange befindlicher bzw. noch geplanter Privatisierungen ist es dringend erforderlich, zur Absicherung des Wirtschaftsstandortes Österreich und zur Aufrechterhaltung und Verbesserung der Beschäftigungssituation den Bestand wichtiger Industrien und sonstiger Schlüsselsektoren (Energiewirtschaft, Telekommunikation, Banken) national-strategisch abzusichern.

Das grundlegende Problem dabei ist in Österreich – wie auch in anderen Ländern – der Mangel an privaten Großinvestoren bzw. institutionellen Investoren mit der Bereitschaft, langfristige strategische Eigentümerfunktionen auszuüben. In Deutschland nehmen die Bundesländer, Großgemeinden und Banken die strategische Eigentümerfunktion bei zum Teil sehr großen Konzernen wahr, ergänzt durch ein System wechselseitiger Unternehmensverflechtungen. Diese Option sollte auch in Österreich stärker wahrgenommen werden, auch wenn die Größenordnungen um einiges geringer sind. Wichtig an diesem Konzept wäre – wo immer machbar – die Miteinbeziehung größerer und mittlerer privater Industrieinvestoren. Zur Absicherung des strategischen Eigentums bedarf es somit einer Vielzahl von Instrumenten. Es bedarf aber auch eines zentralen Akteurs, welcher in Einzelfällen die Initiative ergreifen und koordinierend oder steuernd tätig werden kann. Aus Arbeitnehmersicht sollten insbesondere auch im Zusammenhang mit den kommenden Privatisierungen folgende Maßnahmen initiiert werden:

Schaffung strategischer Unternehmenskerne in teils öffentlichem, teils privatem Besitz auf der Ebene von Ländern und Großgemeinden unter Miteinbeziehung von Banken (z. B. Landeshypothekenanstalten), der privaten Industrie (z. B. private österreichische Industrieholdings) und institutionellen Investoren.

Umwandlung der ÖIAG von einer reinen Privatisierungs- bzw. Finanzholding in eine Beteiligungsgesellschaft zur langfristigen Wahrnehmung der Eigentumsrechte des Bundes im Sinne von gesetzlich klar definierten strategischen Zielsetzungen.

Dazu sollten insbesondere gehören:

- *Halten qualifizierter strategischer Beteiligungen an wichtigen inländischen Industrieunternehmen wie VA Tech, VA Stahl, OMV, Böhler-Uddeholm;*
- *Erwerb und Halten von wichtigen österreichischen Industrie- und sonstigen Beteiligungen im Zusammenhang mit internationalen und nationalen Unternehmens- bzw. Anteilsveräußerungen gemeinsam mit anderen strategischen Eigentümern im In- und Ausland, insbesondere auch österreichischen Banken;*
- *Übertragung des Eigentums an allen privatwirtschaftlich geführten industriellen Unternehmen des Bundes;*
- *Privatisierung von öffentlichem Eigentum unter stärkerer Berücksichtigung strategischer vor rein fiskalischen Zielsetzungen unter Bedachtnahme auf eine effiziente Eigentümerstruktur;*
- *Initiierung von strategisch vorteilhaften wechselseitigen Eigentumsverflechtungen.*

Auch Infrastrukturunternehmen von überragender gesamtwirtschaftlicher Bedeutung (Energiewirtschaft, Telecom, Bahn, Luftverkehr, Flughafenbetriebsgesellschaften) müssen Teil eines Konzepts sein, dessen Ziel es ist, wichtige strategische Schlüsselsektoren in österreichischer Hand zu halten.

Einerseits muß den früheren Monopolbereichen die Anpassung an die Erfordernisse der Zukunft ermöglicht werden, andererseits muß vermieden werden, daß derartige Schlüsselbereiche zu „verlängerten Werkbänken" ausländischer Konzerne werden. Dieser Ansatz schließt jedoch nicht aus, daß vernünftige Kooperationen mit ausländischen Interessenten eingegangen werden können.

Die Entscheidung, welche Industrieunternehmen zu der Zielgruppe für strategisches österreichisches Eigentum gehören, sollte nicht nach Branchen erfolgen, sondern müßte nach Beurteilung jedes möglichen Einzelfalles erfolgen. Allgemeine im voraus festzulegende Prioritäten sind nicht zielführend. Vielmehr sollte diese Maßnahme zunächst von der institutionellen Seite her getroffen werden, also durch Entwicklung, Formierung und Stärkung von strategischen Beteiligungshaltern.

Neue wirtschaftspolitische Ansätze für mehr Wachstum und Beschäftigung

Zukünftige wirtschaftspolitische Strategien müssen grundsätzlich die Beschäftigungsentwicklung in den Mittelpunkt stellen.

Die Diskussion um industriepolitische Strategien muß immer mehr davon ausgehen, daß man mit der herkömmlichen Konzentration auf einen traditionellen Industriebegriff viel zu kurz greifen würde. Es ist eine Wirtschaftspolitik zu formulieren, die einen weiten Industriebegriff umfaßt, in dem zum Beispiel ein immer größerer Bereich aus mit dem eigentlichen Industriekern eng verflochtenen Dienstleistungen besteht. Aber auch innerhalb von industriellen Unternehmen ist ein immer größerer Teil der Beschäftigten mit der Planung und Vorbereitung der Produktion oder mit deren Unterstützung, Verkauf und anderem beschäftigt.

Dies darf aber keinesfalls zu der Einschätzung führen, der Produktionsbereich wäre in Zukunft für die wirtschaftliche Entwicklung Österreichs weniger bedeutsam. In weiten Bereichen sind nämlich die beiden Tätigkeitsbereiche unmittelbar voneinander abhängig. Längerfristig wäre es etwa wahrscheinlich nicht denkbar, österreichisches Verfahrens-Knowhow im Stahlbereich wettbewerbsfähig anbieten zu können, wenn die Stahlproduktion selbst verloren gehen würde. Technologische Weiterentwicklungen im Anlagenbau sind in den meisten Fällen nur über die unmittelbare Zusammenarbeit mit nahen Produzenten, die den neuesten Stand der Produktionstechnologie beherrschen, zielführend. Zahlreiche ähnliche Beispiele könnten genannt werden. Es ist aber umgekehrt auch nicht denkbar, hochwertige Produktionen in Österreich wettbewerbsfähig zu halten ohne einen entsprechenden hochwertigen und wettbewerbsfähigen Dienstleistungssektor. Solche stark miteinander verbundenen Unternehmensbeziehungen sind natürlich auch zwischen unterschiedlichen Produktionsstufen feststellbar. Bei hochwertigen Systemzulieferungen ist daher ein enger, laufender Prozeß des gegenseitigen Zusammenwirkens notwendig.

Diese angedeuteten Entwicklungen, die sich dadurch ergebenden Gefahren, aber vor allem auch die sich daraus ergebenden Chancen, müssen in Zukunft auch in der Wirtschaftspolitik stärker in die Überlegungen mit einbezogen werden. Es lassen sich daraus etwa starke Argumente für weit definierte wirtschaftliche Cluster (Metall – Anlagenbau, Holz – Papier, Kfz usw.) und darauf abgestimmte wirtschaftspolitische Maßnahmenbündel, die von betroffenen Dienstleistungen und Industrien bis zu konzentrierten Bildungs- und Weiterbildungsmaßnahmen, Auftragsvergaben und Regulierungen, Normen usw. reichen, ableiten. Überlegungen dieser Art sind vor allem auch in regionalpolitische Strategien einzubeziehen, um regionale Ausgangspunkte für eigenes Wachstum zu schaffen.

Ein wesentlicher Effekt solcher stark vernetzter Wirtschaftseinheiten, die durchaus in unterschiedlichen Wettbewerbsverhältnissen stehen können, ist unter anderem die Standortattraktivität und die Sogwirkung, die durch dieses umfassende und regional konzentrierte Know-how auf weitere Unternehmen in diesen Geschäftsfeldern ausgeht.

Eine wesentliche Erkenntnis ist wohl bei der Formulierung zukünftiger wirtschaftspolitischer Strategien, die die Beschäftigungsentwicklung in den Mittelpunkt ihrer Überlegungen stellen, zu beachten: In großen Unternehmen des engeren Industriesektors sind – ohne Arbeitszeitverkürzung – wahrscheinlich keine wesentlichen positiven Beschäftigungseffekte zu erwarten. Sie schaffen kaum jemals intern netto mehr Arbeitsplätze, da die durch den Einsatz von neuen Technologien verursachten Produktivitätsgewinne starken Druck auf die bestehenden Arbeitsplätze ausüben und darüber hinaus der Trend zur Konzentration auf Kernkompetenzen und die Auslagerung von Aufgabenstellungen (mit den oftmals negativen Wirkungen für die Arbeitnehmer durch niedrigere Standards in den neuen Kollektivverträgen) in die entgegengesetzte Richtung wirken.

Wesentliche zusätzliche Beschäftigungschancen bestehen hingegen bei jenem Teil der kleinen und mittleren Unternehmen (KMU), die innovative Geschäftsideen entwickeln, Marktnischen entdecken und neue Technologien für neue Produkte und Dienstleistungen nutzen. Bei ihnen werden in vielen Fällen die Produktivitätsgewinne durch die Wachstumseffekte übertroffen und damit neue Arbeitsplätze geschaffen. Wirtschaftspolitisch ineffizient sind allerdings Strategien, die eine Unterstützung des gesamten KMU-Bereichs fordern. Dadurch entstehen zum größten Teil Mitnahmeeffekte. (Kaffeehäuser sind nur in den seltensten Fällen wachstumsintensiv!)

Gefordert ist daher eine Wirtschaftspolitik, die die Entwicklung der KMU vor allem in den dynamischen und wachstumsintensiven Dienstleistungs- und Produktionsbereichen unterstützt und somit zu neuer Beschäftigung führt.

Dazu zählt etwa eine entsprechende Konzentration der Förderungspolitik auf diese Bereiche, oder auch Initiativen zur Mobilisierung von Eigenkapital, welches zur Finanzierung der oftmals notwendigen Risikoinvestitionen und des Wachstumsprozesses notwendig ist.

Ähnliche Überlegungen sind auch verstärkt für Initiativen im Bereich der Neugründungen anzustellen. So wünschenswert es sein mag, Österreich bei der Neugründungsrate und bei der Selbständigenrate an das OECD-Niveau heranzuführen, so klar muß auch gesagt werden, daß damit per se Beschäftigungsprobleme nur marginal gelöst werden können.

Positive Beschäftigungseffekte können verstärkt nur dann ausgelöst werden, wenn man den Anteil der innovativen, schnell wachsenden Unternehmensgründungen erhöht und sich wirtschaftspolitisch auf diesen Teil der Unternehmensgründungen konzentriert.

Gerade im Zusammenhang mit jungen Unternehmen und KMU sollte sich die Wirtschaftspolitik stärker der Frage einer diese unterstützenden

Infrastruktur stellen, um den Wachstumsprozeß zu unterstützen. Dabei ist nicht so sehr an traditionelle Infrastruktur in Form von Verkehrssystemen oder Energie (so wichtig diese als Voraussetzung nach wie vor ist) gedacht, sondern vielmehr an den Zugang zu technologischen Problemlösungen, Zugang zu den fortgeschrittensten Telekommunikationstechnologien, Forcierung eines dynamischen Dienstangebotes in diesem Bereich, eines auf grundlegend neue Wissenserfordernisse schnell reagierenden Berufsbildungs- und Weiterbildungssystems, u. a. m.

Maßnahmen im Bereich des Kapitalmarktes und die verstärkte Bereitstellung von *Risikokapital* wären sowohl für die Unterstützung der Idee des österreichischen Eigentums in strategisch wichtigen Bereichen, als auch zur Finanzierung von risikoreichen Neugründungen und Wachstumsprozessen von KMU von außerordentlicher Bedeutung. *Publikums- und Pensionsfonds sind ihrer Natur und Zielsetzung nach keine strategischen Eigentümer,* da aus Gründen des Risikos immer nur kleine Unternehmensanteile gehalten werden dürfen. Sie sind jedoch zur Ergänzung der strategischen Eigentümer unentbehrlich. Je mehr Anlage suchendes Kapital für kleine Unternehmensanteile vorhanden ist, um so niedriger ist der für die Ausübung des strategischen Eigentums erforderliche Anteil. In diesem Zusammenhang müssen Maßnahmen für eine rasche Entwicklung insbesondere der Pensionsfonds geprüft werden. Dabei könnte die Möglichkeit einer steuerlichen Förderung – allerdings nur im Zusammenhang mit grundsätzlichen Strukturmaßnahmen im Steuersystem – in Erwägung gezogen werden. Wesentliche Voraussetzung für die Belebung des Risikokapitalmarktes in Österreich wäre es jedoch, die Wiener Börse transparenter und weniger störanfällig gegen die Operationen einzelner Händler zu machen, ebenso wie eine grundlegend andere Informations- und Gebührenpolitik der Geschäftsbanken.

IV. Antworten

Wie könnte eine strategische Industriepolitik in Österreich aussehen?

Hans Moser, Richard Winklhofer

1. Komponenten des Wandels

Die wirtschaftspolitische Situation Ende der 90er Jahre ist durch eine zunehmende europäische bzw. globale Verflechtung gekennzeichnet. Damit ist – nicht nur – Österreich einem von außen induzierten, immer stärker werdenden Wettbewerbsdruck und strukturellen Wandel ausgesetzt. Als Stichworte in diesem Zusammenhang sind die „EU-Integration" oder die „Ostöffnung" zu nennen.

Auf globaler Ebene kam es bereits Ende der 80er Jahre zu tiefgehenden Änderungen. Durch das Ende des Systems der zwei Supermächte – USA und UdSSR – entwickelten sich in dem damit ausgelösten politischen und wirtschaftlichen Vakuum neue Strukturen. Auf politischer Ebene führte das zu einem Bedeutungsgewinn der NATO, der Stärkung Chinas oder zur Herausbildung z. B. eines islamischen Blocks.

Mit dem Entstehen dieser neuen politischen Hegemonialstrukturen ging auch eine globale, wirtschaftliche Neuordnung einher. Im Zuge der Auflösung der ehemaligen UdSSR und ihres Blockes und dem Entstehen autonomer Republiken kam es zur Öffnung bislang – großteils – verschlossener Märkte. Gleichzeitig begann der Aufstieg der „asiatischen Tiger", die zu einer weiteren Öffnung und Belebung des weltweiten Handels führte. Im Zeitraum 1985 bis 1995 verdreifachten sich etwa die weltweiten Exporte (Fels „Globalisierung – nur eine mentale Frage, Institut der deutschen Wirtschaft, 1997, Seite 2–3).

Im Rahmen dieser „globalisierten" Welt bilden sich zunehmend integrierte Wirtschaftsräume heraus (EU, NAFTA, AFTA etc.). Erklärtes Ziel dieser wirtschaftlichen Integration hin zu Binnenmärkten ist dabei einerseits die Stärkung der wirtschaftspolitischen Macht sowie andererseits die Verbesserung der Ausgangsbedingungen für die heimischen Unternehmen. Letzteres gelingt z. B. durch die Nutzung von „Economies of Scale" durch die Erweiterung des „Heimmarktes" bei gleichzeitiger Reduktion der Anpassungskosten – etwa Vereinheitlichung von Normen, Wegfall von Transaktionskosten beim Export etc. Damit können bereits am „Heimmarkt" wettbewerbsfähige Kostenstrukturen durch Größenvorteile lukriert werden. Oft sind diese Integrationsbestrebungen aber auch mit Abschottungstendenzen gegenüber „fremden" Anbietern verbunden.

Der Öffnung der Grenzen und Märkte auf der Nachfrageseite steht eine zunehmende globale Arbeitsteilung auf der Produktionsseite gegenüber. Neue (Billig-)Anbieter aus dem süd-ostasiatischen Raum, aber auch zunehmend aus den mittel-/osteuropäischen Ländern und den GUS-Staaten stellen nicht nur Unternehmen vor neue Herausforderungen.

Darüber hinaus kam es in den letzten Jahren zu einer weitgehenden Globalisierung und Deregulierung der Finanzmärkte, die damit der nationalen – aber auch supranationalen – Einflußnahme weitgehend entzogen wurden.

Letztendlich zeichnen sich zunehmende weltweite Liberalisierungstendenzen vor allem im Bereich der Infrastruktur – z. B. Post, Telekom, Energie, etc. – ab.

2. Industriepolitisch relevante Spannungsfelder

Eine Reihe von Entwicklungen stellen die wirtschaftspolitischen Akteure vor neue Herausforderungen, auf die es eine Antwort zu finden gilt. Oftmals werden diese Entwicklungen unter dem Begriff „Globalisierung" – unscharf – zusammengefaßt. Die „Globalisierung" stellt sich jedoch nicht homogen und geradlinig dar, sondern ist insbesondere durch das Entstehen „neuer" Spannungsfelder gekennzeichnet.

Spannungsfeld 1: Globalisierung versus wirtschaftliche Integration

Die aktuelle wirtschaftspolitische Diskussion ist oft von der Globalisierungsdebatte überschattet. Steigerung der internationalen Handelsströme (WTO), Zunahme der Mobilität des Faktors Kapital gemessen an den Direktinvestitionsströmen und die Abkopplung und Verselbständigung der Finanzmärkte werden in diesem Zusammenhang immer wieder als Beweise für die zunehmende Globalisierung der Märkte herangezogen. Das „Profil der Globalisierung", wie Fels (1997) es ausdrückt, zeigt sich am deutlichsten, wenn man die Entwicklung der Produktion jener der Finanzmärkte gegenüberstellt. Während die Produktion von 1972 bis 1995 auf das Achtfache anstieg, erhöhten sich die Exporte auf das Dreizehnfache und die Direktinvestitionen auf das Achtzehnfache. Besonders dramatisch haben sich jedoch die Finanzmärkte entwickelt. Ging die Entwicklung bis 1990 noch sehr konform mit jener der Direktinvestionen, „explodierten" sie zwischen 1990 und 1995 förmlich, wie folgende Abbildung 1 deutlich zeigt (Seite 193).

Es ist jedoch weniger die Entwicklung an und für sich, die Anlaß zu Diskussionen gibt, sondern der mit dieser Entwicklung verbundene – teilweise bzw. scheinbare – Verlust der nationalen wirtschaftspolitischen Souveränität. Notwendige und sinnvolle Maßnahmen werden mit dem Argument abgelehnt, daß ein nationaler Alleingang nur zu einem Abzug von Kapital führt und damit der nationalen Wirtschaft nur schadet.

Als ein Ausweg aus diesem Dilemma wird die Abgabe von Kompetenzen auf eine nächsthöhere Regulierungsebene gesehen – insbeson-

Abbildung 1: Das Profil der Globalisierung

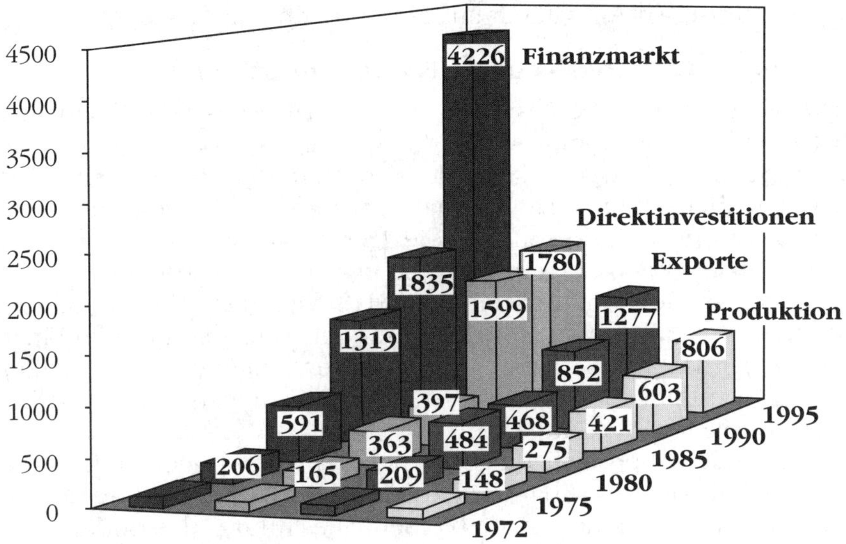

Quelle: Fels 1997

dere auf die EU. Damit wird die Zusammenarbeit und – bei entsprechenden Einigungen – die zunehmende Integration von Wirtschaftsräumen gefördert. Während es also auf der einen Seite zu einer Öffnung der Grenzen und Liberalisierung der Märkte kommt, entstehen auf der anderen Seite mehr oder weniger abgeschlossene und integrierte Binnenmärkte, deren Verflechtungen untereinander nur in sehr bescheidenem Ausmaß bestehen.

Ein weiterer wichtiger Grund für die zunehmende wirtschaftliche Integration zu größeren Binnenmärkten ist die neue Wettbewerbssituation der Unternehmen. Bislang geschützte Märkte erfahren zunehmend eine Öffnung gegenüber ausländischen Konkurrenten. Während sich Konkurrenten bis vor kurzem im wesentlichen nur auf Drittmärkten gegenübergestanden sind, muß in letzter Zeit auch zunehmend der eigene Heimmarkt gegenüber fremden Anbietern verteidigt werden. Gleichzeitig traten und treten neue Anbieter aus den „emerging markets" auf das internationale Parkett und erhöhen damit die Wettbewerbsintensität. Für etablierte Anbieter aus den hochindustrialisierten Ländern stellen vor allem die Kostenstrukturen jener neuen Anbieter – etwa billige Arbeitskräfte – eine große Herausforderung dar. Eine mögliche Antwort darauf ist die Nutzung von „economies of scale" durch Vergrößerung des Absatzmarktes. Hilfreich ist es dabei, wenn diese Größenvorteile bereits am Heimmarkt lukriert werden können und somit eine gute Ausgangsbasis für Exporte und den Wettbewerb in Drittländern geschaffen werden kann. Daher kommt es auch von dieser Seite zu einem zunehmenden Druck in Richtung Integration und Errichtung größerer Binnenmärkte.

Wieder stellt sich das Spannungsfeld als Integration zu größeren Binnenmärkten auf der einen Seite bei gleichzeitiger Globalisierung der unternehmerischen Aktivitäten auf der anderen Seite dar.

Spannungsfeld 2: Real- versus Finanzinvestitionen

Die weitgehende Liberalisierung und Globalisierung der Finanzmärkte hat zu einer Explosion dieser Märkte geführt. Wie bereits in der Abbildung 1 (Seite 193) dargestellt wurde, kam es in der Folge zu einer weitgehenden Abkopplung realwirtschaftlicher Entwicklungen von den Finanzmarktströmen, insbesondere die Derivative haben zu dieser Entwicklung maßgeblich beigetragen. Die bei diesen Instrumenten in Aussicht gestellten Gewinne führten dazu, daß ein Gutteil der Investitionen nicht mehr in Realkapital – sprich Produktion, etc. – sondern in Finanztitel angelegt wurde. Die dabei lukrierten Gewinne wurden in der Regel wieder reinvestiert, so daß es in der Regel zu keiner substantiellen Belebung der privaten Nachfrage kam.

Gleichzeitig sahen sich die Unternehmen gezwungen, mit den auf den Finanzmärkten erzielbaren Renditen in Konkurrenz zu treten, wollten sie für Investoren interessant bleiben. Dies führte – besonders in den USA – zu dem vielzitierten „Shareholder value"-Denken: Die Maximierung des Unternehmenswertes für die Anteilseigner, um für diese weiterhin eine interessante Investition darzustellen. Gleichzeitig bedeutet das aber auch, daß Investitionen nur mehr getätigt werden, wenn sie eine bestimmte Mindestrendite abwerfen. Mit anderen Worten, Investitionen, die zwar gewinnbringend und auch betriebs- und volkswirtschaftlich sinnvoll sind, aber die geforderte Rendite von zehn oder mehr Prozent nicht erreichen, werden unterlassen. Damit erhöht sich die Schere zwischen Real- und Finanzinvestitionen weiter.

Spannungsfeld 3: Zunehmende weltweite Arbeitsteilung versus Sicherung nationaler Beschäftigung

Im Zuge der zunehmenden Öffnung der Märkte und dem Auftreten neuer Anbieter bildete sich auch eine neue globale Arbeitsteilung heraus. Beschäftigungsintensive Sektoren und Industrien zeigen sich zunehmend mobil und errichten ihre Produktionsstätten in den jeweiligen Billigstlohnländern. In diesem Zusammenhang ist auch eine ausgeprägte Wanderschaft der Produktionsstätten zu beobachten. Während früher strategisch, langfristig in Produktionsanlagen investiert wurde, zeigt sich nunmehr immer öfter, daß es durchaus möglich und üblich ist, die jeweilige Produktionsstätte nach drei bis vier Jahren weiterwandern zu lassen – etwa von Polen über Bulgarien in die GUS-Länder.

Diese Entwicklung, die auf der einen Seite für billige Produkte für den Konsumenten sorgt – sofern die Unternehmen die Kostenvorteile weitergeben –, bringt auf der anderen Seite den nationalen Standort zunehmend unter Druck. Denn während es in der ersten Phase lediglich lohnkostenintensive Produkte waren, die von einer Verlagerung betroffen waren, kommen zunehmend auch komplexere Fertigungen unter

Druck. Vor diesem Hintergrund stellt sich die Frage, wie wünschenswert sind billige Produkte (die unter niedrigen Sozial- und Umweltstandards erzeugt wurden), wenn damit gleichzeitig nationale Beschäftigung vernichtet wird und die Anzahl der Personen, die über entsprechende Kaufkraft verfügen, damit immer weniger werden?

Eine weitere Herausforderung ist die beschleunigte Entwicklung und Diffusion von Telekommunikations- und Informationstechnologien und deren Auswirkung auf die gesellschaftlichen, sozio-ökonomischen Beziehungen (und insbesondere auf die Arbeitswelt). Nicht nur, daß die Informationsflut immer weiter ansteigt, zeichnet sich (ansatzweise in einigen Bereichen) auch eine völlige Neuordnung der Arbeitsabläufe ab. Die Vermischung von Arbeitsplatz und privatem Bereich auf der einen Seite, oder die Reduktion der sozialen Beziehungen am Arbeitsplatz auf der anderen Seite, wie sie etwa bei der Telearbeit zu beobachten ist, illustrieren diese Tendenzen.

Die hier skizzierten wirtschaftspolitischen Spannungsfelder werden in der öffentlichen Debatte oft als verschärfter Standortwettbewerb, bei gleichzeitiger Einschränkung der nationalen Handlungsspielräume, wahrgenommen. Auf die Frage, inwieweit es wirklich zu Einschränkungen gekommen ist, soll hier nicht näher eingegangen werden, in jedem Falle bleiben eine Reihe von sinnvollen und machbaren wirtschafts- und industriepolitischen Möglichkeiten offen – auf diese soll nun in Folge näher eingegangen werden.

3. Anforderungen an eine strategische Industriepolitik

Ausgangspunkt der weiteren Überlegungen ist der nachfolgend dargestellte Wirkungszusammenhang industriepolitischer Initiativen. Dominierendes Ziel aller wirtschaftspolitischen Aktivitäten muß die Verbesserung der Lebenschancen für alle sein. Gleichzeitig soll der wahrgenommenen (Arbeitsplatz-, physischen, materiellen und psychischen) Sicherheit Rechnung getragen werden. Darüber hinaus ist zu fordern, daß die eingesetzten Maßnahmen die individuelle Freiheit gewährleisten und im Sinne einer „sustainable development" langfristig allen eine gesunde Umwelt garantieren.

Da diese Ziele nicht direkt erreichbar sind, müssen konkrete Subziele definiert werden, die einer gewünschten Entwicklung förderlich sind. In diesem Zusammenhang ist etwa an Vollbeschäftigung zu denken, die es ermöglicht, einerseits die subjektive Sicherheit zu erhöhen und gleichzeitig die individuellen Lebenschancen zu verbessern. Unterstützend kann auch ein (ökologisch und sozial abgesichertes) Wirtschaftswachstum wirken.

Zur Erreichung dieser Subziele – Wirtschaftswachstum, Vollbeschäftigung, etc. – ist es notwendig, daß die nationale Ökonomie international wettbewerbsfähig ist. Genau hier setzt die Industriepolitik mit konkreten Maßnahmen an, deren Ziel es ist, einzelne Sektoren und/oder Branchen bei der Verbesserung ihrer Wettbewerbsfähigkeit zu unterstützen.

Abbildung 2: Wirkungszusammenhang von industrie-politischen Initiativen

Quelle: eigene Darstellung

Industriepolitik, wie sie hier verstandenen wird, umfaßt dabei Bereiche der Struktur- und Wettbewerbspolitik im Sinne einer langfristigen Ergänzung um wachstums- und stabilisierungspolitische Maßnahmen. Während „vertikale" Maßnahmen auf einzelne Sektoren bzw. Branchen zielen, wirken „horizontale" Maßnahmen branchenübergreifend – als klassisches Beispiel ist hier die Bildungspolitik zu nennen (Bellak, Clement, Hofer „Wettbewerbs und Strukturpolitik" in Nowotny, Winkler „Grundzüge der Wirtschaftspolitik in Österreich", 1997, Seite127 f).

Vor dem Hintergrund der eingangs dargestellten generellen weltweiten Entwicklungen sollte eine umsetzbare, strategische österreichische Industriepolitik folgenden Anforderungen genügen:

- Nutzen (bzw. Erweiterung) der verbleibenden Handlungsspielräume
- Einbettung in globale und supranationale Rahmenbedingungen (und -programme)
- Nutzung bzw. Ausbau von bestehenden Netzwerken
- Klare Zieldefinitionen
- Konkrete Berücksichtigung von Beschäftigungs- und (ökologisch verträglichen) Wachstumszielen
- Langfristige Verbesserung der Leistungsfähigkeit (Wettbewerbsfähigkeit) anstelle kurzfristiger (Einmal-)Effekte – Erhöhung investiver Ausgaben
- Überprüfbarkeit der Zielrealisation (und der Effizienz der eingesetzten Mittel) und Möglichkeiten des Nachadjustierens

4. Spezifische österreichische Situation

Diese zunächst noch recht allgemein gehaltenen Anforderungen sind aus österreichischer Sicht um einige wesentliche Punkte zu ergänzen, die insbesondere die folgenden österreichischen Spezifika berücksichtigen:

EU- Randlage

Bis zum Ende der 80er Jahre war Österreich durch seine (geographische) Lage zwischen Ost und West gekennzeichnet. Kurzfristig schien es, als ob durch die Auflösung des kommunistischen Systems Österreich in eine zentrale Lage gerückt würde – Intensivierung der Beziehungen zu Ungarn, dem damaligem Jugoslawien und der ehemaligen Tschechoslowakei. Die damit geweckten Hoffnungen konnten in Folge jedoch nicht eingelöst werden. Zwar kam es zu einer regen (Direkt-)Investitionstätigkeit mit unseren östlichen Nachbarn, aber die erhoffte zentrale Bedeutung von Österreich mochte sich nicht einstellen. Dazu trugen vielleicht auch die Vorbereitungen Österreichs auf einen EU-Beitritt, und damit die stärkere West-Orientierung, bei.

Auch nach dem Beitritt zur EU 1995 behielt Österreich seine Randlage bei. Rund 40 % der Außengrenzen teilt Österreich mit Nicht-EU-Mitgliedern. Diese exponierte Lage bringt für Österreich nicht nur Vorteile – wie etwa Österreich als Exportbasis für Osteuropa, Ost-Europa-Headquarters bei Multis, etc. – mit sich, sondern auch eine Reihe von Herausforderungen. In diesem Zusammenhang muß immer wieder auf das hohe Lohngefälle hingewiesen werden. Österreich, als (hoch-)industrialisiertes westeuropäisches Land mit dem entsprechendem Lohn- und Preisniveau, befindet sich in unmittelbarer Nachbarschaft zu den osteuropäischen „emerging markets" mit dementsprechenden niedrigen Lohnniveaus. So betragen die Löhne vergleichbarer Tätigkeiten oftmals lediglich 30 bis 40 % des österreichischen Niveaus. Das bedeutet, daß der Anreiz für Osteuropäer, nach Österreich zur Arbeit zu pendeln, relativ hoch ist. Gleichzeitig stellt sich für viele Unternehmen die Frage, ihre Produktion ins benachbarte Ausland zu verlagern und damit entsprechend Lohnkosten einzusparen.

Ein weiteres österreichisches Spezifikum sind die traditionell guten (Wirtschafts-) Beziehungen in die angrenzenden mittel-/osteuropäischen Länder. Diese nie abgerissenen Kontakte erleichterten es den österreichischen Firmen, während und kurz nach der Ostöffnung lukrative Wirtschaftsbeziehungen aufzubauen. Diese Startvorteile heimischer Unternehmen scheinen nun zunehmend im Verschwinden begriffen zu sein. Der Rückgang des Anteils österreichischer Direktinvestitionen in diesen Ländern ist nur ein Beispiel dafür. Betrug der Anteil Österreichs an den Direktinvestitionen in Länder Mittel-Osteuropas (MOEL) 1990 herausragende 29 %, so sank dieser Anteil bis 1995 auf 5,5 % ab. In Folge dieser Entwicklung reduzierte sich auch der Anteil Österreichs an den Direktinvestitionsbeständen in den MOEL von 12,7 % im Jahre 1990 auf 7,9 %

im Jahre 1995 (Stankovsky, Direktinvestitionen in Osteuropa: Österreich auf dem Rückzug?, in WIFO-Monatsbericht 5/1996, Seite 349–353). Auf diese Herausforderungen gilt es, insbesondere im Vorfeld einer absehbaren Osterweiterung der EU, im Rahmen einer strategischen Industriepolitik entsprechende Antworten zu finden.

Hoher Anteil des sekundären Sektors – geringer DL-Anteil am BIP und bei Beschäftigten

Trotz des in Österreich ausgeprägten Dienstleistungszweiges Tourismus weist Österreich einen im internationalen Vergleich geringen Anteil des tertiären Sektors an der Wirtschaftsleistung aus.

Während etwa in den europäischen OECD-Ländern der Anteil des tertiären Sektors gemessen an den Beschäftigten 1994 bereits rund 61 % betrug, waren in Österreich lediglich 58 % der Erwerbstätigen in diesem Sektor tätig. In vergleichbaren europäischen Ländern (Schweden, Niederlande, Norwegen) lag der entsprechende Anteil bereits über der 70 % Marke (vgl. Mesch, Die Ursachen der Beschäftigungsentwicklung im Dienstleistungssektor, in Wirtschaft und Gesellschaft, 1/97, 1997 Wien). Damit wird deutlich, daß Österreich bei der Entwicklung der in der Regel beschäftigungsintensiven Dienstleistungen zum Teil deutliche Rückstände aufweist, wohingegen dem Anteil der Sachgüterproduktion in Österreich eine im internationalen Vergleich überproportionale Bedeutung zukommt.

Im Rahmen der hier weiter unten vorgeschlagenen industriepolitischen Maßnahmen ist darauf Bedacht zu nehmen, daß es im Zuge des eingeleiteten Strukturwandels im tertiären Sektor zur Entstehung hochqualifizierter Dienstleistungs-Jobs kommt und das Entstehen der sogenannten „Mac-Jobs“ hintangehalten werden kann.

Betriebsgrößenproblematik

Eine weitere österreichische Besonderheit ist die oft zitierte klein- und mittelbetriebliche Struktur der Wirtschaft und das weitgehende Fehlen österreichischer multinationaler Konzerne. Bedingt durch diese Struktur kommt es zu einer Reihe von Problemen wie etwa der geringen Forschungs- und Entwicklungsquote, einer geringen Ertragskraft sowie einer im allgemeinen geringen Eigenkapitalquote. Neben diesen Problemen führt dieses Strukturdefizit aber auch zu einem Fehlen von potentiellen österreichischen Arbeitgebern, die international attraktive Karrieren anbieten können.

Darüber hinaus zeigt sich, daß wertschöpfungsintensive Unternehmensbereiche (wie Planung, Forschung und Entwicklung etc.) zwar zunehmend internationalisiert werden, aber dennoch ein großer Teil im Land der Muttergesellschaft verbleibt. Die Gefahr eines Verlustes strategischer Wertschöpfung ist dabei umso größer, je billiger die Übernahme eines Unternehmens und je leichter eine Verlagerung von Aktivitäten möglich ist. Hier wirkt sich insbesondere die niedrige Eigenkapitalausstattung der heimischen Betriebe negativ aus, denn dadurch wird in der Regel eine Übernahme relativ billig. Zur Sicherung heimischer industrieller Kerne ist es daher notwendig, Impulse zur Verbesserung dieser Situation zu setzen.

Technologiedefizit

Trotz des hohen Anteils österreichischer Sachgüterproduktion und der ausgesprochenen Exportorientierung Österreichs gelingt es Österreich nicht, ähnliche Forschungs- und Entwicklungsaktivitäten wie andere vergleichbare westeuropäische Länder zu erreichen. Österreich liegt etwa bei einem Vergleich der Forschungsquoten (Forschungsausgaben als Anteil am BIP) beinahe schon traditionellerweise mit stabilen 1,5 % auf einem der letzten Plätze. Vergleichbare andere Länder wie etwa Finnland oder die Niederlande erreichen hingegen eine F&E-Quote von 2 %. Noch deutlich darüber liegt etwa Schweden mit rund 3 %. Aber nicht nur bei den Aufwendungen für F&E zeigt sich in Österreich ein Defizit, auch bei der Betrachtung des Outputs des nationalen Innovationssystems schneidet Österreich schlecht ab. Mit 262 Patentanmeldungen je 100.000 Einwohnern liegt Österreich denkbar schlecht, Spitzenreiter Schweden (vor Finnland, der Schweiz und Dänemark) weist dagegen einen Wert von 1.000 Anmeldungen je 100.000 Einwohner auf (Technologiebericht 1997, WIFO, Forschungszentrum Seibersdorf).

Darüber hinaus zeigt eine im Auftrag der GBI durchgeführte Studie, daß auf lediglich 22 Unternehmen – sogenannte Technologieführer – rund 75 % der F&E-Ausgaben entfallen. Davon erbringen die 9 Unternehmen im österreichischen Eigentum (= 41 %) lediglich 29 % der F&E-Ausgaben der Technologieführer, die restlichen 71 % der F&E-Ausgaben tätigen die im ausländischen Eigentum stehenden Technologieführer. Die Studie kommt daher zum Schluß, daß die ausländischen Unternehmen einen hohen Stellenwert im Rahmen des österreichischen Innovationssystems haben. Durch ihre überdurchschnittlichen F&E-Leistungen haben sie einen hohen Einfluß auf die strukturellen Veränderungen des österreichischen Innovationssystems.

Die Zunahme von F&E kam vorwiegend aus Unternehmen im ausländischen Eigentum. Gleichzeitig zeigt sich aber auch, daß die im ausländischen Eigentum befindlichen österreichischen Branchen- und Technologieführer grosso modo mit ihrer F&E-Dynamik und -Intensität nicht an das Niveau ihrer Mutterkonzerne heranreichen.

5. Ansätze für eine strategische österreichische Industriepolitik

Ausgehend von den dargestellten Komponenten des Wandels, den industriepolitischen Spannungsfeldern, den österreichischen Spezifika sowie den Anforderungen an eine strategische österreichische Industriepolitik sind – beispielhaft – folgende Ansatzpunkte und ausgewählte Maßnahmenbündel anzuführen:

a) Maßnahmen im Bereich der Ordnungs- und Steuerpolitik

Besonders im Rahmen der Ordnungspolitik können von einer sinnvollen Setzung von Normen und Grenzwerten wichtige Impulse für neue Technologien und Innovationen ausgehen, die zu einer Verbesserung der internationalen Wettbewerbsfähigkeit beitragen können.

- ❑ Eine machbare, aber durchaus ambitionierte Vorgabe von Emissionswerten (Lärm, Abgase, etc). führt in einem ersten Schritt in der Regel zu Investitionen in Ver- und Entsorgungsindustrien. Neben dem damit erzielten sparsameren Umgang mit der wertvollen Umwelt kommt es auch zu weiteren positiven externen Effekten: Zur Realisierung der Einsparungen bedarf es im Regelfall Innovationen im Produktionsprozeß selbst. Diese Innovationen können entweder bei der Organisation des Produktionsablaufes oder bei den Produktionsanlagen selbst (Prozeßinnovationen, neue Verfahren, neue Produktionstechnologien oder Optimierung und Verbesserung der bestehenden Anlagen) auftreten. Der durch diese Innovationen erzielte sparsame-re und damit kostensparende Betrieb von Anlagen ermöglicht es den Unternehmen, auf den internationalen Märkten mit wettbewerbsfähigeren Produkten anzutreten. Aber auch aus der Vermarktung der neu entwickelten Produktionstechnologien und Prozeßorganisationen können neue unternehmerische Betätigungsfelder entstehen (Verkauf von Beratungsleistung, etc.).
- ❑ Ergänzt werden sollte die Normen- und Grenzwertsetzung durch eine Besteuerung von Ressourcen (Energie, Rohstoffe, etc.). Damit sind zwei Effekte zu erzielen: Erstens wird damit der Anreiz erhöht, in neue – innovative – Verfahren zu investieren bzw. nach neuen Lösungen zu suchen, da die einzusparenden Kosten, und damit der Anreiz, deutlich größer sind. Dies führt zur Umlenkung der Allokation in Richtung effizienterem Einsatz, d. h. Erhöhung der Energie- (Wirkungsgrad) und Rohstoffproduktivität (z. B. Materialproduktivität und geringere Entsorgungsnotwendigkeit), mit den oben beschriebenen positiven Effekten.

Zweitens kommt es damit auch zu einer wünschenswerten relativen Verbilligung des Faktors Arbeit gegenüber Energie, Rohstoffen etc. Diese relative Verbilligung des Faktors Arbeit bleibt unabhängig von den realisierten Einsparungspotentialen bestehen, lediglich die Absolutwerte aus der Energiesteuer reduzieren sich mit der Höhe der realisierten Einsparungen.

- ❑ Anwendung finden können die hier aufgezeigten Maßnahmen aber nicht nur im produzierenden Bereich selbst, sondern auch etwa im Bereich des Wohnbaus. Durch die Vorgabe adäquater Dämmwerte (auch bei der Sanierung von Altbauten) könnten entsprechende Innovationen (wie etwa neue Werkstoffe, entsprechende Bauweisen etc.) initiiert werden. Der Wohnbau ist insbesondere aus zwei weiteren Gründen interessant: Erstens ist er einer der beschäftigungsintensivsten Bereiche, so daß hier gesetzte Maßnahmen dementsprechend beschäftigungswirksam sind. Zweitens haben die hier getroffenen Energieeinsparungsmaßnahmen durch die Reduktion des Heizmaterialverbrauches langfristige positive Effekte, auch auf die Leistungsbilanz.

b) Maßnahmen im Bereich der öffentlichen Nachfragepolitik

Die Volumina, die durch öffentliche Beschaffungspolitik bewegt werden, können im Rahmen eines strategischen Konzeptes nicht unbeachtet bleiben. Durch die Vorgabe entsprechender Leistungskriterien können gezielt innovative Lösungen gefördert, und damit ein wichtiger Beitrag zur Verbesserung der Wettbewerbsfähigkeit geleistet werden, insbesondere ist dabei an folgende Bereiche zu denken:

- ❑ Öffentlicher Tief- und Hochbau kann durch gezielte Ausschreibungen zur Innovation im Ver- und Entsorgungsbereich, im Dämmbereich (neue Materialien) zu effizienteren Bautechniken (z. B. durch Kostendruck), neue Projektmanagementtechniken etc. genützt werden.
- ❑ Im kommunalen Ver- und Entsorgungsbereich (Deponietechniken, Verbrennungstechniken, etc.) können, neben der Einhaltung der geforderten Grenzwerte, innovative Pilotprojekte bevorzugt behandelt werden und damit wichtige Beiträge zur Umsetzung und Verbreitung neuer Technologien geleistet werden.
- ❑ Schließlich sollten (militätrische) Kompensationgeschäfte durch die Vorgabe klarer Kompensationskriterien, z. B. Technologiegehalt, Assemblingkapazitäten etc. zur Nutzung von technologischen Impulsen herangezogen werden.

c) Maßnahmen im Bereich industrieller Infrastruktur und Verkehr

Die eingangs erwähnte zunehmende globale Arbeitsteilung und stärkere Vernetzung der Unternehmen stellt immer höhere Ansprüche an die Verfügbarkeit und Leistungsfähigkeit der modernen Kommunikations- und Verkehrsnetze. Entsprechende Maßnahmen – insbesondere der ambitionierte Ausbau der Netzkapazitäten – in diesem Bereich erhöhen damit nicht nur die Wettbewerbsfähigkeit der auf diese Netze angewiesenen Branchen und Unternehmen, sondern leisten auch einen entsprechenden Anreiz für heimische Unternehmen, in diese zukunftsträchtigen Märkte einzutreten und Fuß zu fassen. Im Konkreten sollten dabei folgende – weit gefaßte Maßnahmen – gesetzt werden:

- ❑ Aufbau eines hochentwickelten und gleichzeitig kostengünstigen, breitbandigen Kommunikationsnetzwerkes durch entsprechend ambitionierte Vorgaben von (Eigentümer-)zielen an die PTA
- ❑ Ausbau und Forcierung von modernen Logistikzentren, etwa für den kombinierten Verkehr, Containerterminals etc.
- ❑ Die Entwicklung und Umsetzung der Einbindung Österreichs in die „transeuropäischen Netzwerke", wobei aus österreichischer Sicht vor allem dem Aus- und Aufbau von Hochleistungsverkehrsverbindungen

– in Straßen-, Eisenbahn,- Schiffs- und Luftverkehr – als Unterstützung der Integration in Zentraleuropa ein hoher Stellenwert beikommt. Neben der besseren Vernetzung Österreichs mit anderen, sowohl west- als auch mittel/osteuropäischen Zentren und der damit verbundenen Attraktivität des Standortes Österreich, versprechen diese Programme vor allem auch Beschäftigungsimpulse.

❑ Auf lokaler/regionaler Ebene kann durch die Bereitstellung und Entwicklung von hochwertigen Industrie- und Büroflächen – in Form von Wirtschaftsparks, Gründerzentren etc. – qualifizierten Unternehmen durch „Pooling" ein kostengünstiger sowie leistungsfähiger Zugang zu modernen Kommunkationseinrichtungen (durch „backbone-Netze", Standleitungen zu Providern etc.) ermöglicht werden. Insbesondere in peripheren Gebieten – mit entsprechend hohen Zugangskosten – können somit moderne Betriebe angesiedelt bzw. gehalten werden.

d) Maßnahmen zur Organisation von Netzwerken

In letzter Zeit zeigen sich immer deutlicher die Vorteile regional vernetzter, komplementärer Wirtschaftsbereiche. Die unter dem Schlagwort „Cluster" zusammengefaßten Maßnahmen zielen in der Regel darauf ab, bereits vorhandene Unternehmen und Ausbildungseinrichtungen zu „vernetzen" und damit die Wettbewerbsfähigkeit der entsprechenden Branche zu steigern. Im Rahmen einer strategischen Industriepolitik sollten diese Initiativen um folgende Punkte erweitert werden:

❑ Aufbau von Know-how-Transfernetzwerken – vertikal und horizontal, z. B. Wissenschaft/Wirtschaft – durch die Einrichtung entsprechender Einrichtungen zur Unterstützung des Wissenstransfers hin zu umsetzbaren, marktfähigen Produkten, z. B.: „intellectual property agencies"

❑ Insbesondere aus der Kooperation und Vernetzung von Know-how aus vor- bzw. nachgelagerten Produktionsstufen können oft neue innovative Produkte entstehen. Wie bereits bei den ordnungspolitischen Maßnahmen angesprochen, können etwa aus der Zusammenarbeit von Produzenten und Betreibern – ein erfolgreiches Beispiel ist etwa die VA-Tech und die VA-Stahl – Ansätze für Innovationen entstehen, die es in der Folge beiden Unternehmen ermöglicht, im internationalen Wettbewerb Vorteile zu nutzen.

❑ Der klein- und mittelbetrieblichen Struktur – und dem Fehlen einer ausreichenden Anzahl österreichischer multinationaler Konzerne – Rechnung tragend, sollte dem Aufbau von virtuellen Unternehmenszentralen und -zusammenschlüssen für gemeinsame Marktaktivitäten – gemeinsamer Werbeauftritt, Angebot von umfassenderen Systemen durch Integration komplementärer Produkte etc. – eine höhere Bedeutung geschenkt werden. Unterstützt werden könnten bereits eingeleitete Initiativen durch Bereitstellung von spezifischem Know-how bzw. die entsprechende Förderung von „Netzwerk-Koordinatoren".

- ❑ Aufbau von Industrie- und Technologieclustern – z. B. Zusammenführung gleichgelagerter bzw. komplementärer Aktivitäten als Basis für Nutzung von Agglomerationsvorteilen – durch die Unterstützung von Kooperationen, durch die Unterstützung von Wissenstransfers von bestehenden zu neu entstehenden „Clustern", oder durch den Aufbau von Kompetenzzentren-Netzwerken, z. B. Organisation von Technologieschwerpunktprojekten.

e) Maßnahmen bei der Unternehmensfinanzierung

Neben der Stärkung der technologischen Basis muß vor allem in Österreich dem Erhalt und der Schaffung von Eigenkapital zur Sicherung von lebensfähigen, österreichischen Unternehmen und damit der Beschäftigung Augenmerk geschenkt werden. Die durchschnittliche Eigenkapitalquote betrug zwischen 1986 und 1995 in Österreich 25,8 %, während sie im selben Zeitraum in der „EU 7"[1] bei 34,3 % lag. Österreich hat jedoch in den letzten Jahren einen deutlichen Aufholprozeß durchgemacht, der sich in einem Vergleich der Werte für 1995 widerspiegelt: Der österreichischen Eigenkapitalquote von 31,7 % steht eine europäische (EU 7) von 34,3 % gegenüber (Peneder, Pfaffermayr, Selbstfinanzierungskraft und Kapitalausstattung im internationalen Vergleich, in WIFO-Monatsbericht 3/1998, Seite 155–166). Eine gute – und richtig eingesetzte – Eigenkapitalausstattung ist vor allem zur Übernahme von Markterschließungsrisken bzw. zur Finanzierung von F&E-Aktivitäten wichtig. Darüber hinaus erschwert eine entsprechende Eigenkapitalbasis der heimischen Unternehmen die Übernahme durch ausländische Konkurrenten. Diese positiven Effekte stellen sich aber nur ein, wenn die Unternehmen das Eigenkapital – hauptsächlich – wieder im Unternehmen bzw. in deren Mitarbeiter investieren, aus diesen Gründen werden folgende Maßnahmen vorgeschlagen:

- ❑ Schaffung von Fonds zur Gründungs-, Wachstums-, Technologiefinanzierung mit entsprechender Kontrolle der eingesetzten Mittel.
- ❑ Schaffung von Voraussetzungen für eine bessere Eigenfinanzierung über den Kapitalmarkt z. B.: geeignete Börseelemente für KMU, Branchenholdings etc., wobei gleichzeitig auf entsprechende Transparenz in Form von Publizitätsvorschriften und entsprechender Berücksichtigung aller „Stakeholder" anstelle von nur den „Shareholdern" geachtet werden sollte.
- ❑ Kriterienorientierte, konzentrierte Wirtschaftsförderung über geförderte Kredite, Annuitätenzuschüsse etc. sollte keine Anreize zum Ersatz von Eigen- durch Fremdkapital setzen, denn damit würde die Eigenfinanzierung durch Kapitalmarktmaßnahmen konterkarriert.

---

[1] Österreich, Dänemark, Spanien, Frankreich, Deutschland, Italien, Niederlande

f) Maßnahmen zur Schaffung strategischer Industriekerne

Zur langfristigen Absicherung des Wirtschaftsstandortes Österreich ist es notwendig, nicht nur wettbewerbsfähige Unternehmen per se zu haben. Im Gegenteil, im Sinne einer vorausschauenden strategischen Industriepolitik muß auch Augenmerk darauf gelegt werden, daß in Österreich nicht nur „verlängerte Werkbänke" und „Marketing- und Absatztöchter" bestehen bleiben, sondern daß vor allem auch zukunftsträchtige, innovative Unternehmen erhalten und ausgebaut werden. Dazu ist es aber notwendig, wie etliche Beispiele der letzten Zeit gezeigt haben (Stichwort: „Semperit", „Kästle" etc.), daß am Bestehen der österreichischen Unternehmen ein strategisches (Eigentümer-)Interesse besteht. Zur Sicherung hochwertiger Unternehmensaktivitäten – etwa Forschung und Entwicklung, Strategieentscheidungen für Marktexpansion, Finanzierung & Controlling, etc. – am Standort Österreich sind folgende Überlegungen zu diskutieren:

- ❑ Erhaltung bzw. Aufbau strategischer Industriekerne über „österreichdominierte" Beteiligungsgesellschaften ÖIAG, GBI, etc., die explizit der strategischen Sicherung österreichischer Wertschöpfung verpflichtet sind.
- ❑ Ansiedlung von strategischen Unternehmen/Wachstumsbranchen, z. B.: produktionsnahe Dienstleistungen, Engineering-Unternehmen, deren Verlagerungspotential auf Grund des Immobilitätscharakters der Leistungserstellung (Dienstleistung) relativ gering ist.

g) Maßnahmen bei der Aus- und Weiterbildung

Vor allem der Aus- und Weiterbildung der – potentiellen – Mitarbeiter kommt im Zuge eines zukunftsorientierten, strategischen Konzeptes eine große Bedeutung zu. Bedingt durch den gesellschaftlichen und strukturellen Wandel ist es immer bedeutsamer, dem Wissenserwerb sowie der Wissensvemittlung und -anwendung durch die Mitarbeiter ein immer größeres Augenmerk zu schenken. Nicht nur durch die zunehmende „Tertiärisierung" der Wirtschaft, sondern auch durch den Wandel im produzierenden Bereich selbst – mit einem immer höheren Gewicht des Know-how-Einsatzes anstelle der „reinen" Arbeitskraft – kommt es zu einem Bedeutungsgewinn der „Knowledge Base", sowohl auf betrieblicher als auch auf makroökonomischer Ebene. Zur Steigerung – und noch viel mehr zur langfristigen Absicherung der gewonnenen Wettbewerbsfähigkeit – ist es daher unabdingbar, laufend in die Aus- und Weiterbildung entsprechend qualifizierter Absolventen und Mitarbeiter zu investieren. Um dies zu gewährleisten, werden folgende Punkte im Rahmen des industriepolitischen Konzeptes vorgeschlagen:

- ❑ Eine modulare FacharbeiterInnenausbildung über betriebliche Schulungszentren zur Sicherstellung einer qualifizierten, praxisrelevanten Aus- und Weiterbildung, die den steigenden Anforderungen Rechnung trägt und die es gleichzeitig ermöglicht, auf neue Herausforderungen – Berufsbilder etc. – entsprechend flexibel zu reagieren.

- Die Einrichtung von echten Fachhochschulen und keine Inflationierung von FH-Lehrgängen, sondern stärkere regionale Konzentration von verwandten und in der Region benötigten Lehrgängen zur Nutzung entsprechender Agglomerationsvorteile (Cluster).

6. Conclusio

Trotz der immer wieder beklagten Einschränkung der nationalen Handlungsspielräume könnten eine Reihe von wirksamen und sinnvollen industriepolitischen Maßnahmen eingeleitet werden. Die Umsetzung der hier diskutierten Ansätze strategischer Industriepolitik sollen dabei mithelfen, die Zukunft des Wirtschaftsstandortes Österreich sozial abzusichern und dem oft (vor allem von der Industrie) beschworenen Ausweg in Richtung „Reduktion der Lohnkosten, um wettbewerbsfähig zu sein", eine klare Absage zu erteilen. Vielmehr liegt das zukünftige Potential im Ausbau und in der Nutzung der bestehenden Kompetenzen und Fähigkeiten der Unternehmen und Arbeitnehmer. Dazu ist es aber notwendig, den Aufbau dieser „assets" voranzutreiben und langfristig eine strategische Industriepolitik zu forcieren.

Bitsteuer – Roadpricing für den Info-Highway

Ingrid Reischl, Christoph Sykora

Informationstechnologie ist eine Technologie wie keine andere: Sie ist energiesparend, kapitalsparend und arbeitssparend. Unternehmen können durch globale Information und Kommunikation an jedem beliebigen Ort der Welt virtuell präsent sein. Das bedeuted, daß Distanz immer unwichtiger wird. Die möglichst kostengünstige Überwindung der Distanz war und ist eines der Grundprinzipien des Binnenmarktkonzeptes der EU. Die negativen Folgewirkungen der damit verbundenen Mobilität werden nur am Rande diskutiert. Der Transport von Kartoffeln aus Deutschland nach Süditalien und retour zum Zweck der kostengünstigen Reinigung derselben löst zwar Kopfschütteln aus, hat aber bislang nicht zur Hinterfragung der Mobiltätsdoktrin des Binnenmarktes geführt. Outsourcing und Standortverlagerungen werden zwar als Problem für den Arbeitsmarkt erkannt, der Zusammenhang mit dem Mobilitätsziel jedoch ignoriert. Für den Bereich der Produktion und des Transportes von physischen Gütern könnte man das Mobiliätsproblem leicht in den Griff bekommen, indem der Transport dieser Güter mit den annähernd tatsächlichen Kosten belastet würde, also endlich die vielzitierte „Kostenwahrheit Verkehr" realisiert wird.

Zunehmend wird aber auch der Verkehr von immateriellen Wirtschaftsgütern zum Problem, das entsteht, wenn Unternehmen mittels neuer Kommunikationstechnologien Unternehmensbereiche auslagern. So verursacht etwa die Auslagerung der Buchhaltung einer Firma nach Indien soziale Kosten. Durch globale Telekommunikationsnetze treten ArbeitnehmerInnen weltweit zueinander in Konkurrenz. Der Lohndruck erhöht sich gerade auch im Bereich hochqualifizierter Tätigkeiten, wie etwa der Softwareentwicklung. Global agierende Unternehmen profitieren von geringeren Löhnen, niedrigeren Sozialstandards und dem Ausnutzen der jeweils optimalen Steuersysteme. Wäre es da nicht sinnvoll, zumindest den Datentransfer zwischen den global vernetzten Unternehmenseinheiten zu besteuern?

Das heutige Wirtschaftsgeschehen wird immer mehr durch Produktion, Verteilung und Konsum von immateriellen Wirtschaftsgütern (Softwareprogramme, digitale Datendienste, ...) gekennzeichnet. Der Ansatzpunkt der bestehenden Steuersysteme liegt aber primär bei materiellen Gütern. Auf jeder Stufe der Wertschöpfungskette ist eine leichte steuerliche Erfassung möglich. Je mehr sich die ökonomischen Aktivitäten aber auf immaterielle Wirtschaftsgüter konzentrieren, desto schwieriger sind die Inputs des Produktionsprozesses meßbar. Sie werden unsichtbar. Das läßt vermuten, daß ein Teil der Produktivitätszuwächse aus den Bilanzen und den volkswirtschaftlichen Gesamtrechnungen verschwindet. Der zusätzliche Nutzen, der durch die neuen Informations- und Kommunikationstechnologien entsteht, führt weder zu höheren Löhnen noch zu niedrigeren Preisen oder höheren Profiten. Logischerweise sinkt dadurch das Steueraufkommen.

Der Handel im Internet boomt. Marktforscher prognostizieren für das Jahr 2002 einen Online-Umsatz von 300 Milliarden US-Dollar. Die EU-Kommission rechnet mit einem Umsatz von 100 Milliarden Dollar durch Computer-Shopping und elektronischen Handel bis zum Jahr 2000. Dieser Strom von Waren und Gütern kann mit den traditionellen Steuermethoden nicht mehr erfaßt werden. Steuerexperten rechnen mit massiven Umsatzsteuereinbußen. Allerorts wird daher nachgedacht, wie die bestehenden Steuersysteme an die Erfordernisse der neuen Kommunikationstechnologien angepaßt werden könnten. So hat zum Beispiel eine Arbeitsgruppe des deutschen Bundesfinanzministeriums einen Vorschlag für ein weltweites computergestütztes System etwickelt, mit dem die Mehrwertsteuer beim Kauf per Internet in Form einer Abzugssteuer automatisch einbehalten werden könnte. Ein derartiges System könnte allerdings nur funktionieren, wenn es zu einer weltweiten Harmonisierung der Mehrwertssteuersysteme käme.

Ein wesentlich einfacheres Steuermodell, das die Erodierung der bestehenden Steuersysteme verhindern würde, hat der Kanadier Arthur J. Cordell im Jahr 1994 vorgestellt, die sogenannte „Bit-Steuer". Sie beruht auf der Zählung der Bits, das sind jene digitalen Informationseinheiten, die über die Telekommunikationsleitungen weitergeleitet werden. Er schlägt vor, daß sämtliche interaktive, digitale Information als Steuerbemessungsgrundlage herangezogen wird und mit einem sehr geringen Steuersatz in der Höhe von etwa 0,000001 cents belegt wird. Die Steuer wird direkt von den Telekommunikations-, Satelliten- und Netzwerkbetreibern eingehoben und automationsunterstützt an die jeweiligen nationalen Finanzbehörden übermittelt.

Beispiel: Mehrwertsteuer

> „Der musikalische Inhalt einer CD wird online von Land A nach Land B geliefert, d. h. es werden keine physischen Güter versandt, die Musik wird einfach durch den Kunden vom Netz heruntergeladen. Da die Musik im Gegensatz zu einer CD direkt vom Vertriebsunternehmen an den Kunden geht, ohne durch die Zollkontrolle zu laufen, ist Land B nicht in der Lage, die entsprechende Mehrwertsteuer einzufordern, es sei denn, der Kunde deklariert sie freiwillig. Hinzu kommt, daß Unternehmen aus Land B für Verkäufe in ihrem Land Mehrwertsteuer berechnen müssen, was zu einer Benachteiligung gegenüber ihren Konkurrenten aus Land A führen würde. [...]"

Fragen der Auswirkungen der Informationsgesellschaft, im speziellen des elektronischen Handels, werden zunehmend auf der Ebene von internationalen Institutionen diskutiert. Die EU hat 1996 eine hochrangige ExpertInnengruppe eingesetzt, die sich mit Fragen der Informationsgesellschaft auseinandersetzte. Diese Gruppe hat in ihrem Bericht Cordells Bit-Steuer aufgegriffen und angeregt, genauere Studien über ein konkretes Modell in Auftrag zu geben. Der Bericht der ExpertInnengruppe sorgte für große Aufregung innerhalb der internet-community. Auch große Informationstechnologie- und Telekomunternehmen wiesen die Bit-Steuer-Idee energisch zurück. Der breite Widerstand führte schließlich dazu, daß die EU-Kommission nicht einmal eine weitere Prüfung in Erwägung zog. Auch diverse Arbeitsgruppen der OECD beschäftigten sich mit den steuerlichen Auswirkungen des elektronischen Handels. Die OECD lehnt aber ebenso wie die EU-Kommission die Einführung einer Bit-tax ab. Argumentiert wird, daß eine Bit-Steuer negative Auswirkungen auf Investitionen im wachsenden IT-Sektor habe und die Adaptierung der bestehenden Steuersysteme ausreiche.

Einige US-amerikanische Bundesstaaten begannen den bislang steuerfreien Versandhandel über Internet mit einer „sales tax" zu belegen. Ganz im Gegensatz zur Clinton-Administration, die das Internet am liebsten zu einer weltweiten Freihandelszone entwickeln möchte. Auch die Welthandelsorganisation (WTO) beschäftigte sich auf ihrer zweiten Ministerkonferenz im Mai 1998 mit Fragen des elektronischen Handels. Auf massivem Druck der USA wurde eine Vereinbarung getroffen, wonach die WTO-Staaten vorläufig auf jegliche Besteuerung des elektronischen Handels im Internet verzichten.

Gegen eine Bit-Steuer werden zahlreiche Einwände vorgebracht. Unter anderem wird argumentiert, daß eine Bit-Steuer bloß das Datenvolumen erfasse und nicht nach Art und Wert der Daten differenziere. So würde etwa der Transfer eines speicherintensiven Bildes wesentlich höher besteuert (offenbar die größte Sorge der männlichen Pornokonsumenten) als die komprimierten Daten einer Finanztransaktion in Millionenhöhe. Solch „Steuerungerechtigkeiten" gibt es aber auch in den bestehenden Steuersystemen. So erfolgt die Besteuerung eines LKWs auch nicht nach dem Wert des geladenen Gutes, sondern nach dem Treibstoffverbrauch (Mineralölsteuer) bzw. der Leistungsfähigkeit (Kfz-Steuer). Ein weiteres Argument gegen die Bit-Steuer lautet, daß sie die Dynamik des wachsenden und innovativen Kommunikationstechnologiesektors abwürge und den Tod des Internets bedeute. Dem kann entgegengehalten werden, daß der diskutierte Bit-Steuersatz so niedrig angesetzt ist, daß er für den privaten User kaum ins Gewicht fallen würde und sich der Zugang zum Internet durch ständig sinkende Leitungsgebühren ohnehin laufend verbilligt.

Was die Kosten für den Unternehmensbereich betrifft, ergibt eine Berechnung des IT-Anbieters Hewlett-Packard (HP) folgendes Bild: Eine Besteuerung (in der angenommenen Höhe von 0,000001 cent/bit) der von HP weltweit transferierten Datenkapazität würde das Unternehmen jährlich rund 4,8 Mio. $ kosten. Bei einem Profit von 5 Mrd. $ wären das nicht einmal 1 % des Gewinnes. Daß Steuern Wachstum von Branchen bremsen, ließe sich auch mit einem Blick auf die Automobilindustrie widerlegen. Weder Mehrwertsteuer noch Mineralölsteuern und Verkehrsabgaben haben die anschwellende Verkehrslawine gestoppt.

Es soll nicht geleugnet werden, daß noch zahlreiche Fragen, sei es technischer, rechtlicher oder juristischer Natur, im Zusammenhang mit einer Bit-Steuer zu klären wären. Die vorschnelle und apodiktische Ablehnung einer Bit-Steuer ist allerdings kurzsichtig, zumal es weder weiterführende Forschungen noch konkrete Modelle gibt, anhand derer die aufgeworfenen Probleme diskutiert werden könnten.

In der Geschichte der Steuergesetzgebung war es immer so, daß Nationalstaaten ihre Steuersysteme der jeweiligen Veränderung der wirtschaftlichen Aktivitäten angepaßt haben. Es ist unzweifelhaft, daß beispielsweise der wachsende Bereich des Online-Handels die traditionellen Steuersysteme unter Druck bringen wird. Anstatt auf die Aushöhlung der Steuerbasis mit immer neuen Einschnitten in das sozialstaatliche Leistungsangebot oder der Erhöhung der Besteuerung des Faktors Arbeit zu reagieren, wäre es hoch an der Zeit, über innovative Steuermodelle wie das der Bitsteuer nachzudenken.

Literatur

CORDELL, Arthur J.: Nothing fails like success: Online Growth In The Offshore World. Department of Industry. Ottawa, 1998.

CORDELL, Arthur: Taxing The Internet: The Proposal for a Bit Tax. International Tax Program. Harvard Law School, 1997.

HAVARD LAW SCHOOL: Multi-Jurisdictional Taxation of Electronic Commerce (1). The International Tax Program and The Society for Law and Tax Policy. Havard, 1997.

HIGH LEVEL EXPERT GROUP: The Vision. Executive Summary (Interim Report). First Reflections of the High Level Group of Experts. Building the European Information Society for Us All. 1996.

MITTEILUNGEN DER KOMMISSION: Globalisierung und Informationsgesellschaft. Die Notwendigkeit einer stärkeren internationalen Koordinierung. Brüssel, 1998.

NEUHAUS; Markus R. und VILLIGER, Urs: „Cybertax“ als Zukunft? Fiskalische Implikationen des Handels über Internet. In: Neue Zürcher Zeitung, 29. April 1998.

SOETE, Luc and KAMP, Karin: The „BIT TAX“: the case for further research. University of Maastricht, 1996.

Eine Analyse der Auswirkungen der Globalisierung auf die Soziale Sicherheit

Peter R. Wieninger

1. Einleitung

Der Shareholder-Value wirft seine Schatten über die Systeme der Sozialen Sicherheit. Schlagworte wie Globalisierung der Märkte, mehr Wettbewerb, völlige Liberalisierung, totale Privatisierung bestimmen die öffentliche und veröffentlichte Diskussion um die Wirtschaftspolitik. Sie erfassen zunehmend die Sozial- und Gesundheitspolitik. Die Wirkung stützt sich kaum auf Fakten, Daten und nachvollziehbaren Schlußfolgerungen, sondern eher auf die psychologische Wirkung[1] von ideologisch verbrämten Argumenten aus der Mottenkiste der Geschichte und auf den Mythos Markt, doch sie läßt sich nicht leugnen.

Die Globalisierung der Märkte mit der Zielorientierung der Gewinnmaximierung führt natürlich zu Spannungen mit den sozialen Zielen verpflichteten Systemen der Sozialen Sicherheit (Abbildung 1, Seite 212).

Die Globalisierungsziele und der damit verbundene Druck zur „Deregulierung" sucht sich als neues Geschäftsfeld die staatlichen Systeme der Sozialen Sicherheit. Das Umlageverfahren der Sozialen Pensionsversicherung soll in Richtung Kapitaldeckungssysteme umgewandelt werden. Staaten wie Chile werden als Vorbilder genannt. Als zweiter Ansatzpunkt soll mehr Markt in die Anbieterseite gebracht werden, hier ist jedoch der Druck von seiten der Wirtschaft, der Ärztekammern etc. nicht so stark zu spüren. Die Einnahmenseite bleibt infolge der Abhängigkeit von der gesamtwirtschaftlichen Entwicklung bzw. der Art der Finanzierung ebenfalls nicht ungeschoren.

---

[1] „Nach der Standortdebatte ist das Schlagwort ‚Globalisierung' die neueste Rute im Fenster der Unternehmer, wenn es darum geht, Lohnzurückhaltung oder betrieblichen Sozialabbau durchzusetzen. Tatsächlich jedoch ist es in Europa mit der Globalisierung nicht so weit her. Die Außenhandelsverflechtung der EU liegt unter 10 %", in: GPA (Hrsg.): „Goldener Regen" auch für die Arbeitnehmer? Anmerkungen zur heurigen Lohn- und Gehaltsrunde in der Industrie, internes Arbeitspapier.

Abbildung 1

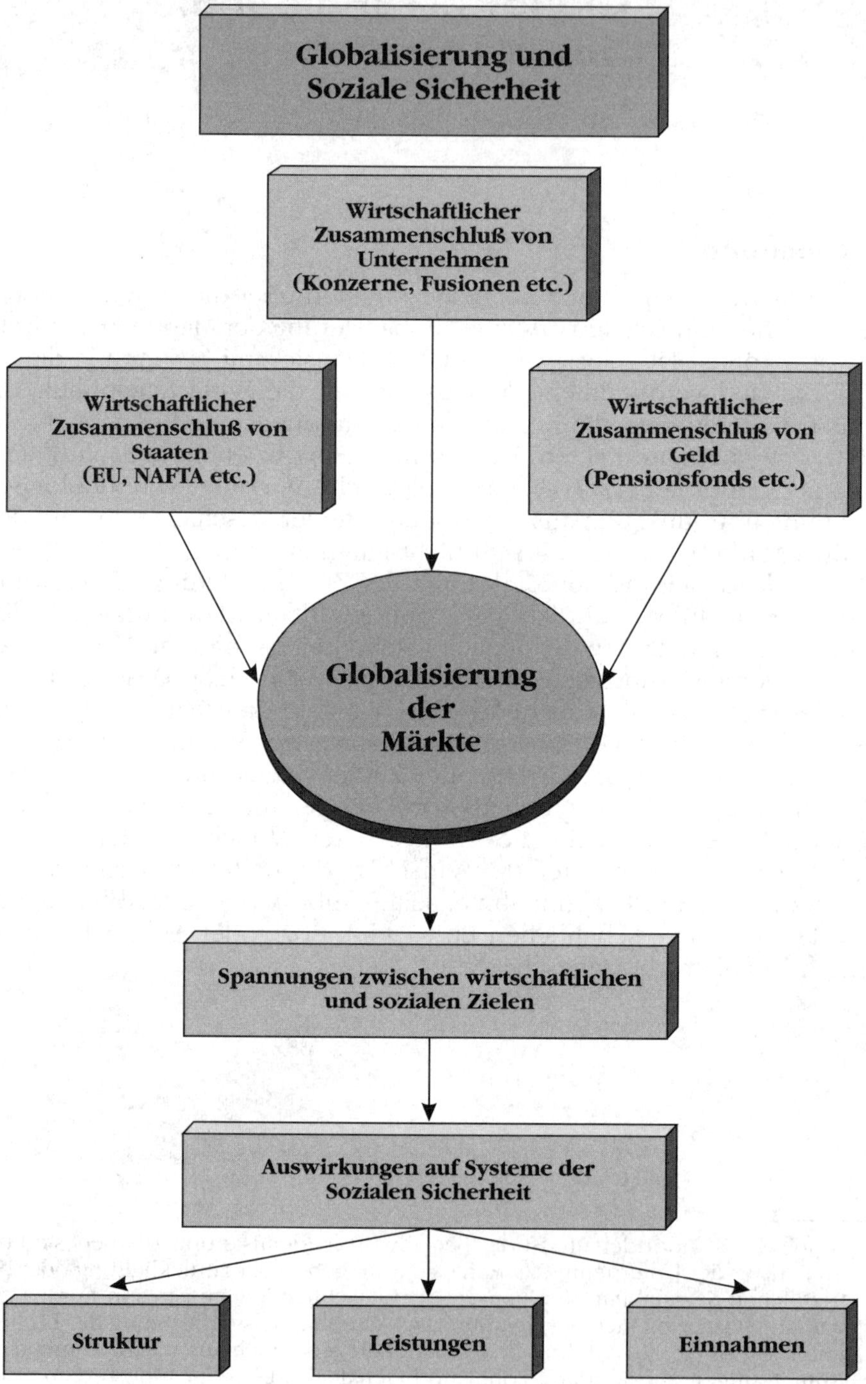
Globalisierung und Soziale Sicherheit
Wirtschaftlicher Zusammenschluß von Unternehmen (Konzerne, Fusionen etc.)
Wirtschaftlicher Zusammenschluß von Staaten (EU, NAFTA etc.)
Wirtschaftlicher Zusammenschluß von Geld (Pensionsfonds etc.)
Globalisierung der Märkte
Spannungen zwischen wirtschaftlichen und sozialen Zielen
Auswirkungen auf Systeme der Sozialen Sicherheit
Struktur
Leistungen
Einnahmen

2. Strukturen

Mit der Globalisierung einher geht das Glorifizierungs- und Erfolgsrezept Markt. Eigenvorsorge, mündiger Bürger und Patient, Wettbewerb sind positiv besetzte Schlagworte, Pflicht(Zwangs)versicherung, Kassenbürokratie sind die Buhworte. Was stimmt nun?

2.1 Theoretische Grundlagen

Adam Smith (1723–1790) postulierte die „invisible hand"; d. h. es kommt zu einem Interessenausgleich zwischen Angebot und Nachfrage auf dem Wettbewerbsmarkt, denn die Marktteilnehmer tragen in Verfolgung ihrer persönlichen Ziele unbewußt zur Wohlfahrt bei. Seine Epigonen erkannten und die Realität zeigte, daß für das Funktionieren des Marktes eine Reihe von Voraussetzungen gegeben sein müssen. Es stellt sich nun die Frage, ob diese theoretischen Grundbedingungen am Markt der Sozialen Sicherheit gegeben sind? Denn nur dann verspräche die Einführung von marktwirtschaftlichen Elementen Vorteile. Exemplarisch sei dies für den Gesundheitsmarkt illustriert, dazu Hobel[2] (Abbildung 2, Seite 214):

Vielzahl von Anbietern und Nachfragern

Eine der Grundvoraussetzungen des vollkommenen Wettbewerbs, nämlich die Vielzahl von Anbietern und Nachfragern, wird im Gesundheitswesen auf der Ebene der Ärzte und Patienten in den Städten sichergestellt. Hier stehen einander eine Vielzahl von niedergelassenen Ärzten als Anbieter und eine Vielzahl von Patienten als Nachfrager von Gesundheitsleistungen gegenüber. Keiner der niedergelassenen Ärzte verfügt aufgrund der begrenzten Arbeitszeit über einen dominierenden Marktanteil; ebenso keiner der Patienten. Damit erscheint diese Bedingung der Wettbewerbstheorie in den Städten als weitgehend erfüllt. In ländlichen Gebieten ist diese Grundvoraussetzung des Wettbewerbes nicht gegeben. Auf dem Land betreut ein Arzt oft eine ganze Region. Er ist faktisch alleiniger Anbieter einer Gesundheitsdienstleistung und hat damit ein regionales Monopol.

Transparenz für die Marktteilnehmer

Die Forderung nach vollkommener Markttransparenz läßt sich im Gesundheitswesen nicht erfüllen. Der Nachfrager (Patient) ist nicht voll informiert. Er tritt als medizinischer Laie auf und kann in der Regel weder die Schwere seiner Krankheit noch die Qualität der ärztlichen Behandlung exakt beurteilen. Der Patient stellt nur eine erste undifferenzierte Nachfrage beim Arzt. Er fragt kein bestimmtes Gesundheitsgut wie z. B. ein bestimmtes Heilmittel bzw. eine genau definierte Gesundheitsdienstleistung, sondern die Befriedigung eines Bedürfnisses nach. Der Patient sucht Heilung von Krankheit oder Linderung von Schmerz. Er muß sich dabei im beträchtlichen Maße auf die Kenntnisse eines anderen, näm-

---

2 Hobel F.: Wettbewerb als Allheilmittel?, in: Soziale Sicherheit 10/11/1996, S. 896 f.

Abbildung 2

Voraussetzungen für den Einsatz von Wettbewerb

Wettbewerb setzt funktionierende Märkte voraus, die wiederum bedingen ...

Voraussetzungen	Gesundheitsmarkt		
	erfüllt	teilweise erfüllt	nicht erfüllt
Vielzahl von Anbietern und Nachfragern		✓	
Transparenz für die Marktteilnehmer			✓
Homogenität von Gütern und Leistungen			✓
Konsumentensouveränität			✓
Elastizität des Verhaltens			✓
Normales Preisverhalten			✓
Ausschließbarkeit			✓

lich des Arztes, verlassen. Der Arzt sollte in der Regel die Krankheit und auch die Art der Behandlungsmethode kennen, der Patient kennt sie nicht. Er kann für gewöhnlich nur entscheiden, ob er einen Arzt in Anspruch nimmt, und möglicherweise welchen.

Homogenität von Gütern und Leistungen

Auf dem vollkommenen Markt werden die gehandelten Güter von den Marktpartnern als völlig gleichartig (homogen) angesehen. Das Gut „Gesundheit" ist jedoch extrem komplex. Es gibt eine riesige Anzahl von Krankheiten. Jede Krankheit und jeder Patient wird von Arzt zu Arzt anders behandelt. Dabei sind vom Arzt z. B. die körperliche Konstitution des Patienten und dessen Alter sowie zusätzliche Faktoren zu berücksichti-

gen. Die ärztliche Dienstleistung hat auch ihre Besonderheiten: Ärzte und Patienten wirken bei der Erstellung der Gesundheitsdienstleistung eng zusammen. Nur wenn dieses Zusammenwirken gelingt, kommt die Dienstleistung überhaupt zustande. Die Behandlung wäre erfolglos, wenn der Patient seine Mitwirkung verweigern würde.

Konsumentensouveränität

Konsumentensouveränität ist im Gesundheitsmarkt nicht gegeben. Der Patient kann mangels Wissen nicht die „Gesundheitsgüter" auswählen, die er haben will. Der Arzt als Anbieter der Gesundheitsleistung formuliert nach der ersten und unspezifischen Nachfrage des Patienten aufgrund seiner Kompetenz als medizinischer Experte die weitere Nachfrage des Patienten. Der Arzt ist somit zugleich Anbieter und Nachfrager der Gesundheitsdienstleistung, die der Nutznießer (Patient) nicht direkt, sondern über einen Dritten, nämlich die Krankenkasse, bezahlt. Der Arzt bestimmt weitgehend autonom die Art, die Menge und die Intensität der von ihm zu erbringenden Leistung. Den Anordnungen des Arztes widerspricht der heilungssuchende Patient, der als medizinischer Laie auftritt, in der Regel nicht. Die Nachfrage nach Gesundheitsdienstleistungen ist somit sowohl im ambulanten Bereich als auch im Krankenhaus angebotsinduziert.

Elastisches Verhalten

Der Patient hat in der Regel nicht die Möglichkeit, Art, Zeitpunkt und Umfang der in Anspruch zu nehmenden Leistungen selbst zu bestimmen. Der Patient kann bei einer akuten Krankheit nicht warten. Er kann dann weder Preisangebote einholen noch seine Nachfrage bis zu einem preisgünstigeren Angebot aufschieben.

Normales Preisverhalten

In „normalen" Märkten führt eine Angebotsvermehrung gewöhnlich zu Preissenkungen. Gäbe es keine Krankenkassen, müßten die Patienten Gesundheitsgüter bei den Ärzten einkaufen. Die Heterogenität der Gesundheitsgüter macht es für die Patienten jedoch sehr schwierig, Preis- und Qualitätsvergleiche anzustellen. Aufgrund der Wettbewerbsbeschränkungen und aufgrund von Informationsmängeln der Patienten sind daher im Gesundheitswesen bei Angebotsvermehrungen keine Preissenkungen der ärztlichen Dienstleistungen zu erwarten. Gibt es in einer bestimmten Region mehr Ärzte, so sinken die Preise der Gesamtleistung nicht. Ein Wettbewerb von Ärzten spielt sich nicht über globale Preissenkungen, sondern über Leistungsintensivierung am Patienten ab.

Ausschließbarkeit

Grundsätzlich ist auch bei Gütern des Gesundheitswesens die Möglichkeit gegeben, andere von der Nutzung des Gutes auszuschließen. Allerdings werden im Gegensatz zu einem normalen Gütermarkt im Gesundheitsektor sehr stark Wohlfahrtsüberlegungen angestellt. Gesund-

heitsgüter sind meritorische Güter, bei denen aufgrund allgemeiner gesellschaftlicher Gerechtigkeitsvorstellungen der Staat (die Krankenkasse) die Funktion des „Nachfragers" übernommen hat. Meritorische Güter sind Güter, für die es prinzipiell einen freien Markt geben könnte. Mit den auf dem Markt zu erzielenden Ergebnissen ist jedoch die Gesellschaft nicht einverstanden. Das Gut „Gesundheit" sollte daher nicht nach den finanziellen Möglichkeiten des Einzelnen, sondern nach Bedürfnis konsumiert werden. Kein Mensch sollte vom Gut „Gesundheit" ausgeschlossen werden; alle Menschen sollten gleichen Zugang zu diesem Gut haben.

Kühn meint im Zusammenhang mit den Wettbewerbsforderungen folgendes:[3]

Wettbewerb wird nicht um die Gunst der Versicherten schlechthin geführt, sondern nur um erwünschte Versicherte in Abhängigkeit vom Umfang des versicherten Leistungspakets, dem finanziellen Risiko der „Diagnose" und der Restriktivität und Kontrolle der jeweiligen Versicherung gegenüber dem Anbieter. Wirtschaftlicher Wettbewerb lenkt die Ressourcen des Gesundheitswesens tendenziell auf jene Gruppen, die über die größte Zahlungsfähigkeit, die besten Bildungsvoraussetzungen, die höchste Artikulations- und Konfliktfähigkeit, die besten sozialen Netze verfügen und zugleich das geringste Krankheitsrisiko haben. Wettbewerb ist ein Trendverstärker: er multipliziert jeden relativen Vorteil (Marktbeherrschung, Geld, Macht, Privilegien etc.), und er prägt die schon heute zentralen Fehlentwicklungen der Medizin noch schärfer aus: Technik und Medikamente statt Kommunikation, neue Diagnoseverfahren bei unzureichender Therapie, zuviel Medizin und zuwenig bzw. zu schlechte Pflege und Betreuung. Rationalisierungsdruck, der durch wirtschaftlichen Wettbewerb ausgeübt wird, benachteiligt Personengruppen mit starken, meist chronisch gesundheitlichen Einschränkungen, die im höheren Lebensalter stehen und den unteren sozialen Schichten angehören.

2.2 Empirische Daten

Sagan[4] stellte fest: *„Ärzte attestieren Gesundheit, wenn sie keine Krankheit entdecken."* Die WHO geht über das Freisein von Krankheit und Gebrechen hinaus und bietet den Zustand des völligen körperlichen, seelischen und sozialen Wohlbefindens an. Wir alle kennen genügend Umfragen, in denen die Österreicherinnen und Österreicher der Gesundheit eine sehr hohe Bedeutung zumessen und sich vor Krankheit, Siechtum, Gebrechlichkeit und Pflegebedürftigkeit ängstigen.

---

3 Kühn H.: Ethische Probleme einer ökonomisch rationalisierten Medizin, Berlin 1996, S. 6.

4 Sagan, L. A.: Die Gesundheit der Nationen, New York 1987.

Die Gesundheit ist allerdings eine komplexe Größe; amerikanische Studien meinen, daß die Gesundheit zu 50 % von den sozioökonomischen Verhältnissen, zu 15 % von der individuellen Biologie (Erbanlagen), zu 25 % von der ökologischen Umwelt und nur zu 10 % von der Gesundheitsversorgung abhängt.[5]

Das österreichische Gesundheitswesen nützt nun diesen 10 %igen Freiheitsgrad nicht gerade schlecht:[6] Zur Effizienzmessung im Gesundheitsbereich bietet sich ein internationaler Vergleich auf Basis der Elastizität der Lebenserwartung bezüglich der Pro-Kopf-Ausgaben für Gesundheit (angegeben in DM-Kaufkraftparitäten) an.[7] Dabei schneidet ein Land dann besonders günstig ab, wenn die Ausgaben relativ gering gestiegen sind, die Lebenserwartung jedoch stark. Österreich wird hinsichtlich der Effizienz seines Gesundheitswesens nur von Schweden geschlagen und läßt Länder wie Schweiz und USA weit hinter sich. Summa summarum ist Österreich in der glücklichen Lage, ein Gesundheitswesen zu besitzen, daß einerseits leistungsfähig ist, andererseits nicht allzuviel kostet. Griessner meint ebenfalls, „*... daß unser Gesundheitssystem zu den besten und sozial gerechtesten der Welt gehört, und es weiterhin für jeden die Möglichkeit geben muß, unabhängig von seinen finanziellen Verhältnissen, die für ihn erforderliche Diagnostik, Therapie und Pflege zu erhalten*“.[8]

Und hier stellt sich nun die Frage, wie dieses im internationalen Vergleich äußerst effiziente System, zu dem die Soziale Krankenversicherung rund 50 % beiträgt[9], zusätzlich optimiert werden soll, vor allem vor dem Hintergrund der aktuellen Globalisierungsdebatte. Dabei flammt in der Diskussion um die Reform des Gesundheitswesens und insbesondere in bezug auf die Krankenversicherung immer wieder das Thema „Pflichtversicherung versus Versicherungspflicht“ auf. Gemeint ist damit eigentlich der Ersatz der Sozialen Krankenversicherung durch die Private Krankenversicherung.

---

5 vgl. Mayer, F.: Prävention als Teil einer integrativen Gesundheitspolitik, in: Theurl, E./Dezsy, J. (Hrsg.): Ökonomie der Prävention, Lochau 1991.

6 Die nachfolgenden Ausführungen sind ausführlicher dargestellt im Artikel von Wieninger P.: Eine vergleichende ökonomische Analyse zwischen sozialer Krankenversicherung und privater Krankenversicherung, in: Soziale Sicherheit, Nr. 10/11, Wien, 1996, S. 901 ff.

7 vgl. Schneider M. et al.: Gesundheitssysteme im internationalen Vergleich, Ausgabe 1994, Laufende Berichterstattung zu ausländischen Gesundheitssystemen, Augsburg 1995, S. 12 ff.

8 Griessner R.: Gedanken zum Gesundheitswesen, in: NÖ-Consilium – Mitteilungen der Ärztekammer für Niederösterreich, Nr. 3/1995.

9 Wieninger P.: Österreichische Gesundheitsausgaben, in: Soziale Sicherheit, Nr. 10, Wien, 1995, S. 660 ff.

Die folgende Tabelle stellt die Prämien der Privaten Krankenversicherungen den Leistungen, die an ihre Versicherten ausgeschüttet werden (wie z. B. Arztleistungen, Medikamente, Krankenhauskostenersatz, Spitalgeld, Krankengeld), im Zeitablauf (1985 bis 1995) gegenüber. Als Indikator wird die Leistungsquote in Prozent der Prämien errechnet, um in der Folge einen Vergleich mit der Sozialen Krankenversicherung zu ermöglichen.

in Mio. öS	Private Krankenversicherung		
Jahr	Prämien	Leistungen	Leistungsquote in %
1985	8.979	6.600	73,50
1990	11.751	8.645	73,57
1995	16.030	12.010	74,92

GM ... Geometrisches Mittel

Quellen:

Knapp H.: 5,4 Milliarden Pseudo-Prämien? in: Finanznachrichten 46, 17. 11. 1994

Artikel: Privatversicherer 1995 stärker gewachsen als BIP, in: Die Versicherungsrundschau 2/96, Seiten II und III;

eigene Berechnungen

Zur Datenvalidität ist zu sagen, daß offenbar unterschiedliche Datenbasen existieren: Knapp[10], Maierhofer[11], Dopplinger[12] und die Versicherungsrundschau 2/1996[13] argumentieren mit den genannten Daten; der Privatpatient Nr. IV/1995[14] und Url[15] operieren mit differierendem Datenmaterial, das geringere Prämien und höhere Versicherungsleistungen der Privaten Krankenversicherung zugesteht. Offenbar kommt es darauf an, wofür oder wogegen man argumentiert.[16]

---

10 Knapp H.: 5,4 Milliarden Pseudo-Prämien?, in: Finanznachrichten 46, 17. 11. 1994.

11 Maierhofer A.: Krankenschutz unter EU-Stern(en), in: Die Versicherungsrundschau, Nr. 3/1995, S. 1 f.

12 Dopplinger H.: Schwerpunkt Gesundheit bleibt, in: Der Privatpatient, Nr. 4/1994, S. 1 ff.

13 Artikel: Privatversicherer 1995 stärker gewachsen als BIP, in: Die Versicherungsrundschau 2/1996, S. II und III.

14 Artikel: Die Leistungen der Versicherungen, in: Der Privatpatient, Nr. IV/1996, S. 3.

15 Url T.: Divergierende Entwicklung in den einzelnen Sparten der Versicherungswirtschaft, Die österreichische Privatversicherungswirtschaft 1993/94, in: WIFO-Monatsberichte Nr. 7/1995, S. 465 ff.

16 Knapp meinte hingegen zur Datenlage und Motivforschung: „Aus nicht recht verständlichen Gründen wird weder im Text- noch im Statistikteil des Verbandsberichtes auf den Einmalprämien-Boom hingewiesen, geschweige denn eine konkrete Zahl genannt;“; Knapp H.: 5,4 Milliarden Pseudo-Prämien?, in: Finanznachrichten 46, 17. 11. 1994, S. 2.

Die Leistungsquote schwankt zwischen 73,34 % im Jahre 1989 und 75,56 % im Jahre 1987 und bewegt sich im Schnitt um rund 74 % des Prämienaufkommens. Vereinfacht ausgedrückt bedeutet dies, daß von öS 100,– Prämien nur rund öS 74,– in Form von Leistungen an die Privat-Versicherten zurückfließen. Die restlichen öS 26,– „versickern" bei den Privat-Versicherern.

Die Soziale Krankenversicherung braucht den Vergleich mit der Privaten Krankenversicherung keineswegs zu scheuen – im Gegenteil: Die Leistungsquote liegt zwischen 92,02 % im Jahre 1987 und 95,63 % im Jahre 1995; durchschnittlich betrug die Leistungsquote 93,26 % der Einnahmen. In der Sozialen Krankenversicherung fließen daher durchschnittlich von öS 100,– Einnahmen mehr als öS 93,– an die geschützten Personen in Form von konkreten Leistungen zurück, während in der Privaten Krankenversicherung nur rund öS 74,– refundiert werden.

2.2.1 Gründe für die Unterschiede zwischen Sozialer Krankenversicherung und Privater Krankenversicherung

Der eklatante Unterschied in den Leistungsquoten zwischen Sozialer Krankenversicherung und Privater Krankenversicherung fällt einem sofort ins Auge. In der Sozialen Krankenversicherung fließen rund öS 93,– an die Versicherten zurück, in der Privaten Krankenversicherung nur rund öS 74,–; das ist ein Unterschied von rund 20 %. Übrigens behalten sich die in Europa vielbestaunten und mit hohen Hoffnungen versehenen Managed-Care-Organisationen 17–20 % des „Prämiendollars".[17]

Nachfolgend einige Gründe für diesen massiven Unterschied:

- ❑ Die Private Krankenversicherung hat ihren (freien) Mitarbeitern Provisionen zu bezahlen; Für die Versichertensparte Unfall, Kollektivunfall, Rechtsschutz erhält der Versicherungsvertreter z. B.:[18] eine Erstprovision (Abschlußprovision und Betreuungsprovision des 1. Jahres) in Höhe von 25 % der Prämie; für die Folgejahre steht ihm/ihr eine Betreuungsprovision in Höhe von 10 % der Prämie zu. Diese Kosten fallen in der Sozialen Krankenversicherung nicht an.
- ❑ Die Private Krankenversicherung wird zum größten Teil von Kapitalgesellschaften betrieben[19], deren Gesellschafter (Aktionäre) möglichst hohe Gewinne für ihr eingesetztes Kapital sehen wollen. Die Soziale Krankenversicherung ist nicht auf Gewinn ausgerichtet.

---

[17] vgl. Lankers C.: Erfolgsfaktoren von Managed Care auf europäischen Märkten, Bonn 1997;
vgl. weiters Kühn H.: Managed Care. Medizin zwischen kommerzieller Bürokratie und integrierter Versorgung. Am Beispiel USA, Berlin 1997.

[18] Provisionstabelle der Zürich Kosmos Versicherungen Aktiengesellschaft.

[19] Gewerkschaft der Privatangestellten: Infodienst, Argumente pro Sozialversicherung, Fakten zu Vorwürfen, Nr. 2/1995, S. 6.

- Durchschnittlich 75 Privatversicherer tummeln sich am österreichischen Markt.[20] Die Soziale Krankenversicherung wird von 24 Versicherungsträgern betrieben.
- Url[21] schreibt zur Privaten Krankenversicherung: *„Eine durchschnittliche österreichische Versicherung benötigt relativ mehr Mitarbeiter als Gesellschaften in anderen Industrieländern, um dieselbe Prämiensumme einzunehmen. Das dichte Vertriebsnetz der Versicherungen kann eine Ursache dafür sein (...) Die höhere Kostenbelastung der österreichischen Versicherungen dämpft einerseits Erträge und Rentabilität und erhöht andererseits tendenziell die Versicherungsprämien."*
- Janda[22] stellte bei einer Analyse der öffentlich kundgemachten Bilanzwerte einer repräsentativen Auswahl von Privatversicherern den Anteil der Verwaltungskosten der Privatversicherungen an den Einnahmen von über 20 % fest (21,7 % einschließlich Aufwand für den Versicherungsabschluß, 6,3 % ohne Aufwand für den Versicherungsabschluß). Die Sozialversicherung hat einen Verwaltungskostenanteil in Höhe von nur 2,9 % – international ein äußerst niedriger Wert.[23] *„Die Sozialversicherung darf für sich also in Anspruch nehmen, daß sie ihre Verwaltungsaufgaben wesentlich kostengünstiger erledigt, als dies nach den derzeitigen Gegebenheiten in ähnlichen Bereichen der direkten Bundesverwaltung und der Privatversicherung der Fall ist."*[24] Allerdings kann die Soziale Krankenversicherung bei der Beitragsevidenz auf die kostenfreie Mitarbeit der Dienstgeber zurückgreifen.

Donabauer und Janda[25] analysierten eingehend die Verwaltungskosten der Sozialversicherung im Vergleich zu staatlichen Verwaltungsformen und zur Privatwirtschaft. Sie kamen dabei zu folgenden Schlußfolgerungen: Der Verwaltungsaufwand der Sozialversicherung betrug 1992 2,9 %, der Verwaltungsaufwand der Arbeitslosenversicherung belief sich im Jahre 1992 auf 5,3 %, und der vergleichbare Aufwand (ohne Werbeaufwand) der Privatversicherung gemäß einer Analyse der Wochenzeitschrift Finanznachrichten erreichte 1992 durchschnittlich 6,1 %.

---

20 Gewerkschaft der Privatangestellten: Infodienst, Argumente pro Sozialversicherung, Fakten zu Vorwürfen, Nr. 2/1995, S. 6.

21 Url T.: Divergierende Entwicklung in den einzelnen Sparten der Versicherungswirtschaft, Die österreichische Privatversicherungswirtschaft 1993/94, in: WIFO-Monatsberichte Nr. 7/1995, S. 466.

22 Janda R.: Verwalten wir wirklich so teuer?, in: Soziale Sicherheit, Nr. 11, Wien, 1991, S. 544 ff.

23 Artikel: Sozialversicherung ist Kundendienst, in: Soziale Sicherheit, Nr. 7, 1996, S. 701.

24 Janda R.: Verwalten wir wirklich so teuer, in: Soziale Sicherheit, Nr. 11, Wien, 1991, S. 545.

25 Donabauer K./Janda R.: Sozialversicherungsreform – die unendliche Geschichte, in: Soziale Sicherheit, Nr. 1, Wien, 1995, S. 2 ff.

Die Private Krankenversicherung berichtet trotzdem, daß sie ihre Leistungen viel günstiger anbieten könne als die Soziale Krankenversicherung; ein Beispiel dazu:[26] Ein österreichischer Privatversicherer – Motto „Die Versicherung für gesunde Egoisten" – bietet bis zu 65 % Ersparnis bei der gesetzlichen Krankenversicherung als Topangebot für Ärzte. Die Argumente lauten:[27] *„Ideal eignet sie sich für jene Ärzte, deren Gattin in der eigenen Ordination angestellt oder selbst berufstätig ist, damit auch die Kinder automatisch bei der GKK mitversichert werden können. (...) Lediglich der Gesundheitszustand wird bei der xxx-Versicherung bei Antragsprüfung festgestellt. Somit scheiden eigentlich nur jene potentiellen Versicherungsnehmer aus, welchen an schwerwiegenden und dauerhaften Erkrankungen leiden."*

Warum die Private Krankenversicherung in diesem Einzelfall „billiger" sein kann, zeigen die angeführten Zitate. Auch der Euroreport stellte zu diesbezüglichen Vergleichen fest:[28] „Auffällig ist (...), daß weder die beitragsfreie Familienversicherung der GKV überhaupt nur erwähnt wird, noch man sich die Mühe macht, auf Details wie z. B. Lebensalter, Altersrückstellung, Gesundheitszustand und ähnlich Faktoren, die für jede Private Krankenversicherung-Kalkulation einschlägig sind, in irgendeiner Weise einzugehen." Und weiters: *„Die Euphorie über die Lage der Privaten Krankenversicherung steht in gewissem Widerspruch zu den zahlreichen Meldungen über nicht enden wollende Beitrags-‚Anpassungen', insbesondere für ältere Menschen."* Die Soziale Krankenversicherung hingegen scheidet keine schlechten Risken aus. Die Soziale Krankenversicherung schützt auch Personengruppen, die in der Pflichtversicherung beitragsfrei mitversichert sind (Kinder, Ehegatten).

2.2.2 Kosten bei Versicherungspflicht

An dieser Stelle erhebt sich nun die Frage, wie sich die Beitragseinnahmen entwickeln müßten, falls der Leistungsbereich der Sozialen Krankenversicherung zur Gänze von der Privaten Krankenversicherung abgedeckt werden würde (ceteris paribus-Annahme). Die Tabelle auf Seite 222 ermittelt daher auf Basis der Versicherungsleistungen der Sozialen Krankenversicherung und der Leistungsquote der Privaten Krankenversicherung das notwendige, fiktive Prämienaufkommen, stellt dies den Einnahmen der Sozialen Krankenversicherung gegenüber und ermittelt auf diese Weise den daraus resultierenden Mehraufwand.

---

[26] vgl. dazu auch: Meyer: „Wie in den vorigen Abschnitten gezeigt, ist die Behauptung, die PKV Beitragserhöhungen blieben künftig unterhalb der Kostensteigerungen im Gesundheitswesen, unhaltbar."; Meyer U.: Zur Beitragsentwicklung in der Privaten Krankenversicherung (PKV), in: Die Ersatzkasse 7/1996, S. 244.

[27] Dr. Rinner & Partner Gesellschaft m.b.H. in Zusammenarbeit mit Merkur: doc's info, Ausgabe 4, März 1996.

[28] Euroreport 9/1994, S. 6 und 7.

Jahr	Versicherungsleistungen SKV	Leistungsquote in %	Notwendiges Prämienaufkommen PKV	Einnahmen PKV	Differenz
1985	49.715	73,50	67.635	53.971	13.664
1990	68.631	73,57	93.289	74.023	19.266
1995	105.686	74,92	141.061	110.518	30.543

in Mio. öS

Quellen:

Hauptverband der österreichischen Sozialversicherungsträger (Hrsg.): Statistisches Handbuch der österreichischen Sozialversicherung, Wien, div. Jahrgänge;

Hauptverband der österreichischen Sozialversicherungsträger (Hrsg.): Statistische Daten aus der Sozialversicherung, Finanzstatistik, Wien, div. Jahrgänge;

Knapp, H.: 5,4 Milliarden Pseudo-Prämien?, in: Finanznachrichten 46, 17. 11. 1994;

Artikel: Privatversicherer 1995 stärker gewachsen als BIP, in: Die Versicherungsrundschau 2/1996, S. II und III;

eigene Berechnungen

Geht man vom Leistungsniveau der Sozialen Krankenversicherung und der Leistungsquote der Privaten Krankenversicherung aus, ergibt sich ein notwendiges Prämienaufkommen, das im Jahre 1995 um mehr als öS 30 Mrd. über den tatsächlichen Einnahmen der Sozialen Krankenversicherung liegen müßte.[29] Angesichts der Lohnnebenkostendiskussion und der Budgetnöte der Gebietskörperschaften stellt sich die Frage, wie diese zusätzlichen öS 30 Mrd. finanziert werden sollen.

Das bedeutet, daß bei einer Übernahme sämtlicher Leistungen der Sozialen Krankenversicherung durch die Private Krankenversicherung – unter der ceteris paribus-Bedingung – die Beitragssätze z. B. für Angestellte von derzeit 6,8 % auf ca. 8,8 % steigen, also eine „Verteuerung" um 2 Prozentpunkte resultieren würde. Der Dienstnehmeranteil würde auf 4,4 % klettern, der Dienstgeberanteil detto. Da bei der Lohnnebenkostendiskussion derzeit selbst eine Erhöhung von einem Zehntelpunkt ausgeschlossen wird, stellt sich die Frage, wie eine „Verteuerung" von 2 Prozentpunkten erklärt werden soll.

[29] Zur Plausibilitätsanalyse: Janda kam bereits 1991 zu dem Schluß: „Würde man nämlich unseren derzeitigen Verwaltungskostensatz von 2,7 auf 4,3 *(also den unter Wert der Privatversicherer) anheben, wäre dies im Jahre 1989 einem Mehraufwand von rund 4 Milliarden Schilling gleichgekommen; bei einer Anhebung auf 14,6 % würde dieser Mehraufwand auf 31 Milliarden Schilling hochschnellen";* Janda R.: Verwalten wir wirklich so teuer, in: Soziale Sicherheit, Nr. 11, Wien, 1991, S. 545.

2.2.3 Effizienz der Privatfinanzierung

Ein Argument für die Akzeptanz der Verteuerung des Krankenversicherungsschutzes aufgrund des Ersatzes der Sozialen Krankenversicherung durch die Private Krankenversicherung wäre, daß das System effizienter, wirtschaftlicher sei, daß für weniger Geld mehr Gesundheit „produziert" werden würde – ein Argument, das von Globalisierungsbefürwortern laufend strapaziert wird. Auch hier hilft ein Blick über die Grenzen, um den Blick zu schärfen.

Wenn man die Elastizität der Lebenserwartung (Effizienzmaß) und den Anteil der Privatfinanzierung (Privatversicherungsbeiträge und Selbstzahlung) an den Gesundheitsausgaben eines Landes korreliert[30], stellt man fest, ob ein steigender Anteil von privat finanzierten Gesundheitsausgaben deren effizientere Verwendung bedingt (siehe Abbildung 3, Seite 224). Das Bestimmtheitsmaß R^2 gibt Auskunft über die Stärke der Abhängigkeit zweier Größen. Es liegt zwischen 0 und 1; 0 bedeutet keinerlei Abhängigkeit, 1 zeigt einen starken Zusammenhang an. Hier nun beträgt das Bestimmtheitsmaß rund 0,17, die Korrelationsgerade senkt sich. Das bedeutet: (1) Zwischen der Effizienz eines Gesundheitssystems und seinem privatfinanzierten Anteil besteht nur ein sehr schwacher Zusammenhang. (2) Weiters ist dieser Zusammenhang negativ; d. h. mit zunehmendem Anteil der Privatfinanzierung der Gesundheitsausgaben wird das Gesundheitswesen eines Landes weniger effizient. Die Umstellung des Gesundheitswesens auf ein privat finanziertes System ist keine Garantie für eine Effizienzsteigerung – im Gegenteil. Österreich schneidet im internationalen Effizienzvergleich äußerst positiv ab; offenbar „paßt" das Verhältnis zwischen privater und öffentlicher Finanzierung. Es zugunsten der privaten Finanzierung zu verschieben, wäre kontraproduktiv.

Das „berühmteste" negative Beispiel in diesem Kontext stellen die USA dar, die sich pro Kopf fast doppelt so hohe Gesundheitsausgaben wie Österreich leisten, sich jedoch hinsichtlich der Effizienz und der Lebenserwartung am Ende des Feldes bewegen. Der Grund ist vor allem darin zu finden, daß rund 30 bis 40 Mio. Amerikaner und Amerikanerinnen überhaupt keinen Krankenversicherungsschutz haben.

Diese Tendenz zur Ausgrenzung von weniger begüterten Bevölkerungsschichten ist bereits im Ansatz auch in Österreich bei der Privaten Krankenversicherung erkennbar. Sellitsch[31] weist darauf hin, daß in Österreich 38 % aller Haushalte eine Krankenzusatzversicherung aufweisen, allerdings existieren erhebliche Unterschiede darin, wer sie sich leisten kann.

---

[30] Url schreibt: „... Die privaten Krankenversicherungen reagieren auf dieses Dilemma mit verstärkter Bewerbung von Selbstbehaltsregelungen in den Versicherungsverträgen."; Url T.: Divergierende Entwicklung in den einzelnen Sparten der Versicherungswirtschaft, Die österreichische Privatversicherungswirtschaft 1993/94, in: WIFO-Monatsberichte Nr. 7/1995, S. 467.

[31] Sellitsch S.: Privatvorsorge im Gesundheitsbereich, nach ÖSTAT-Statistiken.

Abbildung 3
Korrelation der Elastizität der Lebenserwartung mit dem Anteil der Privatfinanzierung an den Gesundheitsausgaben

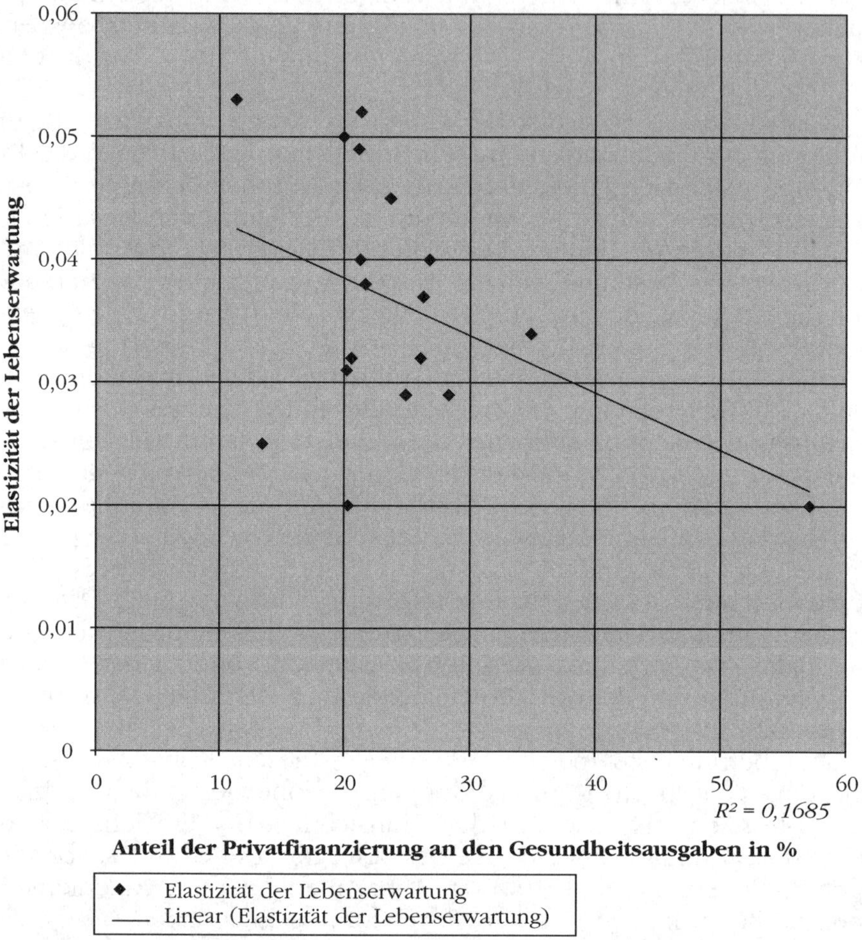

Herangezogene Länder:
Schweden, Österreich, Deutschland (West), Irland, Belgien, Frankreich, Luxemburg, Griechenland, Japan, Schweiz, Niederlande, Vereinigtes Königreich, Italien, Portugal, Kanada, Dänemark, Spanien, USA

Quellen:

Schneider M. et al.: Gesundheitssysteme im internationalen Vergleich, Ausgabe 1994, Laufende Berichterstattung zu ausländischen Gesundheitssystemen, Augsburg 1995, S. 14;

eigene Berechnungen

Aus der Abbildung 4 erkennt man deutlich den Zusammenhang beruflicher und sozialer Schichtung und Zusatzkrankenversicherung, die sich nicht jeder leisten kann.[32] *„Die Tatsache, daß diesmal in einigen Bundesländern auch die Tarife für ältere Versicherungsnehmer wieder kräftig ansteigen, hat bereits den Österreichischen Seniorenbund mobilisiert: Prämienerhöhungen von zehn Prozent und mehr seien angesichts der Pensionsanpassung um 2,8 Prozent für Senioren ‚unerträglich', erklärte Generalsekretär Wilhelm Mohaupt."*[33] Die Private Krankenversicherung orientiert sich eben nach dem Äquivalenzprinzip, d. h. nach dem Risiko und dem zu erwartenden Leistungsausmaß (vgl. dazu: *„A 1992 Time magazine article noted that three life insurers owned by tobacco companies charge smokers nearly double for term insurance."*[34]) und betreibt Riskenauslese (vgl. das oben angeführte Beispiel). Für die Sozialversicherung hingegen gilt das Solidaritätsprinzip, wonach jeder Versicherte nur seiner wirtschaftlichen Belastbarkeit entsprechend zur Versichertengemeinschaft beiträgt. Dabei bleibt keine Bevölkerungsschicht ausgeschlossen.

Abbildung 4: Private Zusatzversicherung nach Beruf des Haushaltsvorstandes (mindestens 1 Person pro Haushalt)

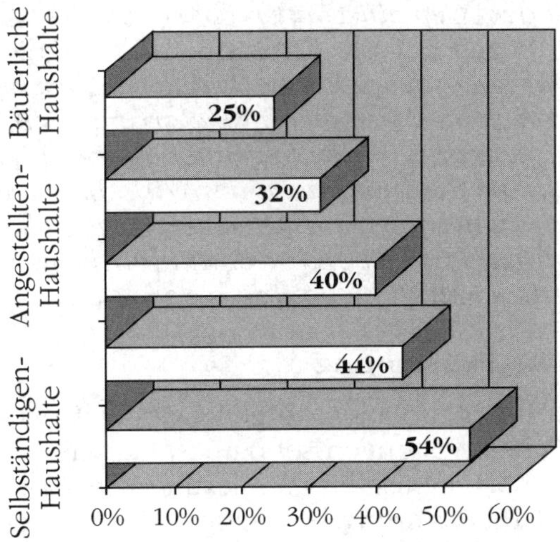

---

[32] vgl. dazu Statistik in der Kärntner Tageszeitung vom 9.6.1995: „Immer weniger Österreicher können sich eine private Krankenversicherung leisten.", die die Prämiensteigerung der Tarife (bis zu 45 % im Zeitraum 1989 bis 1993) mit dem Rückgang der Versichertendichte vergleicht.

[33] Artikel: Private Krankenversicherung wird um 5 bis 10 % teurer, in: Salzburger Nachrichten vom 4. 2. 1996.

[34] Artikel: The Medical Effects of Tobacco Consumption, in: Scientific American, May 1995, S. 31.

Bei einem Umstieg auf eine teureres Privates Krankenversicherungssystem muß man sich bewußt sein, daß Teile der österreichischen Bevölkerung nur unter großen finanziellen Opfern ihren gewohnten Krankenversicherungsschutz aufrechterhalten können – bzw. nicht mehr in der (finanziellen) Lage sind, ihn aufrecht erhalten zu können – eine Tendenz, die mit der Globalisierung einhergeht.

3. Leistungen

3.1 Rechtliche Rahmenbedingungen

In bezug auf die Globalisierung des Leistungsrechts ist der rechtliche Zugang der Europäischen Union von Bedeutung, dazu Felix[35]:

„Die vier Freiheiten des EU-Vertrages verbieten die Einschränkung der jeweiligen ‚Verkehre' durch Zoll- oder Handelsschranken bzw. sogenannte ‚Maßnahmen mit gleicher Wirkung'. Darunter werden Maßnahmen (vor allem Rechtsakte) verstanden, die zwar nicht im Wortlaut dem Gemeinschaftsrecht widersprechen, jedoch de facto den gemeinschaftsrechtlich verpönten Erfolg herbeiführen.

In der bereits vor einigen Jahren ergangenen Entscheidung Poucet und Pistre kam der EuGH zu dem Ergebnis, daß unter bestimmten Voraussetzungen eine auf dem Grundsatz der Solidarität beruhende Pflichtversicherung mit dem Gemeinschaftsrecht vereinbar ist. (...)"

Felix führt in bezug auf die Konsequenzen für die österreichische Situation aus: *„Für die österreichische Sozialversicherung bringt die momentane Situation keinen Anpassungsbedarf mit sich. Es kann davon ausgegangen werden, daß in den folgenden Jahren vermehrt festgestellt werden wird, daß die Bestimmungen des Wirtschaftsrechtes der EU den Besonderheiten des nationalen Sozialrechtes der einzelnen Mitgliedsstaaten nicht oder nur unzureichend Rechnung tragen. Diesem Problemkreis wird daher in Zukunft besonderes Augenmerk zu schenken sein."*

3.2 Ökonomische Beurteilung

Anhand eines internationalen Vergleiches der Honorierungssysteme ambulanter ärztlicher Leistungen sei dargestellt, wie die oben beschriebenen besonderen Mechanismen im „Gesundheitsmarkt" wirken[36], d. h. wie die von der Globalisierung bevorzugte Tendenz der Wettbewerbsstärkung wirkt.

---

[35] vgl. dazu Felix F.: Das Leistungsrecht der Krankenversicherung im Licht der Grundfreiheiten des europäischen Gemeinschaftsrechtes. Urteil des EuGH in den Rechtssachen Decker und Kohll, in: Soziale Sicherheit, Nr. 5, Wien, 1998, S. 371 ff.

[36] Die nachfolgenden Ausführungen folgen in wesentlichen Teilen dem Artikel von Wieninger P.: Honorierungssystem ambulanter ärztlicher Leistungen, in: Soziale Sicherheit, Nr. 3/1998, S. 169 ff.

Honorierungskriterien für ambulante ärztliche Leistungen

Länder	Arzt	Anzahl	Anteil	Abrechnungseinheit	Bezahlungsmodus: Zuzahlung	Bezahlungsmodus: Abrechnungsart
Österreich	AA FA	5.722 8.744	39,6 60,4	Einzelleistung/Grundpauschale Einzelleistung	0% 0%	Sachleistung Sachleistung
Belgien	AA FA	14.897 14.691	50,3 49,7	Einzelleistung Einzelleistung	25% 25%	Kostenerstattung Kostenerstattung
Dänemark	AA FA	3.661 881	80,6 19,4	Kopfpauschale/Einzelleistung Einzelleistung	0% 0%	Sachleistung Sachleistung
Frankreich	AA FA	55.519 51.513	51,9 48,1	Einzelleistung/ Leistungskomplexe Einzelleistung/ Leistungskomplexe	25% 25%	Sachleistung Kostenerstattung
Deutschland	AA FA	31.332 45.944	40,5 59,5	Einzelleistung/ Leistungskomplexe Einzelleistung/ Leistungskomplexe	0% 0%	Sachleistung Sachleistung
Griechenland	AA FA		1,5 98,5	Gehalt/Einzelleistung Einzelleistung/Gehalt	teils 0%	Sachleistung Sachleistung
Irland	AA FA	2.300 3.707	38,3 61,7	Kopfpauschale/Einzelleistung Einzelleistung/Gehalt	0% teils	Sachleistung Sachleistung
Italy	AA FA			Kopfpauschale/Einzelleistung/ Gehalt Einzelleistung/Gehalt	0% ja	Sachleistung Sachleistung
Luxemburg	AA FA	302 512	37,1 62,9	Einzelleistung Einzelleistung	5%/20% ja	Kostenerstattung Kostenerstattung
Niederlande	AA FA	6.857 12.477	35,5 64,5	Kopfpauschale/Einzelleistung Einzelleistung	0% 0%	Sachleistung Sachleistung
Portugal	AA FA			Gehalt/Kopfpauschale Einzelleistung	0% ja	Sachleistung Sachleistung
Spanien	AA FA			Grundpauschale/Kopfpauschale Einzelleistung/Kopfpauschale/ Gehalt	0% 0%	Sachleistung Sachleistung
Schweden	AA FA			Kopfpauschale/Einzelleistung Einzelleistung	ja ja	Sachleistung Sachleistung
Großbritannien	AA FA			Grundpauschale/Kopfpauschale/ Zielbezogene Vergütung/Budget Gehalt	0% 0%	Sachleistung Sachleistung
Schweiz	AA FA	4.014 7.095	36,1 63,9	Einzelleistung Einzelleistung	ja ja	Kostenerstattung/ Sachleistung Kostenerstattung/ Sachleistung
USA	AA FA	65.943 321.957	17,0 83,0	Einzelleistung/Pauschalen/ Gehälter Einzelleistung	ja ja	Kostenerstattung Kostenerstattung/ Selbstzahlung
Japan	AA FA		überw.	Einzelleistung Einzelleistung	10%/30% 10%/30%	Sachleistung Sachleistung
Kanada	AA FA			Einzelleistung Einzelleistung	0% 0%	Sachleistung Sachleistung

AA ... Allgemeine Ärzte
FA ... Fachärzte
Bezugspunkt 1992 bzw. 1993

Quellen:

eigene Berechnungen;

Schneider M. et al. (BASYS): Gesundheitssysteme im internationalen Vergleich, Ausgaben 1994, Augsburg 1995

Abbildung 5

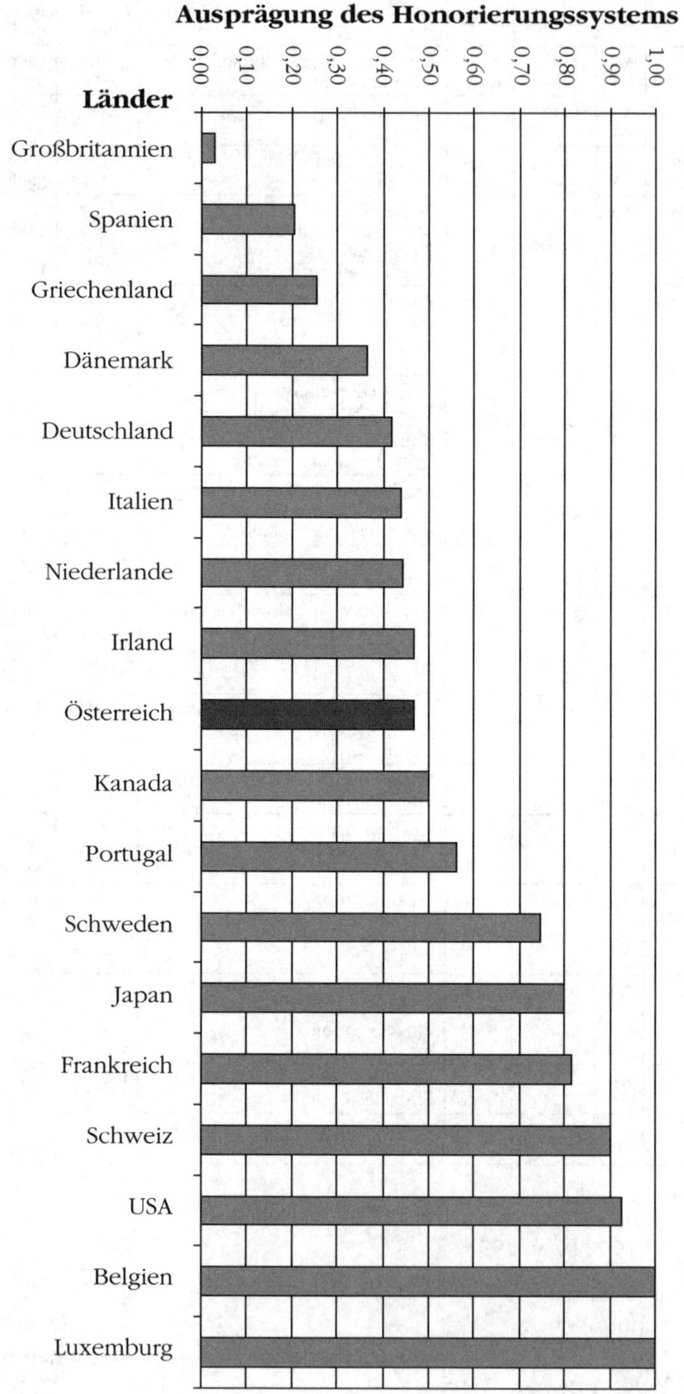

Ausprägung des Honorierungssystems
0,00
0,10
0,20
0,30
0,40
0,50
0,60
0,70
0,80
0,90
1,00
Länder
Großbritannien
Spanien
Griechenland
Dänemark
Deutschland
Italien
Niederlande
Irland
Österreich
Kanada
Portugal
Schweden
Japan
Frankreich
Schweiz
USA
Belgien
Luxemburg

Die Tabelle auf Seite 227 zeigt eine Übersicht der Honorierungskriterien für ambulante ärztliche Leistungen (ohne zahnärztliche Behandlungen) in den Ländern der Europäischen Union sowie Schweiz, USA, Japan und Kanada für das Jahr 1992 bzw. 1993. Die Kriterien sind die Abrechnungseinheit und der Bezahlungsmodus (Zuzahlungen, Abrechnungsart), getrennt nach Allgemeinärzten und Fachärzten.

In der Folge wurde nun versucht, einen Zusammenhang zwischen diesen Honorierungskriterien und den Ausgaben für ambulante ärztliche Leistungen herzustellen. Dabei wurde für jedes Honorierungskriterium ein Wert zwischen 0 und 1 vergeben – liegt der Wert näher bei Null, hat der betreffende Staat ein Honorierungssystem, das auf Pauschalregelungen, Sachleistung und ohne Zuzahlungen setzt; ein Wert näher bei 1 betont die Arzt- und Einkommensorientierung, d. h. diese Staaten forcieren Einzelleistungssysteme, Kostenerstattungen und Zuzahlungen. Die drei Kriterien wurden in der Folge nach dem Anteil der Allgemeinärzte und Fachärzte und nach ihrer Bedeutung gewichtet und ein Gesamtwert errechnet, der wiederum zwischen 0 und 1 liegt und die Ausprägung des Honorierungssystems widerspiegelt.

Die Abbildung 6 auf Seite 230 zeigt, daß offenbar drei Gruppen von Ausprägungen existieren:

- Die kleinste Gruppe, dazu zählen Großbritannien, Spanien, Griechenland und als Grenzfall Dänemark, ist eindeutig patienten- und finanzierungsorientiert, ist den gesundheitspolitischen Zielsetzungen eher verpflichtet.
- Die zweite Gruppe – das sind Deutschland, Italien, Niederlande, Irland, Österreich, Kanada, Portugal – versucht sowohl gesundheitspolitischen Zielsetzungen der Gesellschaft, als auch den einkommenspolitischen Bedürfnissen der Anbieter gerecht zu werden.
- Die dritte Gruppe – Schweden, Japan, Frankreich, Schweiz, USA, Belgien, Luxemburg – orientiert sich mehr an den Einkommenswünschen der Anbieter, am „globalisierten Shareholder-value“.

Diese Punktewerte (Ausprägungen) für die einzelnen Staaten wurden nun in Beziehung zu den Ausgaben ambulante ärztliche Leistungen gesetzt.

Das Ergebnis ist vielleicht nicht überraschend, zeigt jedoch einen statistischen Zusammenhang auf Basis eines internationalen Vergleiches, somit die Korrelation zwischen Honorierungssystemen und Ausgaben für ambulante ärztliche Leistungen. Je arzt- und einkommensorientierter ein Honorierungssystem ist, je mehr nach Einzelleistungen, mit Zuzahlungen und Kostenerstattungen gearbeitet wird, je „privatwirtschaftlicher“ das Honorierungssystem wird, desto höher sind die Ausgaben für dieses System. Das bedeutet, rund ein Drittel der Ausgaben für ambulante ärztliche Leistungen können durch die Art des Honorierungssystems erklärt werden.

Österreich weist mit seiner Ausprägung ein ausgewogenes Verhältnis zwischen Patienten- und Finanzierungsorientierung bzw. Arzt- und Ein-

Abbildung 6
Internationaler Vergleich (EU und ausgewählte Länder): Korrelation zwischen Honorierungssystemen und Ausgaben für ambulante ärztliche Leistungen

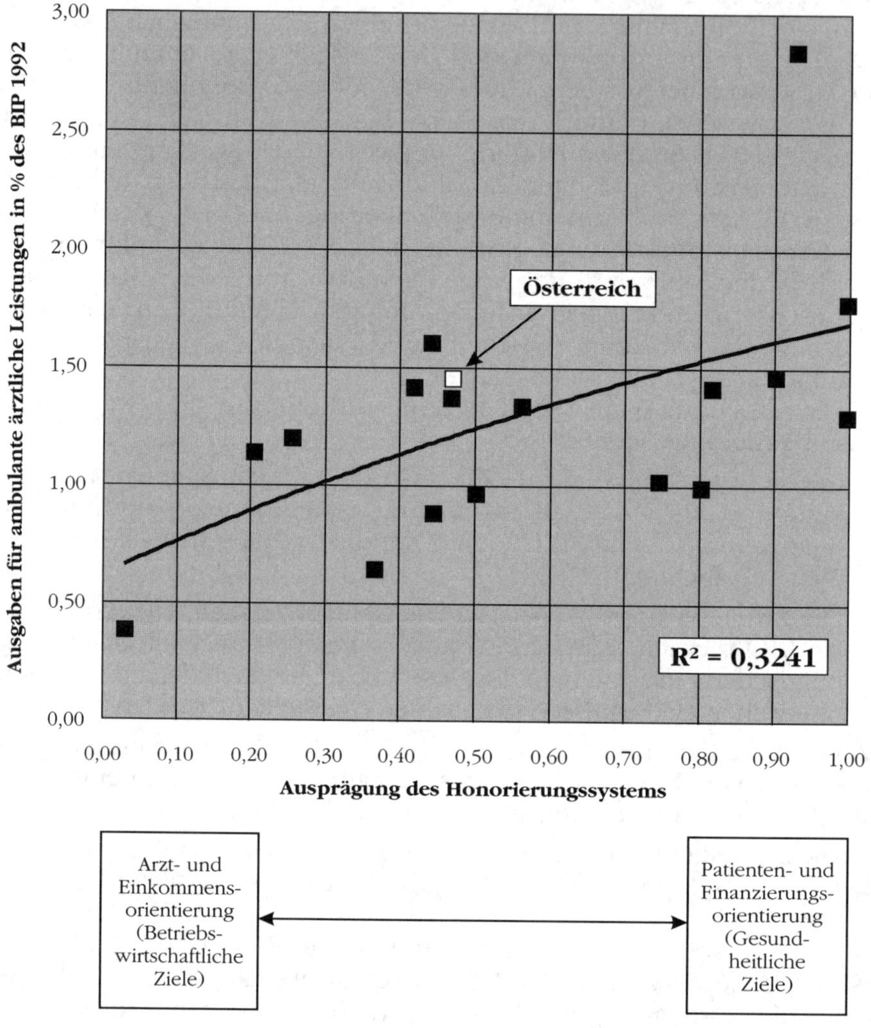

Bezugspunkt: 1992 bzw. 1993

Quelle:

eigene Berechnungen;

Schneider M. et al. (BASYS): Gesundheitssysteme im internationalen Vergleich, Ausgaben 1994, Augsburg 1995

kommensorientierung auf. Als Resümee läßt sich feststellen, daß im internationalen Vergleich ein Zusammenhang zwischen der Art des Honorierungssystems und den Ausgaben für ambulante ärztliche Leistungen feststellbar ist – je privatwirtschaftlich orientierter das System ist, desto höher sind die Kosten.

4. Einnahmen

Der von dem Axiom der Standort- und damit Wettbewerbsfähigkeitssicherung geprägte Druck der Arbeitgeberseite führt seit Jahren zu einem Sinken der Lohnquote. Die Lohnquote ist entscheidend für die Finanzierung der Sozialversicherung, weil ein Großteil ihrer Einnahmen von der Entwicklung der Lohnquote abhängig ist.[37]

4.1 Ausgangslage

Die **Soziale Krankenversicherung** wies seit Jahrzehnten positive Gebarungsergebnisse auf. Diese stabile Entwicklung erfuhr ihren ersten Rückschlag im Jahre 1994 mit einem Abgang von fast öS 800 Mio.; 1996 erreichte der defizitäre Einschub einen Abgang in Höhe von öS 2,16 Mrd. Durch ein Bündel von ausgaben- und einnahmenseitigen Maßnahmen, die durch den Gesetzgeber, durch die Krankenversicherungsträger autonom sowie gemeinsam mit den Vertragspartnern gesetzt worden sind, konnte dieser negative Trend gestoppt werden: 1996 schrieb die Soziale Krankenversicherung ein beinahe ausgeglichenes Ergebnis, 1997 konnte aufgrund der vorliegenden vorläufigen Gebarungsergebnisse ein Überschuß in Höhe von 1,2 % der Einnahmen erzielt werden.

Der Schwerpunkt des Finanzkonsolidierungspaketes lag dabei auf der Ausgabenseite, z. B. Deckelung der SV-Mitfinanzierung bei den Krankenanstalten, Preis- und Spannensenkungen im Heilmittelbereich, strikte Einhaltung der einnahmenorientierten Ausgabenpolitik bei den niedergelassenen Ärzten.

Hinsichtlich der **Sozialen Pensionsversicherung** ist die Diskussion um die Finanzierbarkeit eigentlich Bundes-Budgetpolitik; dazu Sallmutter:[38]

„Der Bundesbeitrag aus öffentlichen Mitteln (in der Diskussion fälschlicherweise Bundeszuschuß genannt) ist die dritte Säule der gesetzlichen Pensionsversicherung. Der Gesetzgeber hat in der Begründung des ASVG formuliert, daß bei ausschließlicher Bestreitung der Aufwendungen der

---

[37] Die nachfolgenden Ausführungen folgen in wesentlichen Teilen dem Entwurf eines Beitrages von Reischl I./Wieninger P.: Eine Analyse der Auswirkungen der Lohnquotenentwicklung auf die Einnahmenseite der Sozialen Krankenversicherung und möglicher Finanzierungsalternativen, Mai 1998.

[38] Sallmutter H.: Nichts ist so gestaltbar wie die Zukunft. Der Sozialstaat zur Jahrtausendwende, Wien 1998, S. 88 f.

Pensionsversicherung durch Beiträge der Versicherten und ihrer Dienstgeber diese Beiträge eine Höhe erreichen würden, die für die Betroffenen wirtschaftlich nicht mehr tragbar wäre. Daher also die Notwendigkeit für den Bundesbeitrag. (...)

Der Anteil des Bundes an der Pensionsfinanzierung geht zurück. Wie ich schon ausgeführt habe, wurde bei Gründung des ASVG die Drittelbedeckung und damit die Beteiligung des Bundes mit einem Drittel der Pensionen vereinbart. Nun mag es für manche überraschend sein, daß der Anteil dieses Bundesbeitrages seit 1978 deutlich gesunken (!) ist und sich nunmehr im ASVG bei gerade einem Achtel der Ausgaben der ASVG-Pensionen eingependelt hat. Wenn der Bund daher in Zukunft einen höheren Beitrag zu den Pensionen leistet, wäre dies kein Hinweis auf den drohenden Bankrott, sondern Rückkehr zur Normalität des Systems.

Die unselbständig Erwerbstätigen (Arbeiter, Angestellte) finanzieren ihre Pensionen heute zum überwiegenden Teil über Beiträge selbst. Der Grad der Selbstfinanzierung durch Dienstgeber und Dienstnehmer ist in den ASVG-Pensionsversicherungen seit 1978 von 75 auf 86 Prozent gestiegen. Im Gegensatz dazu stehen, wie wir gesehen haben, die Bauern- und Gewerbetreibenden-Pensionen. Hier ist der Selbstfinanzierungsgrad niedrig und der Bundesbeitrag hoch. Die Pensionsversicherungsanstalten der Arbeiter, Angestellten und Eisenbahner kommen bei einem viermal so hohen Pensionistenstand heute mit fast dem gleichen Bundesbeitrag aus wie die Pensionsversicherungen der Gewerbetreibenden und der Bauern."

Durch die Globalisierung verbirgt sich hinter der Finanzierungskrise der Sozialversicherung und deren unterschiedlichen Motiven ein strukturelles Einnahmenproblem: Die Einnahmen der Sozialversicherung in Höhe von öS 409 Mrd. im Jahre 1997 basieren zu fast 80 % auf Beitragseinnahmen. Die Bemessungsgrundlagen beziehen sich bei der Sozialversicherung der unselbständig Erwerbstätigen auf die Lohn- und Gehaltssumme. Die Entwicklung der Lohnquote, das ist die Bruttolohnsumme in Prozent des Nettonationalproduktes nominell, ist daher als entscheidend für die Gebarung der Sozialversicherung anzusehen. Ein Sinken der Lohnquote führt daher zu Mindereinnahmen in der Sozialversicherung.

4.2 Analyse der Abhängigkeit der Sozialversicherung von der Lohnquote

4.2.1 Soziale Krankenversicherung

Die Soziale Krankenversicherung der unselbständig Erwerbstätigen (Krankenversicherungsträger nach dem ASVG und B-KUVG) erzielt Einnahmen aus folgenden Quellen:

- Beiträge für pflichtversicherte Erwerbstätige, freiwillig Versicherte, (sonstige) pflichtversicherte Sozialversicherungspensionisten (Rentner), Kriegshinterbliebene, Asylwerber, Familienangehörige der Wehrpflichtigen;

- Zusatzbeitrag, Beitragszuschlag für erweiterte Heilbehandlung und medizinische Rehabilitation Leistungen aus dem Ausgleichsfonds (Zuschüsse, Zuwendungen, Zweckzuschüsse), Verzugszinsen und Beitragszuschläge, Vermögenserträgnisse, Ersätze für Leistungsaufwendungen, sonstige und a. o. Erträge (Rezeptgebühren, Behandlungsbeiträge), Auflösung von Rücklagen.

Die Beiträge für pflichtversicherte Erwerbstätige, der Zusatzbeitrag und der Beitragszuschlag für erweiterte Heilbehandlung und medizinische Rehabilitation (in der Folge nur als Beiträge bezeichnet) stehen im direkten Zusammenhang mit der Lohn- und Gehaltssumme. Indirekt sind natürlich auch die Beiträge für pflichtversicherte Sozialversicherungspensionisten mit der Lohn- und Gehaltssumme verbunden, weil durch das System der Nettoanpassung sichergestellt wird, daß die Entwicklung der Pro-Kopf-Pensionen nicht über die der Einkommen je Aktiven hinausgeht.

Abbildung 7
Das doppelte Einnahmenrisiko der Sozialen Krankenversicherung

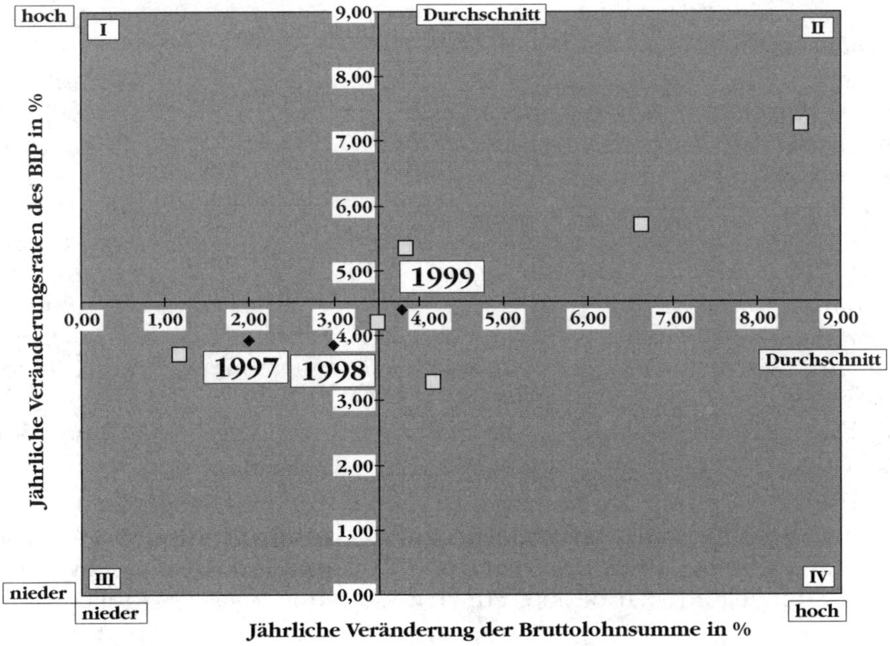

Quellen:

Institut für Höhere Studien (IHS): Prognose der österreichischen Wirtschaft 1998/99, April 1998, Tab. 11;

eigene Berechnungen

Die Soziale Krankenversicherung unterliegt nun einem doppelten Risiko. Die Lohnquote ist eine Funktion der Bruttolohnsumme laut Volkswirtschaftlicher Gesamtrechnung und des Bruttoinlandsproduktes zu Marktpreisen nominell. Somit haben Änderungen bei diesen beiden volkswirtschaftlichen Größen unmittelbare Auswirkungen auf die Beiträge der Sozialen Krankenversicherung.

Nach den Daten des Institutes für Höhere Studien (IHS)[39] ergibt sich für die Jahre 1997 und 1998 dieser Worst-Case: Sowohl das Bruttoinlandsprodukt, als auch die Bruttolohnsumme weisen ein unterdurchschnittliches Wachstum auf, 1999 findet eine leichte Erholung statt. Daraus resultieren Mindereinnahmen für die Soziale Krankenversicherung. In der Folge wird nun anhand einer Simulation versucht, für die Jahre 1997 bis 1999 die Höhe der entgangenen Beiträge ziffernmäßig zu bewerten.

Laut VGR erreichte die Bruttolohnsumme in Prozent des Bruttoinlandsproduktes 1993 mit 54,16 % ihren Höchststand, um in der Folge bis 1999 auf 50,01 % nach den Prognosen des Institutes für Höhere Studien zu sinken – immerhin um über 4 %-Punkte! Die diesbezüglichen Werte liegen ab 1996 immer deutlicher unter dem geometrischen Durchschnitt in Höhe von 52,27 %. Dazu das IHS in seiner April-Prognose:[40] *„Am österreichischen Arbeitsmarkt scheint sich bereits seit längerem ein Paradigmenwechsel abgespielt zu haben. Während in früheren Konjunkturzyklen die Arbeitsproduktivität stark (prozyklisch) schwankte und die Beschäftigung relativ konstant blieb (oder wuchs), ist seit 1994 ein umgekehrtes Bild sichtbar: Die Wachstumsrate der Arbeitsproduktivität schwankt lediglich zwischen 2,0 % (1994/1995) und 2,2 % (1996), während die Wachstumsrate der Aktivbeschäftigten im selben Zeitraum zwischen –0,6 % (1996) und 0,5 % (1994) schwankt. ‚Arbeitskräfte-Horten' scheint am österreichischen Arbeitsmarkt der Vergangenheit anzugehören.“ Und: „Nachdem die (sonstigen) Einkommen aus Besitz und Unternehmung im Zeitraum 1995 bis 1997 deutlich stärker als die Lohneinkommen gestiegen sind, schwächt sich diese Tendenz deutlich ab, wobei sich die Wachstumsraten 1999 ganz angleichen. Die Besitzeinkommen wachsen dabei mit 3,5 % (1998) und 3,7 % (1999).“*

Dieser Trend wird durch die Daten der Europäischen Kommission bestätigt. Dabei fällt in bezug auf Österreich folgendes auf:

- Die Veränderung der Nominaleinkommen aus unselbständiger Arbeit je Beschäftigten liegt weit unter dem EU-Durchschnitt, selbst im Zeitraum 1990 bis 1993. Österreich ist in dieser Hinsicht stets unter den „Schlußlichtern“ zu finden: Für den Zeitraum 1994–1997 teilt es sich

[39] Institut für Höhere Studien (Hrsg.): Prognose der österreichischen Wirtschaft 1998/99, Wien, April 1998.

[40] Institut für Höhere Studien (Hrsg.): Prognose der österreichischen Wirtschaft 1998/99, Wien, April 1998, S. 2, 21.

den letzten Platz mit den Niederlanden, 1997 wird es knapp von Finnland „geschlagen", 1998 von Belgien und Deutschland.

- Das Wachstum der Arbeitsproduktivität entwickelt sich im EU-Vergleich lange Zeit durchschnittlich; für 1997 und 1998 ist es überdurchschnittlich. Rangmäßig liegt Österreich im sehr guten Mittelfeld.
- Letztendlich kommt es in bezug auf die internationale Wettbewerbsfähigkeit – wie einem selbst Neoliberale immer versichern – auf die Lohnstückkosten an.[41] Die EU-Kommission schreibt dazu:[42] *„Die Veränderung der Lohnstückkosten wird durch die Entwicklung der Arbeitsproduktivität und des Nominaleinkommens aus unselbständiger Arbeit je Beschäftigten determiniert."* Aufgrund der Analyse der Daten verwundert es nicht, daß in Österreich permanent seit 1994 die nominalen Lohnstückkosten stagnieren bzw. sinken, während sie im EU-Mittel permanent steigen. Die EU-Kommission meint dazu lapidar:[43] *„In vielen Ländern (Belgien, Italien, den Niederlanden, Österreich und dem Vereinigten Königreich) bedeutete diese Entwicklung lediglich eine Rückkehr der Produktivität zum säkularen Trend"* und nennt in der Folge die Gründe: *„Die allgemein zu beobachtende maßvolle Nominallohnentwicklung ist wohl durch mehrere Faktoren verursacht. Erstens maßen die Sozialpartner der Entschlossenheit und Fähigkeit der Währungsbehörden, Preisstabilität zu erreichen, offensichtlich größere Glaubwürdigkeit zu. So haben sich in den letzten Jahren in allen Mitgliedsstaaten die Inflationserwartungen, die den Lohnabschlüssen zugrunde liegen, immer mehr in einer Weise entwickelt, die mit den Inflationszielen der Währungsbehörden übereinstimmt. Zweitens ging diese stärkere Glaubwürdigkeit damit einher, daß die Lohnbildungsverfahren tiefgreifend geändert wurden, um das Zustandekommen angemessener Lohnabschlüsse dauerhaft zu sichern. (...) Ein dritter ursächlicher Faktor dürfte darin zu sehen sein, daß bei den Tarifverhandlungen realwirtschaftliche Entwicklungen (Gesamtproduktivitätswachstum, Arbeitsmarktlage, Rentabilitätsentwicklung) zunehmend stärkere Berücksichtigung fanden. Als weiterer Faktor schließlich ist zu erwähnen, daß sich die Mitgliedsstaaten verstärkt darum bemüht haben, die Vermittelbarkeit und Anpassungsfähigkeit der Arbeitskräfte zu verbessern. Derartige strukturelle Maßnahmen sind nicht nur entscheidend wichtig, um mehr Beschäftigungsmöglichkeiten zu schaffen; sie tragen auch dazu bei, übermäßigen Auf-*

---

41 Einen sehr guten Überblick über die neo-liberalen und keynes'sche Argumentationen liefert: Reischl I./Sallmutter H.: Stillgelegt. Weichenstellungen für den Arbeitsmarkt im Jahr 2000, Wien 1997.

42 Europäische Kommission (Hrsg.): Euro 1999, Bericht über den Konvergenzstand mit Empfehlung für den Übergang zur dritten Stufe der Wirtschafts- und Währungsunion, Teil 2: Bericht, Luxemburg 1998, S. 99.

43 Europäische Kommission (Hrsg.): Euro 1999, Bericht über den Konvergenzstand mit Empfehlung für den Übergang zur dritten Stufe der Wirtschafts- und Währungsunion, Teil 2: Bericht, Luxemburg 1998, S. 99, 101.

wärtsdruck auf die Löhne beim Konjunkturaufschwung zu verhüten." Obwohl beschäftigungsmarktinduzierte Indikatoren in den Konvergenzkriterien nicht aufgenommen worden sind, wirkten und wirken sie stark auf den Arbeitsmarkt.

Abbildung 8
Korrelation zwischen Kollektivvertragsabschlüssen und Verbraucherpreisindex

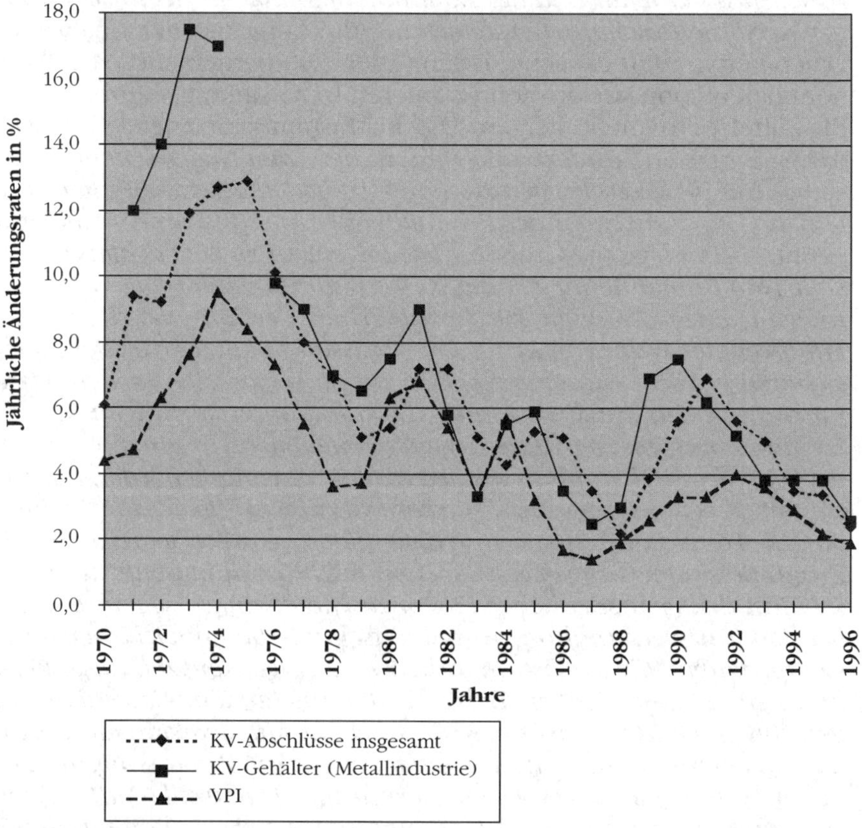

	KV-Abschlüsse insgesamt	KV-Gehälter (Metallindustrie)
Korrelation zu VPI	0,87	0,84

Quelle:

Reischl I./Rainer A.: Stabilitätspolitik und Sozialversicherung, in: Gewerkschaft der Privatangestellten (Hrsg.): Hart, härter, EURO?, Schlaglichter auf die Währungsunion, Wien 1997, S. 31.

Obwohl die Soziale Sicherheit aufgrund der Subsidiarität in den alleinigen Kompetenzbereich der Mitgliedsstaaten fällt, wirken sich Entscheidungen in anderen Bereichen gerade auch hier – und oft dramatisch – aus. Vernetztes Denken ist offenbar nicht gefragt. Preisstabilität ist derzeit die wichtigste (einzige?) wirtschaftspolitische Zielsetzung in Österreich und innerhalb der EU und liegt damit im Globalisierungstrend. Die derzeit (leider!) herrschende ökonomische Theorie sieht in der Akzeptanz von Arbeitslosigkeit das bedeutendste Mittel der Preisstabilisierung.

In Österreich wurde schon seit Jahrzehnten bei den Kollektivvertragsverhandlungen auf volkswirtschaftliche Daten Rücksicht genommen. Dazu meinen Reischl/Rainer:[44] *„Sinkende Inflationsraten sind üblicherweise mit niedrigen Lohn- und Gehaltsabschlüssen verbunden. (...) Bei schwacher wirtschaftlicher Entwicklung ist weiters zu erwarten, daß die Lohndrift (= Unterschied in der Entwicklung der tatsächlichen Löhne und Gehälter von den Ist-Lohn-Abschlüssen) tendenziell negativ wird, was durch die zunehmende Flexibilisierung der Arbeitszeit (größere Bandbreiten, längere Durchrechnungszeiträume) verstärkt wird."*

Die Korrelationskoeffizienten zwischen Kollektivvertragsabschlüssen und Verbraucherpreisindex betragen 0,87 bzw. 0,84, so daß eine fast vollständige Erklärung durch den Verbraucherpreisindex gegeben ist. Niedere Inflationsraten bedeuten niedere Lohnabschlüsse bedeuten sinkende Lohnquoten, bedeuten geringere Beitragseinnahmen. Die Konvergenzkriterien schlagen auf die Einnahmenseite der Sozialen Krankenversicherung voll durch!

Die Beiträge (für pflichtversicherte Erwerbstätige, Zusatzbeitrag und Beitragszuschlag für erweiterte Heilbehandlung und medizinische Rehabilitation für die Krankenversicherungsträger nach dem ASVG und B-KUVG) werden für die Jahre 1990 bis 1997 in Beziehung zur Bruttolohnsumme laut Volkswirtschaftlicher Gesamtrechnung gesetzt und diesbezügliche Indikatoren (Durchschnitts-, Maximal- und Trendwerte für 1998 und 1999) gebildet.

Aus der Tabelle (Seite 238) ist ersichtlich, daß der Anteil der Beiträge an der Bruttolohnsumme seit 1991 gestiegen ist. Dies ist aufgrund der fallenden Lohnquote notwendig und ist auf folgende Faktoren zurückzuführen:

Die mittleren Monatseinkommen sind seit 1990 um fast 30 % gestiegen. Unter der Annahme, daß die Höchstbeitragsgrundlage aus 1990, nämlich öS 28.800,–, auch noch 1996 gelten würde, stiege der Anteil der mittleren Monatseinkommen an der Höchstbeitragsgrundlage von 54,7 % im Jahre 1990 auf 71 % im Jahre 1996. Andererseits ergibt sich ein dämp-

[44] Reischl I./Rainer A.: Stabilitätspolitik und Sozialversicherung, in: Gewerkschaft der Privatangestellten (Hrsg.): Hart, härter, EURO?, Schlaglichter auf die Währungsunion, Wien 1997, S. 31.

in Mio. öS	1990	1991	1992	1993	1994	1995	1996	1997	1998	1999	Geom.	Max.
Beiträge	37.601	40.651	49.430	55.718	61.119	63.486	64.560	67.043				
Beiträge in % der Brutto-Lohnsumme lt. VGR	3,94	3,92	4,47	4,84	5,11	5,13	5,16	5,25	5,67	5,86	4,70	5,25

Beiträge – Beiträge für pflichterversicherte Erwerbstätige, Zusatzbeitrag, Beitragszuschlag für erweiterte Heilbehandlung und medizinische Rehabilitation

MS-Excel-Trendfunktion für 1998 und 1999

Geometrisches Mittel und Maximum bezieht sich auf die Jahre 1990 bis 1997

Quellen:

Hauptverband der österreichischen Sozialversicherungsträger: Statistische Daten aus der Sozialversicherung: Finanzstatistik, div. Jahrgänge;

Institut für Höhere Studien (IHS): Prognose der österreichischen Wirtschaft 1998/99, April 1998, Tab. 11;

eigene Berechnungen

1997 – vorläufige Gebarungsergebnisse

fender Effekt aus dem Zuwachs der Einkommensungleichheit.[45] *„Stärkere Einkommensungleichheit wirkt sich negativ auf das Beitragsaufkommen aus, weil die für die SV-Beiträge relevanten Einkommen unter der Höchstbeitragsgrundlage prozentuell schwächer steigen oder stärker zurückgehen."*[46]

- Die Höchstbeitragsgrundlage entwickelte sich von öS 28.800,– im Jahre 1990 auf öS 39.000,– im Jahre 1996, somit stieg sie in diesem Zeitraum um über 35 %. Letztendlich wirkt die Höchstbeitragsgrundlage jedoch regressiv auf die Einkommensverteilung, denn niedrige und durchschnittliche Einkommen werden geringer belastet als Spitzenverdiener.
- Überdies wurden die Beitragssätze in der Sozialen Krankenversicherung im Zeitraum 1990 bis 1996 bei den Arbeitern um über 25 % und bei den Angestellte um 36 % angehoben.

Aufgrund der zuvor berechneten Werte lassen sich nun in der Simulationsrechnung die der Sozialen Krankenversicherung der unselbständig Erwerbstätigen entgangenen Beiträge aufgrund der sinkenden Lohnquote berechnen. Ausgehend von der Bruttolohnsumme laut Volkswirtschaftlicher Gesamtrechnung in Prozent des Bruttoinlandsproduktes zu Marktpreisen nominell für das Jahr 1993 in Höhe von 54,16 % läßt sich eine theoretische Bruttolohnsumme für die Jahre 1997 bis 1999 ermitteln. Stellt man diese theoretische Bruttolohnsumme der prognostizierten Bruttolohnsumme laut Volkswirtschaftlicher Gesamtrechnung gemäß den Angaben des Institutes für Höhere Studien gegenüber, ergibt sich die entgangene Bruttolohnsumme. Von dieser entgangenen Bruttolohnsumme lassen sich die entgangenen Beiträge für die Soziale Krankenversicherung auf Basis der vorläufigen bzw. trendmäßig berechneten Beiträge in Prozent der Bruttolohnsumme laut Volkswirtschaftlicher Gesamtrechnung ermitteln. Das Ergebnis dieser Simulationsrechnung ist in der Abbildung 9 auf Seite 240 dargestellt.

Im Zeitraum 1997 bis 1998 entgehen der Sozialen Krankenversicherung aufgrund der sinkenden Lohnquote fast öS 17 Mrd. Diese Ergebnisse stellen jedoch nur eine sehr vorsichtige Schätzung dar. Berücksichtigte man den bis 1993 steigenden Trend bei der Lohnquote, ergäben sich höhere entgangene Beiträge. Weiters wäre der zuvor bereits dargestellte Zusammenhang mit den Beiträgen der pflichtversicherten Sozialversicherungspensionisten herzustellen.

---

45 vgl. Guger A.: Umverteilung durch den Staat in Österreich, in: Wirtschaftsforschungsinstitut (Hrsg.): WIFO Monatsberichte 10/1996, S. 635 ff.

46 Reischl I./Rainer A.: Stabilitätspolitik und Sozialversicherung, in: Gewerkschaft der Privatangestellten (Hrsg.): Hart, härter, EURO?, Schlaglichter auf die Währungsunion, Wien 1997, S. 31.

Abbildung 9: Simulationsrechnung: Entgangene Bruttolohnsumme und entgangene Beiträge (Krankenversicherung ASVG und BKUVG)

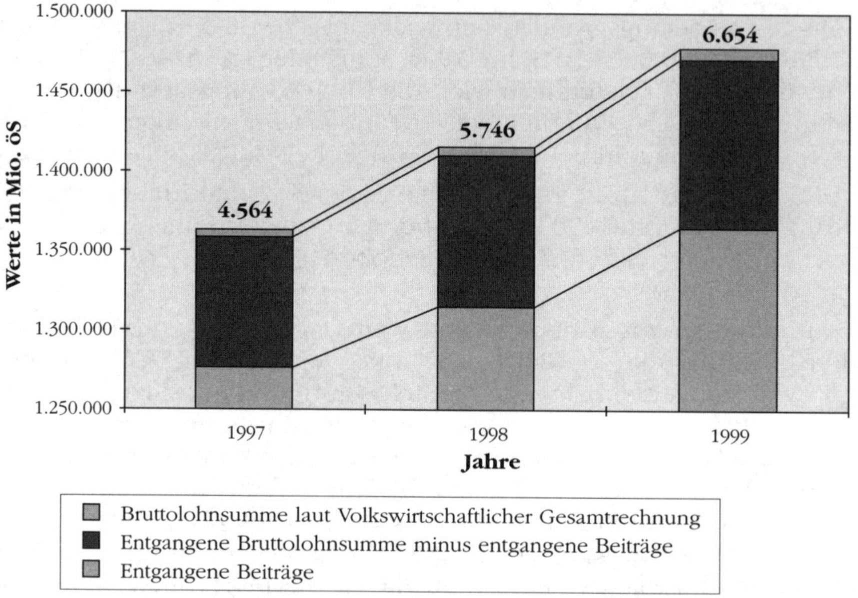

Dieses Ergebnis wird auch durch Simulationsrechnungen für die Krankenversicherung in Deutschland bestätigt; so Kühn:[47] *„Tatsächlich steigen die Beitragssätze aber nicht wegen der Ausgaben (Kosten), sondern weil die Finanzierungsbasis der Krankenversicherung, die volkswirtschaftliche Lohnsumme (Produkt aus Lohnhöhe und Beschäftigung) relativ schrumpft. Das heißt, bei gleichen Ausgaben der GKV entspräche der heutige Beitragssatz dem von 1980, wenn auch der Anteil der Löhne am Sozialprodukt noch so hoch wäre wie 1980.“*

Ähnliches ließe sich auch für Unfall- und Pensionsversicherung darstellen:

Demnach entgehen der Unfallversicherung für die Jahre 1997 bis 1998 Beitragseinnahmen in Höhe von fast öS 2,7 Mrd.

Bei der Pensionsversicherung ergibt sich für die Jahre 1997 bis 1998 eine Summe von öS 34,5 Mrd. an entgangenen Beiträgen.

---

47 Kühn H.: Ethische Probleme einer ökonomisch rationalisierten Medizin, Berlin 1996, S. 1.

5. Lösungen

Unter dem Deckmantel und Schlagwort der Globalisierung wurden und werden Ziele und Maßnahmen verfolgt, die direkt und indirekt große (negative) Auswirkungen auf die Systeme der Sozialen Sicherheit haben:

In struktureller Hinsicht ergäbe sich bei einem Wechsel vom System der Pflichtversicherung auf die Versicherungspflicht und der damit verbundenen Privatisierung unter ceteris paribus-Bedingungen ein finanzieller Zusatzbedarf in Höhe von rund öS 30 Mrd. im Bereich der Sozialen Krankenversicherung. Höhere Effizienz und eine steigende Lebenserwartung ist nicht zu erwarten – im Gegenteil. Hochgerechnet auf die gesamte österreichische Sozialversicherung ergäbe sich ein zusätzlicher Finanzierungsbedarf im Jahre 1997 in Höhe von über öS 100 Mrd. In leistungsrechtlicher Hinsicht ist zu erwarten, daß bei Verstärkung des Wettbewerbes vor allem aufgrund der angebotsinduzierten Nachfrage im Gesundheitsbereich die Ausgaben für die Leistungsanbieter beträchtlich steigen werden – u. U. bis zum Doppelten.

Von der Einnahmenseite betrachtet entgehen der österreichischen Sozialversicherung aufgrund der sinkenden Tendenz der Lohnquote Beiträge in Höhe von über öS 54 Mrd. für die Jahre 1997 bis 1999. In Summe ergibt das für die österreichische Sozialversicherung ein beträchtliches finanzielles Gefährdungspotential, das zum Teil bereits „realisiert" wurde – ohne daß für die Kunden Verbesserungen in welcher Hinsicht auch immer zu erwarten sind.

Welche Lösungsmöglichkeiten bieten sich an?

Aus spieltheoretischer Sicht ist es den Vertretern der Wirtschaft mit dem Schlagwort der Globalisierung gelungen, ein allgemeines (Medien)-Klima (Tactics – Auffassungen) zu schaffen, das der Durchsetzung des maximalen Shareholder-values dient. Durch die Ausdehnung des Spielraumes auf die ganze Welt werden regionale Ansätze zum Gegensteuern von vornherein als nicht durchführbar abqualifiziert – Stichwort „Das muß innerhalb der EU für alle geregelt werden!" – und somit auf den St. Nimmerleinstag verschoben. Daß es auch anders geht, zeigen Dänemark und Frankreich. Trotz Globalisierung sind soziale Fortschritte möglich.

In struktureller und leistungsrechtlicher Hinsicht müßten allen Playern – global oder nicht – die sozialen und (finanziellen) Vorteile der derzeitigen Systeme der Sozialen Sicherheit in einem gezielten Lobbying mit klaren Argumenten und stichhaltigen Berechnungen ständig klargemacht werden. Angesichts der unmittelbaren Bedeutung des strukturellen Einnahmenproblems für die Sozialversicherung insgesamt ist eine rasche Lösung erforderlich.

Es ist ein Lösung erforderlich, die die Finanzierungsprobleme der Sozialversicherung nicht durch Aktivitäten in anderen Bereichen kaschiert, sondern das Problem direkt angeht. Dieses strukturelle Einnahmenproblem rüttelt sogar an den Grundfesten der Sozialen Sicherheit, denn die Schere zwischen Einnahmen und Ausgaben und die damit verstärkende Diskussion über die Lohnnebenkosten samt Standortdiskussion verstärkt den politischen Druck auf eine Privatisierung der Sozialen Sicherheit und auf den Abbau sozialer Errungenschaften zugunsten höherer „Shareholder-values". Die Umverteilungswirkung der Sozialversicherung wird ebenfalls massiv bedroht.[48]

„Viel ist heute von den ‚Lohnnebenkosten' die Rede. Die Wirtschaftsvertreter wettern gegen ‚die Belastung' und erwerben damit bei nicht wenigen Menschen Sympathie. Wer ist schließlich nicht gegen hohe Kosten? Über die wahre Bedeutung der Lohnnebenkosten lassen sie die Öffentlichkeit im unklaren. Lohnnebenkosten sind nämlich nicht irgendwelche ominösen Abgaben, die in fremde Taschen fließen, sondern kommen unmittelbar den Beschäftigten zugute, als Versicherungsbeiträge, als 13. und 14. Gehalt oder als bezahlte Feiertage. Wer daher Lohnnebenkosten sagt und verlangt ‚Runter damit', der verlangt auch, daß der Versicherungsschutz zerschlagen werden soll. Relevant für den Wettbewerb sind die gesamten Arbeitskosten in Relation zur Produktivität. Die Lohnnebenkosten machen nur einen Teil davon aus", so Sallmutter.[49]

Zur Lösung der hartnäckigen Lohnnebenkostendiskussion bieten sich Finanzierungsalternativen in Form von Wertschöpfungsabgaben an.[50] Sie bieten allen Unternehmen ein faires Umfeld für den Wettbewerb, weil kapitalintensive Firmen nicht bevorzugt werden. Sie bieten der österreichischen Sozialversicherung eine langfristig solide Finanzierung. Sie bieten allen Beteiligten im österreichischen System der Sozialen Sicherheit stabile Verhältnisse. Sie bieten vor allem allen Versicherten, allen Angehörigen, also der gesamten österreichischen Bevölkerung, die Gewähr, daß die Systeme der medizinischen Versorgung, der Altersversorgung und der sozialen Absicherung, zu denen sie sich fast einmütig bekennen und die sie weit über den EU-Standard schätzen[51], weiterhin gesichert und ausgebaut werden können.

---

[48] Generell zur Umverteilungswirkung: vgl. Guger A.: Umverteilung durch den Staat in Österreich, in: Wirtschaftsforschungsinstitut (Hrsg.): WIFO Monatsberichte 10/1996, S. 635 ff.

[49] Sallmutter H.: Nichts ist so gestaltbar wie die Zukunft. Der Sozialstaat zur Jahrtausendwende, Wien 1998, S. 42 f.

[50] vgl. Reischl I./Wieninger P.R.: Eine Analyse der Lohnquotenentwicklung auf die Einnahmenseite der Sozialen Krankenversicherung und möglicher Finanzierungsalternativen, Mai 1998, Manuskript.

[51] Feistritzer G.: Grundlagenstudie zur Sozialversicherung, in: Soziale Sicherheit Nr. 2/98, S. 83 ff.

Ökologische Aspekte der Globalisierung

Evelyn Blau, Wolfgang Mehl

Einleitung

In den Augen der Mitteleuropäer (als Teil der Bevölkerung der industrialisierten Länder der nördlichen Halbkugel) hat sich der Charakter der Umweltprobleme, die die schwerwiegendsten ökologischen Bedrohungen darstellen, deutlich verändert. Die lokalen Umweltangelegenheiten wie Luftverschmutzung, Wasserverschmutzung, Abfallberge und Altlasten stehen nicht mehr so sehr im Vordergrund. End of the pipe-Technologien und teure Hightech-Lösungen zur Abfallbehandlung und Umweltsanierung haben die regionalen Umweltfragen und die damit verknüpften Gesundheitsprobleme zwar nicht gelöst, aber weitgehend entschärft.

Neue Umweltprobleme wie die drohende globale Erwärmung und das Ozonloch haben deutlich gemacht, daß es nicht nur um die Verschmutzung einzelner Umweltmedien wie Luft, Boden, Wasser geht. Das Problem ist die Grundstruktur und die grundsätzliche Art unserer Wirtschaftsweise mit viel zu großen Mengen und Durchsätzen an Stoffen, Material und Energie und der Chemiesierung aller Lebensbereiche. Hinzu kommt die weltweite Verbreitung von im Grunde unkalkulierbaren Risikotechnologien wie Energieerzeugung aus Atomkraft oder der Einsatz der Gentechnik in der Landwirtschaft und der Nahrungsmittelproduktion. All diese Probleme sind nicht – weder in der Verursachung, noch in ihren Auswirkungen – regional begrenzt, sondern global.

Diese Sichtweise gilt für die Länder des Südens sicherlich nicht in gleicher Weise. Dort sind Verschmutzung und Zerstörung von Luft, Boden, Wasser und der unmittelbaren Lebensräume unmittelbar drückende Probleme, die nach Lösungen verlangen. Das umweltpolitische Gewicht liegt daher nicht im selben Ausmaß bei globalen Umweltproblemen, deren negative Auswirkungen noch nicht hier und jetzt, sondern morgen und übermorgen zu spüren sind. Nichtsdestotrotz werden auch die Länder des Südens von den globalen Umweltproblemen gravierend betroffen sein (siehe unten).

Die Beziehung zwischen den Ländern des Nordens und den Ländern des Südens – während Jahrzehnten auch als entwickelte Länder und Entwicklungsländer bezeichnet – waren lange Zeit von der Philosophie des Nach- und Einholens, der Übertragung nördlicher, industrialisierter Lebensmodelle auf die sogenannten Entwicklungsländer geprägt. Aber mittlerweile hat die ökologische Krise die scheinbar so erstrebenswerte Entwicklungsform der nördlichen Industrieländer als destruktive und gefährliche Fehlentwicklung enttarnt. Damit sollte auch das Leitbild einer nachholenden Entwicklung „gestorben" sein. Das nördliche Modell gilt in der internationalen politischen Diskussion nicht länger als überlegen, an seine Stelle tritt ein neues Leitbild, das Leitbild *nachhaltiger Entwicklung,* sowohl für den Norden als auch für den Süden der Erde. Aber in Milliarden Köpfen von TV-Konsumenten amerikanischer Serien lebt der Traum vom „american way of life" fort.

Globale Umweltprobleme verlangen globale Strategien, globale Rahmenbedingungen und Koordination für internationales, nationales und regionales Handeln. Gefragt ist ein Mehr an internationaler Politik, ein Mehr an internationalen Regelungen, letztlich die Herausbildung und Entwicklung eines Global Governments.

Globalisierung des Kapitalismus – wie wir es heute vorfinden – bedeutet auch Globalisierung der damit verbundenen Produktions- und Konsumkultur, nämlich der Wegwerfkultur. Im Zentrum von Produktions- und Marketingstrategien steht die Produktion billiger, kurzlebiger Massenprodukte für kurzfristigen Verbrauch mit anschließendem Wegwerfen. Diese Wegwerfkultur wurde von den Menschen im wohlhabenden Norden verinnerlicht und wird auch von den neuen Mittelschichten in den sich industrialisierenden Ländern und den privilegierten Eliten der armen Länder übernommen. Die Wegwerfkultur erlangt Hegemonie für den Umgang mit den Dingen des täglichen Lebens und Produzierens und auch für den Umgang mit den Menschen selbst. Was zählt, ist billige Arbeitskraft, die rasch und intensiv – so lange jung – ausgepreßt und anschließend entweder in das (im besten Fall vorhandene) soziale Netz oder in das nackte Elend entsorgt wird. Am extremsten und brutalsten zeigt sich die Wegwerfkultur dort, wo Gruppen oder Völker sich weigern, sich unserer kulturellen Hegemonie zu unterwerfen. Indigene Völker, die ihre ursprüngliche Lebensform und Kultur beibehalten wollen, werden brutal vertrieben, ausgerottet, vernichtet.

Dabei klingt die Ideologie des Welthandels so verheißungsvoll: Jeder produziert das, was aufgrund der regionalen Gegebenheiten am billigsten und effizientesten produziert werden kann und tauscht gegen jene Güter, die wiederum andere am effizientesten und billigsten produziert haben. Der Wohlstand für alle steigt, die Globalisierung ist zum Segen aller.

Die Theorie ist aus zumindest zwei Gründen falsch:

Erstens: Komparative Kostenvorteile gelten nur so lange, so lange jeder Standort über alle drei Produktionsfaktoren (Arbeit, Kapital, Natur) verfügt. Wenn nun der Produktionsfaktor Kapital global mobil wird, fließt er nicht mehr in die regional günstigste Verwertung, sondern dorthin, wo die international besten Bedingungen für die Profitmaximierung gegeben sind. Also eben dorthin, wo die niedrigsten Löhne und die niedrigsten Umweltauflagen bestehen. Globalisiert werden somit nicht Wohlstandszuwächse, sondern Wohlstandsverluste.

Zweiter Grund: Der Produktionsfaktor Natur, die Nutzung der Umwelt wird – z. T. mangels Eigentümer, die dafür einen entsprechenden Preis verlangen, z. T. aufgrund des zeitlichen Auseinanderfallens von

Nutzung und wesentlich späteren Umweltkosten – nach wie vor systematisch unterbewertet, die Kosten der Umweltnutzung werden externalisiert. In den Industrieländern des Nordens wurde das durch die Umweltgesetzgebung teilweise korrigiert, teilweise wurden die Kosten in den Süden ausgelagert (z. B. durch Giftmüllexporte oder Produktionsverlagerungen). Diese Externalisierung der Umweltfolgekosten gilt in besonderem Maße für die globalen Gemeinschaftsgüter wie Atmosphäre, Klima, Weltmeere, globaler Wasserhaushalt etc. Je schwächer die Umweltvorschriften, um so stärker das Umweltdumping, um so stärker wird die Produktion und der Welthandel ständig subventioniert. Subventioniert auf Kosten des Produktionsfaktors Natur, auf Kosten der Menschen, die von dieser Natur leben, und der künftigen Generationen, deren Nutzungsmöglichkeiten verringert werden, am brutalsten auf Kosten jener Völker, die eine naturverbundene Lebensweise praktizieren.

Was wir brauchen ist eine internationale Strategie der Kosteninternalisierung – sowohl eine der Internalisierung der Umweltkosten als auch eine der Internalisierung der sozialen Kosten. Dazu ist ein Weltordnungsrahmen mit internationalen Mindeststandards für die globalisierte Marktwirtschaft dringend notwendig.

Übernutzung des natürlichen Kapitals und extreme Ungleichheit

Die Weltwirtschaft ist seit dem Zweiten Weltkrieg um ungefähr das Fünffache gewachsen, ebenso hat der Verbrauch an natürlichen Ressourcen ein beispielloses Ausmaß in der Menschheitsgeschichte angenommen. Millionen von Menschen führen ein Leben in Sicherheit und Komfort, wie es für wenige Generationen vorher unvorstellbar war, aber gleichzeitig leben hunderte Millionen unter katastrophalen Bedingungen.

Der kommerzielle Energieverbrauch wuchs bis 1970 um ca. 5 % pro Jahr. 1993 war der Weltenergiekonsum nochmals um ca. 50 % höher als 1973. Dabei nutzen die industrialisierten Länder der nördlichen Hemisphäre immer noch über 60 % der Gesamtenergieverbrauchs, obwohl ihr Anteil sich in dem Maß verringert, in dem sich auch andere Teile der Welt industrialisieren.

Trotzdem haben über zwei Milliarden Menschen, meist in ländlichen Gebieten des Südens, nach wie vor kaum Zugang zu kommerzieller Energieversorgung. In einer großen Zahl asiatischer und mittelafrikanischer Länder deckt immer noch Holz bis zu 50 % der nationalen Energieverbräuche. Es wird geschätzt, daß 1,8 Milliarden m^3, mehr als die Hälfte der globalen Holzproduktion, als Brennholz genutzt werden. Das führt in manchen Gegenden zu Entwaldung, Bodenerosion und weiterer Verschlechterung der Lebensbedingungen für die Armen, die von dieser notwendigen Ressource abhängen.

Die fossilen Energiereserven der Erde haben sich in den letzten 20 Jahren ständig erhöht. Auch die nachgewiesenen Reserven der wichtigsten Metalle und Mineralien sind seit 1970 gestiegen.

Die Probleme werden im Moment daher weniger beim Verbrauch begrenzter Ressourcen gesehen als bei der Schädigung erneuerbarer Ressourcen wie Erde, Wasser, Wald und der Überforderung der Aufnahmekapazität der Natur, die den laufenden Mustern des Ressourcenverbrauchs folgt. Bevölkerungs- und Wirtschaftswachstum haben dazu geführt, daß die menschliche Gesellschaft die Natur und Funktionsweise des Planeten Erde massiv beeinflußt. Die Weltwirtschaft ist Teil der Biosphäre mit wechselseitiger Beeinflussung.

Die industrialisierten Länder sind heute für ungefähr 70 % der Emissionen des Treibhausgases CO_2 verantwortlich. Historisch sind ihnen ungefähr 84 % der Kohlendioxidemissionen aus fossiler Energienutzung seit 1800 zuzurechnen, die nach wie vor in der Atmosphäre sind – als Resultat von 200 Jahren Industrialisierung.

Tabelle 1: CO_2-Emissionen aus der Energienutzung 1990, absolut und bezogen auf die Bevölkerung und auf die Wirtschaftsleistung.[1]

	CO^2-Emiss. (Mio. t)	BIP (Mrd. ECU)	Einw. (Mio.)	CO_2-Em. /BIP (t/1000 ECU)	CO_2-Em. /Kopf (t/EW)
OECD	10.739	13.890	931	0,77	11,54
EU 15	3.248	4.331	365	0,75	8,90
Österreich	59	100	8	0,59	7,67
USA	5.085	5.969	250	0,85	20,34
Japan	1.167	2.219	124	0,53	9,45
CEEC	1.020	322	124	3,17	8,26
FSU	3.710	979	290	3,79	12,82
Lateinamerika	689	797	341	0,86	2,02
Afrika	689	597	628	1,15	1,10
Asien	4.083	1.514	2.648	2,70	1,54
China	2.398	450	1.130	5,33	2,12
Mittlerer Osten	697	648	137	1,08	5,08
Welt	21.716	18.754	5.107	1,16	4,25

CEEC – Mittel- und Osteuropäische Länder, FSU – Ehemalige Sowjetunion; ECU zu Preisen von 1985

Quelle: EU-Kommission (1996)

Die Hauptverantwortlichkeit der Industrieländer für die globale Problemlage ist eindeutig, auch wenn man andere Umweltaspekte betrachtet.

Im nächsten halben Jahrhundert verlangt eine wachsende Welt-

---

1 Streissler, Ch.: Handel mit Emmissionsrechten als Instrument internationaler Klimapolitik. In: Wirtschaft und Gesellschaft. 2/1998.

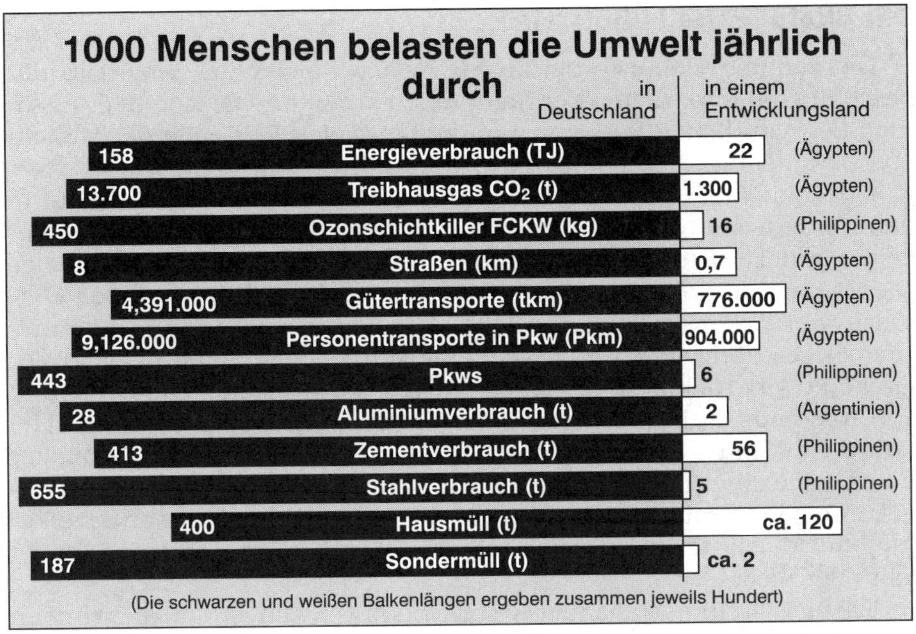

Quellen: Statistisches Bundesamt, OECD, UNEP, WRI WI Grafik'93

bevölkerung nach Versorgung mit genügend Nahrung, Materialien und Energie, ohne weiterer Zerstörung von Natur und menschlicher Gesundheit oder Schädigung wichtiger Umweltfunktionen. Ungefähr die Hälfte der Weltbevölkerung lebt mittlerweile in Städten, 2015 wird es die Mehrheit sein.

Die jährliche Wachstumsrate der Weltbevölkerung hat sich von über 2 % in den 60er Jahren auf 1,48 % in der ersten Hälfte der 90er Jahre reduziert. Eine Stabilisierung der Weltbevölkerung wird erst für 2050 erwartet.

Der Pro-Kopf-Engergieverbrauch einiger Wirtschaften in Asien mit höheren Einkommen übersteigt bereits jenen in einigen ärmeren OECD-Ländern. Industrielle und durch Transporte verursachte Emissionen gefährden die menschliche Gesundheit in vielen Entwicklungsländern. Auch der saure Regen reduziert die Erträge der Landwirtschaft. Manche Länder verlieren bereits viel ihres natürlichen Kapitals, bevor alternative Quellen der Beschäftigung und der Wertschöpfung genügend entwickelt werden können.

Verkehr ist der weltweit am schnellsten wachsende Endenergieverbraucher – auch in den Entwicklungsländern. Der Sektor wuchs dort mit einer Durchschnittsrate von nahezu 6 % zwischen 1970 und 1990 verglichen mit etwas über 2 % in den entwickelten Ländern.

Der ökologische Fußabdruck

Die zentrale Herausforderung ist, wie wir gerechter innerhalb der beschränkten Kapazitäten der Natur leben können. „Die Rate der Zerstörung der natürlichen Ressourcen nimmt in vielen Regionen der Welt zu und beschleunigt sich", stellt die UNO fest.[2]

Ein Konzept, das die gegenwärtige Überbeanspruchung der Natur in den Ländern des Nordens sichtbar macht und zu den globalen Möglichkeiten in Relation setzt, ist das Konzept des ökologischen Fußabdrucks. Die Energie- und Materialflüsse von Produktion und Konsum der Wirtschaft werden geschätzt und umgerechnet in jene Wasser- und Landflächen, die nötig sind, um diese Flüsse aufrechtzuerhalten. „Der ökologische Fußabdruck geht davon aus, daß jeder Konsum produktive und absorbierende Kapazitäten einer bestimmten Land- und Wasserfläche erfordert. Wenn wir die Land- und Wasserflächen für alle Konsumgüter und Abfälle einer Bevölkerung zusammenzählen, dann ist das zustandegekommene Gesamtgebiet der ökologische Fußabdruck dieser Bevölkerung auf der Erde, ganz gleich, ob die Bevölkerung in diesem Gebiet lebt oder nicht."[3]

Die meisten Industrieländer weisen einen Flächenverbrauch zwischen 3 und 6 Hektar pro Kopf auf. Österreich liegt mit 5,63 geschätzten Hektar etwa gleich mit der Schweiz und Deutschland.

Tabelle 2

Österreich im Vergleich (in Hektar pro Person)	österreichischer Fußabdruck	lokal verfügbare Kapazität	global verfügbare Kapazität
Fossilenergie	1,36	–	–
Ackerfläche	0,23	0,35	0,25
Weiden	2,11	2,31	0,58
Wald	1,47	1,56	0,59
Überbautes Land	0,07	0,07	0,03
Fußabdruck zu Land	5,24	4,29	1,45
Fußabdruck im Meer	0,39	0,55	0,55
Gesamtfußabdruck	5,63	4,84	2,00

Deutlich wird, daß wir mehr Fläche in Anspruch nehmen, als unserem eigenen Territorium entspricht, also auf Kosten anderer Weltgegenden leben. Deutschland verbraucht für seine Nahrungsmittelversorgung etwa

---

[2] Report: Global Change and Sustainable Development; UN Comission on Sustainable Development, N. Y. 1997.

[3] Unser ökologischer Fußabdruck; Mathis Wackernagel, Wiliam Rees, Birkhäuser, 1997. S. 115.

130 % der Ackerfläche, die ihm auf seinem eigenen Territorium zur Verfügung steht.[4]

Und deutlich wird auch, daß im globalen Maßstab pro Kopf nur gut ein Drittel unseres Flächenverbrauchs pro Kopf zur Verfügung steht. Jede Übernutzung geht auf Kosten des „natürlichen Kapitalstocks" und vermindert die Lebensgrundlagen anderer Teile der Menschheit und der nächsten Generation. Die Vorstellung, daß alle Menschen – geschweige denn die 10 Milliarden im Jahr 2050 – so leben können wie wir im reichen Norden, ist absurd. Dazu brauchten wir mehr als drei Erden.

Konzepte für einen Wandel in den Industrieländern mit dem Ziel, das Leben auf Kosten der nächsten Generationen sowie auf Kosten der Verminderung des Naturkapitals bis 2050 zu stoppen und gleichzeitig globale Gerechtigkeit im pro-Kopf-Umweltverbrauch herzustellen, gehen davon aus, daß wir den Stoff- und Energiedurchsatz im Norden etwa um den Faktor 10 verringern müßten.

Zwei zentrale Trends geben Hoffnung: Die Verbesserung in der Energie- und Materialeffizienz und das Absenken des Kohlenstoffgehalts in den Energiequellen. Die Wachstumsrate im Ressourcenverbrauch hat in dem Maße abgenommen, in dem die Wirtschaften effizienter wurden.

Die Energieintensität fällt in den industrialisierten Ländern um ca. 2 % pro Jahr – seit 1990 –, die Materialintensität fällt um beinahe 2 % jährlich seit 1971. Die Entkoppelung von Wirtschaftswachstum und Energiekonsum ist am weitesten in den entwickelten Ländern fortgeschritten. Auch in den neu-industrialisierten Staaten ist dieser Trend festzustellen.

Die Kohlenstoffintensität der vor allem kohleabhängigen asiatischen Ökonomien ist aber immer noch hoch, vergleichbar dem Stand der industrialisierten Länder im 19. Jahrhundert.

Energie und Material sind essentiell für die Verbesserung der Lebensbedingungen und alle Szenarios stimmen überein, daß sich der Weltkonsum substanziell erhöhen wird, wenn zumindest ein Basislebensstandard garantiert werden soll. Entscheidend dabei ist, wieweit es gelingt, die globalisierte Wegwerfkultur in eine Reparaturgesellschaft zu transformieren, bei der statt raschem Verbrauch die Optimierung der Gebrauchswerte, die Verlängerung der Produktlebensdauer, Reparatur, Wiederverwendung und Verwertung, Kreislaufführung der Stoffe und Materialien, Nutzen und Dienstleistung statt Besitz und Verbrauch im Mittelpunkt stehen.

Nachhaltigkeit im Norden – Auswirkungen auf den Süden

Der Norden hat ein gewaltiges Ausmaß an Schulden gegenüber dem Süden, wenn man das Ausmaß der Umweltnutzung und Umweltinanspruchnahme betrachtet. Und dieses Ausmaß an Schulden wird immer

[4] Zukunftsfähiges Deutschland; BUND, Misereor, Birkhäuser, 1996.

größer, auch wenn die Länder des Südens sich auf einer – aus ökologischer Sicht höchst gefährlichen – Aufholspur befinden.

Die Effizienzrevolution, also die Senkung der mit einer Einheit Bruttoinlandsprodukt verbundenen Umweltlasten durch technische und soziale Maßnahmen, ist für den Norden wie für den Süden gleichermaßen bedeutend. Die Suffizienzrevolution, also die Rücknahme des Verbrauchs an Gütern und Dienstleistungen, ist wohl vor allem für die Länder des Nordens notwendig und möglich. Die Bevölkerungspolitik ist der Ansatzpunkt, wo die Länder des Südens agieren können. Mehr Gerechtigkeit und Gleichverteilung in der Nutzung der Natur bedeuten eine massive Umverteilung zwischen Nord und Süd.

Die Verpflichtung der nördlichen Industrieländer zu einer Vorreiterrolle im ökologischen Strukturwandel ist eindeutig. Aber was würde ein Konzept der Verminderung der Stoffströme, der Kreislaufführung und Regionalisierung, der Verlängerung der Produktlebensdauer, des Umstiegs auf erneuerbare Energien im Norden für den Süden bedeuten?

Jedenfalls, je stärker die Länder des Nordens ihren Beitrag zur ökologischen Krise reduzieren und auch Schäden reparieren (z. B. Aufforstungsprogramme zur Vergrößerung der CO_2-Senken), um so größer ist der Spielraum für den Süden, auf dem Weg zu einem nachhaltigen Wirtschaftsmodell in einer Übergangsphase vorübergehend auch nicht regenerierbare natürliche Ressourcen in Anspruch zu nehmen. Und ein kleinerer ökologischer Fußabdruck der Menschen im Norden ermöglicht mehr Flächennutzung für die Menschen im Süden.

Ein weiterer wichtiger Effekt nachhaltiger Entwicklung im Norden wäre das Ende von Kolonialisierungsmaßnahmen in den Ländern des Südens. Dazu gehört vor allem die Einstellung der Förderung von Großprojekten mit nicht angepaßter Technologie, die in Wirklichkeit oft nichts anderes sind als – als Entwicklungshilfe getarnte – Exportförderung. Dazu zählt auch mehr Druck auf das Investitionsverhalten multinationaler Unternehmungen im Süden, die ihren Stammsitz in den Industrieländern haben; dazu zählt Hilfe bei der Beseitigung von Altlasten, dazu zählen Exportverbote und Kontrollen beim Handel mit Waffen und Giftmüll und auch der Abbau von Exportsubventionen, die regionale Strukturen im Süden zerstören, z. B. im Agrarbereich.

Importe aus dem Süden

Reduzierung der Stoffströme, Schließung von Kreisläufen, Regionalisierung der Ökonomie im Norden hat natürlich Auswirkungen auf die Importe aus dem Süden: Es käme zweifellos zu einem Rückgang von Exporten des Südens. Damit würden sich vermutlich Anpassungs- und Strukturprobleme in einigen Ländern verschärfen.

Die Unterschiede zwischen Ländern und Kontinenten lassen aber eine einheitliche Einschätzung nicht zu. Während Asien hauptsächlich Exporteur von Fertigprodukten ist, ist Afrika vor allem Rohstoffexporteur. Viele der ärmsten Länder sind abhängig vom Export ihrer Rohstoffe.

Doch im globalen Handel hat sich das Bild laut UNO-Experten zuungunsten der armen Länder verändert. Der Anteil des Handels am Bruttoinlandsprodukt ist weltweit gestiegen, in 44 „Entwicklungsländern“ ist er jedoch abgesackt. Und die Rohstoffpreise liegen derzeit 45 % unter dem Niveau der 80er Jahre.

Die Reduzierung des Stoffdurchsatzes im Norden (gefordert werden 90 %) durch Effizienzrevolution, Suffizienzrevolution und Energiewende (Umstellung auf nicht fossile Energieträger und Ausstieg aus der Nuklearindustrie) verringert also tendenziell die Exporte der Länder des Südens in den Norden. Das ist in der Kurzfrist-Ökonomie zweifellos mit Nachteilen verbunden, in der Ökologie – also der Langzeit-Ökonomie – allerdings mit großen, auch wirtschaftlichen Vorteilen verknüpft. Denn der dauerhafte Besitz knapper, wichtiger Rohstoffe – wie z. B. bestimmte Erze – kann strategisch und damit ökonomisch sehr wichtig werden.

Auch die geforderte Regionalisierung, die Verlängerung der Produktlebensdauer und die Verteuerung der Transporte wären eine zusätzliche Barriere gegen Importe aus fernen Ländern. Insgesamt beeinflussen die Transportkosten Grundstoffe stärker als Fertigprodukte, weil diese einen wesentlich höheren Anteil der Transportkosten am Produktpreis haben. Die Kostenwahrheit im Verkehr würde zweifellos Industrieländer begünstigen und hier wiederum Produkte, die pro Gewichtseinheit teurer sind, also Fertigprodukte und qualitativ höherwertige Produkte. Insofern hat die Forderung nach Kostenwahrheit im Verkehr auch protektionistischen Charakter.

Ist also Nachhaltigkeit im Norden ein Konzept, das zum dritten Mal in der Geschichte auf Kosten der Länder des Südens geht?

Die erste maßlose Bereicherung erfolgte durch den Raub der Schätze der Länder Afrikas und Südamerikas, die Ermordung und Versklavung von Millionen Menschen, die Unterwerfung und Zerstörung der Kulturen, den Aufbau von Wirtschaftsstrukturen, die nur den Zwecken und Bedürfnissen der neuen Herrenländer dienten.

Die zweite Unterwerfung erfolgte ökonomisch, mit Hilfe multinationaler Konzerne, der Ausbeutung über Kredite und enorme Zinsrückzahlungen und dem Diktat der Weltbank hinsichtlich einer dem Norden politisch genehmen Wirtschafts- und Sozialpolitik.

Ist die Nachhaltigkeit nun die nächste Stufe, in der es sich die Menschen des Nordens auf Basis der geraubten Rohstoffe und Schätze in einer neuen, vom Süden unabhängigen Kreislaufwirtschaft bequem machen und die anderen mit ihren von uns mitgeschaffenen ökonomischen, ökologischen und sozialen Problemen vergessen?

Darauf kann sich der Norden nicht beschränken, denn die Reparatur der Natur und ihrer globalen Probleme wie Klimawandel und Ozonloch macht uns vom Süden genauso abhängig wie umgekehrt. Wir sind daher gezwungen, mit Hilfe von Schuldenerlässen und anderen Maßnahmen die Bereitschaft der Länder des Südens auf einen Weg der Nachhaltigkeit einzuschwenken, einzutauschen. Das Unrecht von Jahrhunderten wäre damit noch lange nicht wettgemacht. Wenn die Länder des Nordens ihre

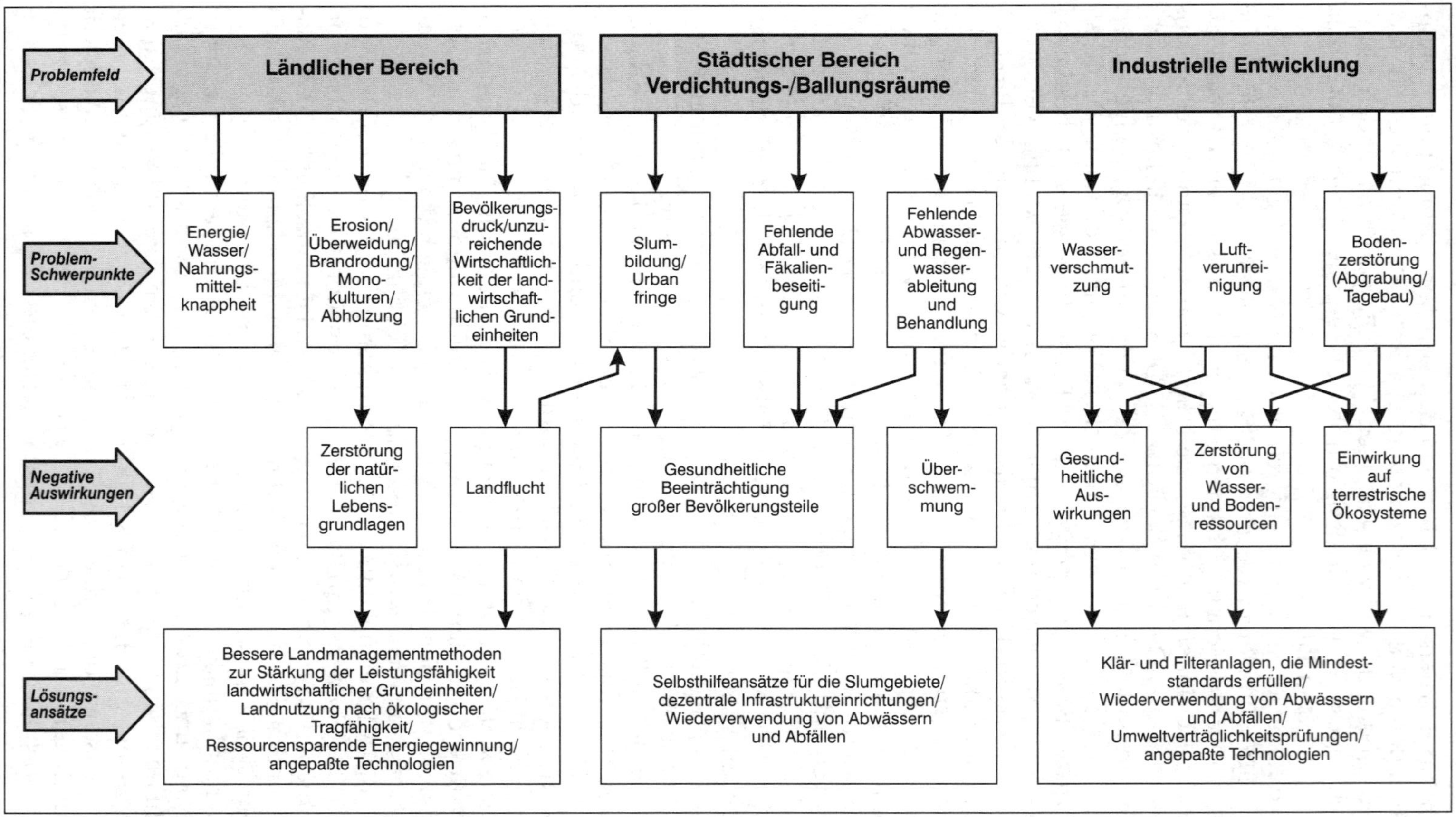

Quelle: Weinert/Kress/Karpe 1981: Umweltproblem und nationale Umweltpolitiken in Entwicklungsländern, München/Köln/London

Schulden aus der Übernutzung der Natur abtragen wollen, dann müßten sie einen großen Teil der Reparaturkosten übernehmen und die entsprechenden Transfers in den Süden leisten.

Umwelt- und Entwicklungspolitik sind untrennbar verbunden

Die Mehrheit der ärmsten Menschen der Dritten Welt leben in ökologisch bedrohten Gebieten. Nicht die Zerstörung der Ozonschicht oder der „Treibhauseffekt" sind in diesen Ländern die dringendsten Probleme, sondern weiträumige Bodenerosion, Wüstenbildung, großflächige Abholzung, Wasserknappheit und -verschmutzung und drohende „Natur"-Katastrophen. Die natürlichen Ressourcen sind in diesen Ländern als knappe, kostbare Güter viel direkter erfahrbar.

Diese Umweltprobleme verringern die landwirtschaftliche Produktivität und beeinträchtigen in hohem Maße die Gesundheit der Menschen. Die Verantwortung für diese Entwicklungshemmnisse liegt nicht allein in der Dritten Welt, vielmehr sind sie auch ein Ergebnis der Aufrechterhaltung des Wohlstandsmodells der Industrienationen.

Naturkapital hat wesentlich größere Bedeutung für den Wohlstand in Ländern mit niedrigerem Einkommen und umfaßt bis zu 20 Prozent des nationalen Wohlstands mit einer starken Abhängigkeit von Exporten natürlicher Ressourcen. Ackerland ist die vorherrschende Form des Naturkapitals in diesen Ländern. Schädigungen der produktiven Erde und des Wassers gefährden sowohl die Lebensfähigkeit der ländlichen Bevölkerung als auch die Basis der Produktionsfaktoren, die für eine Transformation von einer agrarischen zu einer industriellen Gesellschaft notwendig sind. Es gibt eine zunehmende Dokumentation des Zusammenhangs zwischen Umweltzerstörung und Armut.

„Agenda 21" – der Schlüssel zu nachhaltiger Entwicklung?

Die Konferenz der Vereinten Nationen zu „Umwelt und Entwicklung" (UNCED) 1992 in Rio de Janeiro sollte die Notwendigkeit einer dauerhaften Entwicklung für die Länder des Südens in den Vordergrund rücken. Die öffentliche Aufmerksamkeit wurde erhöht, aber an den Strukturen des Kreislaufs von Armut und Umweltzerstörung wurde nicht gerüttelt. Die verabschiedete *Agenda 21* enthält ein umfassendes Programm der Armutsbekämpfung und Ressourcenschonung – das Instrument ist vorhanden, doch seine Nutzung wird über den Erfolg entscheiden.

Das etwa 800 Seiten umfassende Konvolut stellt einen Aktionsplan für die zahlreichen Problembereiche der Umwelt- und Entwicklungspolitik für das 21. Jahrhundert dar. Die Maßnahmen sollen bereits in den neunziger Jahren wirksam werden.

Im dritten Abschnitt wird die Bedeutung gesellschaftlicher Gruppen für die Umsetzung der Agenda 21 sowie deren Schutz und Förderung hervorgehoben. Angesprochen werden in einer bunten Palette insbesondere Frauen, Kinder und Jugendliche, indigene Völker, NGOs, lokale Entscheidungsträger, *Gewerkschaften (!) und ArbeitnehmerInnen,* Handel und Industrie, Bauern sowie die internationale wirtschaftliche und technologische Gemeinschaft.

Die Maßnahmen der Agenda 21 richten sich auffälligerweise fast ausschließlich an die Entwicklungsländer, während Empfehlungen und konkrete Schritte zur ökologiegerechten Umgestaltung der Industriegesellschaften des Nordens nahezu gänzlich fehlen.

Im vierten Abschnitt – der Implementierung der vorgeschlagenen Maßnahmen gewidmet – werden die wichtigen Themen Technologietransfer, Wissenschaft, Bildung, internationale Institutionen und Rechtsinstrumente, Information und die Finanzierungserfordernisse abgehandelt. Die Entwicklungsländer konnten sich weder hinsichtlich eines erleichterten Technologiezugangs noch des von ihnen gewünschten *Grünen Finanzfonds* durchsetzen. Sie erhielten lediglich die Zusage der Industriestaaten, die Entscheidungsmechanismen des von der Weltbank gemeinsam mit dem UNO-Entwicklungsprogramm und dem UNO-Umweltprogramm verwalteten *Global Environmental Fund* (GEF) „demokratischer und transparenter" zu gestalten. Zusätzliche Finanzmittel zur Umsetzung der Agenda 21 – das UNCED-Sekretariat schätzte die jährlichen Kosten auf 625 Milliarden US-$, wovon die Industriestaaten 125 Mrd. US-$ aufbringen sollten – werden spärlich fließen: Das bisher von den Industriestaaten immer wieder versprochene und nie erreichte Ziel, 0,7 % des BIP für Entwicklungszusammenarbeit zur Verfügung zu stellen, soll „so rasch als möglich" verwirklicht werden. Der Zeithorizont bleibt also ausgesprochen vage. Maßnahmen zum Schuldenerlaß oder ein Stopp des *Nettokapitaltransfers* vom Süden in den Norden – immerhin fließen seit 1982 jährlich rund 40 Milliarden US-$ mehr an Finanzmittel vom Süden in den Norden als umgekehrt – wurden nicht einmal thematisiert.

Bei allen Schwächen solcher internationaler Großkonferenzen und deren Schlußdokumente, die zwangsläufig nur einen kleinsten gemeinsamen Nenner darstellen können, liefern sie doch zumindest völkerrechtlich verbindliche Ergebnisse, die eingefordert werden könnten.

In Österreich wurde zur Umsetzung der Agenda 21 die sogenannte UNCED-Kommission – mit Vertretern aller betroffenen Bundesministerien, Länder, Sozialpartner, NGOs – konstituiert, die sich jedoch als „zahnloser Tiger" erwies. Regelmäßige Sitzungen blieben praktisch ohne konkrete Ergebnisse. Während in einigen Ländern Europas (Deutschland, Skandinavien, Benelux) bereits die Mehrheit der lokalen Behörden Agenda-Prozesse zur Grundlage ihres Handelns gemacht hat, sind es in Österreich noch keine zehn. Eine Umfrage über die Bedeutung des Begriffes Agenda 21 würde vermutlich die weitgehende Unbekanntheit zu Tage bringen.

Klimaschutz Global – ein Musterbeispiel für Nord-Süd-Interessenskonflikte

Auf der Basis wissenschaftlicher Erkenntnisse hatte sich in den späten achtziger Jahren der Handlungsdruck auf die internationale Staatengemeinschaft verstärkt. Die Vollversammlung der Vereinten Nationen rief mit Beschluß vom Dezember 1990 die zwischenstaatlichen für eine Klimarahmenkonvention ins Leben. Diese Konvention wurde dann 1992 beim „Erdgipfel" (UNCED) in Rio de Janeiro von mehr als 150 Staaten unterzeichnet.

Bei der dritten Folgekonferenz in Kyoto 1997 wurde mühsam eine weltweite Reduktion der Emissionen der Industriestaaten um 5,2 % bis 2012 festgelegt.

Dabei ist zu berücksichtigen, daß trotz einer Emissionsreduktion der Industrieländer die globalen Emissionen und damit auch die Konzentrationen zunehmen werden, weil die Emissionen der übrigen Länder, insbesondere der Entwicklungsländer wie China, Indien oder Brasilien, aufgrund ihrer Entwicklungsanstrengungen weiter wachsen werden. Von diversen „Schlupflöchern" im Vertragstext gar nicht zu reden. Besonders deutlich zeigen die internationalen Bemühungen um verbindliche „ausreichende" Klimaschutz-Vereinbarungen die unterschiedlichen internationalen Interessenslagen und den Einfluß der Wirtschaftslobbies.

Während die EU (und zumindest international besonders auch Österreich) sich als Vorreiter des Klimaschutzes zu profilieren versucht, werden konkrete Maßnahmen und notwendige Beschränkungen des CO_2-Ausstoßes aus der Verbrennung fossiler Ressourcen vor allem von den USA, Kanada, Neuseeland, Australien und Japan („JUSCANZ") abgelehnt.

Studiert man die Teilnehmerlisten der UNO-Großkonferenzen, kann man leicht einen der Hintergründe erkennen: In eigens für die Teilnahme an den Konferenzen gegründeten „Schein-NGOs" findet man hunderte Lobbyisten der gesamten internationalen Auto-, Flug- und Ölindustrie, die entsprechend Einfluß auf die Verhandlungen nehmen.

Auch in Österreich – in dieser Hinsicht bisher eher die vielzitierte „Insel der Seligen" – machte sich dieser Effekt vor, während und nach der entscheidenden Klimakonferenz in Kyoto erstmals breit. Schlußendlich gelang es einer Koalition aus E-Wirtschaft, Erdölbranche, Wirtschaftskammer und Industriellenvereinigung, das ursprünglich geplante österreichische Treibhausgas-Emissions-Reduktionsziel von 25 Prozent auf 13 Prozent praktisch zu halbieren. Branchen, die von ambitionierten Klimaschutzzielen profitiert hätten (erneuerbare Energieträger, Wärmedämmung, bautechnische Sanierung, Öffentlicher Verkehr u. v. m.), meldeten sich leider nicht in entsprechendem Ausmaß zu Wort.

Verabsäumt wurde – leider – bei den internationalen Verhandlungen eine sinnvolle Koalition zwischen EU und den „Ländern des Südens" (Entwicklungsländer). Speziell in der Frage des „Emissionshandels" – böse als Freikaufen von der Verantwortung zu interpretieren – würde eine hohe Übereinstimmung der Positionen bestehen.

In sich gespalten sind natürlich auch die Rollen der verschiedenen Entwicklungsländer: Während es für die AOSIS – die kleinen Inselstaaten des Pazifiks – durch den drohenden Anstieg des Meeresspiegels ums nackte Überleben geht und viele andere Staaten durch Zunahme von Sturm, Überschwemmungs- und Dürrekatastrophen massiv bedroht sind, fürchten z. B. die OPEC-Länder um ihre Haupteinnahmequellen.

Trotzdem bleibt Klimaschutz der klassische Problemfall der Verbindung von Umwelt- und Entwicklungsfragen: Die zum größten Teil von den industrialisierten Ländern verursachten Bedrohungen sind nur global lösbar. Trotz Eindeutigkeit der Verursacherfrage sind effiziente Gegenmaßnahmen nicht oder kaum durchsetzbar.

Die Rechte indigener Völker – ILO Konvention 169 zwischen hochtrabenden Zielen und Realität

Gerade die indigenen („eingeborenen") Völker gehören oft zu den am wenigsten beachteten Opfern der internationalen Politik im Zeitalter der Globalisierung. Ihre Rechte auf ihr angestammtes Land, ihre traditionelle Lebensweise und ihre – meist vorbildlich nachhaltige – Bewirtschaftung ihres Lebensraumes haben selten eine Chance, sich gegen internationale Wirtschaftsinteressen durchzusetzen.

Das „Übereinkommen Nr. 169 der Internationalen Arbeitsorganisation (ILO) über indigene und in Stämmen lebende Völker in unabhängigen Ländern" ist von großer Bedeutung, wenn es um die Rechte indigener Völker geht. Die meisten dieser Völker, gerade in Südamerika, befürworten die ILO-Konvention Nr. 169, wie sie kurz genannt wird. Sie ist noch immer die einzige völkerrechtlich verbindliche Norm, die indigenen Völkern das Recht auf ein eigenes Territorium, eine eigene Lebensweise, Kultur und Sprache anerkennt und den Regierungen Mindeststandards im Umgang mit diesen Völkern auferlegt.

Die ILO-Konvention richtet sich in erster Linie an Länder, in denen indigene Völker leben. Ihr Geltungsbereich erstreckt sich auf die innerstaatlichen Rechte bezüglich dieser Völker und die Pflichten der Regierungen und ihrer Verwaltungen. Bisher haben elf Staaten das Übereinkommen ratifiziert (Stand 2/98). Fünf davon sind Anrainer des Amazonasbeckens. Allerdings läßt sich in der jüngsten Zeit die Tendenz beobachten, die ILO-Konvention Nr. 169 als allgemeingültige internationale Norm anzuerkennen. Europäische Staaten ohne indigene Völker prüfen ihre Ratifizierung. Ihre Bestimmungen finden Eingang in entwicklungspolitische Leitlinien europäischer Regierungen, indigene Völker betreffend. Das europäische Parlament fordert die Mitgliedsstaaten der Union auf, die Konvention zu ratifizieren, und es wurde sogar eine Ratifizierung durch die Europäische Union erwogen, die aber aufgrund der ILO-Statuten nicht möglich ist.

Tabelle 3

Ratifizierungen	ILO-Konvention 169
Norwegen	19. 06. 1990
Mexiko	05. 09. 1990
Kolumbien	07. 08. 1991
Bolivien	11. 12. 1991
Costa Rica	02. 04. 1993
Paraguay	10. 08. 1993
Peru	02. 02. 1994
Dänemark	22. 02. 1994
Honduras	28. 03. 1995
Guatemala	05. 06. 1996
Niederlande	02. 02. 1998

Neoliberalismus versus Indianerrechte

Die positiven Entwicklungen, die zeitgleich oder gar in direktem Zusammenhang mit der ILO-Konvention Nr. 169 in einigen Unterzeichnerstaaten Südamerikas zu verzeichnen sind, dürfen allerdings nicht darüber hinwegtäuschen, daß ein effektiver Schutz der Rechte indigener Völker noch immer nicht gewährleistet ist. Zum einen gibt es Ratifiziererstaaten, wie Peru, in denen die Regierung sich kaum an die Bestimmungen der Konvention Nr. 169 gebunden fühlt. Andererseits wird die Öffnung hin zu mehr Rechtsgarantien für indigene Völker auch nach Einschätzungen von ILO-Vertretern selbst durch die neoliberale Politik vieler Regierungen wieder in Frage gestellt. Eine solche Entwicklung hin zu Privatisierung und zum völligen Abbau von Hemmnissen für die Wirtschaft, einschließlich dem freien Zugang zu Rohstoffen, ist z. B. in Peru, aber auch in Kolumbien zu registrieren. In Peru wurde 1995 ein Gesetz erlassen, das Privatinvestitionen im Landwirtschaftssektor fördern soll und dabei auch die Restriktionen beim Verkauf von Ländereien der bäuerlichen und indigenen Gemeinschaften lockerte. Ein neues Gesetz erleichtert zudem die Exploration, Förderung, Weiterverarbeitung und Vermarktung von Erdöl und Erdgas. In Kolumbien wird durch ein Gesetz vom Jahre 1994 der Verkauf von Strom durch private Anbieter ermöglicht, denen über Konzessionsverträge die Stromerzeugung, -weiterleitung und -verteilung übertragen wird. Die Folgen für die indianischen Völker, von denen in der Vergangenheit schon mehrere von Staudämmen für die Stromerzeugung aus Wasserkraft negativ betroffen waren, sind nicht abzusehen.

Hierbei handelt es sich nur um Beispiele für die neoliberalen Einflüsse in der Gesetzgebung. Darüber hinaus gibt es aktuell Konflikte, bei denen die jeweiligen Regierungen die Bestimmungen der ILO-Konvention Nr. 169 nicht beachten. Ein dramatisches Beispiel stellt der Fall der

5.000 U'wa-Indianer in Kolumbien dar, für deren traditionelles Gebiet die Erdölgesellschaft „Occidental de Colombia“ 1993 die Förderrechte erhielt, welche 1995 durch das Umweltministerium bestätigt wurden. Für das tief religiöse Volk der U'wa stellt die Erdölförderung, die auf heiligen Plätzen stattfinden soll, eine immense kulturelle Bedrohung dar.

In Österreich wird die Ratifizierung der ILO-Konvention seitens des Bundesministeriums für Arbeit, Gesundheit und Soziales leider – aufgrund des Fehlens indigener Völker in Österreich (!?) – als irrelevant abgelehnt. Möglicherweise sind aber auch Auswirkungen auf die österreichische Entwicklungs- und Außenhandelspolitik unerwünscht.

Globale Landwirtschaftspolitik – Hunger ist ein Verteilungsproblem

Die zunehmende Industrialisierung und Chemisierung der Landwirtschaft hat auch vor den Entwicklungsländern nicht halt gemacht. Manche Auswirkungen der Umstellungen in den 60er und 70er Jahren, nämlich durch intensivere Anbaumethoden (Saatgut von Hochleistungssorten, Düngung, chemischer Pflanzenschutz, Bewässerung, etc.) die Ernteerträge zu steigern, werden heute kritisiert.

Die gesamte landwirtschaftliche Produktion konnte zwar speziell in einigen Ländern Asiens spürbar erhöht werden, die Armen hungern aber wie früher, Kleinbauern und Landlose verelendeten noch mehr und der zunehmende Einsatz von Agrarchemikalien ist ökologisch bedenklich.

Pestizide, die aufgrund ihrer Gefährlichkeit bei uns schon verboten sind, werden von den weltweiten Chemiekonzernen in Entwicklungsländern noch immer gewinnbringend verkauft.

Standortgerechte Landbewirtschaftung heißt ein Schlagwort, das häufig genannt wird. Standortgerecht heißt eben so wirtschaften, daß nachhaltig die Produktivität eines Standortes erhalten bleibt und mit möglichst wenig teuren Produktionsmitteln befriedigende Erträge erzielt werden können. Hier ist sicherlich noch viel Forschungs- und Versuchsarbeit nötig. Diese soll nicht nur in irgendwelchen großen Versuchsstationen von Wissenschaftern geleistet werden, sondern unter Miteinbeziehung traditionellen Wissens und Könnens möglichst nahe bei und mit den Betroffenen: den Bauern.

Die Wiederentdeckung und Nutzung der Gemüse der ecuadorianischen Indigenas und Versuche für eine angepaßte Landwirtschaft im Tiefland Ecuadors sind interessante Beispiele dafür.

Laut FAO, der Welternährungsorganisation, gehen jährlich 24 Millionen Tonnen Humus und 5 bis 7 Millionen Hektar Ackerland verloren. Betroffen sind vor allem die Bergregionen des Himalaja und der Anden sowie weite Teile Afrikas. Durch Überbeanspruchung, Verlust der natürlichen Vegetationsdecke und Auslaugung werden die Böden geschwächt und für Bodenerosion durch Wind und Wasser anfällig.

Um das Ertragspotential der immer nährstoffärmeren Böden zu steigern oder wenigstens aufrechtzuerhalten, wird meist der Einsatz chemischer Düngemittel erhöht. Das führt einerseits zur zunehmenden Verschuldung der Kleinbauern und, über den Umweg der Überdüngung, zu einer weiteren Schwächung der Böden.

In Trockengebieten (z. B. der Sahel-Zone) kommt es durch Überweidung und nicht angepaßte Anbaumethoden verstärkt zu Wüstenbildung (Desertifikation). Das UN-Umweltprogramm schätzt, daß sich jährlich sechs Millionen Hektar Land in Wüste verwandeln.

Kleinbauern haben aufgrund der herrschenden Landaufteilung und hohen Verschuldung oft keine andere Chance, als umweltbeeinträchtigende und kurzsichtige Anbaumethoden zu praktizieren. Sie werden gezwungen, in kurzer Zeit so viel wie möglich aus dem Boden herauszuholen.

In Brasilien kommen auf landwirtschaftliche Betriebe unter zehn Hektar, das sind 50 Prozent aller Betriebe, 2,4 Prozent der Gesamtfläche. Betriebe über 10.000 Hektar, das sind 0,05 Prozent, vereinigen 17,2 Prozent der Fläche auf sich.

Die Industrialisierung der Landwirtschaft veranlaßt die Bauern und Bäuerinnen, ihre an die jeweiligen Gegebenheiten angepaßten Anbaumethoden aufzugeben. Außerdem führen kapitalintensivere Methoden zu weiterer Verschuldung und Landkonzentration.

Die weltweite Überproduktion und die gestützten Agrarexporte der Industrieländer drücken die Weltmarktpreise deutlich nach unten und schaden damit den Bauern des Südens, wo man sich teure Exportsubventionen nicht leisten kann und importierte Billignahrungsmittel die heimische Produktion ruinieren.

Zuviel Fleisch auf Kosten des Südens

Um eine Kalorie Brot herzustellen, wird eine Kalorie Getreide benötigt. Für eine Kalorie Fleisch aber sind im Durchschnitt sieben pflanzliche Kalorien nötig. Der Spitzenreiter auf dieser Liste der Nahrungsmittelverschwendung ist Hühnerfleisch mit dem Verhältnis 12 : 1.

Österreich importiert unter anderem Soja aus Brasilien, um damit Fleischüberschüsse zu produzieren, die mit Milliarden Schilling subventioniert auf den Weltmarkt geworfen werden. In Brasilien nimmt der Sojaanbau bereits 18 Prozent des gesamten Ackerlandes ein. Jene Flächen, die 40 Millionen BrasilianerInnen mit Nahrung versorgen könnten, liefern die Futtermenge für 40 Millionen Mastschweine. Steigende Grundstückspreise, Verlust der Lebensgrundlage von Kleinbauern, Abwanderung in die Städte und zunehmende Konzentration des Landes in den Händen weniger sind die Folgen. In Brasilien sind heute rund sechs Millionen Familien ohne Land.

Während die Erträge der weltweiten Nahrungsmittelproduktion nach wie vor steigen, sinken die Wachstumsraten seit den 80er Jahren. Die Pro-Kopf-Anbaufläche für Getreide sinkt durchschnittlich um mehr als ein Prozent pro Jahr. Global gibt es nach wie vor Nahrungsmittel im Überfluß. Zwischen 1961 und 1994 stieg das Pro-Kopf-Angebot in den

Entwicklungsländern an Nahrungsmitteln um 32 Prozent. Der Anteil der Weltbevölkerung, die hungert oder chronisch unterernährt ist, ist von 35 auf 21 Prozent gesunken. Aber nahezu 840 Millionen Menschen hungern weltweit und die Zahl der chronisch Unterernährten in der Sahara (Afrika) hat sich seit 1969 mehr als verdoppelt. Die Nahrungsmittelversorgung hat sich in vielen Ländern Ost- und Westasiens, Lateinamerikas und Nordafrikas verbessert, trotz rapiden Bevölkerungswachstums. Allerdings nicht nur durch gestiegene landwirtschaftliche Produktivität, sondern vor allem durch das starke Ansteigen der Nahrungsmittelimporte. Viele Länder in afrikanischen Saharagebieten und in Südasien sowie einige Länder in Lateinamerika und der Karibik haben seit den Achtzigern ernste Rückgänge in der Pro-Kopf-Versorgung erfahren.

Grundsätzlich ist das Problem der Nahrungsversorgung vor allem ein Verteilungsproblem. Menschen haben zuwenig Zugang zu Nahrungsmitteln als Ergebnis der Armut, politischer Instabilität, ökonomischer Ineffizienz und sozialer Ungleichheit.

Fairer Handel – David gegen Goliath – Multinationale Konzerne

Der herkömmliche grenz- und regionenüberschreitende Handel zeichnet sich dadurch aus, daß der größte Teil des Gewinnes bei Zwischenhändlern und internationalen Konzernen verbleibt. Die eigentlichen Produzenten von Kaffee, Tee, Kakao, Rohrzucker, etc. leben oft in sklavenähnlicher Abhängigkeit von Konzernen und Zwischenhändlern, ihr Anteil am Gewinn ist minimal, Kinderarbeit oft notwendig, um das Überleben der Familie zu sichern. Sozial- wie Umweltminimalstandards spielen im Regelfall keine Rollen.

„Fairgehandelte" Produkte sichern nicht nur faire Preise für die kleinbäuerlichen Produktionsbetriebe, sondern auch die Einhaltung von festgelegten Mindestumweltstandards.

Zum Beispiel TransFair-Schokolade: (Austauschverhältnisse)

(siehe Abbildung Seite 261)

Über 90 Prozent der weltweit produzierten Schokolade wird in den Industrieländern konsumiert; rund 75 Prozent davon allein in der EU und in den USA.

Kaum ein Kakaobauer in Afrika, Lateinamerika oder Asien, der jahrein, jahraus seine Kakaobäume pflegt und von den geringen Einnahmen aus dem Verkauf der Kakaobohne lebt, hat je Schokolade gesehen oder gegessen. Viele wissen nicht einmal, daß ihr typisches Produkt des Südens in den industrialisierten Nationen zu einem typischen Produkt des Nordens – zur Schokolade – weiterverarbeitet wird. Hingegen wissen sie, daß ihr Produkt ständig den Launen des Weltmarktes ausgeliefert ist, und daß sie immer weniger Ertrag dafür erhalten.

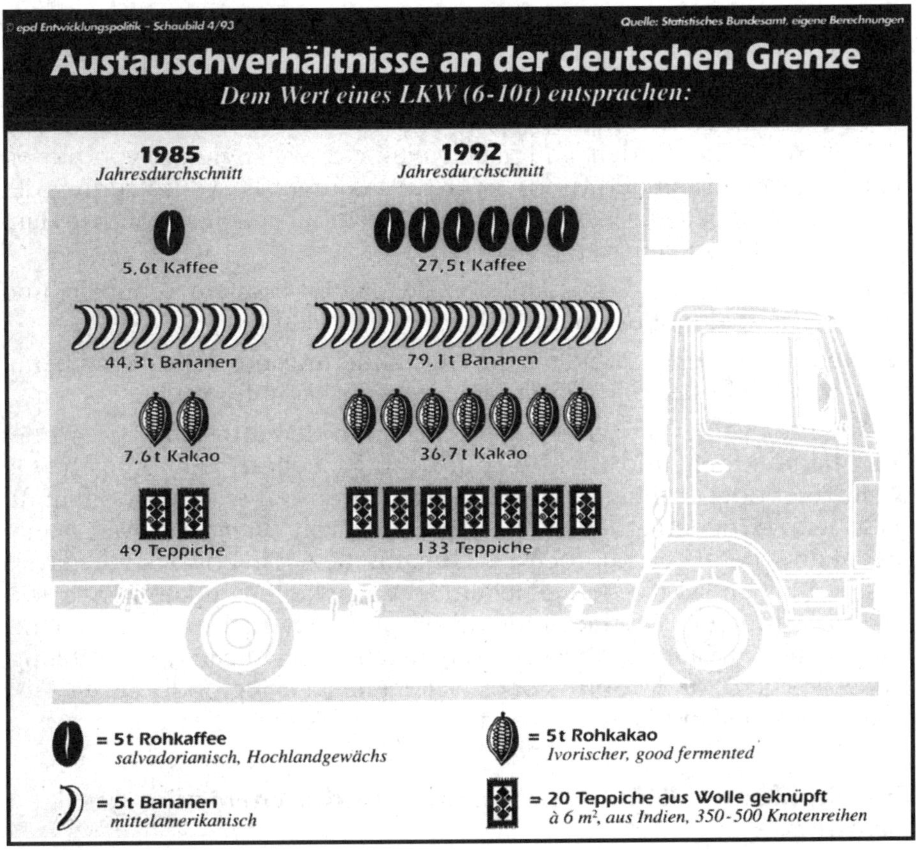

Eine Tafel Schokolade läßt sich meist in 24 Stückchen teilen. Dem einzelnen Kakaobauer bleiben nach Abzug der Stückchen für den Handel, die Schokoladenfirma, die Verpackungsmaterialien und die übrigen Rohstoffe unwesentlich mehr als ein Stückchen.

Auch das Los der Zuckerproduzenten ist nicht besser. Die Weltmarktpreise bewegen sich meist auf einem Niveau, das den Erzeugern keine kostendeckende Produktion ermöglicht. Das ist bitter, nicht süß!

Bei Schokolade mit dem TransFair-Siegel ist dies anders: Gerechter Lohn für harte Arbeit! Neben dem besseren Lohn profitieren Kakao- und Zuckerproduzenten gleichfalls von direkten Handelsbeziehungen, die den Zwischenhandel in den Erzeugerländern ausschalten.

TransFair setzt sich gemeinsam mit den Produzentenorganisationen für eine nachhaltige Entwicklung ein und berücksichtigt hierbei besonders:

- ❑ eine soziale Entwicklung zur Verbesserung der Lebensbedingungen der Organisationmitglieder, ihrer Familien und ihrer Gemeinden;
- ❑ die Einbeziehung aller Organisationmitglieder in Grundsatzfragen und in Fragen, die zur aktuellen und zukünftigen Verbesserung der Arbeit von Geschäftsführung und Verwaltung beitragen;

- die Förderung von Frauen im Hinblick auf ihre Beteiligung an Entscheidungsprozessen;
- eine ökonomische Entwicklung, die einerseits eine vielfältige Produktion unterschiedlicher Agrarprodukte für den Eigenbedarf und weitere Märkte fördert und gleichzeitig die Abhängigkeit von nur einem Produkt mindert, und andererseits durch die Verbesserung der Produktqualität zur Erhöhung der Absatzmöglichkeiten auf Fair-Handels- und Normalmärkten beiträgt;
- landwirtschaftliche Maßnahmen, die das Ökosystem schützen und die zur Erhaltung der natürlichen Umwelt beitragen.
- Hierzu gehören besonders die Verminderung des Einsatzes chemischer Mittel oder der vollständige Verzicht darauf.

Kakao bedeutet für tausende Menschen in den ärmsten Ländern der Welt harte Arbeit und menschenunwürdige Lebensbedingungen. Ob Kleinbauer oder Plantagenarbeiter – was für uns zu einem Synonym für Süße wurde, bedeutet für sie eine Existenz voll Bitterkeit. Vom lateinamerikanischen Ecuador über das afrikanische Ghana bis nach Malaysia in Asien haben sie mit den gleichen Schwierigkeiten zu kämpfen: niedrige Preise für die Früchte ihrer Arbeit und lächerlich niedrige Löhne. Ungerecht verteilter Landbesitz und mangelnde staatliche Unterstützung. Arbeitslosigkeit und Repressionen seitens der Großgrundbesitzer. Und überall fehlt es an Organisationen, die sie effektiv vertreten könnten.

Entschuldung – Gläubiger bestimmen die Entwicklungsrichtung

Häufig neigen wir dazu, anderen Ländern und Menschen – im ehemaligen Ostblock wie in den Ländern des Südens – zu empfehlen, unsere Fehler in der Umweltpolitik nicht zu wiederholen. Allein, was fehlt, ist das gute Vorbild. Mit Recht unterstellen viele Entscheidungsträger aus Entwicklungsländern diesen Sonntagsrednern die Absicht, den Ländern des Südens den Zugang zum und den Mißbrauch von natur- und umwelterkauftem Wohlstand zu verwehren.

Ein noch wichtigerer Faktor der Verhinderung von nachhaltiger Entwicklung in Landwirtschaft, Energiewirtschaft oder Verkehr – neben des Fehlens des guten Beispiels – ist jedoch die internationale Verschuldung der Entwicklungsländer.

In vielen Ländern reicht das Bruttonationalprodukt (BNP) bei weitem nicht aus, um auch nur die Zinsen der Verschuldung zu bedienen. Die größten multinationalen Unternehmen verfügen über Kapital und Finanzkraft, die über das Gesamt-BNP der 40 ärmsten Länder der Welt weit hinausgehen. Entsprechend werden die Wirtschaftspolitik und die Auswahl von Projekten massiv von den Gläubigern bestimmt – wer zahlt, schafft an – mit allen ökologischen Folgen. Der einzige Ausweg: ein rasches, umfassendes, globales Entschuldungsprogramm, das diese Abhängigkeit vom Interesse des Großkapitals beseitigt.

Der Schluß aus der Mottenkiste – Es lebe die internationale Solidarität

Unsere Verantwortung

Es muß uns, die wir in einem reichen Land leben, bewußt werden, daß wir massiv beteiligt sind an der globalen Fehlentwicklung, daß unsere Lebenseinstellung und Wegwerfkultur nur auf Kosten der Dritten Welt möglich ist; ohne die Unmengen an Energie, Rohstoffen, Futtermitteln, billigen Nahrungs- und Konsumgütern und der Ausnutzung billiger Arbeitskräfte dieser Länder wäre die Konsumgesellschaft, die uns bekanntlich viele Probleme schafft, nicht möglich.

Da wir die Mißstände und Fehlentwicklungen bei anderen leicht orten, seien diese die Generation vor uns, die Wirtschaftsimperien oder die PolitikerInnen, sehen wir uns den Problemen oft ohnmächtig gegenüber und rechtfertigen so unsere Untätigkeit. Erst wenn wir erkennen, daß auch wir selbst es sind, unsere Lebensweise, unsere Selbstverständlichkeit, mit der wir konsumieren, die die Handlungen der PolitikerInnen und der Wirtschaft beeinflussen, sehen wir unsere Macht und sollten uns verpflichtet fühlen, diese im Interesse des Wohles der Weltgemeinschaft, das immer auch unser eigenes miteinschließt, einzusetzen.

Globale Probleme fordern globale Lösungen. Multinationale Unternehmen haben längst erkannt, daß nur weltweite Einflußnahme, weltweites Lobbying ihren Interessen zum Erfolg verhelfen. Bezüglich der Umwelt- und Entwicklungspolitik, aber auch der weltweiten Interessen der ArbeitnehmerInnen werden diese Instrumente noch viel zu wenig eingesetzt. Eine Wiedergeburt des etwas aus der Mode gekommenen Prinzips der internationalen (globalen!) Solidarität ist dringend gefordert. Nur eine Abkehr vom egozentrischen Selbstverwirklichungs“trip“ und geschlossene Vernetzung weltweit kann zum Erfolg der nachhaltigen und gerechten Entwicklung führen.

Literatur

AGEZ: Globale Partnerschaft für Arbeit, Wien 1998

BLAU, Evelyn; WEISS; WENISCH: Die Reparaturgesellschaft. ÖGB-Verlag, 1997.

ENQUETE-KOMMISSION „SCHUTZ DER ERDATMOSPHÄRE“ DES DEUTSCHEN BUNDESTAGES. Schutz der Grünen Erde, Bonn, 1994.

HÖLL, Otmar: Spannungsfeld Umwelt und Entwicklung. Wien 1997.

MISEREOR, BIRKHÄUSER: Zukunftsfähiges Deutschland. BUND, 1996.

ÖED: Entwicklung und Umwelt. Wien, 1992.

ÖIE: Entwicklung und Umwelt, Dokumentation der gesamtösterreichischen Entwicklungskonferenz. Wien, 1993.

REPORT: Global Change and Sustainable Development. UN Comission on Sustainable Development, N. Y. 1997.

ROSSBACH DE OLMOS, Lioba: Indigene Völker und die ILO-Konvention Nr. 169. Frankfurt, 1998.

STREISSLER, Christoph: Handel mit Emissionsrechten als Instrument internationaler Klimapolitik. In: Wirtschaft und Gesellschaft, 2/1998.

TRANSFAIR DEUTSCHLAND: TransFair-Schokolade. Köln, 1996.

UNFCCC: Klimarahmenkonvention, Kyoto-Protokoll zur Klimarahmenkonvention. Bonn. 1993/1998.

WACKERNAGEL, Mathis; REES William; BIRKHÄUSER: Unser ökologischer Fußabdruck. 1997.

V. Die Betriebsräte

Globalisierung aus betrieblicher Sicht

Patrizia Reidl, Tom Schmid

Um die im vorliegenden Buch mehr oder weniger theoretisch abgehandelten Überlegungen zur „Globalisierung" auch praktisch illustrieren zu können, haben wir Angestelltenbetriebsräte von 15 größeren Betrieben, die in der einen oder anderen Hinsicht Internationalisierungsprozessen beziehungsweise einem stärkeren Druck vom Weltmarkt ausgesetzt sind, über ihre Erfahrungen mit der „Globalisierung" befragt. Das wesentlichste Ergebnis gleich vorneweg: „Globalisierung" stellt sich auch aus der Sicht der betroffenen Betriebsratskörperschaften nicht als einfache, lineare Entwicklung dar, sondern wirkt sehr unterschiedlich und setzt sich vielfach gebrochen aus den verschiedensten, oft sogar gegenläufigen Prozessen zusammen. Wie wir bereits in der Einleitung zu diesem Buch theoretisch zu entwickeln versucht haben, zeigt auch unsere Befragung, daß die leichtfertige Verwendung des Begriffes „Globalisierung" als einfaches Erklärungsmuster für alles und jedes in der Arbeitswelt, also quasi als „Totschlagargument", mehr Erkenntnisse verdeckt als erhellt. Wir verstehen die Ergebnisse dieser Befragung, die wir im Folgenden zusammenfassend referieren wollen, daher auch als Appell für eine differenzierte Sichtweise der unterschiedlichen und oft widersprüchlichen Internationalisierungsprozesse in der österreichischen Wirtschaft.

Zur Methode

Befragt wurden Betriebsratsvorsitzende beziehungsweise GPA-FunktionärInnen aus 17 Betrieben mit einem offenen Fragebogen. Aus 15 Betrieben erhielten wir verwertbare Antworten. Auf Wunsch einiger Befragter haben wir uns für eine anonymisierte Auswertung entschieden, meinen aber, daß die Aussagekraft der Antworten dadurch keinesfalls leidet.

Die Befragung wurde im Juni und Juli 1998 durchgeführt. Entsprechend der Struktur der von „Globalisierung" am ehesten betroffenen Wirtschaftszweigen liegt der Schwerpunkt der befragten Betriebe in der Industrie: Ausgewertet wurden neun Industriebetriebe (zwei Nachrichten- und Kommunikationstechnik, zwei Zulieferer der Kfz-Industrie, zwei Maschinenbau, davon einer Bürotechnik, ein Betrieb der Elektroindustrie, ein Pharmakonzern und ein Betrieb der Lebensmittelindustrie), zwei große Geldinstitute, zwei Versicherungsunternehmen, ein Luftverkehrsunternehmen und eine große Handelskette. Sechs der befragten Unternehmen sind österreichische Betriebe, einige davon mit Töchterbetrieben im Ausland, vier weitere Betriebe sind Töchter deutscher Konzerne, je ein weiteres Unternehmer ist Tochterbetrieb eines niederländischen, italienischen, schwedischen, schweizerischen und US-amerikanischen Mutterkonzerns. Diese 15 Betriebe (Konzerne) beschäftigen in Österreich rund 62.000 Menschen. Die Fragebögen wurden von Betriebsratsvorsitzenden bzw. GPA-FunktionärInnen beantwortet, und zwar von vier Frauen und elf Männern.

Der Fragebogen stand unter dem Motto „Globalisierung aus Betriebsratssicht" und war als prinzipiell offener Fragebogen konzipiert, wobei den einzelnen, sehr weit gefaßten Fragen unverbindliche Strukturvorschläge beigegeben worden sind, denen die Antworten in erheblichem Maße gefolgt sind. Das hat die Auswertung und somit Vergleichbarkeit wesentlich erleichtert.[1]

Bei den einzelnen Fragen wurde ersucht, jeweils auch die Veränderungen der letzten Jahre und die sich unmittelbar abzeichnenden künftigen Veränderungen zu skizzieren. Die Antworten, die zum Teil sehr ausführlich ausfielen und von manchen befragten KollegInnen mit zusätzlichem Informationsmaterial über den Betrieb angereichert worden sind, wurden von uns zusammengefaßt und werden am Ende dieses Aufsatzes in Kurzform dokumentiert.

Die wesentlichsten Ergebnisse

Aus den Ergebnissen dieser Befragung wird deutlich, was bereits in den bisherigen Aufsätzen dieses Buches entwickelt wurde: „Globalisierung" ist nicht das einfache „Totschlagargument", die immer bereite Drohung, wenn es um innerbetriebliche Auseinandersetzungen geht. Internationalisierungs- und Globalisierungsprozesse werden in der betrieblichen Wirklichkeit offensichtlich sehr viel differenzierter wahrgenommen – und fallweise in Interessensauseinandersetzungen auch strategisch eingesetzt – als in der gesellschaftspolitischen Diskussion. Dabei hängt es vor allem von der jeweiligen betrieblichen Situation, der Entscheidungskultur des einzelnen Konzernes, aber auch von der Branche und der Art der Tätigkeit ab, ob „Globalisierung" als Drohung erlebt wird oder nicht, relativ wenig aber davon, ob es sich um einen österreichischen Mutterkonzern oder eine Tochter eines ausländischen Konzernes handelt.

Von den vier GesprächspartnerInnen, die „Globalisierung" in ihrer betrieblichen Alltagsarbeit als akutes Drohmittel erleben, sind zwei in österreichischen Betrieben tätig und zwei in österreichischen Töchterbetrieben ausländischer Konzerne. In allen Fällen geht es um konkrete Verlagerung von Produktion und Arbeitsplätzen in „Billiglohnländer". In einigen Interviews werden aber „indirekte" Drohungen angesprochen, entweder weil Investitionsströme von Europa in den fernen Osten verlagert werden oder weil es zwar eine Verlagerung von Produktions-

---

[1] In diesem Zusammenhang bedanken wir uns bei allen, die mitgearbeitet haben.

arbeitsplätzen in Billiglohnländer gibt, aber in Österreich selbst nicht produziert wird. In manchen Interviews sind bereits Grenzen der „Globalisierung“ zu erkennen, wo es auf Grund der konkreten Erfahrungen mit „ausgelagerten“ Arbeitsplätzen oder wegen eines mittlerweile stattgefundenen technologischen Fortschrittes Bestrebungen des Konzernes gibt, die vor einigen Jahren in billigere Gefilde ausgelagerte Arbeit wieder zurückzuholen.

Ebenso differenziert wie die Drohung mit Globalisierungs- und Internationalisierungsprozessen stellt sich die konkrete Entscheidungsstruktur dar. Nach den Ergebnissen unserer Befragung muß man sich von der alten Vorstellung verabschieden, die relevanten Entscheidungen werden in jedem Fall am Ort der Konzernzentrale getroffen. Auch hier ist die Wirklichkeit sehr viel differenzierter und hängt sowohl von der konkreten Managementstruktur als auch der jeweiligen betrieblichen Entscheidungskultur ab.

Selbst die Einflußmöglichkeiten des Betriebsrates sind unserer Befragung zufolge nicht eindeutig vom Ort der Managemententscheidung abhängig. Wo es einen gut funktionierenden und einflußreichen Europabetriebsrat gibt, können auch österreichische BelegschaftsvertreterInnen relevante Managenmententscheidungen, die nicht in Österreich getroffen werden, mitgestalten – wenn die betriebspolitische Entscheidungskultur im jeweiligen Unternehmen eine Mitwirkung der Belegschaftsvertretung überhaupt vorsieht.

Dort, wo es sich um Unternehmen vom „Shareholder-Typ“ handelt, werden die betrieblichen Entscheidungen einzig an der Börse getroffen und von den AktionärInnen bestimmt, unabhängig davon, ob der Konzernsitz in Österreich ist oder in einem anderen Staat. Umgekehrt gibt es in einem Betrieb, der zwar in ausländischem Besitz ist, aber in Österreich einen relevanten Marktanteil mit zahlreichen Betriebsstandorten hat, oder einem Konzern, der in seiner Branche österreichweit und über die Grenzen hinaus marktbeherrschend ist, sehr viel mehr und konkretere Einflußmöglichkeiten der österreichischen Belegschaftsvertretung als in einem klassisch bürokratisch aufgebauten Unternehmen mit steilen Hierarchien, in dessen Unternehmenskultur eine Mitwirkung des Betriebsrates einfach „nicht vorgesehen“ ist. Auch Stellung und realer Einfluß des Betriebsrates ist daher wesentlich stärker durch die konkrete Unternehmenskultur und die jeweiligen gewerkschaftlichen Traditionen geprägt als allein durch Besitzverhältnisse und den Grad der „Globalisierung“.

Entscheidend für Einfluß und Stärke des Betriebsrates ist nach unseren Erhebungen neben der Orientierung des Managements auf flache, partnerschaftliche und konsensorientierte Entscheidungsstrukturen (in der Regel in Betrieben mit Teamkultur) vor allem die Frage, wie weit die Belegschaft zum Betriebsrat hält und wie mobilisierungsfähig die Beschäftigten sind. Das ist neben der Betriebsstruktur, der Zahl und Größe der einzelnen Betriebsteile, aber auch der Branche und der Zusammensetzung der Belegschaft nach Alter und Qualifikation, auch von der Stabilität der Belegschaft (geringe Fluktuation) und der betrieblichen Tradition gewerkschaftlicher Auseinandersetzungen abhängig. Auch „verlorene“ Auseinandersetzungen, sei es im Zuge einer Betriebsfusionierung oder im Kampf gegen die Verlagerung von Arbeitsplätzen, können die reale Durchsetzungsmacht der Belegschaftsvertretung noch Jahre danach erheblich schwächen.

Es handelt sich hier um ein Gemenge „globalisierter“ und österreichischer Probleme. Einschränkend für eine zu große Verallgemeinerung unserer Ergebnisse muß jedoch daran erinnert werden, daß wir es mit einer Momentaufnahme des Sommers 1998 zu tun haben und nur für 15 Firmen bzw. Konzerne sprechen können. Die Ergebnisse sind deswegen nicht als „repräsentativ“ für die Lage der Angestellten in Österreich anzusehen, bilden aber dennoch ein – wie wir meinen – recht ausgewogenes qualitatives Bild über das Verhältnis von „betrieblicher Wirklichkeit“ und „Globalisierung“ in Großbetrieben Österreichs.

Von einem sind wir jedoch überzeugt: Das relativ „verworrene“ Bild der Wirklichkeit, was die Frage der „Globalisierung“ angeht, trifft weit über unsere 15 Betriebe hinaus die tatsächliche, komplexe Lage – „Globalisierung“ läßt sich weder eindeutig als Motor betrieblicher Entwicklung bestimmen, noch klar positiven oder negativen Effekten betrieblicher Wirklichkeit zuordnen. Die jeweilige betriebliche Situation und ihre konkreten Probleme ergeben sich aus einer Menge „hausgemachter“ und internationaler Probleme. Die unter dem Sammelbegriff „Globalisierung“ geführten Prozesse können – aus Sicht der Betriebsräte – bei der jeweiligen betrieblichen Situation sowohl förderlich wie hemmend wirken. „Globalisierung“ eignet sich nicht als der Kamm, über den alles geschoren werden kann.

Die differenzierte Situation in den Betrieben

Die Mehrheit der befragten Betriebe hat eine eher flache Betriebsstruktur mit wenigen Hierarchieebenen und einer starken Orientierung auf Teamarbeit, begleitet von einer mitarbeiterfreundlichen „Du/Sie-Kultur“ und einer entwickelten innerbetrieblichen Sozialpartnerschaft. Sechs Betriebe gehören jedoch der klassischen Form des „bürokratischen“ Typs mit einem strengen Organisationsaufbau nach dem Stab-Linie-System an, hier werden die Hierarchien als steil bis extrem steil, die Entscheidungskulturen als unflexibel und streng hierarchisch beschrieben.

Es gibt auf Grundlage unserer Befragung zwar einige Hinweise, die darauf hindeuten, daß es einen Zusammenhang zwischen flachen, auf MitarbeiterInnnenpartizipation aufgebauten Hierarchien und einer geringen Fluktuation gibt, doch läßt sich daraus kein eindeutiger Zusammenhang zwischen konsensualer Betriebskultur und hoher Beschäftigtentreue ableiten, da die Fluktuationsrate der Beschäftigten stark von Branche und Konjunktur des einzelnen Betriebes abhängt. Jeweils rund die Hälfte der Betriebe verfügt über flache, teamorientierte und über steile, bürokratisch strukturierte Hierarchien, der amikale Umgang innerhalb des Betriebes (Du/Sie-Kultur, burschikoser Umgang, ausgebautes Sozialleben) überwiegt aber in den befragten Betrieben. Jedenfalls scheint unserer Befragung nach sowohl die Beschäftigtenzufriedenheit als auch die reale Gestaltungsmöglichkeit der BetriebsrätInnen dort höher zu sein, wo es wenig bürokratische Strukturen und relativ flache Hierarchien gibt, unabhängig davon, ob die strategischen Konzernentscheidungen im Ausland oder in Österreich getroffen werden.

Die Arbeitsorganisation stellt sich ebenfalls unterschiedlich dar, der Trend zur Aufweichung klassischer Arbeitsorganisationen ist aber unübersehbar. Flexible Arbeitszeitformen finden sich in nahezu allen befragten Betrieben, jedoch in unterschiedlichem Ausmaß. In Betrieben, in denen die betrieblichen Rahmenbedingungen (Betriebskultur, Mitwirkungsrechte von Betriebsrat und Belegschaft) auch sonst nicht stimmen, scheint der Anteil von unbefriedigenden Arbeitszeitformen (nicht abgegoltene Mehrarbeit, pauschalierte Überstunden, ...) am stärksten vertreten zu sein.

Leiharbeit ist nahezu nur in Industriebetrieben vertreten. Outsourcing-Prozesse sind unterschiedlich verteilt. Es scheint aber ein stabiler Zusammenhang zwischen der Entwicklung von Benchmarking-Instrumenten und dem Druck auf Belegschaft und Arbeitsorganisation, verbunden mit Arbeitsverlagerung auf andere Standorte, zu geben und zwar unabhängig von Betriebstyp und Branche.

In nahezu allen befragten Betrieben stehen die betrieblichen und überbetrieblichen Regulierungssysteme unter Druck. Betriebsvereinbarungen werden aufgekündigt oder durch Leiharbeit bzw. Outsourcing unterlaufen, in einigen Interviews wurde manifester Druck selbst auf die kollektivvertragliche Entlohnung („Unterlaufen des KV") deutlich. Angesprochen sind insbesondere die klassischen Beschäftigtenschutzgesetze wie das Arbeitszeitgesetz und das ArbeitnehmerInnenschutzgesetz. In fünf Interviews werden betriebliche Übertretungen dieser Schutzgesetze genannt, in weiteren drei Betrieben wird steigender Druck auf die Schutznormen festgestellt. Die Positionen der Belegschaftsvertretungen auf diese Entwicklungen sind jedoch zwiespältig: Verstärkung der Schutznormen und ausgeweitete externe Kontrolle (vor allem durch das Arbeitsinspektorat) wird genauso angesprochen wie eine „Adaption" (= Verschlechterung) der Schutznormen, begründet mit dem wachsenden „Globalisierungsdruck".

Von den befragten Betrieben sind acht dem „Shareholder-Typ" zuzuordnen, das sind Betriebe, denen der (Kurs-)Gewinn der Aktionäre wichtiger ist als die betriebswirtschaftliche Konsolidierung des Betriebes. Fünf Betriebe sind eher dem „Stakeholder-Typ" zuzurechnen, denen Erhalt der betrieblichen Struktur, der Marktanteile und der Produktpalette zumindest ebenso wichtig ist wie der Aktiengewinn. Die Gewinnlage ist (mit einer Ausnahme) in allen Betrieben gut bis hervorragend, dennoch wird in mehr als der Hälfte der Betriebe stärkerer Druck auf Beschäftigung und Entlohnungssystem erlebt. Der Zusammenhang zwischen „Shareholder-Typ" und Druck auf Belegschaften scheint geringer zu sein als traditionell angenommen. Zumindest bei den von uns untersuchten

Betrieben gibt es sowohl „Shareholder-Betriebe“ mit einem guten Entlohnungssystem bzw. ohne Druck auf die Belegschaft wie auch „Stakeholder-Betriebe“, in denen stark über Lohnabbau und Entlassungen geklagt wird.

Auch die Standort-Frage ist nicht eindeutig zu entscheiden. Bei den von uns befragten Betrieben überwiegen eindeutig die Argumente für die Beibehaltung des Standortes in Österreich, begründet mit der Marktnähe bzw. mit der eingeführten Marke am Markt und, in zahlreichen Interviews, auch durch die Nähe zu den neuen Ostmärkten. Weitere Gründe, die für den österreichischen Standort sprechen, sind die Qualität der Arbeit und die Qualifikation der Beschäftigten sowie die hohe Produktivität. In einigen Interviews werden aber auch Argumente gegen den Standort genannt, vor allem die hohen Kosten.

Hier scheint sich jene Widersprüchlichkeit abzuzeichnen, die die Standortdebatte in der „Globalisierungsdiskussion“ insgesamt begleitet: Wenn man nicht die – betriebswirtschaftlich irrelevanten – Lohnkosten, sondern die Lohnstückkosten heranzieht, wird das Argument der billigen Lohnkosten „im Osten“ durch das Argument der deutlich höheren Produktivität am Standort Österreich eindeutig geschlagen, denn durch eine hohe Produktivität und Produktqualität ergeben sich selbst bei hohen Lohnstundenkosten moderate bis niedrige Stückkosten. Neben den Kosten werden aber auch noch andere Gründe genannt, die gegen den Standort Österreich sprechen, etwa Kapazitätsgrenzen am Standort oder die österreichische „Technikfeindlichkeit“.

Stellung der Belegschaftsvertretung

Auch die Stellung der BetriebsrätInnen im Unternehmen und im Konzern ist unterschiedlich. Wirksame sozialpartnerschaftliche Konzepte existieren seitens der Betriebe genauso wie konfrontative Konzepte, meist verbunden mit streng hierarchischen Entscheidungsstrukturen. Sowohl bei Betrieben mit österreichischer Konzernführung wie bei ausländischen Konzernmüttern gibt es beides. Der Grund liegt nicht in den unterschiedlichen Besitzverhältnissen oder der unterschiedlichen Betriebsstruktur, sondern vor allem in der (meist historisch gewachsenen) unterschiedlichen Betriebskultur: In manchen Betrieben, insbesondere in solchen, die bislang von einem klassischen „Pionier“, einem autokratisch-charismatischen Unternehmensgründer, beherrscht worden war, hat sich die Stellung des Betriebsrates durch die ausländische Übernahme beziehungsweise die Einbindung in einen ausländischen Konzern teilweise sogar verbessert. Die Ablöse des „Pioniers“ hat wesentliche Auswirkungen auf die Entwicklung der Betriebskultur und die Entfaltung betriebsrätlicher Mitwirkungsmöglichkeiten: Eine persönliche, emotional geleitete Stimmung wird von einer „technisch“ nüchternen abgelöst.

Insgesamt werden von den befragten BetriebsrätInnen immer wieder verstärkte Regulierungen eingefordert, und zwar sowohl auf der internationalen Ebene (WTO, EU), aber auch durch den nationalen Gesetzgeber, wobei hier vor allem eine stärkere Durchsetzung der bestehenden Schutznormen (vor allem durch das Arbeitsinspektorat) angesprochen wird. Diese Positionen können am besten in dem Verlangen nach „kontrollierter Globalisierung" zusammengefaßt werden.

Dies gilt sowohl für die Wirtschaftspolitik (Regulierungen in der Steuerpolitik und den Wettbewerbsbedingungen) als auch bei den Normen des kollektiven Arbeitsrechtes und bei den sozialpolitischen Leistungen. Eine besondere Bedeutung kommt in diesem Zusammenhang der Kollektivvertragspolitik zu. Angesprochen wird mehrfach die Orientierung auf einen „europäischen Kollektivvertrag", um innerhalb der EU die Herausbildung einheitlicher Wettbewerbsbedingungen zu unterstützen.

Klar wird in allen Interviews: Die Internationalisierung erschwert den innerbetrieblichen Handlungs- und Durchsetzungsspielraum. Aus diesem Grund ist den befragten BetriebsrätInnenen daher eine Stärkung der betriebsexternen Regulierungsinstrumente wichtig, und zwar grenzübergreifend. Neben dem „Europa-KV" werden EU-weite Schutznormen verlangt, aber auch ihre faktische Durchsetzbarkeit. Mehrfach angesprochen wird auch der Ausbau internationaler Informationsnetzwerke auf Ebene der Belegschaftsvertretungen, um rascheren Informations- und Meinungsfluß in weltweit auftretenden Konzernen möglich zu machen.

Die Verbesserung der Schutznormen wird nicht nur als Antwort auf die „Globalisierungsprozesse" eingefordert, sondern auch als Reaktion auf steigende Unternehmenswillkür und wachsenden Druck eines Arbeitsmarktes, der die Erhaltung erreichter betrieblicher Positionen (Schutznormen, Überzahlungen, betriebliche Sozialleistungen) immer schwieriger macht.

Mehrfach wird daher eine aktive Unterstützung des Betriebsrates durch Gewerkschaft und Arbeiterkammer eingefordert bzw. als Notwendigkeit beschrieben. Kollektives (überbetriebliches) politisches Handeln als Antwort auf verstärkt spürbare Individualisierungsprozesse heißt aber auch, daß schwindende innerbetriebliche Mobilisierungsfähigkeit (in mehreren Interviews heißt es: „Der Individualismus in der Belegschaft nimmt zu.") zunehmend als verstärkte Forderung an „die Gewerkschaft" weitergegeben wird. Das – möglicherweise in seiner ganzen Tragweite unterschätzte – Problem dabei: Auch „die Gewerkschaft" kann niemanden anders mobilisieren als die Belegschaften ...

Zusammenfassung und Schlußfolgerung

Der Begriff „Globalisierung" ist differenziert zu verwenden und durch vielfältigste Erscheinungen teilweise geprägt, teilweise beeinflußt. Als Drohung wirkt „Globalisierung" nur dort, wo es dem Betrieb schlecht geht, manchmal auch als überzogene Drohung (siehe Interview 14: Rückverlagerung von ins Ausland abgegebener Arbeit erscheint zunehmend sinnvoll).

Eine wesentliche Schlußfolgerung aus unserer Befragung für die Betriebsratsarbeit liegt auf der Hand: Die aktive Rolle von Konzernbetriebsrat und Eurobetriebsrat wird immer wichtiger, um aktiv in die Konzern- und Unternehmensentwicklung eingreifen zu können. Eine aktive Solidarität der Belegschaften und der Standorte unterstützt die Durchsetzungsmacht der BelegschaftsvertreterInnen. Die konkrete Ausprägung der betrieblichen Kultur (Du/Sie-Kultur, „burschikoser" Umgang, ...) und das Ausmaß von Teamorientierung und Teamarbeit läßt jedoch keine direkten Rückschlüsse auf Ausmaß und Stabilität betrieblicher Solidarität zu.

Europaweite, möglicherweise über die WTO vermittelte, weltweit regulierende Schutznormen auf gesetzlicher und kollektivvertraglicher Basis sind notwendig, um auch innerhalb länderüberspannender Konzerne Druck von einzelnen Standorten zu nehmen. Dazu ist neben rechtlicher Regulierung auch ein wirksamer Schutz über die Einhaltung dieser Regulierungen notwendig. Dieser etwa durch das Arbeitsinspektorat und wirksame (!) Strafen vermittelte Schutz ist – im Gegensatz zu den Regulierungsnormen selbst – auch *national* durchzusetzen; das Warten auf „europaweite" Kontrolle stellt sich bei näherer Betrachtung oft als Ausrede dar. Regulierung und ihre Durchsetzung ist nötig, um Druck von Betriebsräten zu nehmen und so die Belegschaften wirkungsvoll zu schützen.

Zusammenfassend kann gesagt werden: Aus der Sicht der von uns befragten BetriebsrätInnen ist „Globalisierung" kein generelles Übel. Der Standort Österreich ist für Konzernmütter wie -töchter interessant (Tor zu den Ostmärkten, österreichischer Markt, Qualifikation, Qualität, Produktivität). Das schafft Chancen für Belegschaften wie BetriebsrätInnen. Die Stellung der „globalisierten" Betriebe in Österreich, der „Mütter" wie der „Töchter", ist wahrscheinlich besser als die der Mehrheit der „rein" österreichischen Klein- und Mittelbetriebe. Aber die auch in unseren Interviews zu erkennende Entwicklung zu stärkerer Deregulierung und vollständiger „Flexibilisierung" von Produktion, Belegschaft und Standorten ist bedenklich, insbesondere dort, wo der „Shareholder" uneingeschränkt herrscht.

(Auf den folgenden Seiten werden die einzelnen Interviews kurz zusammengefaßt.)

Betrieb 1 – Telekommunikationsunternehmen

Beschreibung Deines Betriebes

Telekommunikationsunternehmen, österreichischer Betrieb 1992 von Weltkonzern übernommen, in Österreich 1.300 MitarbeiterInnen, Vertrieb Kundendienst.

Charakteristisches für „Dein" Unternehmen

Du-Kultur, amikal, flache Hierarchie, bessere Zusammenarbeit mit schwedischem Management, Fluktuation höher seit Übernahme.

Arbeitsorganisation

Team, Projektorientiert, Organisation bereichsübergreifend, Benchmarking bei kostenoptimierten Projekten. BR eingebunden, Outsourcing, Produktion ist nicht mehr Kernbereich.

Beschäftigung und Entlohnung

MitarbeiterInnenabbau seit 1992 durch Outsourcing, Gleitzeit, Überstundenpauschale auf Führungsebene, derzeit bei Projekten leistungsabhängiges Gehaltssystem, Vergleichszahlen innerhalb des Konzerns, Mitarbeiterstand und Gehalt ist Angelegenheit des nationalen Standortes.

Investitionen, Dividenden, Gewinne

Finanzielle Struktur ist zufriedenstellend, keine Gewinn/Verlustverlagerung, Möglichkeit von Wandelschuldverschreibungen, Interesse in Österreich gering, Konzern von „ShareholderTyp", österreichischer Betrieb nutzt Förderungen, Konzern nicht.

Regulierung/Deregulierung

Regulierungsfunktion abnehmend, durch Mindeststandards im EU-Recht keine Beeinträchtigung der österreichischen Aktivität.

Abhängigkeiten

Strategische Entscheidungen in Schweden, intensives Standort-Lobbying, Zugang Ostmärkte, Möglichkeiten für BR eher gering, Konzernziel: Produktion, kein Kernbereich gefährdet. EBR hat kein Mitbestimmungsrecht, flankierende Maßnahmen möglich.

Globalisierung als Drohung

In Österreich nur indirekt, in der EU schon.

Veränderungsziele des BR

EBR müßte aufgewertet werden. Angleich der Arbeitsrechte weiltweit würde Auslagerungen verhindern (Utopie!). Unterstützung seitens EGB, FIET, u. a. für außereuropäische Länder in dieser Thematik soll verstärkt werden.

Stellung des Betriebsrates

Durchsetzung in den letzten Jahren verschlechtert, eher „auf-ab", Verhältnis zu schwedischen Managern besser als zu den österreichischen. Mobilisierung unterschiedlich stark, Drohpotential „Betriebsvereinbarung" wirkt. Sozialer Friede hat hohen Stellenwert, Arbeiter-BR und Angestellten-BR haben gutes Verhältnis, Kommunikation des EBR über Intranet.

Zum Abschluß*

- ❑ Ausbau von Mitspracherecht des BR
- ❑ stärkere Berücksichtigung des Faktors „Mensch" in der Arbeitswelt
- ❑ sinnvolle Neuorganisation des ÖGB, bei der die GPA nicht untergeht

---

* Diese Frage lautete: Angenommen, eine gute Fee würde Dir drei Wünsche erfüllen – welche wären dies?

Betrieb 2 – Nachrichtenelektronik

Beschreibung Deines Betriebes

Nachrichtenelektronik, Familienbesitz, 2000 ArbeitnehmerInnen in Österreich, 350 im Ausland.

Charakteristisches für „Dein" Unternehmen

Großes Zusammengehörigkeitsgefühl, uneinheitliche Struktur: Hierarchie und Team, Reibungsverluste dadurch, hohe Betriebszugehörigkeit, BR gut eingebunden, Tendenz zum Ausschluß vorhanden, viele Sozialleistungen, laufend Umstellungen in Struktur, Tendenz zur leistungsorientierten Bezahlung, Seniorität unter Druck.

Arbeitsorganisation

Variable Arbeitszeit, MitarbeiterInnen wollen das System nicht missen, jeder Schritt des BR stößt auf Widerstand, Leiharbeit und Outsourcing kein Thema. Trend Richtung autonome Teams, leistungsgerechte Bezahlung ist Hohn – „All-inklusive"-Verträge nehmen zu, BR greift hier beratend ein.

Beschäftigung und Entlohnung

Verlagerungen in Billiglohnländer gibtes nicht, laufend Aufnahmen – Branche boomt, Sicherheit im Technikbereich hoch, in Administration niedrig, Überbezahlung sinkt, Prämienvereinbarung nimmt zu, monatliches Fixum geringer, variable Einkommensteile nehmen zu, Anforderungen steigen.

Investitionen, Dividenden, Gewinne

Finanzielle Situation ist hervorragend, Aktionäre hoch zufrieden, Gehälter zeigen diesen Boom nicht. Förderungen von Arbeitgeberseite nicht forciert, leider.

Regulierung/Deregulierung

Schutz geringer, BR steht oft zwischen den Fronten, Wünsche und Gesetze sehr unterschiedlich, Abgleiten in Illegalität!

Abhängigkeiten

Entscheidungen ausschließlich im eigenen Haus. Standort gut – Zugang Ost.

Globalisierung als Drohung

Abwanderung nicht zielführend.

Veränderungsziele des BR

Ungleichheiten im Arbeitszeitgesetz: größerer Spielraum für „bessere" Unternehmen, dafür mehr Kontrolle, Ausgleich der sozial- und arbeitsrechtlichen Unterschiede in der EU, Stärkung gewerkschaftlicher Arbeit in EU, ArbeitnehmerInnenlobby innerhalb EU. Mehr Rechte für BR innerhalb von Unternehmen – Solidarität nimmt ab, Kompensation durch rechtliche Situation.

Stellung des Betriebsrates

Verhältnis ArbBR – AngBR gut, einvernehmliche Lösungen bei Problemen, Einschränkung der Handlungsspielräume, KollegInnen regeln sich selbst, gut gebildeter BR gefragt, mehr individuelle Beratung, große innerbetriebliche Lösungen zurückgedrängt, Zeitproblem! Trend zu kleinen Einheiten im Büro. BR-Präsenz schwieriger, trotzdem hohe Akzeptanz des BR, vom Management eher umgangen, teilweise Mobilisierung möglich – vom Thema abhängig.

Zum Abschluß

- ❑ bessere Verteilung der Arbeit, kompetentere BR
- ❑ mehr Mitsprache, rechtlich bessere Möglichkeiten gegenüber Arbeitsrecht
- ❑ globale ArbeitnehmerInnenpolitik

Betrieb 3 – Maschinenbau

Beschreibung Deines Betriebes

Maschinenbau, Tochter einer österreichischen Gruppe, fusioniert mit anderem Betrieb, Börsegang im Herbst 1998, Töchter im Ausland. 700 Beschäftigte.

Charakteristisches für „Dein" Unternehmen

Starre Hierarchie, schwerfällige Kommunikation, Belegschaft hat geringes Vertrauen in Vorgesetzte, geringe Fluktuation im Management, BR mißtrauisch geduldet, erhält oft Informationen nur auf Druck. Sozialleistungen vorhanden.
Tendenz der letzten Jahre: Vertrauen und Motivation verschlechtert, Druck auf ältere KollegInnen Fluktuation verstärkt, BR-Rolle schwieriger.

Arbeitsorganisation

Arbeitszeit-Flexibilisierung über Kollektivvertrag hinaus, Leiharbeit stark in Werk und Montage, Projekte unter Druck wegen Personalmangel. Relativ hohe Fremdvergaben an billigere Fertiger. Aufbau von Gruppenarbeit. Benchmarking in Werkstatt. Tendenz der letzten Jahre: Arbeits- und Termindruck.

Beschäftigung und Entlohnung

Verlagerung in Billiglohnländer (real und als Drohung – Druck). Kein eigenes Gehaltsschema, Druck auf KV-Einstufungen. Überstunden durch Flexibilisierung gestoppt, Pauschalen.

Investitionen, Dividenden, Gewinne

Sachinvestitionen im Ausmaß der Abschreibungen. Hauptziel ist Erreichung von Dividende (von Konzern vorgegeben). 1997: 400% Jahresüberschuß als Dividende. Verlustvorträge ausgenutzt, österreichische softloans für Südostasien.

Regulierung/Deregulierung

Arbeitszeitgesetz und ArbeitnehmerInnenschutzgesetze von Leitung kaum wahrgenommen, effizientere Kontrollen wären für Belegschaft große Hilfe.

Abhängigkeiten

Entscheidung: ergibt sich aus vorherigem. Pro Standort: Spitzenqualität, Traditionsunternehmen. Rolle des Konzerns im BR nicht gut herausgearbeitet, tatsächliche Mitwirkung: noch keine.

Globalisierung als Drohung

Drohungen im Bereich der Fertigung.

Veränderungsziele des BR

ArbVG – es fehlen Sanktionen. Rolle der BR bei Unternehmensveränderungen verstärken. Gewisse KV-Normen europaweit vereinheitlichen. Sozialcharta erforderlich.

Stellung des Betriebsrates

Sozialpartnerschaft im Betrieb kaum existent. Keine Konsensbereitschaft bei Firmenleitung. Verhältnis Arbeiter- zu Angestellten-BR gut. BR gilt bei Belegschaft als verantwortlich für umstrittene Entscheidungen der Gewerkschaft (siehe Flexibilisierung – „Verrat an ArbeitnehmerInnen"). Mobilisierung ist möglich.

Zum Abschluß

- ❑ Neuverteilung der Arbeit, Arbeitszeitverkürzung jetzt
- ❑ Menschen- und Bürgerrechte auch im Betrieb
- ❑ Globalisierung als Gewerkschaftsarbeit
- ❑ Keine Frauenförderung (sind nicht behindert) – Beseitigung der Barrieren

Betrieb 4 – Energieversorgung (Technologiekonzern)

Beschreibung Deines Betriebes

Energieversorgung, Tochter eines österreichischen Technologie-Konzerns (Weltkonzern), 1700 MitarbeiterInnen in Österreich, weltweite Filialbetriebe.

Charakteristisches für „Dein" Unternehmen

88/89 Crash des Betriebes, Teilung in zwei Betriebe, Erarbeitung klarer Strategie – Erfolgsstory. Sozial, viele Junge, Du/Sie-Kultur, dezentral und zentralistisch, flache Hierarchien, teamorientiert. BR ist eingebunden, starkes Vertrauensverhältnis, regelmäßig informiert, sehr geringe Fluktuation, Sozialleistungen vorhanden. Wesentliches zum Positiven verändert.

Arbeitsorganisation

Gleitzeit bei Angestellten, 2-Schichtbetrieb bei ArbeiterInnen, 10 % LeiharbeiterInnen (Angestellte 7%, ArbeiterInnen unterschiedlich), Benchmarking für Zentralbereiche, nicht dramatisch, geänderte Personalplanung.

Beschäftigung und Entlohnung

Gesamtpersonenzahl bleibt gleich, Veränderung von ArbeiterInnen zu Angestellten. Derzeit vermehrt externer Zukauf für Fertigung, durch Volumensausweitung Personalstand gehalten, klassischer Akkord bei ArbeiterInnen, Überstunden bei Angestellten, Pauschale bei Projektleitern. Vergleichszahlen nur in strategischer Planung, keine Vereinbarungen und Richtlinien.

Investitionen, Dividenden, Gewinne

Finanzielle Situation gut, Arbeitsplätze sicher? Gehälter gut, Konzern orientiert sich an „wertorientierter Unternehmensführung". Förderungen genutzt, aber nicht maximiert, es gibt Steueroptimierung.

Regulierung/Deregulierung

Arbeitszeitgesetz eher Hindernis, Arbeitnehmerschutzgesetz akzeptiert, BR findet Arbeitszeitgesetz notwendig, wissen nicht, wie mit Überstunden umgehen, Rationalisierungs- und Wettbewerbsdruck.

Abhängigkeiten

Entscheidungen in Konzernzentrale bei Aktionären. Pro Standort: Know-how, Zuverlässigkeit, Termintreue, Produktivität. Contra: Kosten.
Informationen des Konzern-BR sind gut, des EBR mäßig. Konzern-BR zu schwach zur Mitbestimmung.

Globalisierung als Drohung

Globalisierung nicht als Drohung („Oft gebrauchtes Argument: vier Arbeitsplätze im Ausland erzeugen einen Arbeitsplatz im Inland")

Veränderungsziele des BR

Innerstaatliche Regelung zusehends wirkungslos, Schwerpunkte sollten auf EU-Regeln bzw. WTO liegen.

Stellung des Betriebsrates

Innerbetriebliche Sozialpartnerschaft funktioniert. Handlungsspielraum für BR: Kosten/Effizienz, Betriebswirtschaft. ArbeitnehmerInnenvertreter akzeptiert, da starke Stellung im Aufsichtsrat. BR bietet an, droht – Einhaltung Arbeitszeitgesetz, ArbeitnehmerInnenschutzgesetz, Informationen an Arbeitsinspektorat. Mobilisierung ist möglich, Belegschaft steht hinter BR bei essentiellen Dingen und bei Akzeptanz von betriebswirtschaftlichen Erkenntnissen. Verhältnis Arb-BR – Ang-BR gut, zu EBR positiv.

Zum Abschluß

„Es gibt keine guten Feen."

- ❑ Menschenwürdige Arbeit für alle, die arbeiten wollen
- ❑ großes Maß an Selbstbestimmung
- ❑ ausreichende Entlohnung

Betrieb 5 – Eisen- und Aluminiumguß (KFZ-Zulieferer)

Beschreibung Deines Betriebes

Tochterunternehmen im Weltkonzern. Insgesamt 11.000 MitarbeiterInnen (am Hauptstandort 950), Erzeugung von Eisen- und Aluminiumguß. Produkte für Straßenfahrzeugbau.

Charakteristisches für „Dein" Unternehmen

Burschikoser Umgang, eher bürokratisch mit Stab-Linien-System. Sozialleistungen werden weniger, Tendenz zur Teamorientierung. BR eingebunden, Tendenz rückläufig. Fluktuation war niedrig, nimmt zu, Umstrukturierungen führen zu geringer Motivation; schlechtes Betriebsklima.

Arbeitsorganisation

Just in time, lean Production, lean Management, TQM, Outsourcing, Flexibilisierungen, neue Arbeitszeitformen, neue Lohnformen, starke Zunahme von Leiharbeit. Benchmarking: Konzernleitung überprüft monatlich die Zielvorgaben. BR unter Flexibilisierungsdruck, Vergleich mit anderen Standorten ist Druckmittel.

Beschäftigung und Entlohnung

Rationalisierung, Arbeitsverdichtung, neue Entlohnungssysteme, Streichung von Überstunden, Verringerung von Überzahlung und Sozialleistungen. Verlagerung von Arbeit in Billiglohnländer (Osteuropa). Vergleichszahlen innerhalb des Unternehmens und zur Konkurrenz. Konzernweite Richtlinien: Krankenstand, Zulagen, Entlohnungssysteme.

Investitionen, Dividenden, Gewinne

Eher Stakeholder-Typ, ab Kader der Geschäftsführung ist Bezahlung gewinnabhängig. MitarbeiterInnenbeteiligung. Öffentliche Förderung: Personal- und Umweltinvestitionsmaßnahmen. Konzern hat interne Gewinn/Verlustverlagerungen.

Regulierung/Deregulierung

Für Arbeitgeber eher ein Hindernis, für Belegschaft eher Schutz (es gibt Ausnahmen), Solidarität nur schwer vermittelbar, Individualismus nimmt zu, Regelungsmacht des Staates wird schwächer, Druck auf MitarbeiterInnen steigt.

Abhängigkeiten

Entscheidungen in der Konzernzentrale in der Schweiz. Pro Standort: hohe Produktivität, gute Ausbildung, Bereitschaft zur Flexibilität. Contra: zu wenig Kapazität, hohe Lohnkosten, wenig Flexibilität.
Mitwirkungsmöglichkeiten des BR: auf allen Ebenen, Arbeitszeit, Lohn, ArbeitnehmerInnenschutz. Keine Mitsprache des BR bei: Investitionen, Rationalisierung. Strategische Entscheidungen trifft Konzernzentrale. EBR erleichtert Zusammenarbeit zwischen Standorten.

Globalisierung als Drohung

Globalisierung fungiert als Druckmittel – Verlagerung von Produkten und Arbeitsteilen in Billiglohnländer findet statt.

Veränderungsziele des BR

Besteuerung der Finanzmärkte mindestens gleich wie Produktion, auch auf internationaler Ebene. Sozial- und Umweltstandards gleich gut, EBR-Recht.

Stellung des Betriebsrates

Belegschaft hinter BR, Mobilisierungsfähigkeit ist gering, Zusammenarbeit mit Arb-BR wird immer besser, Verhältnis zu EBR ist positiv.

Zum Abschluß

- ❑ weniger Arbeitsdruck
- ❑ Chancengleichheit Mann/Frau (auch bei Entlohnung)
- ❑ MitarbeiterInnenfreundlicher Arbeitsplatz und Arbeitszeit

Betrieb 6 – Chemische Industrie (Reifen)

Beschreibung Deines Betriebes

Tochter eines deutschen Chemiekonzerns, Produktion und Vertrieb von Reifen, 1996: 2.365 MitarbeiterInnen, heute: 1.829 MitarbeiterInnen.

Charakteristisches für „Dein" Unternehmen

Eher sozial, kollegial, freundschaftlich, mehr teamorientiert, Fluktuation 3,8 %. Der radikale Schnitt 96/97 bringt dem Unternehmen Kosten- und Personalreduktion 600 Mio ATS im 1. Jahr.

Arbeitsorganisation

Hochflexibel in allen Bereichen, Teams, Outsourcing, wenig Leiharbeit, ständiges Benchmarking, dramatische Wende im März 96. BR gerät unter Druck durch Internationalisierung.

Beschäftigung und Entlohnung

Seit 85: 1,6 Mrd ATS erwirtschaftet, 3,6 Mrd ATS Investitionen. 1997 höchste Absatzzahlen – trotzdem Schließabsicht; einvernehmliche Lösung, Entlohnung reduziert, ununterbrochen Rankings, es gibt keine Beschäftigungsvereinbarung.

Investitionen, Dividenden, Gewinne

Finanziell gesunder Betrieb, Sparen, keine Gehaltserhöhungen, KV mit Zähneknirschen. MitarbeiterInnenbeteiligung im höchsten Management, sehr geringe Investition, Standort: Stakeholder, Konzern: Shareholder. Öffentliche Gelder für Forschung, Gewinn/Verlustverlagerungen.

Regulierung/Deregulierung

Einhalt von Regeln schwer möglich wegen der Globalisierung.

Abhängigkeiten

Budget und Ziele mit Konzern erstellt, Entscheidung bei Zentrale, Lobbying durch gute Ergebnisse, Mitwirkungsmöglichkeiten des BR mühsam – Mitwirkung des BR bei Outsourcing. Kundentreue ist Standortvorteil.

Globalisierung als Drohung

Globalisierung ist Drohmittel.

Veränderungsziele des BR

EBR als Recht in ganzer EU, Infonetzwerke auf ArbeitnehmerInnenseite, Sicherung der Löhne nur durch KV möglich.

Stellung des Betriebsrates

„Macht sitzt heute in BRD", Handlungsspielräume werden kleiner, Management wenig Verständnis für BR, Belegschaft hinter BR, BR untereinander gutes Verhältnis.

Zum Abschluß

- ❑ Keine Verlagerung ins billige Ausland, wichtige Abteilungen sollen in Österreich bleiben
- ❑ EU-weite einheitliche Sozialstandards, zwingende Einhaltung
- ❑ Gewinnverteilung zugunsten der AN, Kooperation Finanz- und Beschäftigungspolitik

Betrieb 7 – Lebensmittelindustrie

Beschreibung Deines Betriebes

Nahrungsmittelbranche, Tochter eines niederländischen Konzerns, eigener Firmenname als Division der österreichischen Konzernfiliale. Hier 250 MitarbeiterInnen in Österreich, im ganzen Konzern österreichweit 1.230 MitarbeiterInnen.

Charakteristisches für „Dein" Unternehmen

Eher sozial, Trend zu flacheren Hierarchien, vermehrt Sozialabbau, BR genießt hohes Ansehen. Wichtigste Sozialleistung: Betriebspension. In den letzten Jahren zum Negativen verändert. Betrieb war 1995 von Schließung betroffen, bis September 2000 Garantie vom Konzern (schriftlicher Vertrag) – verhandelt von Geschäftsführung und BR.

Arbeitsorganisation

2- und 3-Schichtbetrieb, keine Leiharbeit, just in time im Produktionsbereich (funktioniert selten). Outsourcing zum Teil in der Distribution. Auflassungsbestrebungen von Produktgruppen. Benchmarking: seit 10 Jahren immer wieder mit anderen Standorten im Konzern verglichen. Ständiger Druck auf Kosten – Trend negativ.

Beschäftigung und Entlohnung

Ausschließlich einvernehmliche Kündigungen mit Sozialplan. Derzeit keine Verlagerungen in Billiglohnländer. Neuaufnahme von MitarbeiterInnen selten. Entlohnung: 20-60 % Überzahlung. Arbeitszeit: Schichtdienst, Gleitzeit, Zuschlag für Nachtarbeit. Es gibt Rankings.

Investitionen, Dividenden, Gewinne

200 Mio ATS Gewinn vor Steuer 1997, keine MitarbeiterInnenbeteiligung, Shareholder-Typ (Konzern 1997 Gewinn nach Steuern: 32Mrd ATS, 27% Dividende). Förderungen: 1992 für Bau der modernsten Raffinerie Europas. Derzeit Ansuchen für ESF-Gelder für MitarbeiterInnenschulung. Laufend Transfers an Konzernmutter.

Regulierung/Deregulierung

ArbeitnehmerInnenschutz als „Hindernis" (ständige Diskussionen zwischen BR und Firmenleitung).
Zur Globalisierung: Einzelne Staaten haben keine Strategien und Maßnahmen gegen Kapitalismus.

Abhängigkeiten

Standortfragen ausschließlich in Konzernzentrale, ebenso Konzernstrategie, nationales Management hat nur beschränkte Befugnisse. Pro Standort: österreichische Qualität, Lage, Qualifikation der MitarbeiterInnen, gute Gewinne. Contra: Konzernpolitik derzeit auf Zentralismus ausgerichtet („EURO-Fabriken").
Produktion für bestimmte Region, rückläufiger Absatzmarkt. EBR vor zwei Jahren gegründet, bekommt von Spitze laufend Informationen, aber keine Mitwirkungsrechte.

Globalisierung als Drohung

Globalisierung findet beim Mutterkonzern statt. Gewinne aus Europa gehen in Investitionen im asiatischen Raum bzw. für Akquisition (seit 1990 etwa 500 Betriebe verbzw. gekauft).

Veränderungsziele des BR

1. Auf internationaler Ebene Kapitalbewegungen in Griff bekommen.
2. Kostenwahrheit im Verkehr
3. stärkere Einbeziehung der KonsumentInnen.

Stellung des Betriebsrates

BR kann Ideen durchsetzen, aber immer schwieriger, innerbetrieblich alle Entscheidungen mit BR gemeinsam, Belegschaft steht hinter BR, sehr gute Beziehung zum EBR, Entscheidungen werden gemeinsam zwischen ArbBR und AngBR getroffen.

Zum Abschluß

- ❑ Auf internationaler Ebene Kapitalbewegungen in Griff bekommen; Kostenwahrheit im Verkehr; stärkere Einbeziehung der KonsumentInnen
- ❑ Arbeitslosigkeit beheben
- ❑ Investitionen in weltweite Umweltpolitik

Betrieb 8 – Pharmazeutische Industrie

Beschreibung Deines Betriebes

Weltweit operierender Pharma-Konzern, in Österreich 500 Beschäftigte.

Charakteristisches für „Dein“ Unternehmen

Du/Sie-Kultur, bürokratisch-chaotisch, eher sozial, teamorientiert, BR ist eingebunden, Fluktuation ist niedrig, Veränderung zum Positiven in den letzten Jahren.

Arbeitsorganisation

Kein Outsourcing, wenig LeiharbeiterInnen, moderates Benchmarking, keine wesentlichen Veränderungen.

Beschäftigung und Entlohnung

Produktionmaximierung vorhanden, keine Verlagerungen, neue MitarbeiterInnen werden aufgenommen, Überzahlungen werden weniger, verstärkte Angleichung von Gehältern, Überstundenabgeltung verstärkt in Zeit (auf Wunsch vom BR).

Investitionen, Dividenden, Gewinne

Solide finanzielle Basis, Gewinne werden über Gehalt ausgeschüttet und Investitionen – Schaffung von Arbeitsplätzen. Eher Stakeholdervalue-Typ, keine MitarbeiterInnenbeteiligungen, Förderungen haben große Bedeutung (Forschung), Gewinn/Verlustverlagerungen sind wahrscheinlich.

Regulierung/Deregulierung

Beidseitige Kompromißbereitschaft bei Einhaltung gültiger Regelwerke, Adaptierung der Regeln dringend notwendig, Schutz des Staates wird durch Globalisierung nicht schwächer, muß nur durchgesetzt werden – wie bisher!

Abhängigkeiten

Teilweise Entscheidungen in Österreich und BRD (Mutter), Pro Standort: guter Dienstleister für Konzern, Zugang zu Ostmärkte, Produktion und Forschung, qualifizierte MitarbeiterInnen, Contra Standort: große Ablehnung durch Bevölkerung (!), kein politisches Bekenntnis zu neuen Technologien.
Lobby in Entscheidungsträgern, BR-Meinung wird gehört.

Globalisierung als Drohung

Globalisierung nicht als Drohung, Technikfeindlichkeit ist Drohung.

Veränderungsziele des BR

Nicht beantwortbar mangels Rechtskenntnissen.

Stellung des Betriebsrates

BR kann sich durchsetzen. Gleichwertige PartnerInnen, Tauschgeschäfte nicht notwendig, „Mobilisierungsfähigkeit“ soll mit GPA diskutiert werden! Belegschaft steht neben BR, nicht dahinter! Gemeinsames Vorgehen für Lösung gut möglich.

Zum Abschluß

- ❑ Gestaltend an „ZdA“ herangehen, nicht Vergangenheit beweinen
- ❑ Erkennen der Chancen von Neuem – Risiken dadurch bewältigbar
- ❑ Offener, tabuloser Dialog zwischen ArbeitnehmerInnen, Gewerkschaft, Arbeitslosen, PolitikerInnen, ManagerInnen

Betrieb 9 – Büromaschinen und Bürotechnik

Beschreibung Deines Betriebes

Tochter eines US-amerikanischen Konzerns, 90.000 MitarbeiterInnen weltweit, Europäische Zentrale in London, Büromaschinenhandel, Druckbereich. In Österreich 436 MitarbeiterInnen und 128 Freiberufler, seit 1995 ein EBR eingerichtet.

Charakteristisches für „Dein" Unternehmen

Unternehmenskultur stark ausgeprägt, Du/Sie-Kultur, flache Hierarchie, gute Zusammenarbeit zwischen BR und Geschäftsleitung. Sozialleistungen und Versicherungsversorgungsplan, seit 1998 Pensionskasse.

Arbeitsorganisation

Gleitzeit-Betriebsvereinbarung und verschobene Arbeitszeit, Team wählt Modell. Produktivitätserhöhungen selbstverständlich, Gehaltsbonus für zusätzliche Leistung. Outsourcing bei EDV, Logistik, Technik durch selbständige Techniker, Verkauf von einfachen Produkten durch selbständige VerkäuferInnen. Benchmarking immer praktiziert, BR von Vergleichszahlen informiert. Arbeitgeberinteresse: Kostenminimierung, ArbeitnehmerInneninteresse: Sozialleistungsmaximierung. Negativ: US-Konzernleitung – Druck auf Europamanagement und BR.

Beschäftigung und Entlohnung

Grundsätzlich ist Beschäftigung und Entlohnung Landessache, wenn Kosten stimmen. Verlagerung in Billiglohnländer – aktuell: Irland -Schaffung von 1500 Arbeitsplätzen. Administration verliert Arbeitsplätze, Druckbereich hat Neuaufnahmen, Entlohnungssystem durch Leistungsanreize und MitarbeiterInnenbeurteilung aufgewertet. Ab 40.000 ATS Verdienst eine Überstundenpauschale. Projektmanager verdienen gut, sind aber nicht mehr alle angestellt, meist über Tochterfirma verpflichtet. Das gleiche gilt für Leiharbeitskräfte.

Investitionen, Dividenden, Gewinne

Jahresbilanz wirkt sich auf Arbeitsplätze und Entlohnung aus. BR: gute Jahresbilanz, Bonifikation erhandelt. Shareholder-Typ, aufbauend auf Qualitätsoptimierung. Förderungen für Standort Irland. Exakte Verlust-Gewinnrechnungen wegen Verschachtelung der Firma nicht möglich.

Regulierung/Deregulierung

Grundsätzliche Anerkennung der Gesetze; durch Globalisierung und US-amerikanischem Einfluß: Zusammenlegung und Nivellierung nach unten. EBR lehnt Flexibilisierungskonzepte ab, profitieren von Einführung des EURO. Regulierungsmacht des Staates wird eingedämmt.

Abhängigkeiten

Entscheidungen in US-Leitung getroffen. Einflußnahme weder durch EBR noch Management in Europa möglich. Sämtliche Zukunftsprogramme in Amerika entworfen. Pro Standort: Know-how, Lage, Zugang zu Ostmärkten. Hätte es Förderungen gegeben – Burgenland als Standort statt Irland denkbar. Gestaltungsmöglichkeiten der BR/EBR: Aus- und Weiterbildung, Karriereplan.

Globalisierung als Drohung

Indirekt ja. Aber da sich kein Erzeugungsbetrieb oder Herstellungswerk in Österreich befindet, gibt es keine diesbezüglichen Überlegungen.

Veränderungsziele des BR

Kontrollierte Globalisierung: Chance mit langfristigem Nutzen. Bewährte Regulative erhalten und erweitern. Ausschreibungen nur an Unternehmen, die in Österreich Steuern zahlen. Weltweite Kapitalumverteilung, um Arbeitsplätze zu schaffen. Keine Aushöhlung des Mittelstands. Ausbau des Dialogs von GPA/AK und BR über „unselbständig Selbständige". Keine Einzelkämpfer.

Stellung des Betriebsrates

Stellung des BR verändert. BR soll kurzfristige Ziele der Geschäftsleitung mit mittel- und langfristigen BR-Zielen verbinden. Setzt betriebswirtschaftliches Wissen voraus. Aufwertung der MitarbeiterInnenzufriedenheit (Manager erhält Bonus bei guter Bewertung. Schlechte Bewertung rechtfertigen). BR eingebunden. Karriereplan und Weiterbildung eignen sich zur Mobilisierung der MitarbeiterInnen.

Zum Abschluß

- ❑ partnerschaftliche Unternehmensstruktur, Vertrauensbeziehungen, Respekt und Wertschätzung für Tätigkeit
- ❑ Arbeitsbedingungen optimieren, Gehalt-Leistungsverhältnis passend, positives Arbeitsklima
- ❑ Unbedingt Solidarität im Unternehmen zwischen MitarbeiterInnen jeder Altersstufen.

Betrieb 10 – Geldinstitut

Beschreibung Deines Betriebes

Konzernmutter, weltweite Aktivitäten, 8.600 MitabeiterInnen.

Charakteristisches für „Dein“ Unternehmen

Sozial, partnerschaftlich, teamorientiert, niedrige Fluktuation, Sozialleistungen.

Arbeitsorganisation

Variable Arbeitszeit, Teilzeitmodelle, geringe Leiharbeit und Ausgliederungen unter Bewahrung der Arbeitsplätze, Steigerung des Betriebsergebnisses, Flexibilisierungsbestrebungen bemerkbar – Lösungen mit MitarbeiterInnen und BR angestrebt.

Beschäftigung und Entlohnung

Natürliche Fluktuation setzen Personalsynergien um, KV-Entlohnung, Sicherheit der Arbeitsplätze gewährleistet.

Investitionen, Dividenden, Gewinne

Finanzielle Situation weiter verbessert, MitarbeiterInnenbeteiligungsmodell findet Gebrauch, steigende Orientierung am Shareholder-Typ, Investition in MitarbeiterInnen und Firma.

Regulierung/Deregulierung

Regelungen an geänderte Rahmen anpassen, gewerkschaftliche Mitwirkung international stärken.

Abhängigkeiten

Unternehmensentscheidungen in Österreich.

Globalisierung als Drohung

Globalisierung nicht als Drohung. Verschärfung der Wettbewerbssituation durch EURO erwartet, Gegensteuerungen geplant.

Veränderungsziele des BR

Steuergerechtigkeit, Kapital/Erwerbstätigkeit, Steuerharmonisierung, Beschäftigungsunion, Rahmen für Flexibilität in Arbeitszeit und Arbeitsformen, Rahmen für neue Vertriebswege.

Stellung des Betriebsrates

Echter Partner der Geschäftsleitung, Mitwirkungsrecht, vom Management akzeptiert, Unterstützung durch MitarbeiterInnen gegeben, gutes Verhältnis zum ArbBR

Zum Abschluß

- ❏ Vollbeschäftigung
- ❏ Erhaltung des Lebensstandards bis zur Pension
- ❏ Ökologisch intakte Arbeitsbedingungen auch für Nachkommen

Betrieb 11 – Geldinstitut

Beschreibung Deines Betriebes

Bankwesen, Konzernmutter, weltweit Filialen, 6000 Beschäftigte.

Charakteristisches für „Dein" Unternehmen

1997 Fusion – MitarbeiterInnen verunsichert, starke Fluktuation, übernehmendes Unternehmen stark hierarchisch, bürokratisch, offiziell schlankes Management, inoffiziell viele Führungsebenen, Angst vor Kündigungen, Sozialleistungen im Dienstrecht geregelt; nehmen ab, Druck auf Personalabbau – Frühpensionierungen. ZBR offiziell eingebunden.

Arbeitsorganisation

Variable Arbeitszeit eingeführt Überstunden in Freizeit, kein Zuschlag bis zu 15 Überstunden. Wachsender Anteil von Befristungen, Einzelverträgen außerhalb des Kollektivvertrages, Teilzeit nach Bedarf, Outsourcing nimmt zu, konzernweiter Personalmarkt über Dienstüberlassungen, Projektarbeit im EDV-Bereich, Öffnungszeitendiskussion – Druck auf Arbeitszeit.

Beschäftigung und Entlohnung

Personalabbau definiertes Ziel, aktuell: Outsourcing. Entlohnung: starker Druck auf KV, Einzelverträge außerhalb KV steigen, Entlohnungssystem zu Lasten aller, Überstundenbezahlung nimmt ab. Vergleichszahlen vorhanden, wenig aussagekräftig.

Investitionen, Dividenden, Gewinne

Druck auf Ertragssteigerung, 1997 erster Börsegang, Shareholder-Typ, MitarbeiterInnenbeteiligungsmodelle vorhanden, Druck auf Personalkosten, Steuergestaltungsmöglichkeiten genutzt, Förderungen nicht sehr wichtig, eventuell für Kundendienst.

Regulierung/Deregulierung

Arbeitszeitgesetz und KV ist Hindernis, Flucht, AN-Schutz als „notwendiges Übel", Regelungen auf KV-Ebene erhöhen Druck für BR.

Abhängigkeiten

Entscheidung von Unternehmen und Aktionären. Standort ist derzeit kein Diskussionsthema. Zugang Ost angestrebt. BR: verstärkter Informationsaustausch beginnt, BR-Mitwirkung im Mutterkonzern formell und informell.

Globalisierung als Drohung

Noch kein großer Druck, Verlagerung an stärkere Finanzplätze wird Thema.

Veränderungsziele des BR

Fachgruppenzugehörigkeit nicht subjektiv bestimmbar, Begrifflichkeit neu definieren: Betrieb – Unternehmen – Konzern, ebenso KV-Zugehörigkeit neu festlegen. BR-Situation bei Fusion verdeutlichen, Sonderbetriebe in ArbVG aufnehmen, Ausweitung der Arbeitszeit sollte zwangsläufig Infrastrukturausbau miteinbeziehen.

Stellung des Betriebsrates

BR mit dem Rücken an der Wand, reagiert statt agiert, BR baut weniger auf Mobilitätsmöglichkeiten als MitarbeiterInnen, ungleiche Tauschgeschäfte.

Zum Abschluß

- ❑ Arbeit für alle (bezahlt, anspruchsvoll, chancengleich)
- ❑ Konvergenzkriterien für Beschäftigung
- ❑ Steuerharmonisierung EU-weit, Besteuerung von Finanztransaktionen

Betrieb 12 – Versicherungsunternehmen

Beschreibung Deines Betriebes

Versicherungsbranche, Tochter eines deutschen Konzerns, fusioniert 1997 mit österreichischem Betrieb, in Österreich 3.885 MitarbeiterInnen.

Charakteristisches für „Dein" Unternehmen

Bemühen sich um optimale Arbeitsbedingungen für die MitarbeiterInnen. Außendienst teamorientiert, Verwaltung klare Strukturen, flache Hierarchie, BR teilweise eingebunden, teilweise nur informiert, Sozialleistungen.

Arbeitsorganisation

Gleitzeit mit Blockzeit, Benchmarking, MitarbeiterInnenabbau.

Beschäftigung und Entlohnung

Anstaltsinternes Gehaltsschema, Überzahlung, 15 Montasbezüge, Überstunden nur nach Genehmigung, Landesdirektionen stehen in einem Wettbewerb, einheitliche Richtlinien hinsichtlich Vertrieb, Verwaltung, Service.

Investitionen, Dividenden, Gewinne

Keine Mitarbeiterbeteiligung, 38 % Dividende für Geschäftsjahr 1997, Gewinnverlagerungen über Rückversicherung. Keine Förderungen.

Regulierung/Deregulierung

Unternehmen hält sich an gesetzliche Auflagen, Globalisierung durch Strukturänderungen spürbar, führt zu MitarbeiterInnenabbau durch frühzeitige Pension.

Abhängigkeiten

Pro Standort: Gesetzliche Vorgaben und der Markt. Es gibt Informationsgremium ohne Entscheidungsbefugnis. Lobbying durch Konzern-BR, 2 Mandate für Österreich.

Globalisierung als Drohung

Kein Drohpotential vorhanden.

Veränderungsziele des BR

Durch die derzeitige Judikatur kommt es zu Reduktion der Mitbestimmungsrechte des BR, Bemühen von AK und ÖGB, das Manko auszugleichen gelingt nicht immer. ArbeitnehmerInnenfreundlichere Politik der Regierung wäre wünschenswert.

Stellung des Betriebsrates

Verhältnis zu EBR positiv. Ideen durch BR mit Beharrlichkeit durchzusetzen. Durch Fusionierung und Zusammenführung ist BR-Schlagkraft kurzfristig gesunken, aber kein Qualitätsverlust. Innerbetriebliche Sozialpartnerschaft funktioniert. BR ist akzeptiert. Mobilisierungsfähigkeit vorhanden, MitarbeiterInnen von BR überzeugt, viel Informations- und Auklärungsarbeit nötig.

Zum Abschluß

- ❑ Arbeitszeitverkürzung in flexiblen Modellen
- ❑ Ausbau sozialer Sicherheit
- ❑ Gleichstellung der ArbeitnehmerInnen bei gleicher Qualifikation
- ❑ Vollbeschäftigung

Betrieb 13 – Versicherung und Finanzdienstleistungsunternehmen

Beschreibung Deines Betriebes

Holding-Tochter, Finanzdienstleisterversicherung, in Österreich 6000 MitarbeiterInnen, in der EU 12.000 MitarbeiterInnen (Innen- und Außendienst).

Charakteristisches für „Dein" Unternehmen

Sie-Kultur, sozial, bürokratisch, steile Hierarchie, allgemein niedrige Fluktuation, viele Sozialleistungen, aber nicht mehr haltbar.

Arbeitsorganisation

Im Wandel begriffen, beginnend: Auslagerung von Nicht-Kernbereichen, Telearbeit, usw, kein exaktes Benchmarking.

Beschäftigung und Entlohnung

Pensionierung und Administrativpension von Unternehmen betrieben, Situation hat sich in letzten Jahren verschlechtert, Einmalzahlungen.

Investitionen, Dividenden, Gewinne

Gute finanzielle Situation, Prämiensteigerungen unter Kostensteigerungen. Mutter ist Shareholder-Typ, keine MitarbeiterInnenbeteiligungen, keine Nachbesetzung von Planstellen, Gehaltserhöhungen nur gesetzlich (KV).

Regulierung/Deregulierung

Gesetze für Betrieb Hindernis, BR ruft Gesetze immer wieder in Erinnerung.

Abhängigkeiten

Große Entscheidungen von Mutterkonzern, Standort unumstritten, Zugang Ost, BR hat keine Mitwirkungsrechte, EBR schwierig zu gestalten – keine vergleichbaren Betriebsorganisationen in EU.

Globalisierung als Drohung

Es gibt keine Drohungen.

Veränderungsziele des BR

BR muß Arbeitswelt mitgestalten, Strategien, Ziele, Handlungsoptionen auch für BR, „Handeln aus politischer Richtung (GPA) wird von Belegschaft striktest abgelehnt". Partizipative Mitarbeit an Problemstellungen durch BR. BR braucht aktive Unterstützung durch GPA und AK. Heute sehr passiv – agieren statt reagieren.

Stellung des Betriebsrates

BR ist akzeptiert, innerbetriebliche Sozialpartnerschaft funktioniert. In Zukunft mehr Einzelarbeit.

Zum Abschluß

- ❑ gerechte Entlohnung
- ❑ gesicherte Arbeit (auch bei Teilzeit)
- ❑ gesicherte Pensionen

Betrieb 14 – Luftverkehrsunternehmen

Beschreibung Deines Betriebes

Luftfahrtunternehmen mit Nebenleistungen, 5.236 MitarbeiterInnen, Konzernmutter.

Charakteristisches für „Dein" Unternehmen

Sozial, strenge Hierarchie, neue Managementmethoden verordnet, Umstrukturierungsprozeß bringt BR unter Druck, BR eingebunden, Fluktuation im Management gering, im Passagierbereich hoch (wegen Anstieg der Passagierzahlen, Unterbezahlung, fehlendes Berufsbild). Unternehmen sozial eingestellt, kein Shareholder-Typ.

Arbeitsorganisation

Gleitzeit – Kernzeit soll wegfallen, Flexibilisierung soll kostenlos für Arbeitgeber sein; Teilzeit & Schicht werden forciert, Outsourcing der Ticketverrechnung in Billiglohnland, MitarbeiterInnen wurden untergebracht, heutige Technik macht Auslagerung wieder unnötig! Bundesländerstationen vor 5 Jahren ausgelagert; schlechtere Bedingungen, periodisch Wartung geschlossen; Reinigung an Enkelfirma ausgelagert, MitarbeiterInnen untergebracht; Leiharbeit, MitarbeiterInnenverlust durch Auslagerungen bei Bundesländerstationen, BR-Spielraum hier eingeschränkt, technischer Lagerbereich just in time, Benchmarking im EDV-Bereich, BR immer eingebunden.

Beschäftigung und Entlohnung

Entlohnung: neuer KV 95, Biennalsprung geringer, mehr Zwischengruppen, Gehälter im Schnitt um 17% geringer. Arbeitszeit: 40 Stunden statt 38,5. Für Verkaufsbereich: Bonifikationssystem (Chance/Risikomodell). *Auslagerungen:* Gefahr weiterer Aufgabenübertragung an Töchter und Enkel, Synergieffekte durch Einstieg bei Konkurrenz. Betriebsvereinbarung für zügellose Hereinnahme von Fremdpersonal. *Überzahlung:* nicht die Regel, Änderungskündigungen halten sich in Grenzen, Überstunden pauschaliert, keine Überstunden in Administration. *Sicherheit:* Situation entspannt sich. Hoffentlich Gehälter auf marktkonformes Niveau angehoben. In der Branche zu unterschiedliche Gehälter in Teilbereichen, marktkonformes Niveau wünschenswert.

Investitionen, Dividenden, Gewinne

Finanzielle Situation sehr gut, Horrorverluste durch Rücklagenauflösung und Einkommenskürzungen bereinigt. MitarbeiterInnenbeteiligung über BR-Fonds kein großer Erfolg, Plan: MitarbeiterInnenbeteiligung über bestehende Prämienregelung. Eher Stakeholder-Typ. Vereinbarung gegen übermäßige Dividenden-Auszahlung ist Arbeitgeber Dorn im Auge. Förderungen wahrscheinlich nicht relevant. Freiwilliges Auflösungsmodell belastet AMS (Frauen ab 52, Männer ab 57).

Regulierung/Deregulierung

Rahmenbedingungen nicht wirklich Hindernis. BR wünscht keine Verschlechterung der Bedingungen.

Abhängigkeiten

Entscheidungen fallen im Betrieb. Mitwirkung des BR innerhalb des gesetzlichen Rahmens möglich. Es gibt 2 BR-Arbeitsgemeinschaften zur Stärkung der Kommunikation, Zusammenarbeit mit Fachgruppe der GPA ist wichtiges Instrument.

Globalisierung als Drohung

Gewisses Drohpotential durch Internationalisierung des Unternehmens vorhanden. BR-Strategie: Dem Arbeitgeber wird Unsicherheit suggeriert und bessere Lösungsvorschläge angeboten.

Veränderungsziele des BR

ArbVG in Verfassungsrang. Bessere behördliche Überprüfung bei Verletzung. EU-Harmonisierung von Steuer und Arbeitsrecht. Schlagkräftigere GPA. Mehr Kreativität bei Arbeitskämpfen. GPA als „Dienstleister" für BR. Internationalisierung der Gewerkschaft. Stärkung der Gewerkschaft im Osten.

Stellung des Betriebsrates

Wertewandel hat Durchsetzungskraft reduziert. Entscheidungsfindung einsam durch Arbeitgeber; Informationsvorenthaltung als taktisches Geplänkel. Sozialpartnerschaft trotzdem gut. Mobilisierung war/ist gut. Betriebsversammlung als wirksames Drohmittel. Belegschaft steht hinter BR.

Zum Abschluß

Es gibt keine guten Feen. „Träume können wir uns nur selbst erfüllen."

Betrieb 15 – Handelskette

Beschreibung Deines Betriebes

Lebensmittel-Einzelhandel, 22.000 MitarbeiterInnen in Österreich, 2.000 im Ausland, Übernahme durch Deutschen Konzern vor 2 Jahren.

Charakteristisches für „Dein" Unternehmen

Nicht sozial, Sie-Kultur, flache Hierarchie, hohe Fluktuation. Holschuld des BR, Lebens- und Pensionsversicherung ab mittlerem Management, nach Verkauf an deutschen Konzern leicht positive Veränderung der Unternehmenskultur.

Arbeitsorganisation

Keine Leiharbeit, hohe Flexibilität der MitarbeiterInnen, klar strukturierte Hierarchie, Qualitätszirkel für verschiedene Bereiche, Versuche für Benchmarking.

Beschäftigung und Entlohnung

Arbeitsplatzsicherheit, Überzahlung bei Jungen, später Abflachung, laufend Überstunden – werden abgegolten.

Investitionen, Dividenden, Gewinne

Gute finanzielle Situation, hat keine unmittelbare Auswirkung auf Gehälter, Stakeholder-Typ, Großteil des Gewinns wird investiert.

Regulierung/Deregulierung

Arbeitsszeigesetz und ArbeitnehmerInnenschutz für Firma eher Hindernis, BR befürwortet beide, durch Globalisierung Regulierungsmacht des Staates geringer.

Abhängigkeiten

Entscheidungen fast ausschließlich im eigenen Betrieb, Mitwirkung des BR gering, EBR noch nicht vorhanden.

Globalisierung als Drohung

Nein.

Veränderungsziele des BR

ArbVG+AngG zahnlos, kaum Sanktionsmöglichkeiten, Schutz für ältere AN gering, Mitsprache des BR verstärken, mehr Schutz für AN vor Willkür der Vorgesetzten, menschenwürdige Arbeitsplätze.

Stellung des Betriebsrates

Situation des BR verbessert sich, heute akzeptiert, Problem ist Aufsplitterung in 800 Betriebsstätten, Mobilisierungsfähigkeit der MitarbeiterInnen ist gering, Beziehung der MitarbeiterInnen zum BR gut, bei Fluktuation weniger, Verhältnis zu ArbBR normal, es gibt keinen EBR.

Zum Abschluß

- ❏ keine Angst um Arbeitsplatz wegen Alter und Krankheit
- ❏ PolitikerInnen, die in Arbeitswelt niedersteigen und Gesetze zum Schutz der Menschen schaffen
- ❏ Wohlstand für alle

AutorInnen

Alfred ACKERBAUER:	GPA, Sektion Industrie
Mag. Elisabeth BEER:	AK, Abteilung für Außenwirtschaft und Intergration
Dr. Christian BELLAK:	WU Wien, Institut für Volkswirtschaftstheorie und -politik
Mag. Evelyn BLAU:	GPA, Umweltreferat
Dr. Jörg FLECKER:	FORBA (Forschungs- und Beratungsstelle Arbeitswelt), wissenschaftlicher Leiter
Manuel FRIEDL:	Student der Politikwissenschaft, Wien
Mag. Stefan GRIGAT:	Freier Autor und Wissenschafter
Mag. Franz KREIL:	AK Büro Brüssel
Mag. Wolfgang MEHL:	Klimabündnis Österreich
Mag. Hans MOSER:	GBI (Gesellschaft des Bundes für industriepolitische Maßnahmen)
Dr. Anton RAINER:	Bundesministerium für Finanzen
Mag. Patrizia REIDL:	GPA, Büro des Vorsitzenden
Mag. Ingrid REISCHL:	GPA, Büro des Vorsitzenden
Hans SALLMUTTER:	GPA, Vorsitzender
Dr. Tom SCHMID:	GPA, Büro des Vorsitzenden
Christoph SYKORA:	GPA, Büro des Vorsitzenden
Mag. Manfred TIEBER:	Hauptverband der österreichischen Sozialversicherungsträger
Mag. Herbert TUMPEL:	Präsident der Bundesarbeitskammer
Mag. Peter WIENINGER:	Hauptverband der österreichischen Sozialversicherungsträger
Mag. Richard WINKELHOFER:	GBI (Gesellschaft des Bundes für industriepolitische Maßnahmen)
Dietmar ZACH:	Politologe, freier Autor